JN045878

交通安全白書

令和5年版

令和4年度交通事故の状況及び交通安全施策の現況ならびに
令和５年度交通安全施策に関する計画

内閣府

交通安全白書の刊行に当たって

内閣府特命担当大臣
中央交通安全対策会議交通対策本部長
小倉將信

交通安全白書は，昭和45年に施行された「交通安全対策基本法」に基づき，毎年国会に提出している年次報告です。今回は昭和46年から数え，53回目となります。

昨年の交通事故による死者数は，2,610人と，現行の交通事故統計となった昭和23年以降で，６年連続で最少を更新しました。この結果は，人命尊重の理念に基づき，国を挙げて交通安全対策に取り組んだ成果だと考えております。

一方で，依然として自転車利用者の交通ルールの遵守が十分でないなど，交通事故のない社会の実現に向けて，取り組まなければならない課題が山積しているところです。

このような中，「道路交通法」が改正され，本年４月１日より，全ての年齢層の自転車利用者に対して，乗車用ヘルメットの着用の努力義務が課されることとなりました。また，これに併せて，これまで自転車の交通ルールの広報啓発として活用された「自転車安全利用五則」についても改定されました。

そこで，本年の白書では，特集として「自転車の安全利用の促進について」をテーマとし，改定された「自転車安全利用五則」について，関連する交通事故統計を示しながら，自転車交通ルールの遵守の必要性を広く国民の皆様に訴えることとしました。

本白書が，多くの方々に利用されることで，自転車利用者の交通安全意識の向上や交通ルールの遵守が図られることを期待するとともに，交通安全についての理解と関心が深まり，悲惨な交通事故の根絶に向けた取組の一助となることを願っております。

令和５年７月

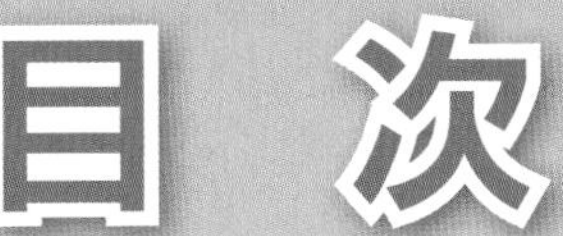

目 次

令和４年度交通事故の状況及び交通安全施策の現況

特 集 自転車の安全利用の促進について

第３章　自転車活用推進に向けた取組

第１編　陸上交通

第１部　道路交通

第１章　道路交通事故の動向

第2章　道路交通安全施策の現況

第２部　鉄道交通

第１章　鉄道交通事故の動向

第２章　鉄道交通安全施策の現況

第２編　海上交通

第１章　海難等の動向

第２章　海上交通安全施策の現況

第３編　航空交通

第１章　航空交通事故の動向

第２章　航空交通安全施策の現況

トピックス目次

令和５年度交通安全施策に関する計画

第１部　陸上交通の安全についての施策

第１章　道路交通の安全についての施策

第２章　鉄道交通の安全についての施策

第２部　海上交通の安全についての施策

第3部　航空交通の安全についての施策

参考

凡例

①年号（昭和，平成，令和）の記載…文章の段落ごとに最初に記載される年（年度）に付け，2回目以降は原則省略する。

②法令番号…最初に記されるときに○○法（昭○○法○○，平○○法○○，令○○法○○）とし，2回目以降は省略する。政令，府省令もこれに準ずる。

③図表の数字の単位未満は，四捨五入することを原則とした。したがって，合計の数字と内訳の計とが一致しない場合がある。

④道路交通事故死者数について……特段の断りがない場合は，24時間死者数をいう。

図表目次

令和４年度交通事故の状況及び交通安全施策の現況

特集　自転車の安全利用の促進について

第1編　陸上交通

第1部　道路交通

第1章　道路交通事故の動向

第２章　道路交通安全施策の現況

第２部　鉄道交通

第１章　鉄道交通事故の動向

第２章　鉄道交通安全施策の現況

第2編　海上交通

第１章　海難等の動向

第２章　海上交通安全施策の現況

第3編　航空交通

第１章　航空交通事故の動向

参考

令和4年度

交通事故の状況及び
交通安全施策の現況

特集　自転車の安全利用の促進について

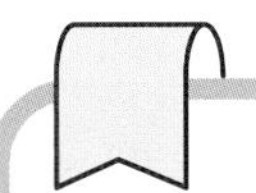

はじめに

自転車に関しては，これまでも，その交通秩序の整序化を図るため，平成19年の道路交通法の改正を始めとする各種対策を講じ，「自転車の安全利用の促進について」（平成19年７月10日付け中央交通安全対策会議交通対策本部決定）に基づいて自転車の安全利用を促進するための広報啓発に努めてきたところである。しかしながら，依然として自転車利用者の交通ルールの遵守が課題となっている。

今般，改正道路交通法（令４法32）により，全ての年齢層の自転車利用者に対して，乗車用ヘルメットの着用の努力義務を課すこととされ，令和５年４月１日から施行された。

また，これに併せて，これまで自転車の交通ルールの広報啓発として活用された「自転車安全利用五則」についても改定され，「自転車の安全利用の促進について」（令和４年11月１日付け中央交通安全対策会議交通対策本部決定。平成19年７月10日付け「自転車の安全利用の促進について」は廃止。）が決定されたところである。これにより，国及び地方公共団体は，自転車に関する交通秩序の更なる整序化を図り，自転車の安全利用を促進するため，新しい「自転車の安全利用の促進について」に沿って措置を講ずることとされた。

本特集では，交通対策本部決定別添の「自転車安全利用五則」について，同五則の各自転車交通ルールを取り上げ，自転車の交通事故の実態を明らかにするとともに，政府を始め，関係機関団体が取り組んでいる施策について紹介することとし，自転車の安全利用を促進する一助とする。

「自転車安全利用五則」を守って、安全運転に努めましょう。

1. 車道が原則、左側を通行
   歩道は例外、歩行者を優先
2. 交差点では信号と一時停止を守って、安全確認
3. 夜間はライトを点灯
4. 飲酒運転は禁止
5. ヘルメットを着用

（自転車安全利用五則）

第１章　自転車の交通安全の現状とこれまでの経緯

第１節　自転車関連交通事故の現状

1　自転車関連事故の推移

自転車関連死亡重傷事故（第１・第２当事者※）件数の推移を見ると，平成25年と比較して令和４年は約３割減少している(特集-第１図)。一方，全ての死亡重傷事故件数は，平成25年と比較して約４割減少していることから，自転車関連死亡重傷事故（第１・第２当事者）の減少割合は比較的小さいものと分かる（特集-第１図，第２図）。全ての死亡重傷事故件数に占める自転車関連死亡重傷事故件数の割合で見ても，横ばいから微増となっていることが分かる（特集-第３図）。

自転車関連死亡重傷事故（第１・第２当事者）件数を年齢層で見ると，65歳以上の件数が一番多く，平成25年と比較した減少割合については，全年齢層とほぼ同じである。19歳以下は，65歳以上の件数に次いで多いが，平成25年と比較した減少割合については，全年齢層と比較して大きく減少している。以上から，自転車の安全対策では，件数が最も多い65歳以上の高齢者や，減少割合は全年齢層と比較して大きいものの，65歳以上の高齢者に次いで件数が多い19歳以下を中心に対策を講じることが望ましいものと考えられる（特集-第１図）。

特集-第１図　自転車関連死亡重傷事故（第１・第２当事者）件数の推移（平成25年～令和４年）

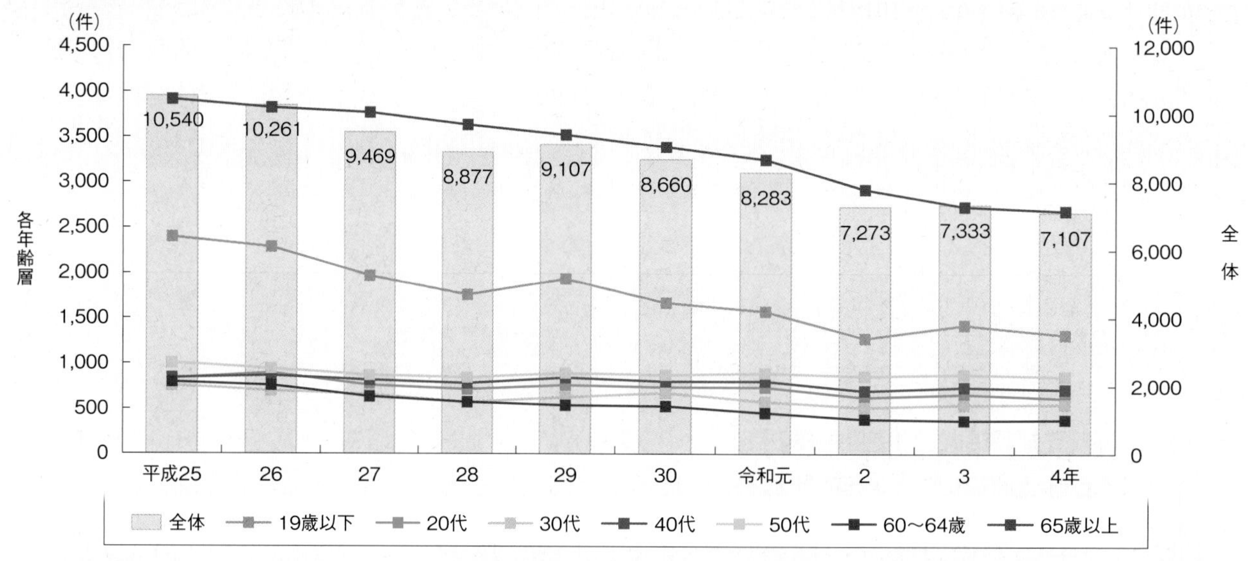

(件)	H25	H26	H27	H28	H29	H30	R1	R2	R3	R4	H25 比較
19 歳以下	2,396	2,285	1,968	1,757	1,933	1,666	1,572	1,274	1,420	1,314	-1,082
20 代	833	892	758	714	758	734	735	625	658	615	-218
30 代	757	701	657	574	627	674	578	516	544	550	-207
40 代	841	864	815	780	842	799	803	696	734	714	-127
50 代	1,006	941	870	845	890	873	893	861	879	855	-151
60 ～ 64 歳	795	759	634	574	538	527	455	384	370	378	-417
65 歳以上	3,912	3,819	3,767	3,633	3,519	3,387	3,247	2,917	2,728	2,681	-1,231
全体	10,540	10,261	9,469	8,877	9,107	8,660	8,283	7,273	7,333	7,107	-3,433

注　1　警察庁資料による。
　　2　自転車乗用者が第１又は第２当事者となった事故の件数であり，自転車乗用者の相互事故は１件とした。

※第１当事者
　最初に交通事故に関与した事故当事者のうち，最も過失の重い者をいう。
第２当事者
　最初に交通事故に関与した事故当事者のうち，第１当事者以外の者をいう。

特集 - 第２図　全ての死亡重傷事故件数の推移（平成 25 年〜令和４年）

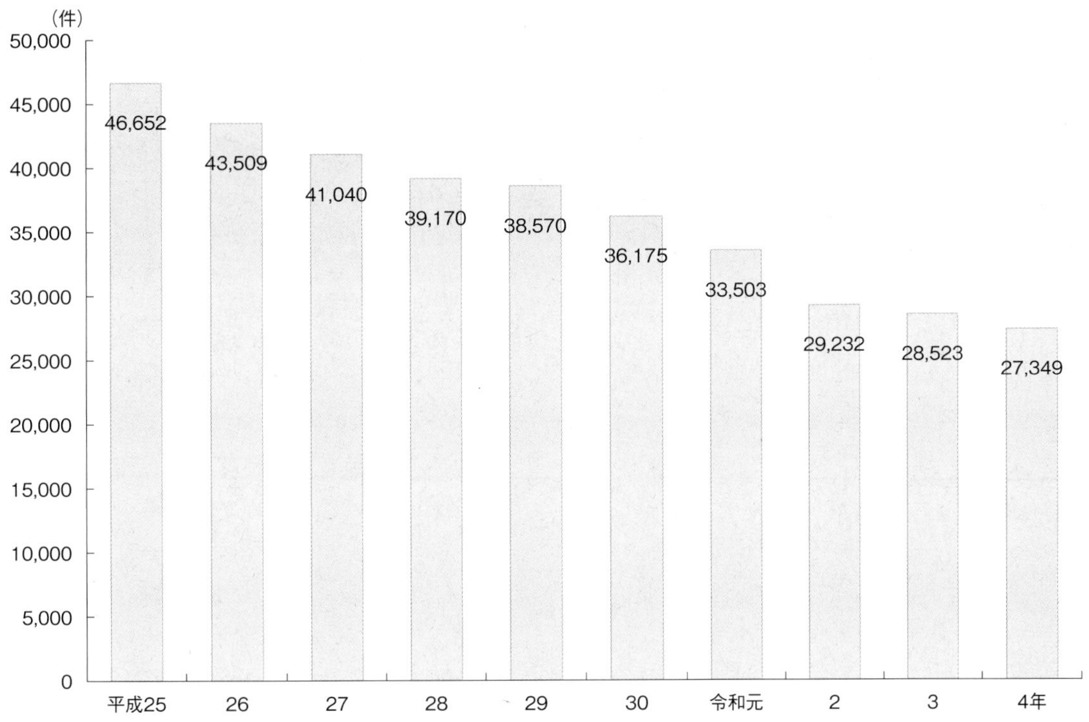

注　警察庁資料による。

特集 - 第３図　死亡重傷事故件数に占める自転車関連死亡重傷事故（第１・第２当事者）件数の割合（平成 25 年〜令和４年）

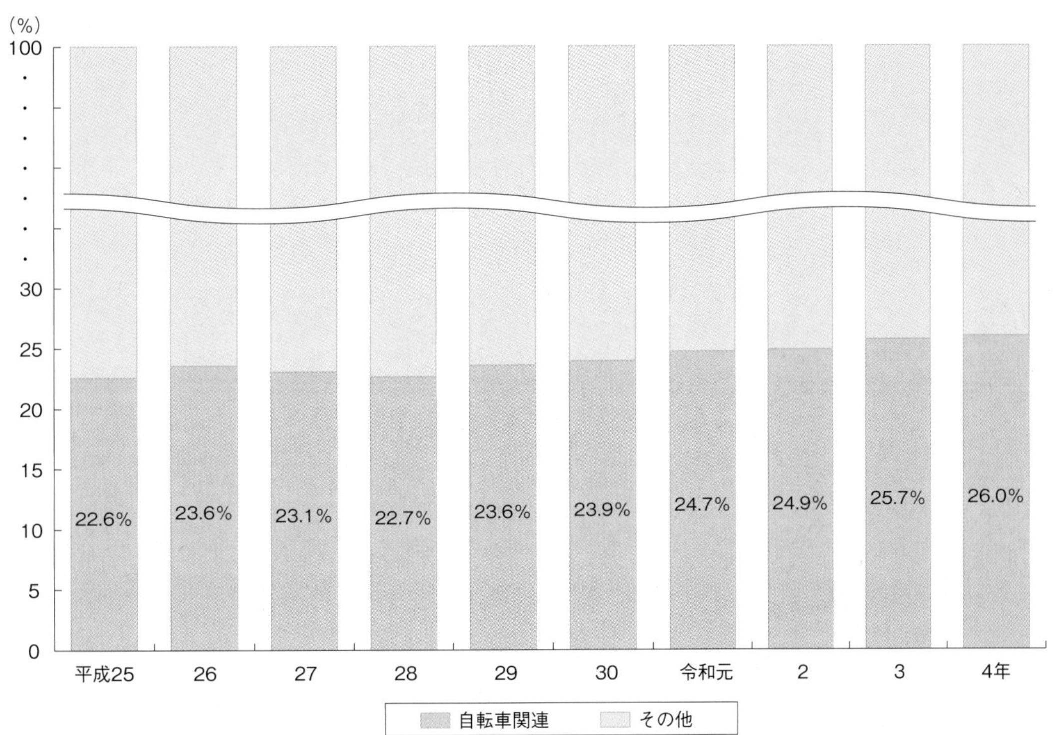

注　1　警察庁資料による。
　　2　自転車乗用者が第１又は第２当事者となった事故の件数であり，自転車乗用者の相互事故は１件とした。

2　相手当事者別

相手当事者別の自転車関連死亡重傷事故(第1・第2当事者）件数（平成30年～令和4年の合計）を見ると，対自動車が4分の3を占めている（特集-第4図）。

これを，第1当事者，第2当事者に分けて見ると，まず，第2当事者の場合では，対自動車が9割を超えており，自転車側が第2当事者になるケースでは圧倒的に自動車との事故であることが分かる。

第1当事者を見ると，約4割が対自動車となっている。自動車と自転車の事故であっても，自転車側に過失が大きいとされているケースも発生していることが分かる。

相手当事者が歩行者の事故は，ほぼ第1当事者となっていることが分かる（特集-第4図)。

自転車対歩行者の事故（自転車第1当事者）のうち，歩行者側が死亡・重傷を負った事故（平成30年～令和4年の合計。1,579件）の自転車運転者の年齢層の内訳では，20歳代以下が過半数を占めている。一方で，死亡又は重傷を負った歩行者は，65歳以上が過半数を占めている（特集-第5図)。

自転車対自動車の事故（自転車第2当事者）のうち，自転車側が死亡・重傷を負った事故（平成30年～令和4年の合計。24,559件）の自転車運転者の年齢層の内訳では，65歳以上が約4割を占めている（特集-第6図)。

特集-第4図　相手当事者別の自転車関連死亡重傷事故（第1・第2当事者）件数（平成30年～令和4年の合計）

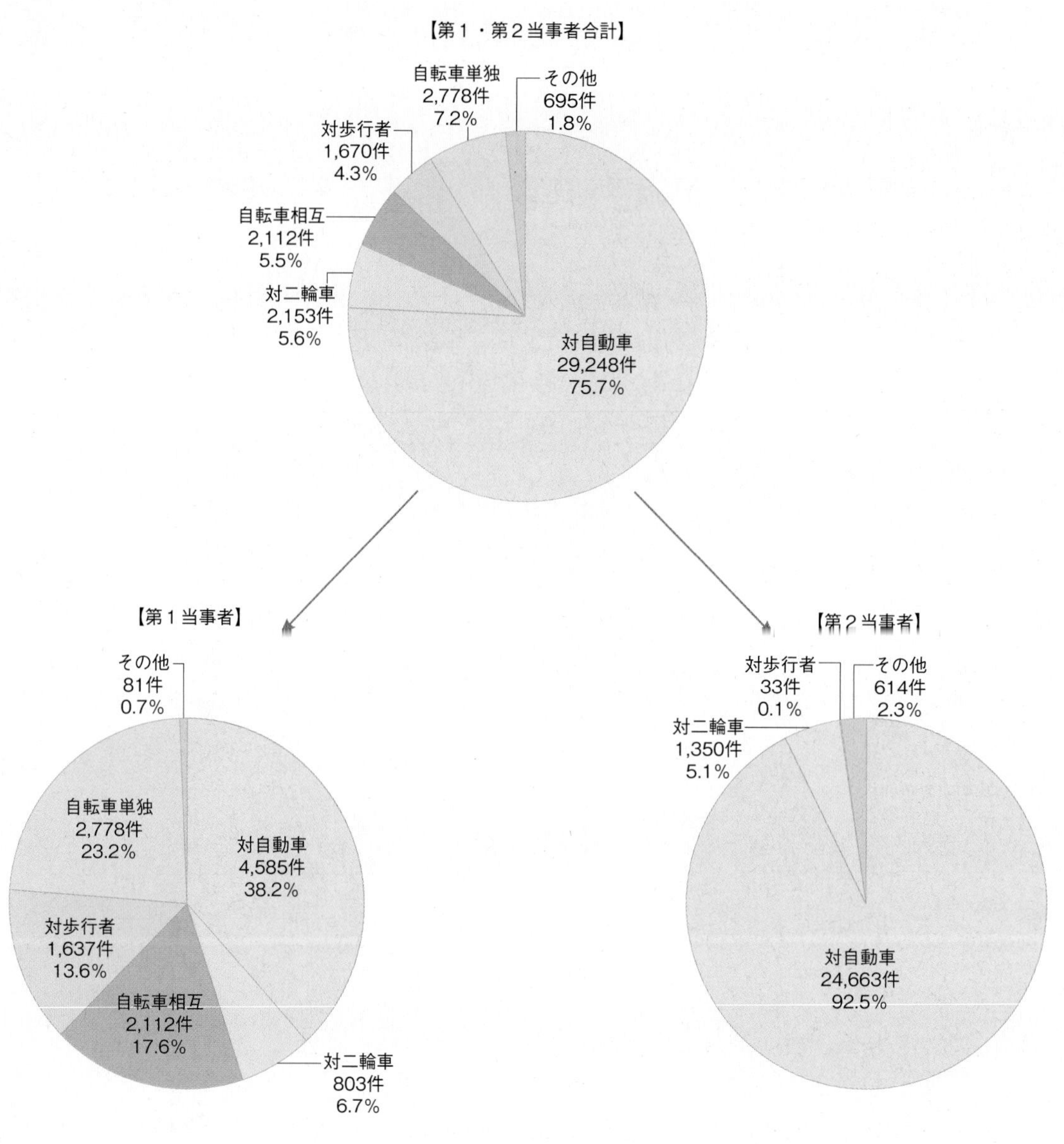

注　1　警察庁資料による。
　　2　自転車乗用者が第1又は第2当事者となった事故の件数であり，自転車乗用者の相互事故は1件とし，第1当事者の件数を計上。

特集 - 第５図　「自転車対歩行者」事故のうち（自転車第１当事者）歩行者死亡・重傷事故における自転車運転者等の年齢層（平成 30 年～令和４年の合計）

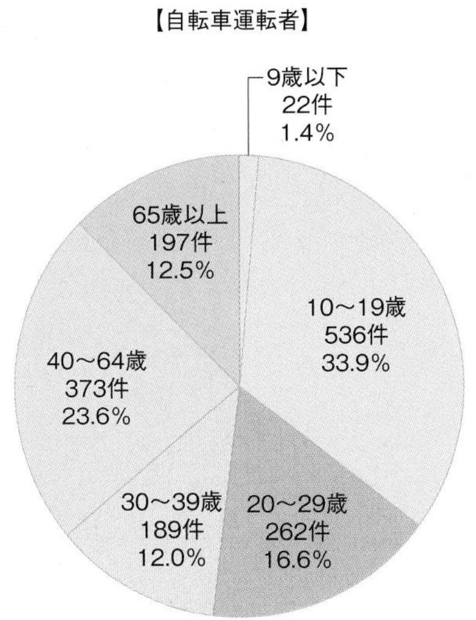

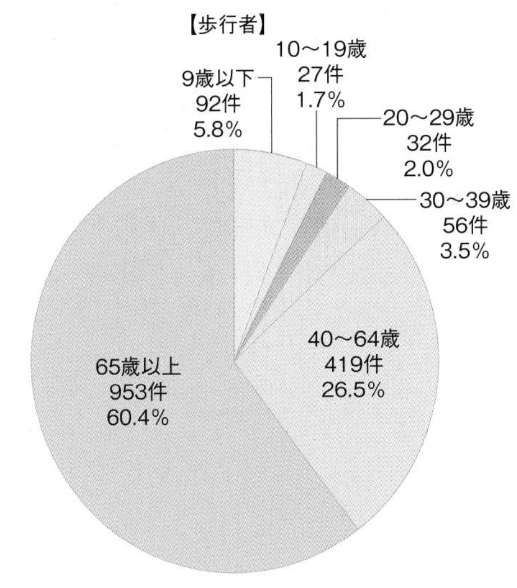

注　警察庁資料による。

特集 - 第６図　「自転車対自動車」事故のうち（自転車第２当事者）自転車運転者死亡・重傷事故における自転車運転者の年齢層（平成 30 年～令和４年の合計）

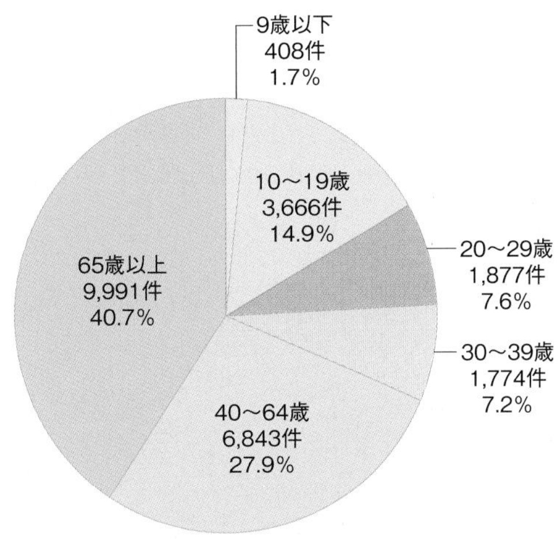

注　警察庁資料による。

３　違反別

自転車関連死亡重傷事故における自転車運転者（第１当事者，第２当事者の別）の法令違反状況（平成 30 年～令和４年の合計）を見ると，第１当事者の場合，安全運転義務違反が過半数を占めており，次いで一時不停止，信号無視の順に多くなっている（「その他」を除く。特集 - 第７図）。

第２当事者の場合，違反なしが約４割と一番多くなっているものの，第２当事者であっても，安全運転義務違反が約３分の１を占めているなど，約６割に一定の法令違反が認められるとの結果となった（特集 - 第７図）。

特集 - 第７図を年齢層別（65 歳以上の高齢者，高校生，中学生，小学生）で見ると，第１当事者では，高校生，中学生，小学生の一時不停止の割合が，全年齢層と比較して高くなっている。一方，高校生，中学生，小学生の信号無視については，全年齢層と比較して低くなっている（特集 - 第８図）。

第２当事者では，全年齢層の違反なしの割合と比較して，小学生，中学生，高校生はその割合が低く（特に，小学生は違反なしの割合が３割を下

特集 - 第7図　自転車関連死亡重傷事故における自転車運転者（第１当事者，第２当事者の別）の法令違反状況（平成 30 年～令和４年の合計）

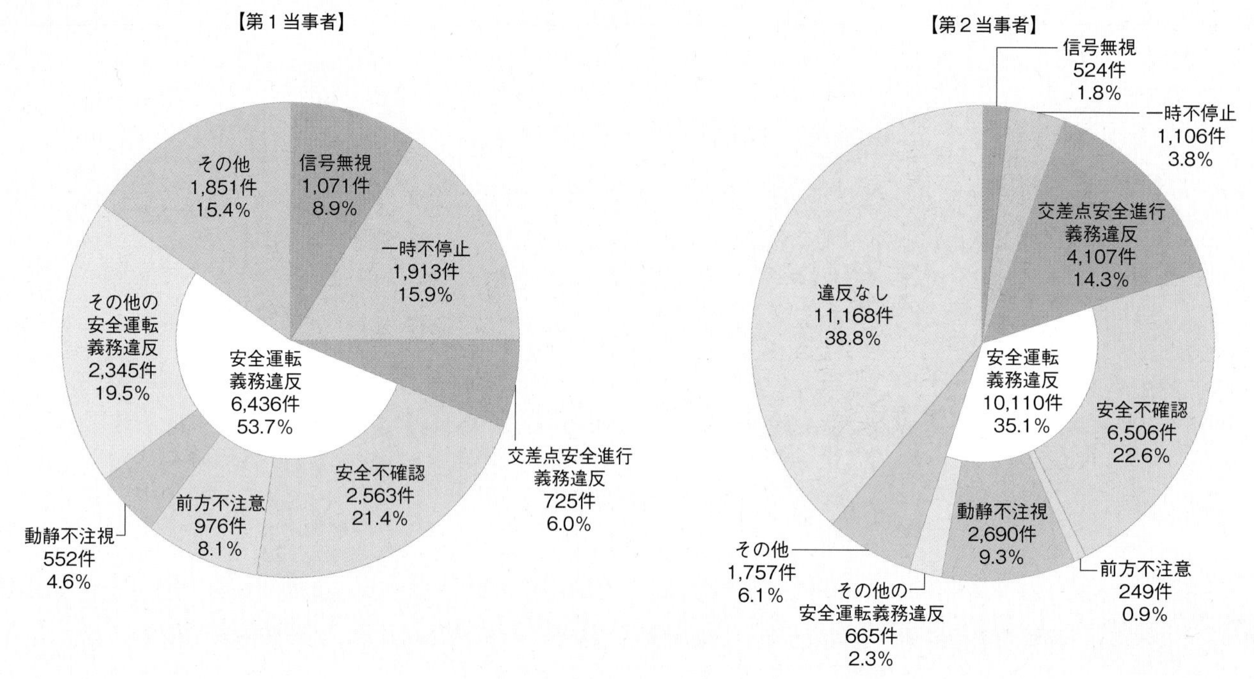

注　警察庁資料による。

特集 - 第8図　自転車関連死亡重傷事故における自転車運転者（第１当事者，第２当事者の別）の法令違反状況（年齢層別）（平成 30 年～令和４年の合計）

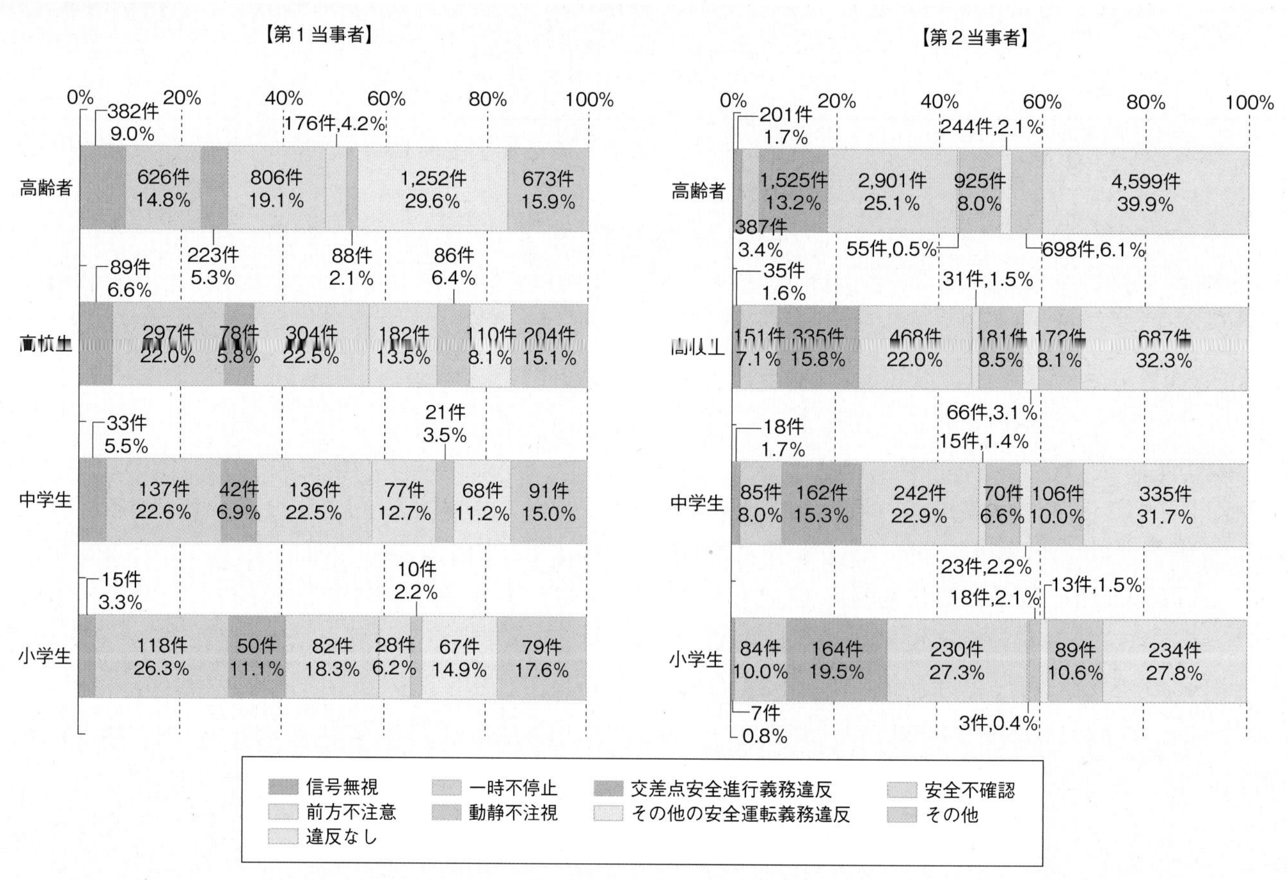

注　警察庁資料による。

回っている。)，第2当事者であっても何かしらの違反が認められているケースが高いことが分かる。また，小学生では，交差点安全進行義務違反の割合が約2割を占めている（特集-第8図）。

第2節　道路交通法等の改正（平成19年～）

1　道路交通法の一部改正（平成19年）

自転車の交通秩序を整序化するに当たり，自転車に関するルールを自転車利用者が遵守できる実効性のあるものとすることなどを目的として，平成19年6月，道路交通法が改正（平19法90）され，車道通行の原則を維持しつつ，普通自転車※が例外的に歩道通行できる要件等を明確（20年6月1日施行）にしたほか，児童・幼児の自転車乗用時に保護者が乗車用ヘルメットを着用させる努力義務が導入（20年6月1日施行）された（特集-第9図）。

2　道路標識，区画線及び道路標示に関する命令の一部改正（平成22年）

平成22年12月，道路標識，区画線及び道路標示に関する命令が改正（平22命令3）され，規制標識「普通自転車専用通行帯（327の4の2）」が新設された。同改正で新設された規制標識は，普通自転車専用通行帯のより円滑な設置に資するため，路側式によって設置することができるものとされた。

（規制標識「普通自転車専用通行帯（327の4の2）」）

3　道路標識，区画線及び道路標示に関する命令の一部改正（平成23年）

平成23年9月，道路標識，区画線及び道路標示に関する命令が改正（平23命令2）され，規制標識「自転車一方通行（326の2-A・B）」が新設され，自転車道又は歩道における自転車の一方通行の規制をすることが可能となった。

（規制標識「自転車一方通行（326の2-A）」）

4　道路交通法の一部改正（平成25年）

(1)制動装置等自転車に対する検査，応急措置，運転継続の禁止命令

平成25年6月，道路交通法が改正（平25法43）され，警察官は，道路交通法施行規則（昭35総理府令60）で定める基準に適合する制動装置を備えていないため交通の危険を生じさせるおそれがある自転車と認められる自転車が運転されているときは，その自転車の制動装置について検査することができることとされた。また，自転車の運転者に対し，安全確保のために必要な応急措置をとることを命じ，また，応急措置によって必

特集-第9図　普通自転車の歩道通行要件

① 道路標識や道路標示によって普通自転車が歩道を通行できることとされているとき。
② 普通自転車の運転者が，
　・児童，幼児
　・70歳以上の者
　・車道通行に支障がある身体障害者
③ 車道又は交通の状況に照らして，通行の安全を確保するために，普通自転車が歩道を通行することがやむを得ないと認められるとき。

※普通自転車
　車体の大きさ及び構造が道路交通法施行規則（昭35総理府令60）第9条の2の2で定める基準に適合する自転車で，他の車両を牽引していないもの。

特集 - 第 10 図　自転車運転者講習の対象となる 15 類型の危険行為

自転車運転者講習の対象となる 15 類型の危険行為

❶ 信号無視

❷ 通行禁止違反

道路標識等により自転車の通行が禁止されている道路等を通行する行為

❸ 歩行者用道路における車両の義務違反（徐行違反）

自転車の通行が認められた歩行者用道路で歩行者に注意せず、徐行しない行為

❹ 通行区分違反

歩道通行できる場合以外で歩道通行したり、道路の右側を通行したりする行為

❺ 路側帯通行時の歩行者の通行妨害

路側帯で歩行者の通行を妨げるような速度と方法で通行する行為

❻ 遮断踏切立入り

❼ 交差点安全進行義務違反等

信号機のない交差点で優先道路を通行する車両を妨害したりするなどの行為

❽ 交差点優先車妨害

交差点を右折時、直進車や左折車両の進行を妨害する行為

❾ 環状交差点安全進行義務違反等

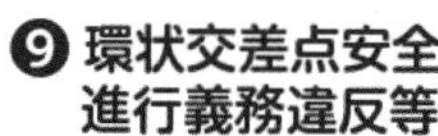

環状交差点内で車両等の進行を妨害する行為

❿ 指定場所一時不停止等

⓫ 歩道通行時の通行方法違反

歩道の通行が認められている場所で歩行者の妨害をする行為

⓬ 制動装置（ブレーキ）不良自転車運転

前後輪にブレーキがなかったり、ブレーキ性能不良の自転車を運転したりするなどの行為

⓭ 酒酔い運転

⓮ 安全運転義務違反

ハンドルやブレーキ等を確実に操作せず、他人に危害を及ぼすような速度や方法で運転する行為

⓯ 妨害運転（交通の危険のおそれ、著しい交通の危険）

他の車両を妨害する目的で、逆走、急ブレーキ、急な進路変更などの危険運転をする行為

要な整備をすることができないと認められる自転車については，運転の中止を命じることができることとされた（平成 25 年 12 月 1 日施行）。

⑵自転車を含む軽車両の路側帯通行

自転車を含む軽車両が通行できる路側帯は，道路の左側に設けられた路側帯に限られることとされた（平成 25 年 12 月 1 日施行）。

⑶自転車運転者講習

危険な違反行為（現在は 15 類型）を 3 年以内に 2 回以上繰り返した自転車運転者（14 歳以上）は，都道府県公安委員会の命令により，「自転車運転者講習」を受講しなければならなくなった（平成 27 年 6 月 1 日施行。特集 - 第 10 図）。

5　道路交通法の一部改正（令和 2 年）

令和 2 年 6 月，道路交通法が改正（令 2 法 42）され，高齢者用の四輪自転車や，運搬用の四輪自転車が開発されて利用が増大していることを受け，車体の大きさ及び構造が一定の基準に適合する自転車で，他の車両を牽引していないものについては，四輪自転車についても新たに普通自転車とすることとした。また，一定の基準に適合する四輪自転車について，自転車道の通行を認めることとした（令和 2 年 12 月 1 日施行）。

6　道路交通法の一部改正（令和４年）

令和４年４月，道路交通法が改正（令４法32）され，全ての年齢層の自転車利用者に対して，乗車用ヘルメットの着用の努力義務を課すこととされた（令和５年４月１日施行）。

第３節　交通対策本部決定について

1　「自転車の安全利用の促進について」の決定（平成19年７月10日付け中央交通安全対策会議交通対策本部決定）

自転車の交通秩序を整序化するに当たり，自転車に関するルールを自転車利用者が遵守できる実効性のあるものとすることなどを目的とした平成19年の道路交通法の改正に併せ，平成19年７月10日に交通対策本部において「自転車の安全利用の促進について」（以下「旧自転車の安全利用の促進について」という。）が決定された。これにより，国及び地方公共団体は，自転車通行ルール等の広報啓発，自転車走行空間の整備の推進等を行うこととなった。特に，自転車通行ルールの広報啓発に当たっては，「旧自転車の安全利用の促進について」の別添で定めた「自転車安全利用五則」を活用することとされた。

2　「自転車の安全利用の促進について」の改定（令和４年11月１日付け中央交通安全対策会議交通対策本部決定）

令和４年４月の道路交通法の改正により，全ての自転車利用者に対する乗車用ヘルメット着用の努力義務化が行われたところであり，これを機会に，自転車に関する交通秩序の更なる整序化を図るため，「旧自転車の安全利用の促進について」を全面的に見直すこととし，令和４年11月１日付けで「自転車の安全利用の促進について」を決定（「旧自転車の安全利用の促進について」は廃止。）した。この見直しにより，「自転車安全利用五則」についても，自転車利用者が守るべきルールを簡潔に伝える必要があるとの観点で見直した（特集 - 第11図）。

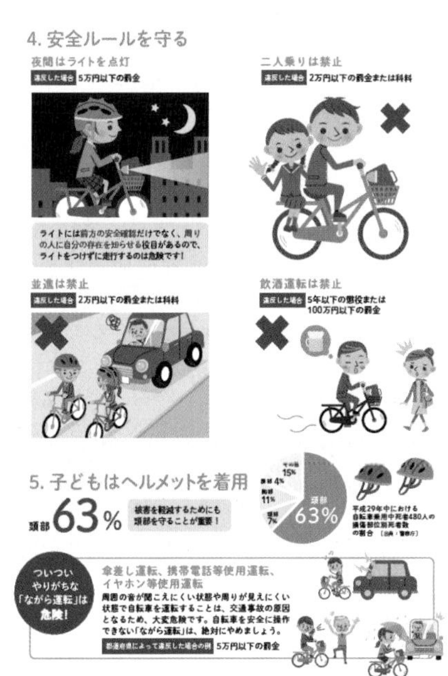

（「旧自転車の安全利用の促進について」を受けて作成した自転車通行ルールの広報啓発用リーフレット）

特集 - 第 11 図　自転車安全利用五則の改定に係る新旧対照

新	旧
1　車道が原則、左側を通行 歩道は例外、歩行者を優先	1　自転車は、車道が原則、歩道は例外 2　車道は左側を通行 3　歩道は歩行者優先で、車道寄りを徐行
2　交差点では信号と一時停止を守って、安全確認 3　夜間はライトを点灯 4　飲酒運転は禁止	4　安全ルールを守る ◆ 飲酒運転・二人乗り・並進の禁止 ◆ 夜間はライトを点灯 ◆ 交差点での信号遵守と一時停止・安全確認
5　ヘルメットを着用	5　子どもはヘルメットを着用

内閣府

（改定した自転車安全利用五則の広報啓発用リーフレット）

第２章　自転車の安全利用の促進について（自転車安全利用五則）

全ての自転車利用者に対する乗車用ヘルメット着用の努力義務化を内容とする道路交通法の改正が行われた。これを機会に，自転車に関する交通秩序の更なる整序化を図り，自転車の安全利用を促進するため，令和４年11月１日付けで「自転車の安全利用の促進について」（中央交通安全対策会議交通対策本部決定）が決定された。

本章第１節から第５節では，「自転車安全利用五則※」について，それぞれのルールが，自転車を安全に利用するに当たって守るべきものであることを理解するため，そのルールの解説とともに，関係する交通事故統計を示すこととする。第６節では，国，地方公共団体，関係機関が取り組んでいる自転車安全利用に係る施策について紹介することとする。

第１節　車道が原則，左側を通行　歩道は例外，歩行者を優先【第１則】

１　第１則は自転車の走行場所を定めたもの

⑴自転車は軽車両と位置付けられ，車道通行が原則

道路交通法では，自転車は軽車両と位置付けられている。自転車は，歩道と車道の区別があるところでは車道を通行するのが原則であり，車道の左側（車両通行帯のない道路では左側端）を通行しなければならない。

また，著しく歩行者の通行を妨げることとなる場合を除き，道路の左側部分に設けられた路側帯を通行することができるが，その場合は，歩行者の通行を妨げないような速度と方法で通行しなければならない。

（車道通行が原則）

（歩道通行は例外）

⑵歩道通行は例外

普通自転車が歩道を通行する場合は，道路標識等により普通自転車が通行すべき部分として指定された部分（普通自転車通行指定部分）がある場合は当該部分を，指定されていない場合は歩道の中央から車道寄りの部分を徐行しなければならない。また，歩行者の通行を妨げるような場合は一時停止しなければならない。ただし，普通自転車通行指定部分を通行し，又は通行しようとする歩行者がいないときは，歩道の状況に応じた安全な速度と方法で進行することができる。

２　交通事故統計から

交通事故統計は，自転車運転者が歩道において事故を起こしていることを示している。自転車関連死亡重傷事故件数（第１当事者，第２当事者の別。平成30年～令和４年の合計。）を，衝突地点が単路のケースで見たところ，衝突地点が歩道である割合は，第１当事者で約３割，第２当事者で約２割となっており，第１当事者の方が割合では高くなっている（特集‐第12図）。

※自転車安全利用五則
自転車の交通ルールの広報啓発に活用することとされている「自転車の安全利用の促進について」の別添に定められているもの。

特集 - 第 12 図　衝突地点が単路の自転車関連死亡重傷事故（第１当事者，第２当事者の別）件数（平成 30 年～令和４年の合計）

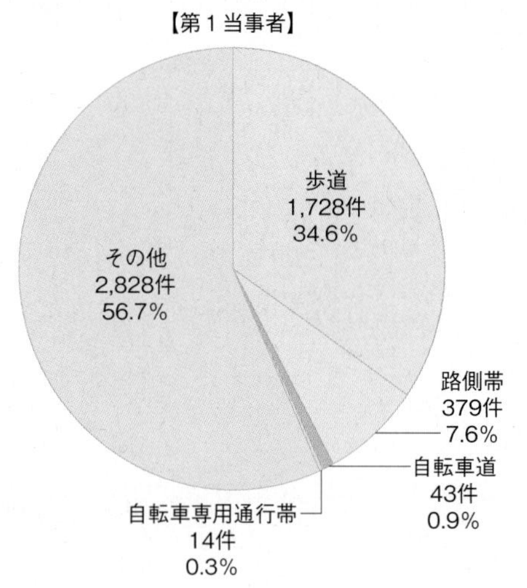

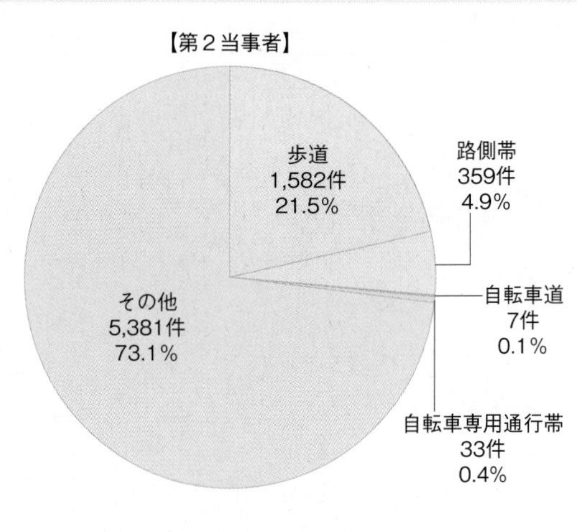

注　1　警察庁資料による。
　　2　自転車乗用者が第１又は第２当事者となった事故の件数であり，自転車乗用者の相互事故は１件とし，第１当事者の件数を計上。

3　自転車通行空間の整備

⑴自転車道

全ての道路利用者が安全を確保するためには，歩行者，自転車，自動車等をそれぞれ分離した利用環境が整っていることが望ましい。自転車道は，専ら自転車の通行の用に供するために，縁石線又は柵その他これに類する工作物により区画して設けられる道路の部分をいい（道路構造令（昭 45 令 320）第２条第２号），その整備状況を延長距離の推移で見ると，緩やかではあるものの着実に増勢がみられ，令和３年度末（令和４年３月末）の延長距離は，平成 29 年度末（平成 30 年３月末）と比較して約１割伸長している（特集 - 第 13 図）。

特集 - 第 13 図　自転車道の整備状況（過去５年の延長距離）

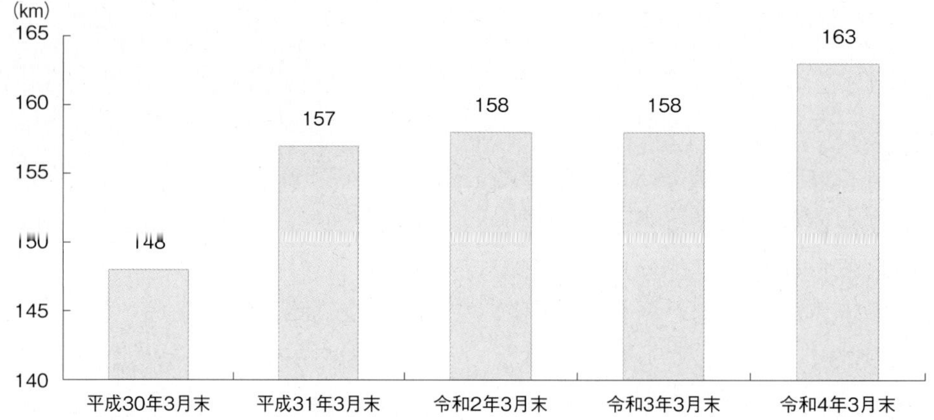

注　国土交通省道路局調べ。

（自転車道の整備例）

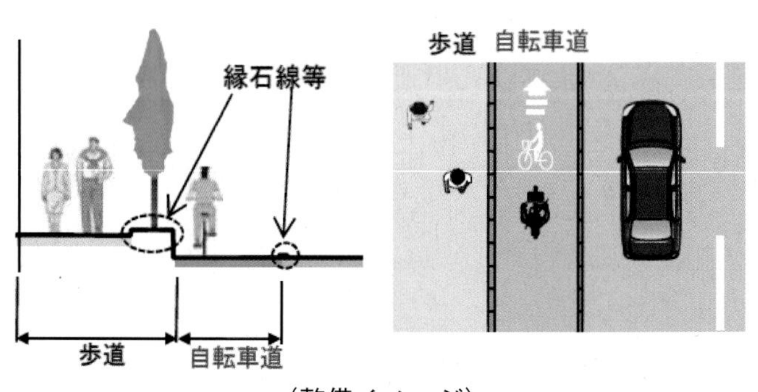

（整備イメージ）

⑵普通自転車専用通行帯

自転車と自動車が視覚的に分離された自転車通行空間として，普通自転車専用通行帯がある。普通自転車専用通行帯は，車両通行帯の設けられた道路において，普通自転車が通行しなければならない車両通行帯として指定された車両通行帯をいう。その設置状況を延長距離の推移で見ると，自転車道と同様，着実に増勢がみられ，令和３年度末（令和４年３月末）の延長距離は，平成29年度末（平成30年３月末）と比較して２割以上伸長している（特集 - 第14図）。

特集 - 第14図　普通自転車専用通行帯の設置状況

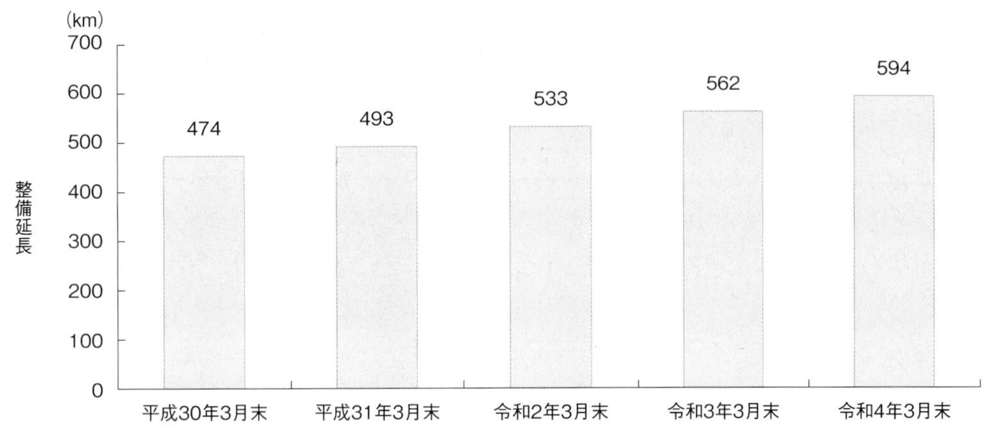

注　警察庁交通局調べ。

（普通自転車専用通行帯の設置例）

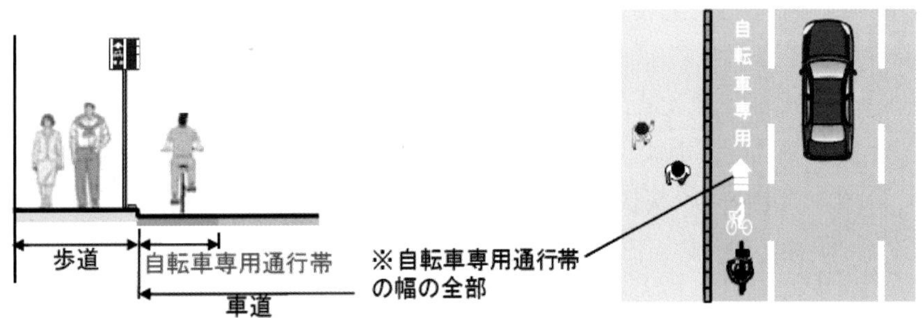

（整備イメージ）

⑶車道混在（自転車と自動車を車道で混在）

車道混在とする場合，必要に応じて，自転車の通行位置を示し，自動車に自転車が車道内で混在することを注意喚起するための矢羽根型路面表示，自転車ピクトグラムを設置するものとされている。

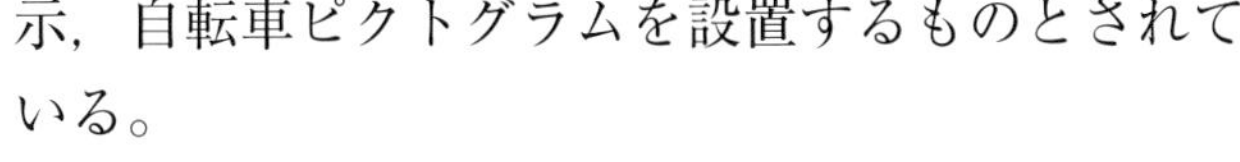

※自転車は，車道の左側（車両通行帯のない道路では左側端）を通行しなければならない。

（矢羽根型路面表示の設置例）

（自転車ピクトグラムの設置例）

第2節　交差点では信号と一時停止を守って，安全確認【第2則】

1　第2則は交差点における遵守事項を定めたもの

信号機のある交差点では，信号機の表示する信号に従わなければならない。「歩行者・自転車専用」と表示されている信号機のある場合は，その信号機の表示する信号に従うこととなる。

信号機のない交差点で，一時停止すべきことを示す道路標識等がある場合は，一時停止しなければならない。また，狭い道から広い道に出るときは，徐行しなければならない。

（信号を守って安全確認）

（一時停止を守って安全確認）

2　交通事故統計から

⑴衝突地点別の自転車関連死亡重傷事故の状況

前節と同様，交通事故統計を用いて事故状況を見てみることとする。衝突地点別（単路，交差点等）の自転車関連死亡重傷事故（第1当事者，第2当事者の別。平成30年～令和4年の合計。）を見ると，自転車が第1当事者となるケースでは，約5割が交差点内で生じていることが分かる。また，第2当事者の場合では交差点内で約7割弱を占めている（特集 - 第15図）。

⑵交差点における自転車関連死亡重傷事故の自転車運転者に関する法令違反状況

自転車関連の死亡重傷事故は，交差点内で生じているケースが多いが，その原因について，自転車運転者にどのような法令違反があったのかという観点で見てみることとする。

交差点における自転車関連死亡重傷事故の自転車運転者（第1当事者，第2当事者の別）に関する法令違反状況（平成30年～令和4年の合計）を見ると，第1当事者の場合，一時不停止が約3

特集 - 第15図　衝突地点別の自転車関連死亡重傷事故（第1当事者，第2当事者の別）件数（平成30年～令和4年の合計）

【第1当事者】

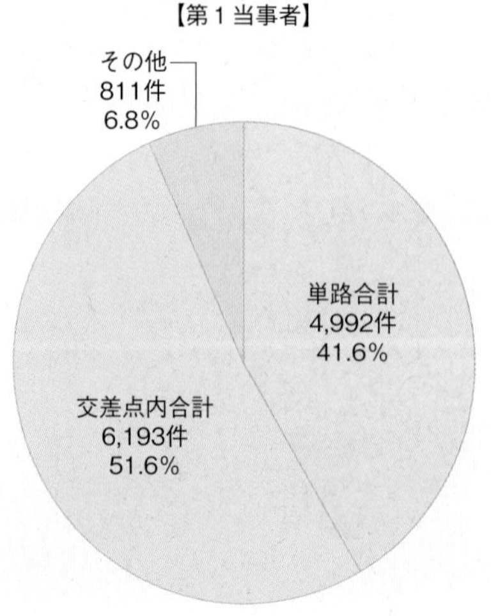

【第2当事者】

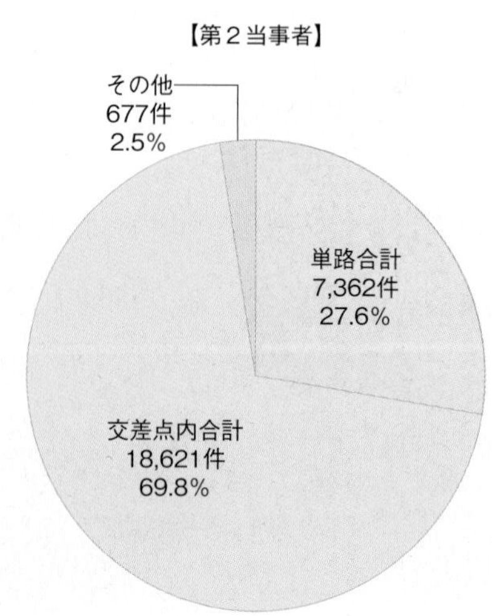

注　1　警察庁資料による。
　　2　自転車乗用者が第1又は第2当事者となった事故の件数であり，自転車乗用者の相互事故は1件とし，第1当事者の件数を計上。

割と一番高く，次に安全不確認，信号無視の順に割合が高い。第１章第１節の特集 - 第７図「自転車関連死亡重傷事故における自転車運転者の法令違反状況」と比較すると，交差点では，一時不停止と信号無視の割合は高くなっていることが分かる。第２当事者の場合は，一時不停止と信号無視の割合は，第１当事者の場合と比較して低くなるものの，交差点安全進行義務違反や安全運転義務違反など，自転車側の法令違反も認められる結果となっている。

なお，第２当事者の場合は，第１章第１節の特集 - 第７図「自転車関連死亡重傷事故における自転車運転者の法令違反状況」と比較しても，違反内容や割合に大きな変化は認められない（特集 - 第 16 図，第７図）。

交差点における自転車関連死亡重傷事故と自転車運転者の法令違反の関係について，年齢層別（65 歳以上の高齢者，高校生，中学生，小学生）の傾向を見ると，第１当事者の場合，一時不停止の割合は，小学生，中学生，高校生で約４割程度と，全年齢層と比較して高い。特に，小学生の場合は４割を超えている。一方，信号無視の割合は，中学生，高校生では１割程度，小学生では１割を大きく下回るなど，全年齢層と比較して低い。これは，小学生は，信号については，交通安全教育等により比較的よく理解して守っているが，一時停止については，あまり認識されておらず，その結果として事故にあっていることが推測される。

第２当事者の場合，違反なしの割合が小学生は約４分の１と，全年齢層と比較して低く，何らかの法令違反が認められるケースが多いことが分かる。また，交差点安全進行義務違反の割合も約４分の１を占めている（特集 - 第 17 図）。

以上から，小学生に対しては，交差点における信号，一時停止をしっかり守り，交差点を安全に通行することを，交通安全教室等を通じてしっかり教育することが効果的と考えられる。

特集 - 第 16 図　交差点における自転車関連死亡重傷事故の自転車運転者（第１当事者，第２当事者の別）に関する法令違反状況（平成 30 年～令和４年の合計）

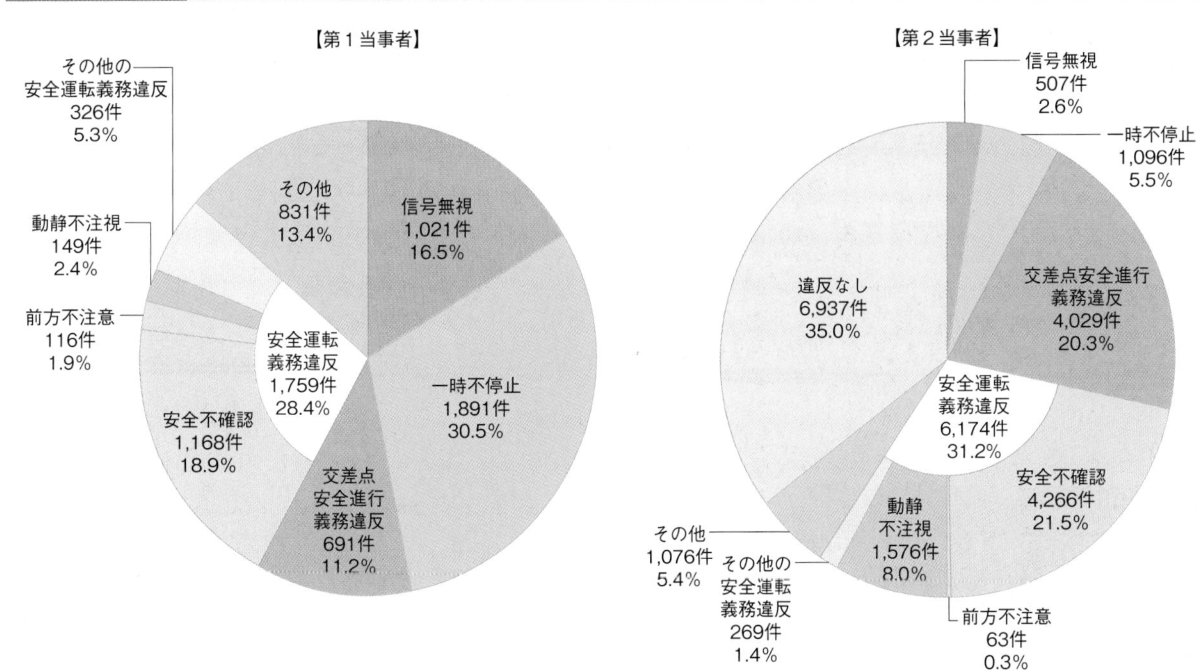

注　警察庁資料による。

特集 - 第 17 図　交差点における自転車関連死亡重傷事故の自転車運転者（第１当事者，第２当事者の別）に関する法令違反状況（年齢層別）（平成 30 年～令和４年の合計）

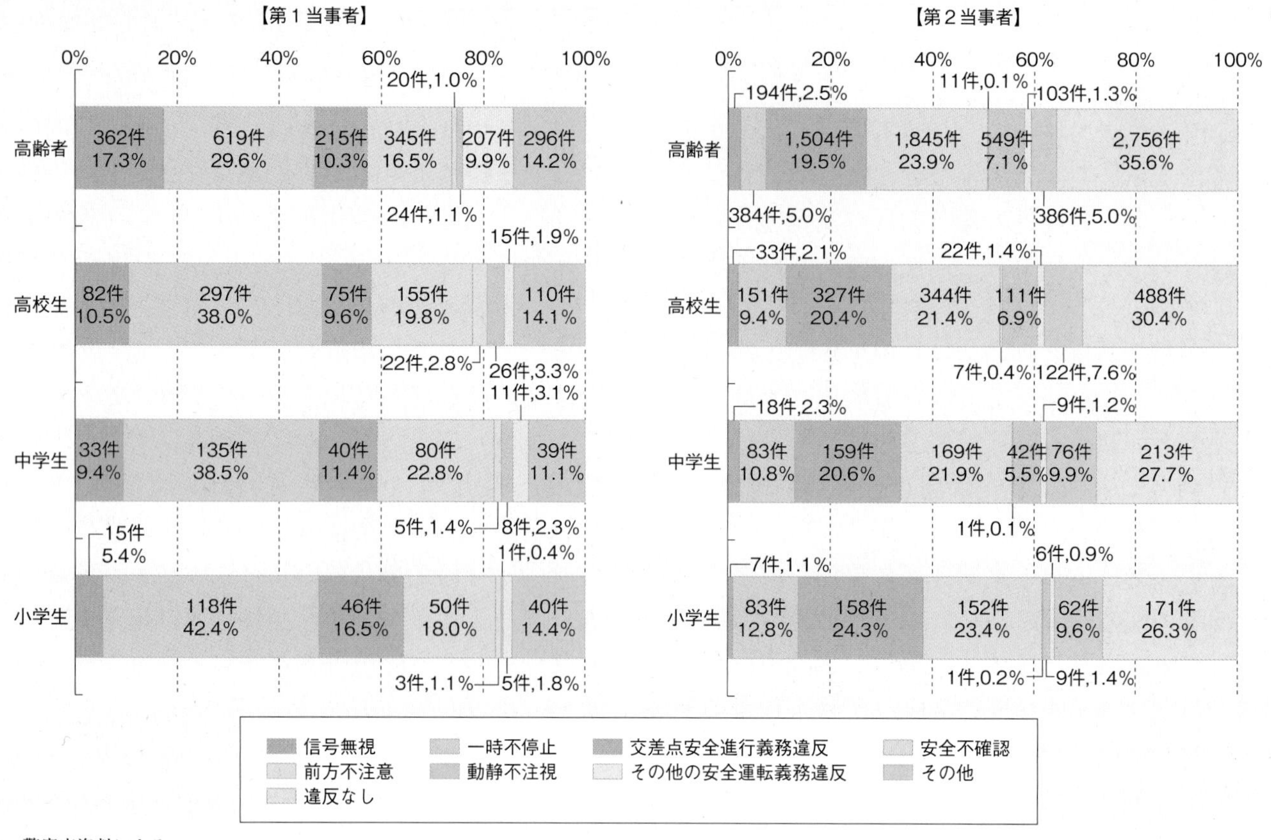

注　警察庁資料による。

第３節　夜間はライトを点灯【第３則】

1　第３則は夜間における遵守事項を定めたもの

夜間，自転車で道路を走るときは，前照灯（ライト）及び尾灯（又は反射器材）をつけなければならない。

また，ライトは前方の安全確認だけでなく，歩行者や車に自転車の存在を知らせるためにも有効である。

（夜間はライトを点灯）

2　交通事故統計等から

⑴夜間前照灯点灯の有無別

夜間における自転車関連死亡重傷事故（第１当事者）件数の推移を見ると，平成 25 年以降減少傾向にあるものの令和２年以降は 500 件程度で横ばいとなっている。また，前照灯点灯の割合も緩やかに上昇しているが，７割未満となっている（特集 - 第 18 図）。

夜間前照灯点灯の安全効果を示すものとして，自転車乗用中（第１・第２当事者）の夜間ライト点灯状況別死傷者数（平成 30 年～令和４年の合計）の構成を見ると，前照灯消灯又は設備無し時の致死率（死傷者のうち死者の占める割合をいう。）は点灯時に比べて約 1.8 倍となっている（特集 - 第 19 図）。

さらに，危険性の高い前照灯消灯又は設備無し時の事故について，市街地と非市街地に分けて致死率を比較すると，非市街地における致死率は市街地の約 4.9 倍と高まることが分かる（特集 - 第 20 図）。

特集 - 第 18 図　**夜間における自転車関連死亡重傷事故（第１当事者）件数の推移と前照灯点灯の割合（平成 25 年～令和４年）**

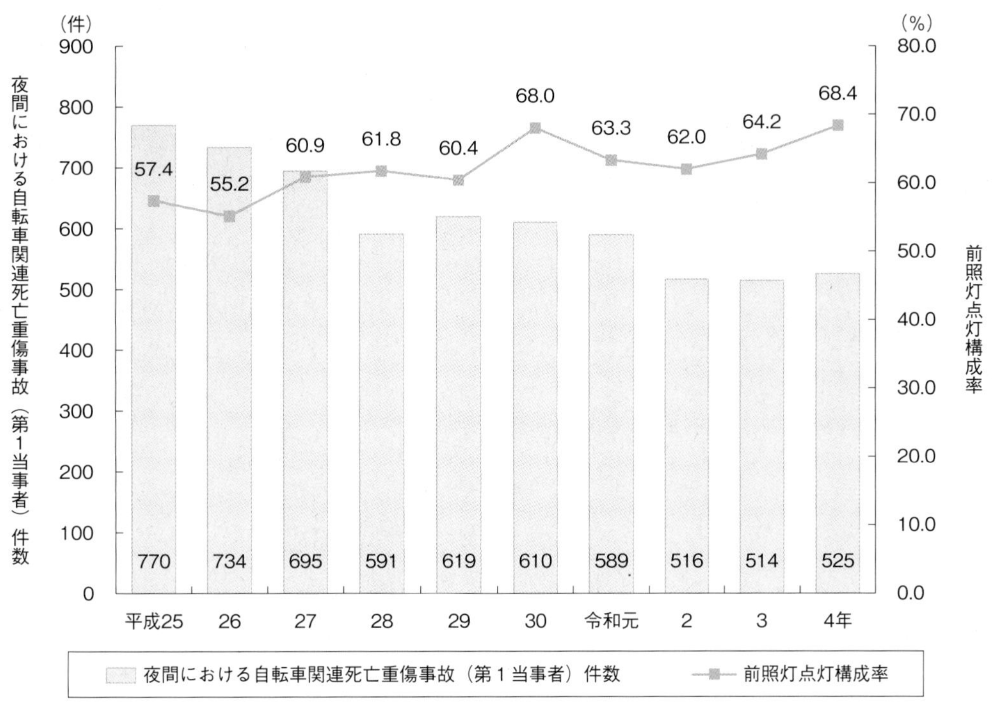

注　1　警察庁資料による。
　　2　自転車乗用者が第１当事者となった事故の件数を集計した。

特集 - 第 19 図　**自転車乗用中（第１・第２当事者）の夜間ライト点灯状況別死傷者数（平成 30 年～令和４年の合計）と致死率比較**

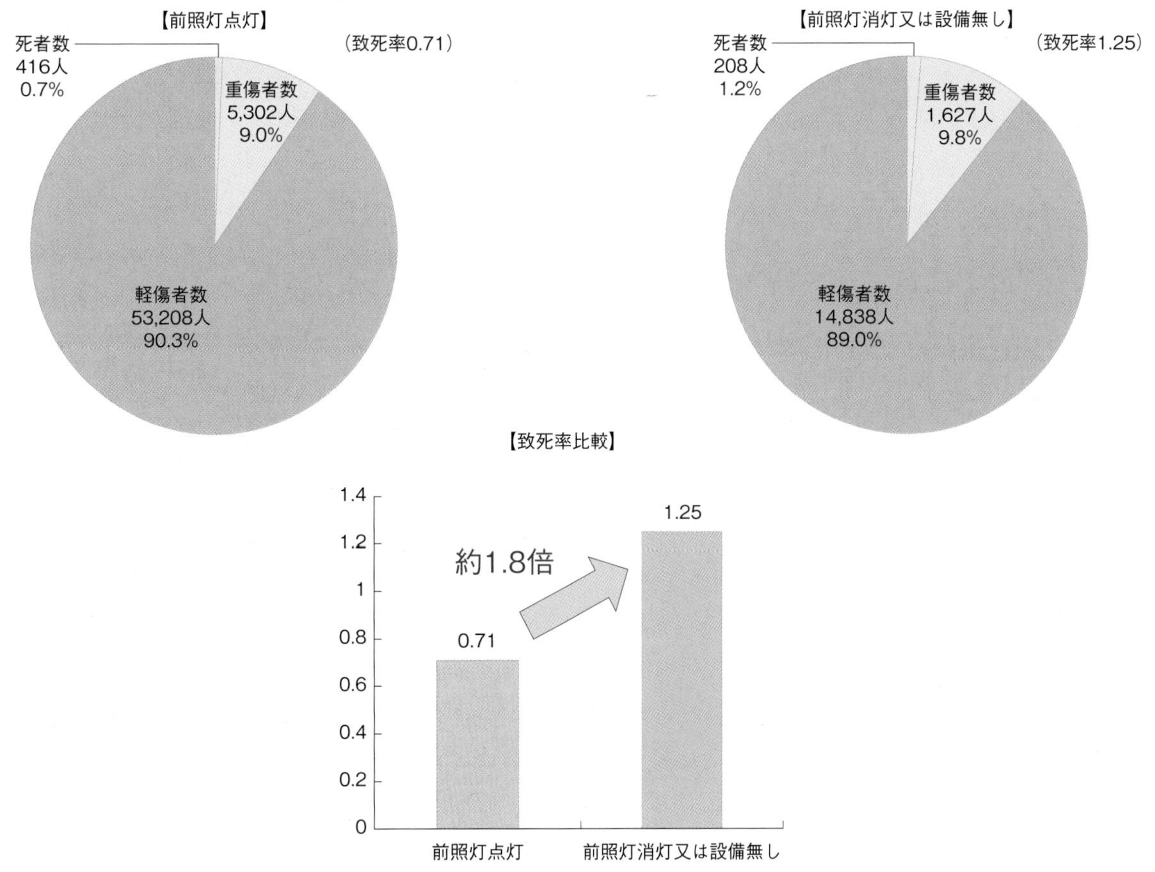

注　1　警察庁資料による。
　　2「致死率」とは，死傷者のうち死者の占める割合をいう。

特集 - 第 20 図　自転車乗用中（第１・第２当事者）のライト消灯・設備無しの地形別死傷者数（平成 30 年～令和４年の合計）と致死率比較

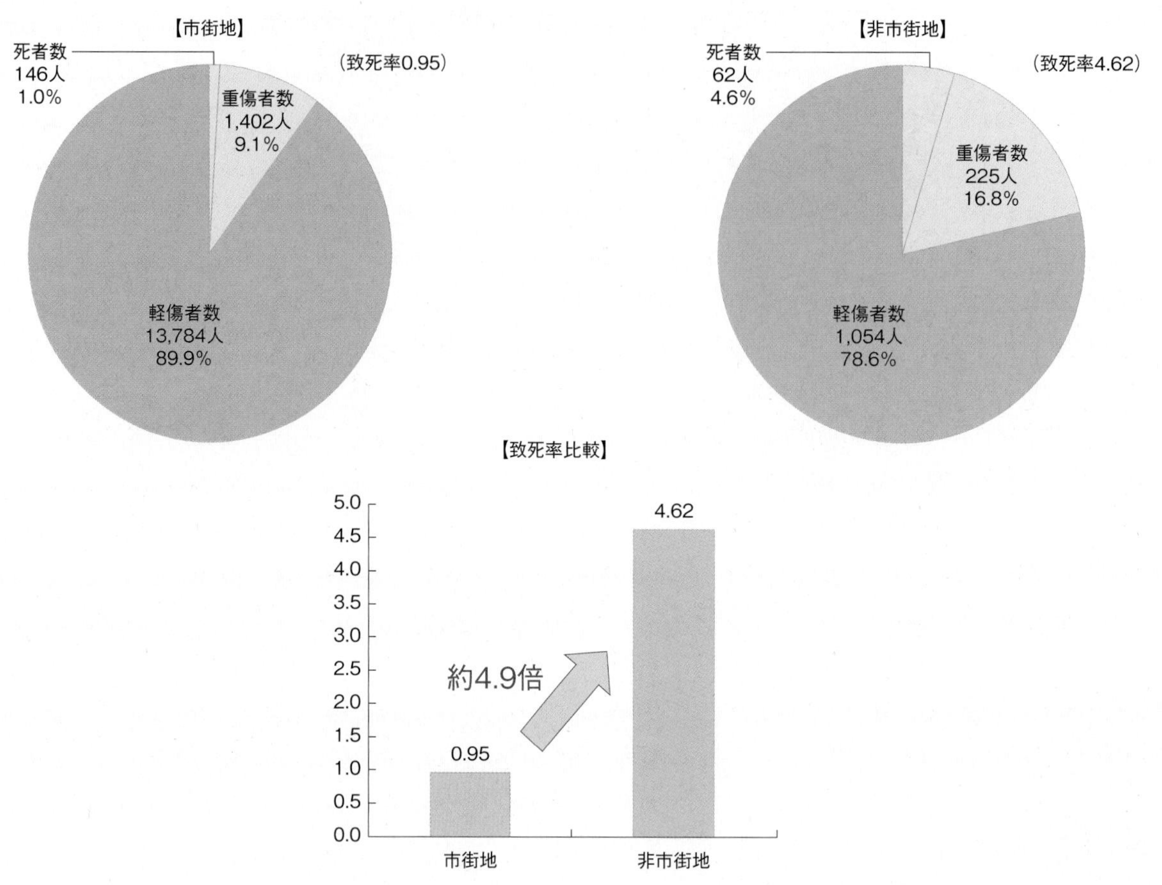

注　1　警察庁資料による。
　　2　「致死率」とは，死傷者のうち死者の占める割合をいう。
　　3　「市街地」とは，道路に沿っておおむね 500 メートル以上にわたって，住宅，事業所又は工場等が連立し，又はこれらが混在して連立している状態であって，その地域における建造物及び敷地の占める割合が 80％以上になるいわゆる市街地的形態をなしている地域をいう。
　　4　「非市街地」とは，「市街地」以外をいう。

⑵自転車の無灯火違反取締り（送致）件数，指導警告件数（平成 30 年～令和４年）

こうした前照灯消灯又は設備無し時の事故の危険性に鑑み，自転車の無灯火違反取締りは実施されている。その指導警告件数は減少傾向にあるものの，令和４年実績でも 30 万件を超えており，多くの者が無灯火で自転車を運転している実態を示している（特集 - 第 21 図）。

特集 - 第 21 図　自転車の無灯火違反取締り（送致）件数，指導警告件数（平成 30 年～令和４年）

	H30	R元	R2	R3	R4
取締り（送致）件数	28	17	16	24	24
指導警告件数	470,929	377,997	384,098	336,366	330,495

第4節　飲酒運転は禁止【第4則】

1　第4則は飲酒運転の禁止を定めたもの

自転車は「軽車両」に該当することから，自動車の運転者と同じく飲酒運転は禁止である。

（飲酒運転は禁止）

2　交通事故統計等から

⑴自転車関連の飲酒運転事故件数の推移

自転車関連（第1当事者）の飲酒運転事故件数について，平成25年からの推移を見ると，年によって増減はあるものの，平成28年以降は緩やかな増加傾向がみられる（特集-第22図）。同じ期間における自動車及び原動機付自転車以上（第1当事者）の飲酒運転事故件数が減少傾向を示し，令和4年の件数は，平成25年から半減したことと比較すれば，自転車関連の飲酒運転事故は，件数自体は少ないものの，自転車も自動車の運転者と同じく飲酒運転は禁止であるという認識がまだ不足していると考えられる（特集-第23図）。

また，自転車関連（第1当事者）の飲酒運転事故件数のうち，死亡事故又は重傷事故に至った割合は，令和4年で約4分の1となっている（特集-第22図）。同じ令和4年中の自転車関連の交通事故件数（第1当事者）に占める死亡・重傷事故件数の割合が約1割であることを考えると，自転車の飲酒運転は，死亡又は重傷に至る確率が高いことが分かる（特集-第24図）。

⑵自転車の酒酔い運転取締り（送致）件数（平成30年～令和4年）

自転車の酒酔い運転取締り（送致）件数は，特集-第25図のとおりである。

特集-第22図　自転車関連（第1当事者）の飲酒運転事故件数の推移（平成25年～令和4年）

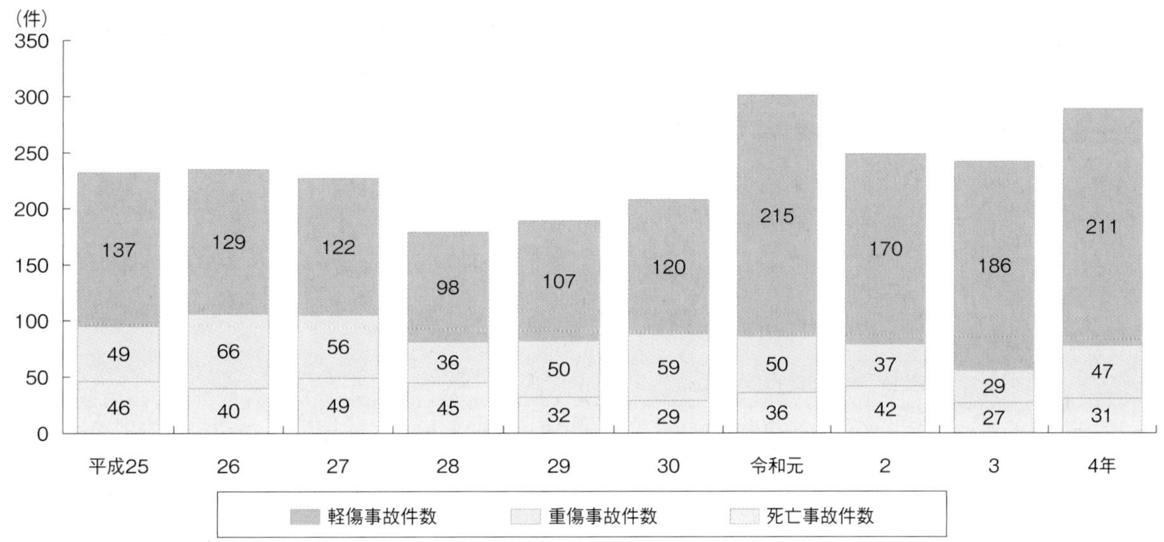

注　1　警察庁資料による。
　　2　飲酒運転の自転車が第1当事者となった事故について集計した。

特集 - 第 23 図　自動車及び原動機付自転車以上（第１当事者）の飲酒運転事故件数の推移（平成 25 年～令和４年）

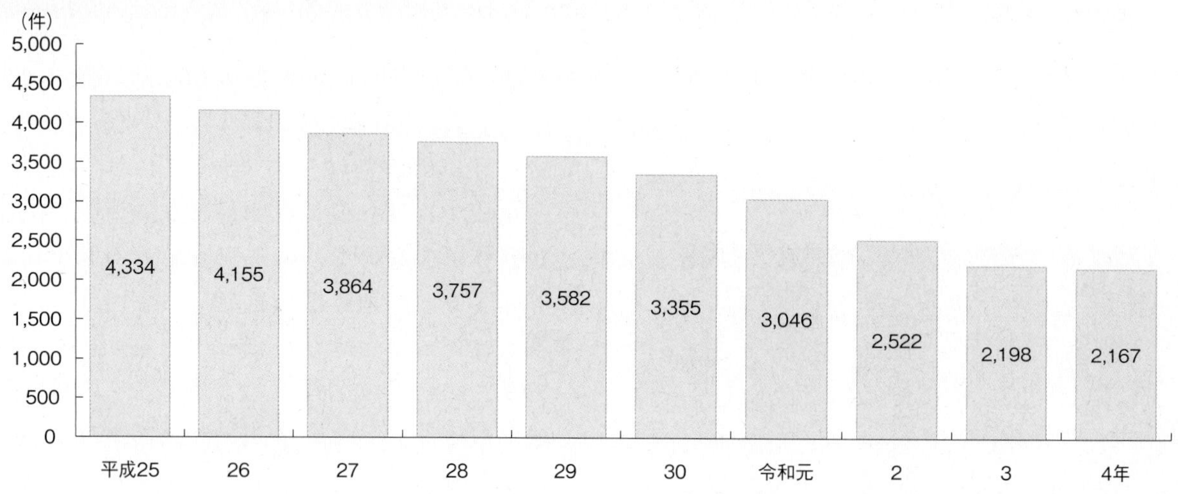

注　1　警察庁資料による。
　　2　「自動車及び原動機付自転車以上」とは，自動車，自動二輪車及び原動機付自転車の運転者をいう。

特集 - 第 24 図　自転車関連事故（第１当事者）件数の推移（平成 25 年～令和４年）

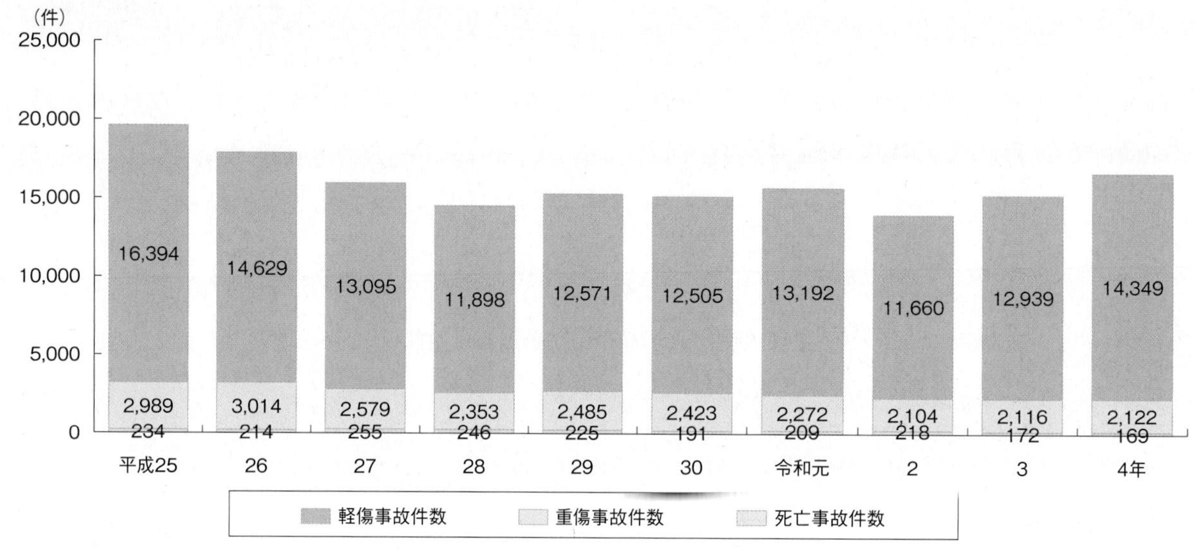

注　1　警察庁資料による。
　　2　自転車乗用者が第１当事者となった事故の件数を集計した。

特集 - 第 25 図　自転車の酒酔い運転取締り（送致）件数（平成 30 年～令和４年）

	H30	R元	R2	R3	R4
取締り（送致）件数	110	109	119	103	116

第５節　ヘルメットを着用【第５則】

１　第５則はヘルメット着用を定めたもの

令和４年４月，道路交通法が改正（令４法32）され，全ての年齢層の自転車利用者に対して，乗車用ヘルメットの着用の努力義務を課すこととされた（令和５年４月１日施行）。これに併せて，自転車安全利用五則の第５則についても，平成19年当時の「子どもはヘルメットを着用」から「ヘルメットを着用」に改正された。

（ヘルメットを着用）

２　交通事故統計から

⑴自転車乗用中の人身損傷部位

乗車用ヘルメットがいかに大切かという部分を交通事故統計から見てみることとする。

まず，自転車乗用中の死者・重傷者・負傷者の人身損傷主部位（損傷程度が最も重い部位（死亡の場合は致命傷の部位）をいう。平成30年～令和４年の合計）を見ると，死者の場合は頭部の損傷が致命傷となるケースが半数以上を占めている。重傷者の場合は脚部が約４分の１と一番高い割合になるものの，頭部も約２割弱を占める。負傷者の場合は脚部が最も多くなり，頭部は１割程度となっている（特集 - 第26図）。

また，65歳以上の高齢者，高校生，中学生，小学生の別で見ても，死者の半数程度は頭部の損傷が致命傷となっており，重傷者及び負傷者の場合は腕部，脚部の割合が高くなる（特集 - 第26図）。すなわち，どの年齢層であっても，自転車に乗る際は，頭部を守ることが重要であることが分かる。

特集 - 第26図　自転車乗用中死者・重傷者・負傷者の人身損傷主部位比較（平成30年～令和４年の合計）

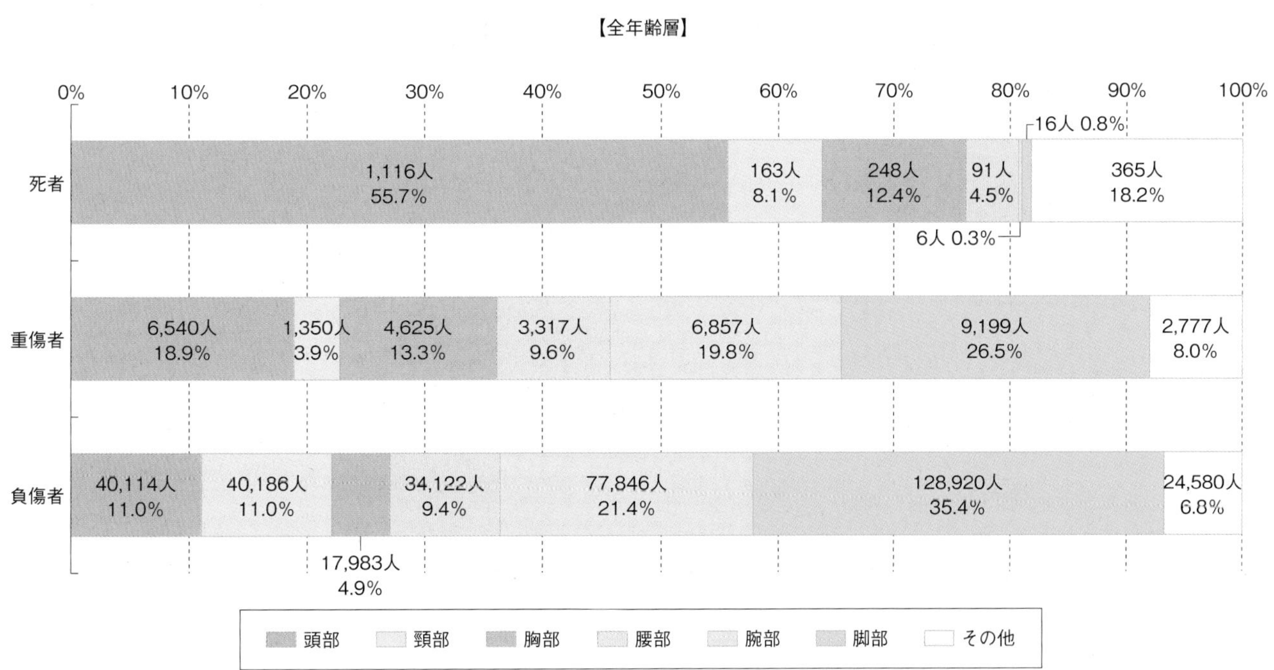

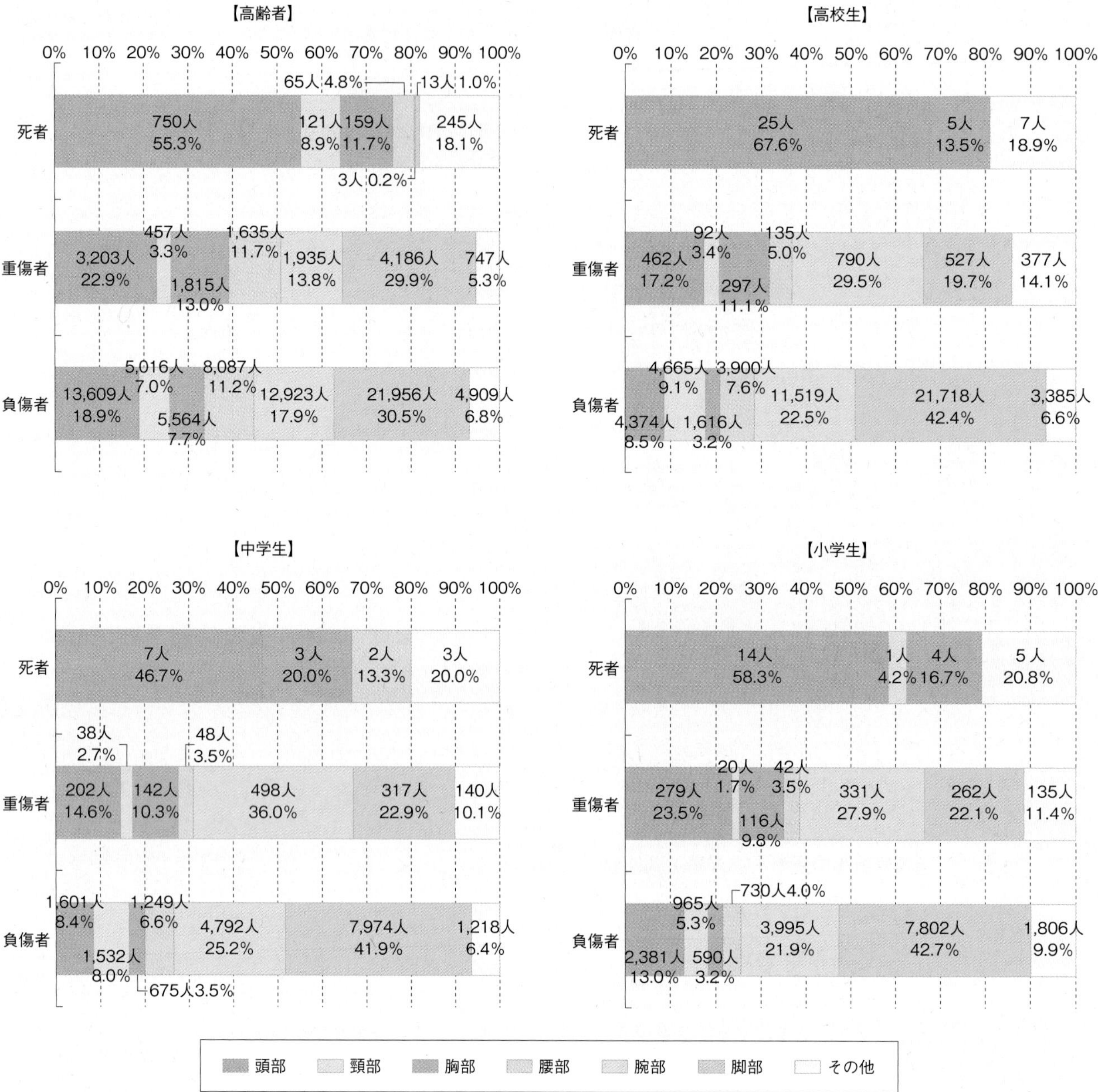

注　1　警察庁資料による。
　　2　「人身損傷主部位」とは，損傷程度が最も重い部位（死亡の場合は致命傷の部位）をいう。
　　3　「その他」とは，顔部，腹部等をいう。

⑵ヘルメット着用状況別

ヘルメット着用，非着用に分けて，自転車乗用中の死者の人身損傷主部位別を見ると，まず分かるのは，死者総数1,996人のうち，ヘルメット非着用が約95%とほとんどを占めており，また，死者重傷者の場合も，総数36,215人のうち，ヘルメット非着用が約91%を占めている。

また，頭部損傷で死亡している割合が，着用より非着用の方が高くなっている。死者重傷者で見た場合でも，死者の場合と同様に，着用より非着用が高くなっている（特集 - 第27図）。

自転車乗用中のヘルメット着用状況別の致死率（死傷者のうち死者の占める割合をいう。平成25年～令和4年の合計）は，着用と比較して非着用は約2.4倍となっている（特集 - 第28図）。

特集 - 第 27 図　ヘルメット着用状況別自転車乗用中死者（死者重傷者）の人身損傷主部位比較（平成 30 年～令和４年の合計）

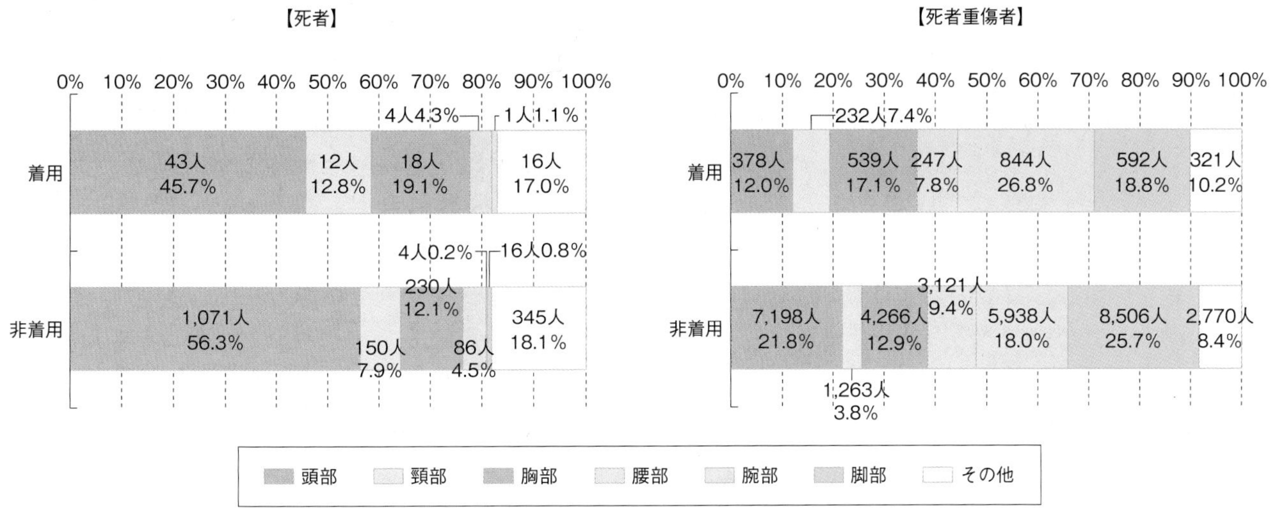

注　1　警察庁資料による。
　　2「人身損傷主部位」とは，損傷程度が最も重い部位（死亡の場合は致命傷の部位）をいう。
　　3「その他」とは，顔部，腹部等をいう。
　　4「着用不明」は除く。

特集 - 第 28 図　ヘルメット着用状況別の致死率（平成 25 年～令和４年の合計）

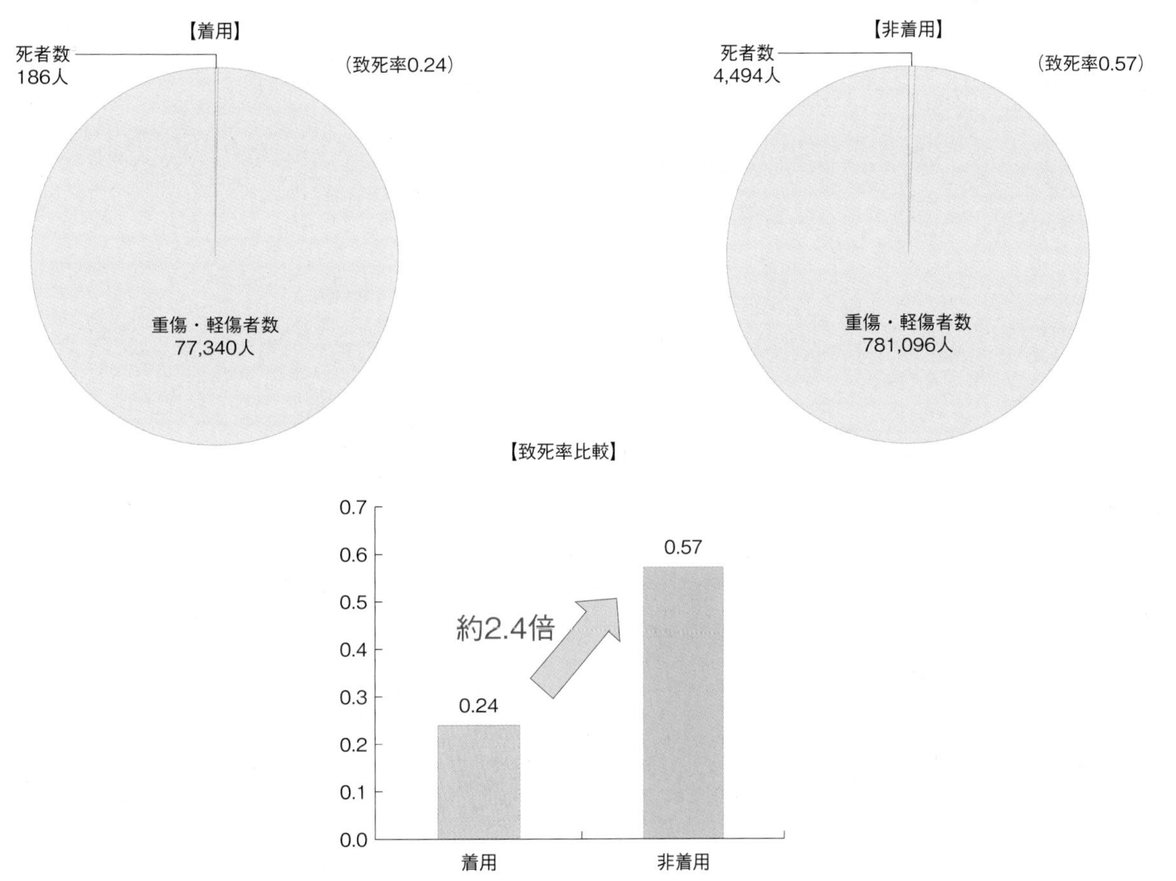

注　1　警察庁資料による。
　　2「致死率」とは，死傷者のうち死者の占める割合をいう。

第6節　関連する交通安全対策

前節までは，自転車安全利用五則の概要と，各ルールの必要性について交通事故統計を示しながら説明した。本節では，こうした現状を踏まえた交通安全対策について紹介することとする。

1　自転車通行空間

⑴安全で快適な自転車利用環境創出の促進に関する検討委員会とガイドラインの発出

ア　安全で快適な自転車利用環境の創出に向けた検討委員会（～平成 24 年）

自転車の走行空間の整備を進めるため，国土交通省及び警察庁では，平成 20 年 1 月に，自転車道や自転車専用通行帯等の整備を集中的に進める「自転車通行環境整備モデル地区」を全国で 98 地区指定した。

その後，98 か所のモデル地区等における自転車通行環境整備の取組の評価や検討を，有識者で構成される「安全で快適な自転車利用環境の創出に向けた検討委員会（委員長：久保田尚・埼玉大学大学院理工学研究科教授）」で行い，平成 24 年 4 月，同委員会から「みんなにやさしい自転車環境～安全で快適な自転車利用環境の創出に向けた提言～」が提言された。これを受けて，同年 11 月に「安全で快適な自転車利用環境創出ガイドライン」が発出され，

○自転車ネットワーク計画の作成（手順を含む）
○自転車通行空間の設計に係る基本的な考え方

等が示された。

イ　安全で快適な自転車利用環境創出の促進に関する検討委員会（平成 26 年～ 28 年）

平成 24 年 11 月に「安全で快適な自転車利用環境創出ガイドライン」を発出し，自転車の通行空間の整備が進められたところであるが，同ガイドライン発出後においても，自転車ネットワーク計画を策定した市町村が一部にとどまっていることなどを踏まえて，平成 26 年 12 月から，有識者で構成される「安全で快適な自転車利用環境創出の促進に関する検討委員会（委員長：屋井鉄雄・東京工業大学大学院総合理工学研究科教授（当時））」において，自転車ネットワーク計画の策定が進まない原因や，自転車通行空間の整備が進まない原因を検討し，自転車ネットワーク計画策定の早期進展に向けた提言，安全な自転車通行空間の早期確保に向けた提言がなされた（平成 28 年 3 月）。

ウ　安全で快適な自転車利用環境創出ガイドライン（平成 28 年 7 月）

「安全で快適な自転車利用環境創出の促進に関する検討委員会」の提言を受けて，平成 24 年 11 月に発出した「安全で快適な自転車利用環境創出ガイドライン※」を平成 28 年 7 月に改定した。

特集 - 第 29 図　交通状況を踏まえた整備形態の選定の考え方（「安全で快適な自転車利用環境創出ガイドライン」）

	A 自動車の速度が高い道路	B A,C以外の道路	C 自動車の速度が低く、 自動車交通量が少ない道路
自転車と自動車の分離	構造的な分離	視覚的な分離	混在
目安※	速度が50km/h超	A,C以外の道路	速度が40km/h以下、かつ 自動車交通量が4,000台以下
整備形態	自転車道	自転車専用通行帯	車道混在（自転車と自動車を 車道で混在）

※ 参考となる目安を示したものであるが、分離の必要性については、各地域において、交通状況等に応じて検討することができる。

※「安全で快適な自転車利用環境創出ガイドライン」
（平成 28 年 7 月国土交通省道路局，警察庁交通局）の詳細については以下のＵＲＬを参照。
https://www.mlit.go.jp/report/press/road01_hh_000722.html

現在は，このガイドラインに基づき，歩行者，自転車及び自動車が適切に分離された安全で快適な自転車通行空間の整備を計画的に推進している。

また，自転車通行空間を効果的，効率的に整備するため，自治体による自転車ネットワーク計画の策定を促進している。

自転車通行空間の基本的な整備形態として，自転車道，自転車専用通行帯，車道混在（自転車と自動車を車道で混在）があるが，これらを設置する際には，車道を通行する自転車の安全性の向上の観点から，自動車の速度や交通量を踏まえ，自転車と自動車を分離する必要性について検討することとされている（特集 - 第 29 図）。

トピック

【事例】　自転車ネットワーク計画が位置付けられた地方版自転車活用推進計画（愛知県一宮市）

愛知県一宮市の自転車活用推進計画では，自転車ネットワーク計画として

・長期的に目指す面的なネットワークを設定
・計画総延長を明示
・整備形態を，区間毎に計画中で明示
・整備優先順位等を示し，当面の事業目標を設定

を行っており，参考にすべき計画となっている。

【事例】　自転車利用空間の質を向上させる整備事例（静岡県静岡市）

（普通自転車専用通行帯（有効幅員を確保することと合わせ，平坦かつコンパクトな街渠を整備し，通行空間の質を向上））

2　安全教育

自転車は，幼児から高齢者まで幅広い層が利用する身近な交通手段であり，配達や通勤・通学を始め，様々な目的で利用されているが，交通ルールやマナーに違反する行動も多く，歩行者と衝突した場合には加害者となる側面を有している。

そのため，警察，地方公共団体等関係機関団体が連携し，幼児から成人に至るまで，自転車利用者としての安全に道路を通行するために必要な技能と知識の習得について，心身の発達段階やライフステージに応じて段階的かつ体系的に行うよう配意しながら交通安全教育を行うとともに，スケアード･ストレイト教育技法（【事例】スケアード･ストレイト教育技法による自転車交通安全教室の実施（鳥取県）参照）や自転車シミュレーターの活用等による参加・体験・実践型の交通安全教育など，趣向を凝らした交通安全教育を展開している。

また，新型コロナウイルス感染症の影響を受け，外出自粛や新しい生活様式が普及したことにより，自転車を利用した配達業務へのニーズが高まっている中，これらの事業者が，交通ルールの遵守徹底や安全対策の実施を自転車配達員に注意喚起するなどの取組が広まっている。このように，企業による従業員への交通安全教育も重要である。

以下では，警察，地方公共団体等関係機関団体が連携し，また，自転車シミュレーターを始めとする体験型の交通安全教育や，スケアード・ストレイト教育技法を用いた交通安全教育など，趣向を凝らした交通安全教育の例を紹介する。

トピック

【事例】　自転車交通安全教育イベントにおける啓発活動の実施（岐阜県，岐阜県警，岐阜第一高等学校）

岐阜県警察は，岐阜県環境生活部県民生活課等と合同により，岐阜第一高等学校が交通安全教育の一環として実施している「自転車の日」において，高校生や自転車が関係する交通事故情勢，自転車の交通ルールを学ぶためのクイズ，乗車用ヘルメットの着用の努力義務化に関する講話，白バイ隊員による危険な場所における安全確認に関するワンポイント教育等の自転車安全利用啓発イベントを実施した。

（交通安全講話）

（自転車シミュレーターを用いた交通安全教育）

トピック

【事例】　フードデリバリーサービス事業者に対する交通安全講習会の実施（神奈川県）

神奈川県警察では，（一社）日本フードデリバリーサービス協会と連携し，同協会に加盟するフードデリバリーサービス事業者における自転車配達員に対して，交通事故の発生状況や正しい自転車の通行方法，交通事故発生時の措置，自転車運転者講習制度等について講義を実施したほか，自動車教習所の教習コースにおいて，実車を用いた安全走行や日常点検に関する実技指導を行った。

（実車を用いた交通安全教育）

トピック

【事例】 高齢者に対する交通安全教育の実施（群馬県）

群馬県警察では，(一社)日本損害保険協会，前橋市老人クラブ連合会との連携により，高齢者に対して，自転車シミュレーターを活用し，交通事故の危険性や高齢者の特性を踏まえた行動を体感することで今後の運転を見直すことを促す交通安全教育を実施した。

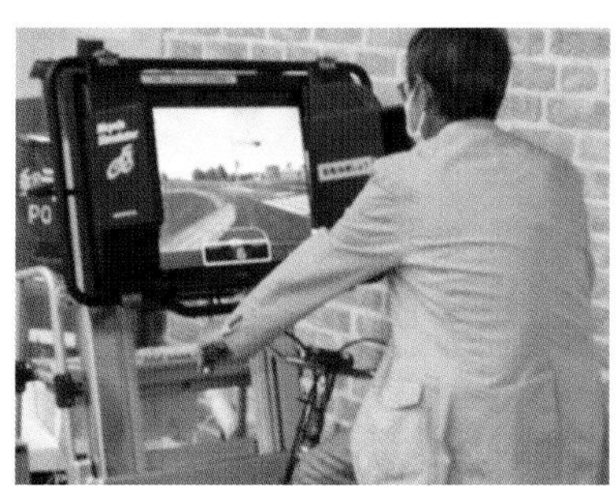

（自転車シミュレーターを用いた交通安全教育）

トピック

【事例】 スケアード・ストレイト教育技法による自転車交通安全教室の実施（鳥取県）

鳥取県警察では，全国共済農業協同組合連合会鳥取県本部等と連携し，スタントマンが，自転車による交通違反が原因となって発生する交通事故や見通しの悪い交差点における交通事故等を再現するスケアード・ストレイト教育技法による自転車交通安全教室を実施した。

（スケアード・ストレイト教育技法を用いた交通安全教育）

3　点検整備

(1)自転車点検整備の広報啓発

自転車を安全に利用するためには，故障や不具合がない自転車に乗ることが大切である。自転車に乗車する前には，ライトは明るく点灯するか，ブレーキの効き具合，タイヤの状況，反射材が割れていないか，車体の状況，ベルが鳴るかなどを確認する必要がある。

内閣府では，自転車安全利用五則を周知するとともに，日常からの自転車の点検について注意喚起を促すため，リーフレットをホームページに掲載している。また，都道府県，都道府県警察等の関係機関においても，自転車の点検整備の重要性について，広報啓発を積極的に行っている。

普段から点検・整備を忘れずに

自転車を安全に利用するためには、故障や不具合のない自転車に乗ることが大切です。自転車 に乗る前には、以下の ポイントを参考に、異常 がないか点検しましょう。また、定期的に自転車安全整備店で点検・整備をしてもらいましょう。

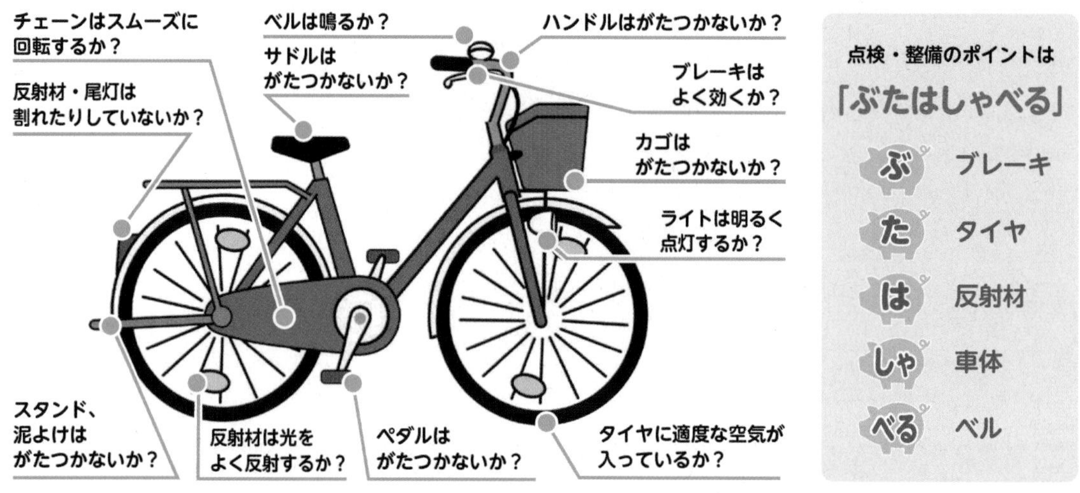
チェーンはスムーズに回転するか？
ベルは鳴るか？
ハンドルはがたつかないか？
サドルはがたつかないか？
ブレーキはよく効くか？
反射材・尾灯は割れたりしていないか？
カゴはがたつかないか？
ライトは明るく点灯するか？
スタンド、泥よけはがたつかないか？
反射材は光をよく反射するか？
ペダルはがたつかないか？
タイヤに適度な空気が入っているか？
点検・整備のポイントは
「ぶたはしゃべる」
ぶ ブレーキ
た タイヤ
は 反射材
しゃ 車体
べる ベル

（「自転車交通安全講座」リーフレットの一部）

⑵自転車点検整備の関係機関・団体の取組

関係機関・団体では，自転車点検整備に関して各種取組を展開している。以下，趣向を凝らした取組の例を紹介する。

トピック

【事例】　自転車販売店と連携した取組（沖縄県）

沖縄県警察では，所轄警察署による自転車交通安全教育に併せ，八重山農林高校と地元自転車販売店等と連携し，通学で使用する自転車について，自転車販売店による点検を実施している。点検の結果，修理が必要な自転車を使用する生徒については，当該箇所を保護者に伝え，修理が完了した後に通学に使用させている。

（自転車販売店による点検の実施）

トピック

【事例】　自転車安全利用促進事業に対する区市町村補助事業（東京都）

自転車事故を未然に防ぐためには，点検整備等を推進することが有効である。このため，点検整備等を促進する事業を行う区市町村に対して，東京都が助成することにより，自転車の安全利用の促進を図っている。

【事業スキーム】

区市町村の事業実施経費の一部（補助率２分の１）を東京都が補助する。ただし限度額あり。

【補助事業体系 】

○　住民等が自転車点検整備を受ける際に負担する費用

○　出張型の自転車点検整備（会場として学校，駐輪場など）の実施に係る経費

○　その他，自転車点検整備の支援の実施に係る事務経費

４　指導・取締り

⑴自転車に係る指導取締り（自転車指導啓発重点地区・路線の選定及び公表）

交通指導取締りを行う警察では，歩道上における自転車と歩行者の交錯，車道における自転車の右側通行，信号無視等の実態から自転車関連事故が現に発生し，又は発生が懸念され，自転車交通秩序の実現が必要であると認められる地区・路線を「自転車指導啓発重点地区・路線」（以下「重点地区等」という。）として選定している。重点地区等においては，重点的・計画的に，指導啓発活動及び指導取締りを推進することとしている。なお，重点地区等については，各都道府県警察のウェブサイト等で公表している。

トピック

【事例】　自転車利用者の交通違反に対する公開指導取締り（警視庁）

警視庁では，ウェブサイトで公表している重点地区等のほか，自転車の危険な走行に対する苦情の多い場所及び事故が多発している場所を中心とした指導取締りを強化しており，令和４年 10 月には，都内の重点地区等において，公開指導取締りを行った。

（令和４年 10 月の公開指導取締り状況）

⑵自転車運転者講習制度

危険な違反行為（15 類型）を３年以内に２回以上繰り返した自転車運転者（14 歳以上）は，都道府県公安委員会の命令により，「自転車運転者講習」を受講しなければならない。

対象となる違反行為は，酒酔い運転，遮断踏切立入りのような悪質，かつ，危険な行為から，信号無視，通行区分違反や指定場所一時不停止など，

事故につながりやすい危険な行為となっている（自転車運転者講習を受講するまでの流れは特集 - 第 30 図，対象の違反行為，その件数や割合については特集 - 第 10 図，第 32 図参照）。

自転車運転者講習の受講件数については特集 - 第 31 図のとおり。

特集 - 第 30 図　自転車運転者講習を受講するまでの流れ

特集 - 第 31 図　自転車運転者講習受講件数の推移（平成 30 年～令和 4 年）

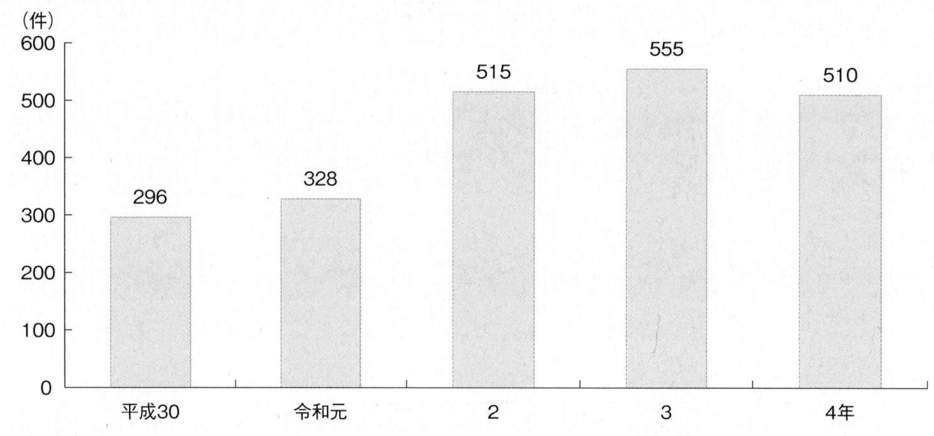

特集 - 第 32 図　危険行為の割合（平成 30 年～令和 4 年合計）

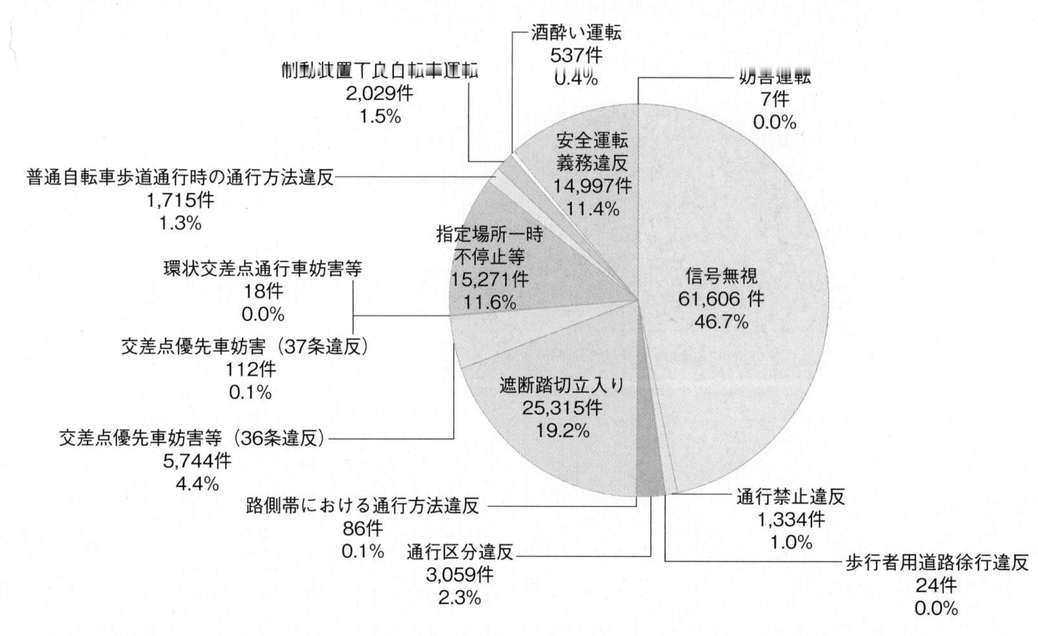

5　ヘルメット関係

自転車ヘルメットの着用については，これまでも関係機関・団体が積極的に広報啓発を展開しており，各地で趣向を凝らした対策が行われている。

⑴学校教育機関での取組

高校生の自転車ヘルメットの着用促進を図るため，例えば，埼玉県，栃木県等の多くの都道府県では，県内の高等学校を自転車ヘルメット着用モデル校として指定・委嘱し，周知啓発活動等を展開することにより，自転車利用者の交通安全意識を高めて自転車安全利用の促進を図ることとしている。

トピック

【事例】　自転車ヘルメット着用モデル校の指定（埼玉県）

埼玉県警察では，埼玉県県民生活部防犯・交通安全課及び埼玉県教育局と連携し，約９割の生徒が自転車通学である熊谷高校（ほか県内３校）を自転車ヘルメット着用モデル校に委嘱し，委嘱状と共に乗車用ヘルメットを贈呈し，乗車用ヘルメットの着用促進を図っている。

（委嘱式の様子）

⑵自治体の取組

都道府県や市町村では，自転車乗用時にヘルメットを着用してもらうために，趣向を凝らした施策を行っている。ヘルメットを着用したくなるためのモニター調査，ヘルメット購入の費用面での補助等，各地で進めている施策について紹介する。

トピック

【事例】　高齢者ヘルメット着用促進モニター制度（長野県）

長野県内在住の高齢者の方の中から，ヘルメット着用モニターを選任し，自転車利用時におけるヘルメット着用を通じて，着用に関する意見等を聴取した。令和４年７月１日から令和４年 11 月 25 日まで実施し，モニター 74 名からアンケート聴取を行い，アンケート結果について，県公式ホームページで公表するとともに，県内の自転車販売店や関係機関・団体等へ情報提供した。

モニターは，数種類のヘルメットの中から好きなデザインのヘルメットを選択し，自転車に乗車する際は活用することとしている。提供するヘルメットは，帽子タイプのヘルメットや，スポーツタイプのヘルメット等を用意し，その選択割合についても調査しており，モニターの約７割が帽子タイプを選択した。

アンケートの中では，「これまでヘルメットを着用していなかった主な理由」「着用したヘルメットの改善点や意見」「ヘルメット着用促進に有効だと思う手段」等を聴取しており，主な意見は以下のとおり。

【これまでヘルメットを着用していなかった主な理由】
○購入するほどの必要性を感じていなかったから
○生活圏（短距離）でしか乗らないから
○みんな着用していないから　等
【着用したヘルメットの改善点や意見】
○サイズの選択肢が増えると良い
○盗難防止の機能があると良い
○帽子タイプのヘルメットに関しては「帽子（布地）を取り替えられると良い」　等
【ヘルメット着用促進に有効だと思う手段】
○交通安全教室の充実やヘルメットの安全性等の周知
○ヘルメット購入代金の補助制度の導入
○デザインの工夫，多様化　等

アウター
ヘルメット

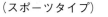

（スポーツタイプ）　（帽子タイプ）

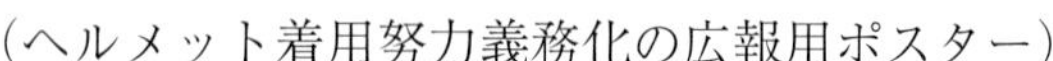

（ヘルメット着用努力義務化の広報用ポスター）

長野県では，改正道路交通法（令４法32）により，全ての年齢層の自転車利用者に対して，乗車用ヘルメットの着用の努力義務を課すことにつき，広報啓発用ポスターを作成した。同ポスターにも，ヘルメットにも多種多様なタイプがあることなどを周知している。

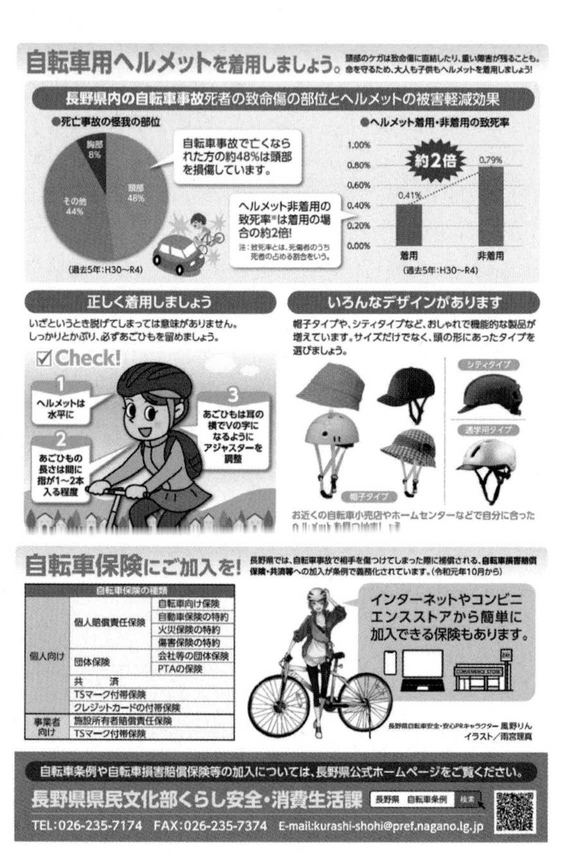

（長野県作成の広報用ポスター）

トピック

【事例】　おもてなしヘルメット購入支援事業補助金制度（鳥取県）

鳥取県を訪れる観光客や宿泊客を対象とした自転車の貸出しサービスを行う事業者に対して，新品の自転車乗車用ヘルメット購入に必要な経費を補助している。これにより，自転車を利用する観光客等のヘルメット着用を推進し，自転車利用中の交通事故による頭部損傷被害の軽減を図っている。

（ヘルメットを貸し出している状況）

（ヘルメットの着用を指導している状況）

トピック

【事例】　自転車の安全で適正な利用の促進に関する条例の制定（大分県）

大分県警察では，自転車を利用して通学する学生等の乗車用ヘルメット着用の努力義務化を内容とする大分県自転車の安全で適正な利用の促進に関する条例が令和２年12月に公布され，令和３年４月に施行されたことに伴い，関係行政機関と連携し，自転車乗用中死傷者における乗車用ヘルメット着用率が他の学齢と比較して低い傾向にある高校生に対し，乗車用ヘルメットの着用促進に向けた取組を推進した結果，条例施行後の令和４年４月における自転車通学の高校生の乗車用ヘルメット着用率が95.4％（大分県教育庁の調査結果）に至った。

第3章　自転車活用推進に向けた取組

自転車は環境にやさしいモビリティであるとともに，サイクリングを通じた健康づくりや余暇の充実等，人々の行動を広げ，地域とのふれあいや仲間とのつながりを取り持つコミュニケーションツールでもある。

さらに，多様な者が安全かつ快適に利用できる自転車の普及を更に進めることが必要となっている。

自転車の活用の一層の推進を図るためには，自転車専用道路等の整備，自転車の活用による国民の健康の増進，自転車と公共交通機関との連携の促進，災害時における自転車の有効活用に資する体制の整備など，様々な分野における取組を総合的かつ計画的に進めることが必要であるとの観点から，平成28年12月に自転車活用推進法（平28法113）が成立し，同法第9条に基づいて自転車活用推進計画を定めている。

現在は，令和3年5月に閣議決定した第2次自転車活用推進計画に基づき，自転車の活用の推進を計画的に図っているところである。

以下，自転車の活用の推進について取り組んでいる内容について記載することとする。

第1節　自転車活用推進計画

1　第2次自転車活用推進計画

自転車活用推進法が成立した後，平成30年に第1次自転車活用推進計画が策定され，関係府省庁・官民が連携しながら，同計画に盛り込まれている施策に取り組んできたところ，今後の社会の動向を見据えつつ，持続可能な社会の実現に向けた自転車の活用の推進を一層図るため，令和3年5月28日に，第2次自転車活用推進計画が策定された。

第2次自転車活用推進計画では，①コロナ禍における通勤・配達目的での自転車利用ニーズの高まり，②情報通信技術の飛躍的発展，③高齢化社会の進展等の昨今の社会情勢の変化等を踏まえ，第1次自転車活用推進計画から取組を更に強化することとした。

また，計画の構成としては，第1次自転車活用推進計画における4つの目標（「自転車交通の役割拡大による良好な都市環境の形成」，「サイクルスポーツの振興等による健康長寿社会の実現」，「サイクルツーリズムの推進による観光立国の実現」，「自転車事故のない安全で安心な社会の実現」）を踏襲しつつ，新たな施策として，「多様な自転車の開発・普及」及び「損害賠償責任保険等への加入促進」を追加している。

なお，第2次自転車活用推進計画の内容については以下のURLを参照。

https://www.mlit.go.jp/road/bicycleuse/torikumi.html

2　地域における自転車活用推進計画

全国の地方公共団体においては，地域の実情に応じた「地方版自転車活用推進計画」を策定している。現在，47の都道府県，168の市区町村が，自転車活用推進計画を策定し，それぞれの地域において，地域の実情に応じた自転車の活用を推進しているところである。

トピック

【事例】 地域の特性を活かした自転車活用推進計画の事例（東京都荒川区）

安全で快適な自転車通行空間を効果的，効率的に整備することを目的として，地域の現状調査を十分に行い，パーソントリップ調査結果に加えて，ビッグデータ（スマートフォンの移動履歴座標データ）を利活用して自転車の通行ニーズを考慮した面的な自転車ネットワークを構成する路線（自転車ネットワーク路線）を選定している。また，その路線の整備形態等を示した自転車ネットワーク計画や，無電柱化の推進と合わせた自転車通行空間整備，シェアサイクル事業，公園等を活用した事業，災害時における自転車の活用などを位置付けた多岐にわたり充実した計画を策定している。

https://www.city.arakawa.tokyo.jp/a040/zitensya/keikaku.html

第２節　自転車損害賠償責任保険等への加入促進

1　自転車損害賠償責任保険等への加入の必要性・背景

自転車は，手軽な移動手段として子供からお年寄りまで幅広い年齢層に通学や通勤，買い物など多目的な用途で利用されている。

一方，最近では，自転車事故によって他人の生命や身体を害した場合に，加害者が数千万円もの高額の損害賠償を命じられる判決事例が出ている。

政府では，自転車活用推進官民連携協議会や各地方公共団体等と連携しながら，自転車損害賠償責任保険等への加入を促進するための活動に取り組んでいる。

具体的には，自転車運転中の賠償責任を補償する保険の種類や，望ましい保険内容，加入状況を確認できるフロー図の提供等，自転車損害賠償責任保険等への加入に当たっての確認ポイントを提供している。

2　条例による自転車損害賠償責任保険等への加入促進

自転車損害賠償責任保険等への加入義務化の条例改正は平成27年10月に初めて兵庫県で導入され，その後も多くの地方自治体で義務化や努力義務とする条例が制定されている。令和５年４月１日現在，32都府県（岡山市は県に先んじて義務化）において，条例により自転車損害賠償責任保険等への加入を義務付ける条例が制定されている。

また，政府では，地方公共団体に向け，標準条例（技術的助言）を作成・配布し，地方公共団体における条例の制定を支援している。

第３節　サイクルツーリズムの推進

1　モデルルートの指定

関係者等で構成される協議会において，先進的なサイクリング環境の整備を目指すモデルルートを設定し，走行環境整備，受入環境整備，魅力づくり，情報発信を行うなど，官民が連携して世界に誇るサイクリングロードの整備を図っている。

モデルルートは，試行への協力を得られる地域の活動主体が存在するとともに，市町村をまたぐような骨格となる「基幹ルート」となるよう設定している。

2　ナショナルサイクルルート

ナショナルサイクルルート制度は，優れた観光資源を走行環境や休憩・宿泊機能，情報発信など様々な取組を連携させ，日本における新たな観光価値を創造し，地域の創生を図るため，ソフト・ハード両面から一定の水準を満たすルートを国が指定するものである。指定されたルートを世界に誇りうるサイクリングルートとして国内外にPRを行い，サイクルツーリズムを強力に推進していくこととしている。

令和元年11月，第1次ルートとして，「つくば霞ヶ浦りんりんロード」，「ビワイチ」，「しまなみ海道サイクリングロード」を指定し，令和3年5月に，「トカプチ400」，「富山湾岸サイクリングコース」，「太平洋岸自転車道」の3ルートを第2次ルートとして指定した。

（モデルルートによる取組みの考え方）

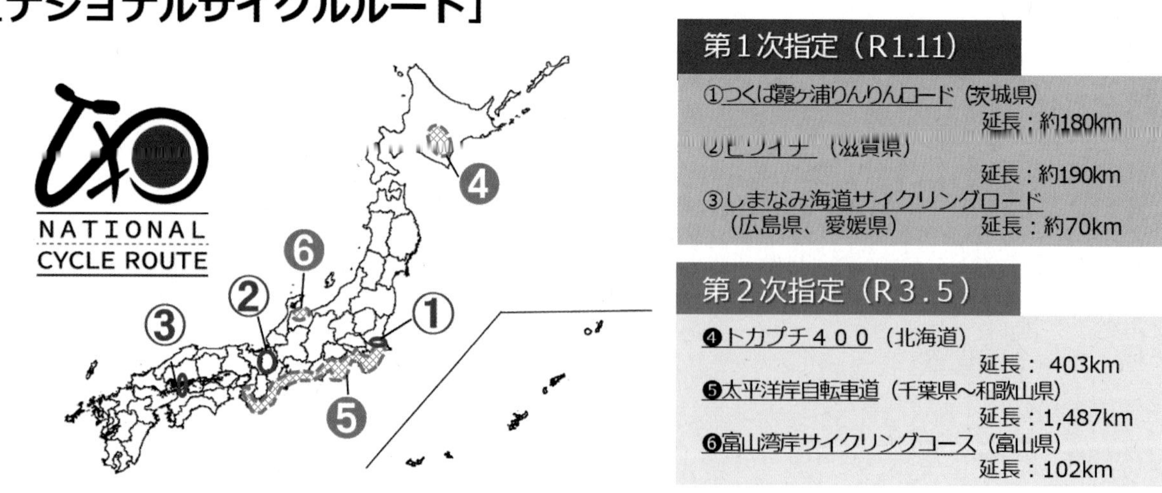

（ナショナルサイクルルート）

第４節　自転車通勤等の促進

1　自転車通勤導入に関する手引き

事業者活動における自転車通勤や業務利用を拡大するため，自転車活用推進官民連携協議会において「自転車通勤導入に関する手引き」を策定した。

「自転車通勤導入に関する手引き」は，これから自転車通勤制度を導入するための検討をする際や，既にある自転車通勤制度の見直しを行う際の参考となるものとして活用が期待されている。

具体的には，自転車通勤制度を導入することによるメリットや近年の自転車通勤へのニーズなどを踏まえ，事業者や従業員の視点から自転車通勤制度の導入・実施における課題などに対応した制度設計を行えるものとしているほか，「自転車通勤規定」及び「自転車通勤許可申請書」の様式も掲載している。

自転車通勤許可申請書　兼　誓約書

私は下記の理由により、自転車での通勤の許可をいただきたく、申請いたします。

許可申請期間	年　月　日～　年　月　日
申請理由	
防犯登録番号	
任意保険の有効期間	年　月　日～　年　月　日

※保険証券のコピーを必ず添付すること。

【通勤ルート】※別添も可

通勤距離（片道）　Km
所要時間（片道）　時間　分
※最も合理的な経路を図示すること。

誓約書

私は自転車通勤をするにあたり、以下の事項を厳守して使用することを誓約いたします。
1. 私は、道路交通法、及び関係諸法令を誠実に守り、常に安全な運転につとめます。
2. 過労な状態、病気、薬物の摂取その他の影響で、正常な運転に支障をきたすおそれがあるときは、絶対に運転をいたしません。
3. 如何なる事由がありましても、絶対に飲酒・酒気帯び運転および携帯電話を使用しながらの運転はいたしません。
4. 本申請書の記載内容に変更が生じた場合は、直ちに〇〇まで連絡します。
5. 自転車は決められた場所に駐輪し、違法駐車はしません。
6. 通勤途上の第三者に対する加害事故については、会社側に一切の責任を負わせません。また、事故等が発生した場合は速やかに、警察署等に連絡し、上司および社長に報告します。

年　月　日

申請者　住所

氏名

会社決済欄

部長	社長

（「自転車通勤許可申請書」の例）

○自転車通勤制度導入のメリット
＜事業者のメリット＞
①経費の削減
②生産性の向上
③イメージアップ
＜従業員のメリット＞
①通勤時間の短縮
②身体面の健康増進
③精神面の健康増進

○検討にあたって留意すべきポイント
①日によって通勤経路や交通手段などが異なることを認める制度設計
②①による事故時の責任や労災認定の明確化と生じるリスクへの対応
③①を考慮した自転車通勤手当の設定
④自転車通勤にあたって必要な施設の整備（駐輪場など）

（自転車通勤制度導入のメリット等）

2　「自転車通勤推進企業」宣言プロジェクト

「自転車通勤推進企業」宣言プロジェクトは，自転車通勤を積極的に推進する事業者の取組を広く発信し，企業活動における自転車通勤や業務利用の拡大を図り，企業における自転車通勤の推進に関する自主的な取組を促進することを目的とした，自転車通勤を推進する企業・団体に対する認定制度であり，令和２年度に創設されたものである。令和５年４月１日現在，「宣言企業」として56社を認定している。

また，「宣言企業」のうち，特集-第33図に示す認定要件を満たしたものについては，「優良企業」として認定している。令和５年４月１日現在，「優良企業」として６社を認定している。

特集 - 第 33 図　「自転車通勤推進企業」宣言プロジェクト認定要件等

	宣言企業	優良企業
認定要件	以下の3項目すべてを満たす企業・団体 ①従業員用駐輪場を確保 ②交通安全教育を年1回実施 ③自転車損害賠償責任保険等への加入を義務化	自転車通勤者が100名以上または全従業員の2割以上を占める宣言企業のうち、以下の1項目以上を満たし、独自の積極的取組や地域性を総合的に勘案し、特に優れた企業・団体 ①定期的点検整備を義務化 ②盗難対策を義務化 ③ヘルメット着用を義務化 ④その他自転車通勤を推進する取組 （通勤手当支給、ロッカー・シャワー等の自転車利用環境整備等）
期間	5年間有効（更新可）	宣言企業の有効期間（更新可）
認定ロゴ		

トピック

【事例】 自転車通勤推進企業（優良企業）の取組

＜日本電子株式会社本社・昭島製作所＞

警察と協力した交通安全講習の実施や会社独自の自転車保険の提供のほか，広大な駐輪場に出退勤管理機を設置するなど，多数の社員が自転車通勤を行っていることを前提とした手厚い安全対策や利便性向上策を推進している。

＜株式会社はてな＞

月額２万円の通勤手当を支給（※）しているほか，タイヤ空気入れの常備，駐輪場代の全額補助を行うなど，従業員が自転車通勤をしたくなるような環境を積極的に整備している。

※ 2020 年 11 月よりオフィス出社を前提としない制度に切り替え，通勤手当の代わりに在宅勤務手当を支給

＜ブリヂストンサイクル株式会社＞

自転車通勤に関する交通安全教育について相談のあった企業や自治体に対し，各々のニーズに合わせた講習を対面又はオンラインで実施。「自転車通勤推進企業」宣言プロジェクト制度の紹介，交通安全教育の動画提供，講師としての従業員の派遣，乗り方の実技講習など幅広く活動している。

＜株式会社シマノ＞

広く一般に向けた自転車通勤専用のウェブサイトを開設し，自転車通勤の効用を科学的根拠で見える化するとともに，駐輪場や自転車保険，盗難対策などの情報も含め積極的に発信している。従業員のヘルメット着用を義務付け，ヘルメット購入補助も実施。入浴施設やロッカールームの設置など自転車通勤の環境も整えているほか，タイヤのパンク修理など実践的な講座も実施している。

＜株式会社マスター＞
自転車体験シミュレーターを活用した安全教育や，自動車ドライバーに対して自転車の視点からの安全教育を実施するとともに，従業員が自主作成した通勤経路の「ヒヤリハットマップ」を安全教育に活用している。防犯カメラやミラーの設置など，駐輪場の防犯・安全対策も強化している。

＜コカ・コーラボトラーズジャパン株式会社＞
新型コロナウイルス感染症拡大を契機に新たな自転車通勤制度を導入。交通事情や天候等に応じて，日によって自転車通勤を選択することを可能とし，通勤手当も柔軟に支給している。自転車通勤のしやすさにもつながるカジュアルなビジネススタイルを提唱するとともに，複数のメディアを活用しながら，自転車通勤の取組を積極的に発信した。

第5節　自転車活用推進功績者表彰

自転車活用推進功績者表彰は，自転車活用推進法第15条に基づき，自転車の活用の推進に関し特に顕著な功績があると認められる個人又は団体を表彰しており，自転車の活用の推進に寄与することを目的としているものである。

平成30年から毎年表彰しており，例年，自転車月間である5月に表彰しており，令和4年度は，個人2名，団体6団体を表彰した。

（表彰式の様子）

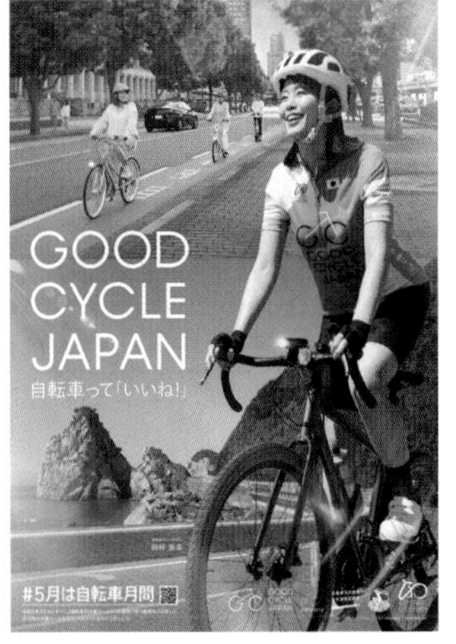

（令和5年度自転車月間ポスター）

第6節　シェアサイクルの促進

シェアサイクルは，都市内に設置された複数のサイクルポートを相互に利用できる利便性の高い交通システムであり，公共交通の機能を補完し，観光振興や地域の活性化等に資するなど，公共的な交通として重要な役割を担っている。

1　シェアサイクルの在り方検討委員会

政府では，シェアサイクルの在り方検討委員会を設置して，シェアサイクルの在り方や普及促進に向けた課題解決等について，有識者等の方々から専門的な見地からの御意見を頂き検討を進めている。具体的には，シェアサイクルの普及促進に向けて，「公共的な交通としての在り方」，「シェアサイクルの採算性の確保」，「公共用地等へのサイクルポート設置の在り方」等について検討している。

トピック

【事例１】　シェアサイクルの取組（公共的な交通としての在り方の好事例）

石川県金沢市や神奈川県横浜市などでは，総合交通戦略や地方版自転車活用推進計画などの計画にシェアサイクルを位置付けている。

また，東京都品川区，大分県大分市，石川県金沢市では，シェアサイクル事業者との協定により，災害時にサイクルポートが停止していても自治体職員がシェアサイクルを無償で利用できる専用ICカードを配備している。

広島県広島市では，西日本豪雨（平成30年７月）時，７か所の避難所にシェアサイクルを配置し，避難者の移動手段として無料で提供した。

（専用ICカード：金沢市）
出典：金沢市ウェブサイト

（被災者の移動への活用：広島市）
出典：広島市ウェブサイト

【事例２】　シェアサイクルの取組（採算性確保の好事例）

シェアサイクル導入都市のうち約６割において収支がマイナス（※）であり，収益の確保が困難な状況である。鹿児島県鹿児島市では，シェアサイクルのカゴ・ドレスガード等への広告掲載などで事業収入を確保している。

＜収支と補助の状況（22都市の内訳）＞

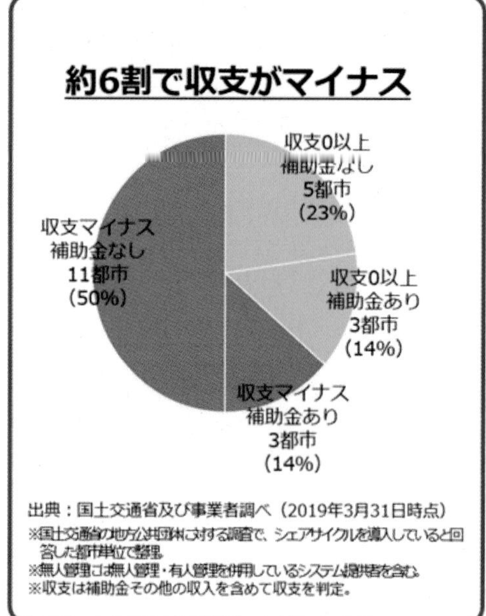

（※）国土交通省及び事業者調べ
（平成31年３月31日時点）

（鹿児島市「かごりん」の事例：ドレスガード（フェンダー）への広告掲載）

【事例３】　シェアサイクルの取組（公共用地等へのサイクルポート設置の在り方の好事例）

「無余地性の基準」の適用を道路管理者が判断する際，国の事務連絡により，経済的な要素や利用者の利便等を含めた諸般の事情を考慮できることとなっている。鹿児島県鹿児島市では，現に道路用地に設置しているシェアサイクルポートの占用場所から約300～400メートル離れた位置に余地が存在するものの，利用者の利便性を考慮し，道路の敷地外に余地がないと判断された。

都市公園法（昭31法79）第５条第１項に基づき，公園管理者以外でも，申請により公園施設内の設置や管理が可能であることから，岡山県岡山市では，岡山県管理の公園において，岡山市の申請によりポートを設置している。

2　シェアサイクルの導入促進に係る税制特例

シェアサイクルの普及促進を図るため，令和３年度税制改正において，市町村自転車活用推進計画に記載されたシェアサイクル事業を対象として，シェアサイクルポートの設置に係る固定資産税の特例措置を創設し，令和５年の地方税法改正により，令和６年度末まで特例期間が延長された（令和５年４月１日に改正地方税法施行。特集-第34図）。

特集-第34図　シェアサイクルの導入促進に係る税制特例（固定資産税）

〇一定の要件を満たすシェアサイクルポートの設置物・附属物について，３年間，固定資産税の課税標準を３／４に軽減。

・対象事業：自転車活用推進法に基づく市町村自転車活用推進計画に記載されたシェアサイクル事業で，立地適正化計画の都市機能誘導区域内に存在し，一定の規模等の要件を満たすシェアサイクルポートの整備
・対象設置物：ラック，自転車，登録機，充電装置，雨除け 等

（シェアサイクルポート（左：北九州市，右：静岡市））

第７節　幼児乗せ自転車の安全な利用

幼児用座席付自転車は，子供との外出に便利な交通手段となっている。最近では，電動アシスト機能が付いている製品も多い。

自転車に幼児を同乗させることに係る乗車人員の制限は，都道府県公安委員会規則において定められており，幼児用座席に幼児１人を乗車させること，幼児２人同乗用自転車の幼児用座席に幼児２人を乗車させることを認めているところである。

しかし，幼児用座席付自転車は通常の自転車よ

りも重い上に，更に子供を１人又は２人乗せるため，走行中や停車中にバランスを崩して転倒や転落するなどして，けがをする事故が起きている。

1　子供の事故防止に関する関係府省庁連絡会議

子供の事故防止に関する関係府省庁連絡会議は，子供の事故を防止するため，保護者の事故防止意識の向上のみならず，教育・保育施設等の関係者による取組，子供の事故防止に配慮された安全な製品の普及等を総合的に取り組む必要があり，関係府省庁が緊密に連携して子供の事故防止の取組を推進するため，平成28年6月に，消費者庁を中心に，関係府省庁の課長級を構成員として設置されたものである。

子供の事故防止に関する関係府省庁連絡会議の取組として，毎年実施されている「子どもの事故防止週間」に併せて，平成30年5月に，「子どもを乗せた「幼児用座席付自転車の事故」(転倒など) に気を付けましょう」と注意喚起の広報を実施した。

具体的には，子供を乗せた幼児用座席付自転車の転倒，転落等の事故は，走行中だけでなく，停車中にも転倒等の事故が発生していることを示した上で，保護者等へのアドバイスとして，乗車前の注意，走行中に注意すべき点，停車している時に注意すべき点，自転車の整備点検の重要性等について注意喚起している。

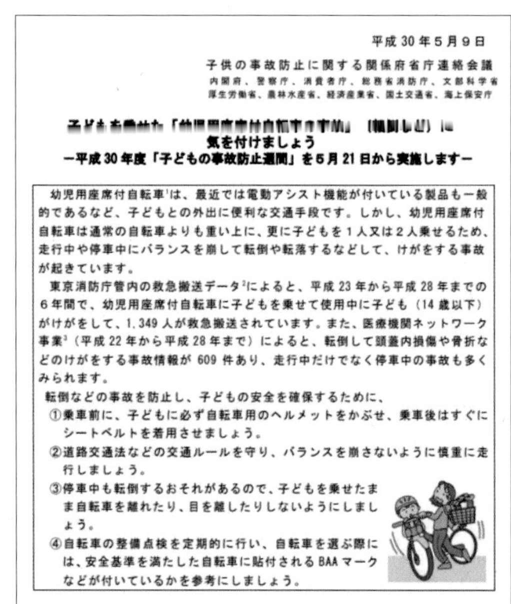

平成30年5月9日

子供の事故防止に関する関係府省庁連絡会議
内閣府、警察庁、消費者庁、総務省消防庁、文部科学省
厚生労働省、農林水産省、経済産業省、国土交通省、海上保安庁

子どもを乗せた「幼児用座席付自転車の事故」（転倒など）に
気を付けましょう
ー平成30年度「子どもの事故防止週間」を5月21日から実施しますー

幼児用座席付自転車[1]は、最近では電動アシスト機能が付いている製品も一般的であるなど、子どもとの外出に便利な交通手段です。しかし、幼児用座席付自転車は通常の自転車よりも重い上に、更に子どもを１人又は２人乗せるため、走行中や停車中にバランスを崩して転倒や転落するなどして、けがをする事故が起きています。

東京消防庁管内の救急搬送データ[2]によると、平成23年から平成28年までの6年間で、幼児用座席付自転車に子どもを乗せて使用中に子ども（14歳以下）がけがをして、1,349人が救急搬送されています。また、医療機関ネットワーク事業[3]（平成22年から平成28年まで）によると、転倒して頭蓋内損傷や骨折などのけがをする事故情報が609件あり、走行中だけでなく停車中の事故も多くみられます。

転倒などの事故を防止し、子どもの安全を確保するために、

①乗車前に、子どもに必ず自転車用のヘルメットをかぶせ、乗車後はすぐにシートベルトを着用させましょう。
②道路交通法などの交通ルールを守り、バランスを崩さないように慎重に走行しましょう。
③停車中も転倒するおそれがあるので、子どもを乗せたまま自転車を離れたり、目を離したりしないようにしましょう。
④自転車の整備点検を定期的に行い、自転車を選ぶ際には、安全基準を満たした自転車に貼付されるBAAマークなどが付いているかを参考にしましょう。

（ニュースリリース　注意喚起（抄））

2　消費者安全調査委員会「幼児同乗中の電動アシスト自転車の事故」調査報告書

幼児乗せ自転車は，保護者と幼児の重要な移動手段である一方，自転車が転倒し乗車している幼児が落下するなどの事故が発生した場合には，要配慮者である幼児が重度の障害を被る可能性も高い。そのため，消費者庁の消費者安全調査委員会において，消費者安全法（平21法50）第23条第1項の規定に基づき，幼児同乗中の電動アシスト自転車の事故について，平成30年11月から事故等原因調査が行われた。令和2年12月に「消費者安全法第23条第1項の規定に基づく事故等原因調査報告書」を公表している。

報告書では，幼児同乗中の自転車の停車中，走行中の転倒リスクに関し，多様な観点から要因の抽出を行っており，転倒リスク要因と再発防止策を示している。

スタンドを立てて停車している自転車は，前輪の接地点と，スタンドの両端の三角形で支えられているが，幼児・荷物の乗せ降ろしやその動きによって，その重心位置が三角形からはみ出ると転倒リスクが高まる。これらへの対応策として，できるだけ幅が広くしっかりしたスタンドを備えた自転車を選ぶことなどを提言している。

走行中の転倒に関しては，車道と歩道の段差などの外的要因に対して安心して走行できる自転車の検討や，幼児用座席の揺れを抑えた取付方法への改善など，転倒リスクを低減する可能性のある提言をしている。

なお，報告書の詳細については以下のURLを参照。

https://www.caa.go.jp/policies/council/csic/report/report_016/

3　「幼児乗せ自転車を安全に利用するためのポイント」

報告書の内容を踏まえ，消費者安全調査委員会では，幼児同乗中の自転車の転倒を防止し，安全に利用するためのポイントをまとめている。

(1)停車中の転倒事故を防止

停車中の転倒事故を防止するためのポイントとして

○　自転車に乗せる前にヘルメットを装着する

こと

○　子供を前の座席に乗せた状態はとても不安定であること

○　転倒につながる危険を防止するために,

・荷物は左右バランスよく（ハンドルにぶら下げない）

・自転車を停車する場所のわずかな傾きにも注意する

・子供を自転車に乗せたら常に支えられる体勢でいる

・幅が広くしっかりとしたスタンドを備えた自転車を選ぶ

を挙げている。

⑵運転中の転倒事故を防止

運転中の転倒事故を防止するためのポイントとして，車道と歩道の段差（５センチメートル）は要注意で，避けるように促しており，やむを得ない場合は速度を落とし，できるだけ大きな角度をつけて段差を乗り越えることが重要だとしている。

⑶幼児乗せ自転車の選び方

幼児乗せ自転車を選ぶ場合のポイントとして，子供を１人乗せる場合は，「後ろ乗せタイプ」を選ぶことを推奨している。理由としては自転車のハンドルによるふらつきが小さく，転倒の危険が少なくなるためとしている。

子供を２人乗せる場合は，「前乗せタイプ」を選択して，後ろ座席を付ける方がハンドルのふらつきが小さく，運転もしやすく転倒の危険が少なくなるためとしている。

自転車の転倒事故からお子さまを守りましょう！

～幼児乗せ自転車を安全に利用するためのポイント～

消費者安全調査委員会「幼児同乗中の電動アシスト自転車の事故」調査報告書より

停車中の転倒事故を防止するために

1．まずヘルメットをかぶせる！⇒乗車させる
⇒シートベルトをしっかり締める

■ヘルメットは、必ず、子どもを自転車に乗せる前に装着！

たとえ停車中や運転中に転倒することがあっても、子どもがケガをするリスクを確実に減らすことができます。
そして、乗車させた後はシートベルトを確実に締めましょう。

2．子どもを前の座席に乗せた状態はとても不安定

■前の座席でのケガは、後ろの座席の約６倍

実際に停車中の転倒事故では、前のみ、後ろのみ、前後２人同乗のすべての乗せ方の合計で、前座席でのケガが非常に多くなっています。
前の座席に子どもを乗せたまま、後ろの座席の子どもなどの乗せ降ろしをすることも大変危険です。
※　スタンドを立てて停車している自転車は、前の車輪とスタンドの両端の三角形で支えられていて、ここから全体の重心がはずれてしまうと、自転車は転倒します。前の座席に子どもを乗せて停車した状態は、この三角形の一番狭い場所の真上の、しかも高い場所に子どもが位置することになり、非常に不安定な状態となります。

3．転倒につながる危険はここに

荷物はバランスよく
自転車の左右の中心からはずれた場所に荷物を載せると転倒する危険が大きくなります。特にハンドルにぶら下げることはやめましょう。

わずかな傾きにも注意
停車する場所にわずかでも傾きがあったり、スタンドの下に凹凸などがあると、転倒する危険が大きくなります。

常に支えられる体勢で
自転車に子どもを乗せたら、決して目や手を離さず、いつでも支えられる体勢でいることが大切です。

しっかりしたスタンドを
幼児乗せ自転車は、できるだけ幅が広くしっかりしたスタンドを備えた自転車を選びましょう。また、点検時にはスタンドのぐらつきなどもチェックしましょう。

運転中の転倒事故を防止するために

4．車道と歩道の段差は要注意

■駐車場などへの車の出入口の段差の乗り越えは避ける。
または、ゆっくりと大きな角度で！

駐車場などへの車の出入り口は段差高さ５cm が多く、転倒のおそれがあるため、できるだけ避けてください。前方に停車中などでやむをえない場合は、速度を落とし、できるだけ大きな角度をつけて乗り越えることが重要です。

段差注意

幼児乗せ自転車の選び方

5．子どもを１人乗せる場合

■１人乗せの場合は、「後ろ乗せタイプ」を選び、後ろ座席に乗せることが望ましい

子どもを１人乗せる場合は、後ろ座席に乗せた方が、ハンドルのふらつきが小さく転倒の危険は少なくなります。
そのため、初めから後ろに座席が付いた「後ろ乗せタイプ」が望ましい選択です。

<後ろ乗せタイプ>
※後付けの前座席はハンドルに引っかけて設置

6．子どもを２人乗せる場合

■２人乗せの場合は、「前乗せタイプ」を選び、前後に乗せることが望ましい

子どもを２人乗せる場合には、「前乗せタイプ」を選択して後ろ座席を付ける方が、ハンドルのふらつきが小さく、運転もしやすく、転倒の危険は少なくなります。
なお、前乗せタイプの自転車は多くは前カゴが付いていないため、荷物の載せ方に注意が必要です。

<前乗せタイプ>
※前座席はハンドル中央に設置

⚠ 諸事情によって「後ろ乗せタイプ」にする場合は、前座席をハンドルに引っかけても、運転席周りのスペースに余裕のある（足元が広いなど）自転車を選ぶことが重要です。

普段の点検で注意するポイント

7．ブレーキの点検、保守

■幼児乗せ自転車では、前後両方のブレーキが重要

幼児乗せ自転車は、総重量が大きく、停止する際には、前後両方のブレーキが確実に効かないと目標位置に停まれず、前方のものに衝突するおそれもあります。
ブレーキパッド（車輪を挟む部分）のすり減りも早くなることが考えられるので、乗る前の点検や定期点検で、前後両方のブレーキのチェックをすることが、幼児乗せ自転車では大変重要です。

本資料にあるイラスト及び調査報告書や関連の資料を、消費者庁のウェブサイトに掲載しています。

消費者安全調査委員会

令和３年１月28日

https://www.caa.go.jp/policies/council/csic/report/report_016/

（幼児乗せ自転車を安全に利用するためのポイント）

第1編
陸上交通

第1部 道路交通

第1章 道路交通事故の動向

第1節 道路交通事故の長期的推移

道路交通事故（人身事故に限る。）の長期的推移をみると，戦後，昭和20年代後半から40年代半ば頃までは，交通事故死者数及び負傷者数ともに著しく増大しており，26年から45年までに交通事故負傷者数は3万1,274人から98万1,096人（31.4倍）へ，死者数は4,429人から1万6,765人（3.8倍）へと増加している（第1-1図）。

これは，車社会化の急速な進展に対して，道路整備，信号機，道路標識等の交通安全施設が不足していたことはもとより，車両の安全性を確保するための技術が未発達であったことや，交通社会の変化に対する人々の意識が遅れていたことなど，社会の体制が十分に整っていなかったことが要因であったと考えることができる。

このため，交通安全の確保は焦眉の社会問題となり，昭和45年に交通安全対策基本法が制定され，国を挙げての交通安全対策が進められた。

同法では，交通の安全に関する総合的かつ長期的な施策の大綱である交通安全基本計画の作成について定めており，昭和46年度の第1次交通安全基本計画から始まり，その後5年毎に作成され，令和3年には，3年度から7年度までの5年間を計画期間とする第11次計画が策定された。

各計画では，それぞれ達成すべき目標を掲げ，交通安全に関する施策を強力に推進してきた結果，令和4年の交通事故死者数は2,610人となり，過去最悪であった昭和45年の1万6,765人の約6分の1であるのみならず，現行の交通事故統計となった昭和23年以降で最少であった前年を更に下回った（第1-1表，第1-1図）。

第1-1図 道路交通事故による交通事故発生件数，死者数，重傷者数及び負傷者数の推移

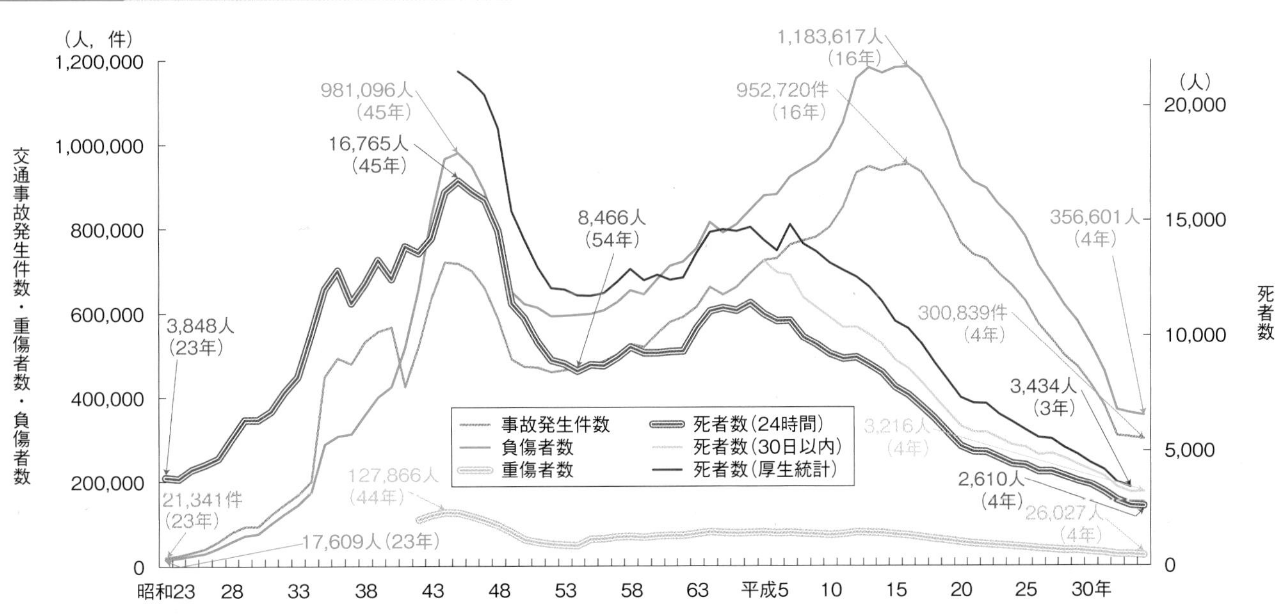

注 1 警察庁資料による。
2 「死者数（24時間）」とは，交通事故によって，発生から24時間以内に死亡した人数をいう。
3 「死者数（30日以内）」とは，交通事故によって，発生から30日以内（交通事故発生日を初日とする。）に死亡した人数をいう。
4 「死者数（厚生統計）」は，警察庁が厚生労働省統計資料「人口動態統計」に基づき作成したものであり，当該年に死亡した者のうち原死因が交通事故によるもの（事故発生後1年を超えて死亡した者及び後遺症により死亡した者を除く。）をいう。
なお，平成6年以前は，自動車事故とされた者を，平成7年以降は，陸上の交通事故とされた者から道路上の交通事故ではないと判断される者を除いた数を計上している。
5 「重傷者数」とは，交通事故によって負傷し，1箇月（30日）以上の治療を要する者の人数をいう。
6 昭和41年以降の交通事故発生件数は，物損事故を含まない。
7 死者数（24時間），負傷者数及び交通事故発生件数は，昭和46年以前は，沖縄県を含まない。

第1-1表　交通安全基本計画の目標値と実数値

第1次交通安全基本計画（昭和46年度～昭和50年度）				
昭和50年の歩行者推計死者約8,000人を半減				
昭和46年	昭和47年	昭和48年	昭和49年	昭和50年
5,761人	5,689人	5,376人	4,140人	3,732人
第2次交通安全基本計画（昭和51年度～昭和55年度）				
過去の最高であった昭和45年の交通事故死者数16,765人の半減				
昭和51年	昭和52年	昭和53年	昭和54年	昭和55年
9,734人	8,945人	8,783人	8,466人	8,760人
第3次交通安全基本計画（昭和56年度～昭和60年度）				
昭和60年までに年間の死者数を8,000人以下にする。				
昭和56年	昭和57年	昭和58年	昭和59年	昭和60年
8,719人	9,073人	9,520人	9,262人	9,261人
第4次交通安全基本計画（昭和61年度～平成2年度）				
平成2年までに年間の死者数を8,000人以下にする。				
昭和61年	昭和62年	昭和63年	平成元年	平成2年
9,317人	9,347人	10,344人	11,086人	11,227人
第5次交通安全基本計画（平成3年度～平成7年度）				
平成7年の死者数を年間1万人以下とする。				
平成3年	平成4年	平成5年	平成6年	平成7年
11,109人	11,452人	10,945人	10,653人	10,684人
第6次交通安全基本計画（平成8年度～平成12年度）				
年間の交通事故死者を平成9年までに1万人以下とし，さらに，平成12年までに9,000人以下とする。				
平成8年	平成9年	平成10年	平成11年	平成12年
9,943人	9,642人	9,214人	9,012人	9,073人
第7次交通安全基本計画（平成13年度～平成17年度）				
平成17年までに，年間の24時間死者数を交通安全対策基本法施行以降の最低であった昭和54年の8,466人以下とする。				
平成13年	平成14年	平成15年	平成16年	平成17年
8,757人	8,396人	7,768人	7,436人	6,937人
第8次交通安全基本計画（平成18年度～平成22年度）				
平成22年までに，年間の24時間死者数を5,500人以下にする。平成22年までに，年間の死傷者数を100万人以下にする。				
平成18年	平成19年	平成20年	平成21年	平成22年
6,415人	5,796人	5,209人	4,979人	4,948人
1,104,979人	1,040,448人	950,912人	916,194人	901,245人
第9次交通安全基本計画（平成23年度～平成27年度）				
平成27年までに，年間の24時間死者数を3,000人以下にする。平成27年までに，年間の死傷者数を70万人以下にする。				
平成23年	平成24年	平成25年	平成26年	平成27年
4,691人	4,438人	4,388人	4,113人	4,117人
859,304人	829,830人	785,880人	715,487人	670,140人
第10次交通安全基本計画（平成28年度～令和2年度）				
令和2年までに，年間の24時間死者数を2,500人以下にする。令和2年までに，年間の死傷者数を50万人以下にする。				
平成28年	平成29年	平成30年	令和元年	令和2年
3,904人	3,694人	3,532人	3,215人	2,839人
622,757人	584,544人	529,378人	464,990人	372,315人
第11次交通安全基本計画（令和3年度～令和7年度）				
令和7年までに，年間の24時間死者数を2,000人以下にする。令和7年までに，年間の重傷者数を22,000人以下にする。				
令和3年	令和4年			
2,636人	2,610人			
27,204人	26,027人			

注　第1次計画の計画期間の実数値は，歩行中の交通事故死者数。
　　第8次から第10次計画の計画期間の実数値は，上段が年間の24時間死者数，下段が年間の死傷者数。
　　第11次計画期間の実数値は，上段が年間の24時間死者数，下段が年間の重傷者数。

なお，本白書における交通事故統計の数値は，原則として警察庁の交通統計による数値であり，交通事故死者数は，24 時間死者数である。

このほかに，交通事故発生後 30 日以内に死亡した者（30 日以内死者）の数を集計したものがあり，令和４年は 3,216 人となっている（参考－３参照）。

さらに，交通事故を原死因とする死亡者（事故発生後１年を超えて死亡した者及び後遺症により死亡した者を除く。）を計上している厚生労働省の人口動態統計について，警察庁では，陸上交通事故死亡者数から，明らかに道路上の交通事故ではないと判断された者を除いた数を「厚生統計の死者」として計上しており，令和３年は 3,434 人となっている（第 1-1 図）。

重傷者数については，令和４年は２万 6,027 人であり，平成 12 年（８万 105 人）以降減少傾向である。

死傷者数については，第１次及び第２次計画に基づく諸対策により，昭和 45 年の 99 万 7,861 人から 52 年には 60 万 2,156 人に減少し，その後，増勢になるものの，ピークに達した平成 16 年と比較すると，令和４年の死傷者数は約 0.3 倍となっている。４年中の死傷者数は 35 万 9,211 人と 18 年連続で減少しているものの，依然として高い水準にある（第 1-2 図）。

死傷者数を人口 10 万人当たりでみると，昭和 45 年の 962.1 人から一旦急激に減少したものの，50 年代から増勢に転じ，平成 13 年に 934.7 人となった。その後，減少に転じ，令和４年には 286.2 人となった。次に，自動車保有台数１万台当たりでみると，昭和 43 年からほぼ一貫して減少を続け，平成３年には 130.6 人までに減少し，その後，横ばい又は微減傾向となり，令和４年には 43.4 人となった。死者数を人口 10 万人当たりでみると，昭和 45 年まで年とともに増加し，同年には 16.2 人となったが，46 年以降は減少に転じ，平成に入り一時増加したものの，令和４年には 2.1 人となった。次に，自動車保有台数１万台当たり，自動車１億走行キロ当たりでみると，昭和 50 年代半ばまで順調に減少してきた後は，漸減傾向が続いている（第 1-3 図）。

第 1-2 図　死傷者数，運転免許保有者数，自動車保有台数及び自動車走行キロの推移

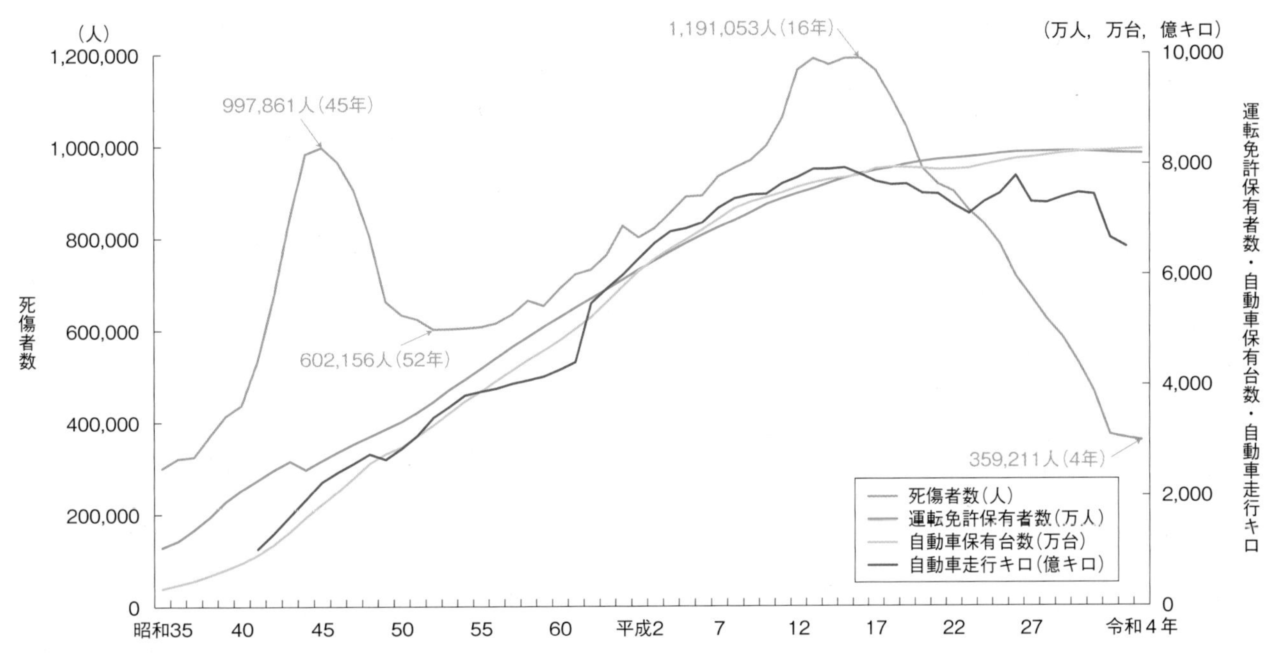

注　1　死傷者数は警察庁資料による。
　　2　運転免許保有者数は警察庁資料により，各年 12 月末現在の値である。
　　3　自動車保有台数は国土交通省資料により，各年12月末現在の値である。保有台数には第１種及び第２種原動機付自転車並びに小型特殊自動車を含まない。
　　4　自動車走行キロは国土交通省資料により，各年度の値である。軽自動車によるものは昭和 62 年度から計上している。

第1-3図 人口10万人・自動車保有台数1万台・自動車1億走行キロ当たりの交通事故死傷者数及び死者数の推移

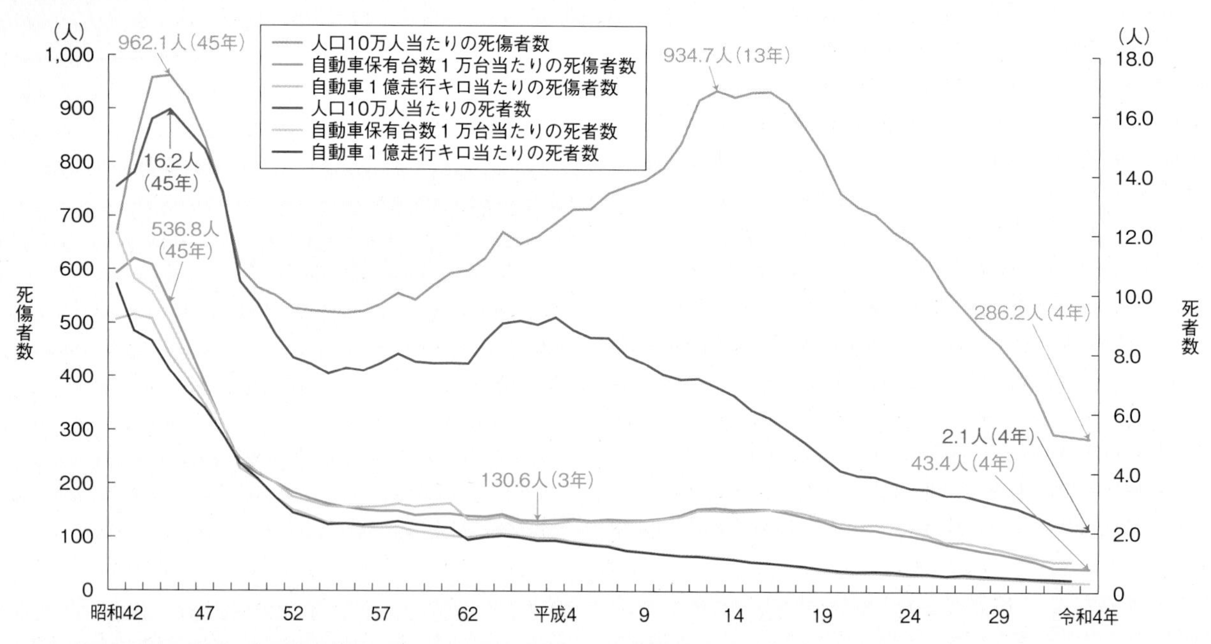

注 1 死傷者数及び死者数は警察庁資料による。
2 算出に用いた人口は，該当年の人口であり，総務省統計資料「人口推計」(各年10月1日現在人口(補間補正を行っていないもの。ただし，国勢調査実施年は国勢調査人口による。))による。ただし，令和4年は前年の人口による。
3 自動車保有台数は国土交通省資料により，各年12月末現在の値である。保有台数には第1種及び第2種原動機付自転車並びに小型特殊自動車を含まない。
4 自動車走行キロは国土交通省資料により，各年度の値である。軽自動車によるものは昭和62年度から計上している。

第2節 令和4年中の道路交通事故の状況

1 概況

令和4年中の交通事故発生件数，死者数，重傷者数及び負傷者数は，第1-1図のとおりである。

前年と比べると，交通事故発生件数は4,357件(1.4%)，死者数は26人(1.0%)，負傷者数は5,530人(1.5%)減少し(死傷者数は5,556人(1.5%)減少)，負傷者数のうち，重傷者数については1,177人(4.3%)，軽傷者数については4,353人(1.3%)減少した。

交通事故発生件数及び負傷者数は18年連続で減少したほか，死者数も減少傾向にあり，現行の交通事故統計となった昭和23年以降で最少となった前年を更に下回った。

65歳以上の高齢者(以下「高齢者」という。)における人口10万人当たりの交通事故死者数は引き続き減少しているものの，交通事故死者のうち高齢者は1,471人であり，その占める割合は，56.4%と依然として高い(第1-4図及び第1-5図)。

また，致死率については，近年上昇傾向にあるが，この背景には，他の年齢層に比べて致死率が約7倍高い高齢者の人口が増加している一方，その他の年齢層の人口は減少傾向にあることが挙げられる(第1-6図)。

第 1-4 図　高齢者及び高齢者以外の交通事故死者数の推移

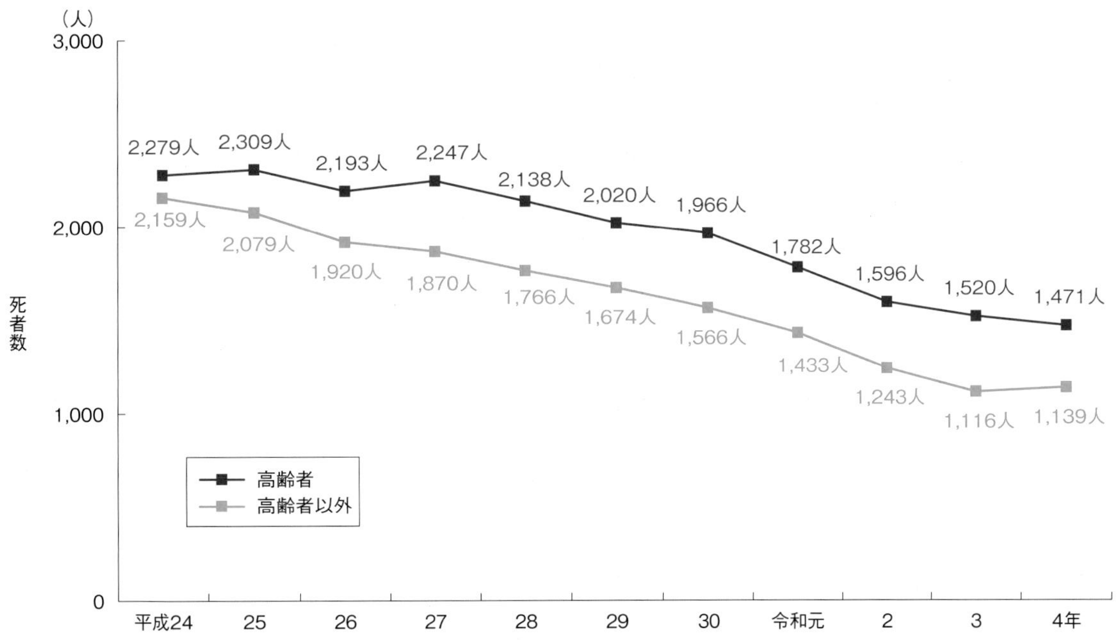

注　警察庁資料による。

第 1-5 図　人口 10 万人当たり高齢者及び高齢者以外の交通事故死者数の推移

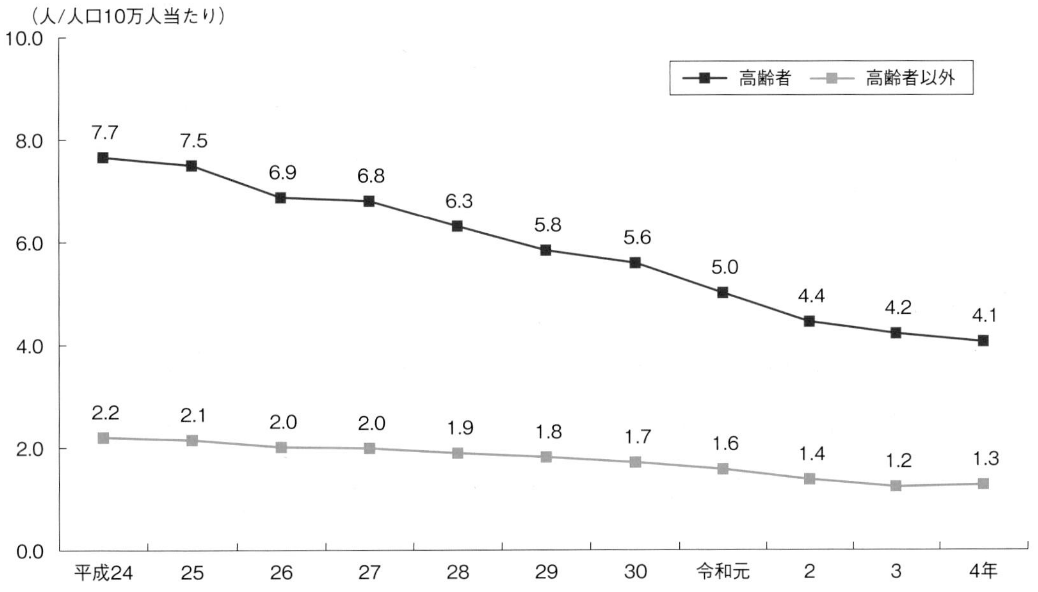

注　1　警察庁資料による。
　　2　算出に用いた人口は，該当年の前年の人口であり，総務省統計資料「人口推計」（各年 10 月 1 日現在人口（補間補正を行っていないもの。ただし，国勢調査実施年は国勢調査人口（不詳補完値）による。））による。

第 1-6 図　致死率及び死者数の推移

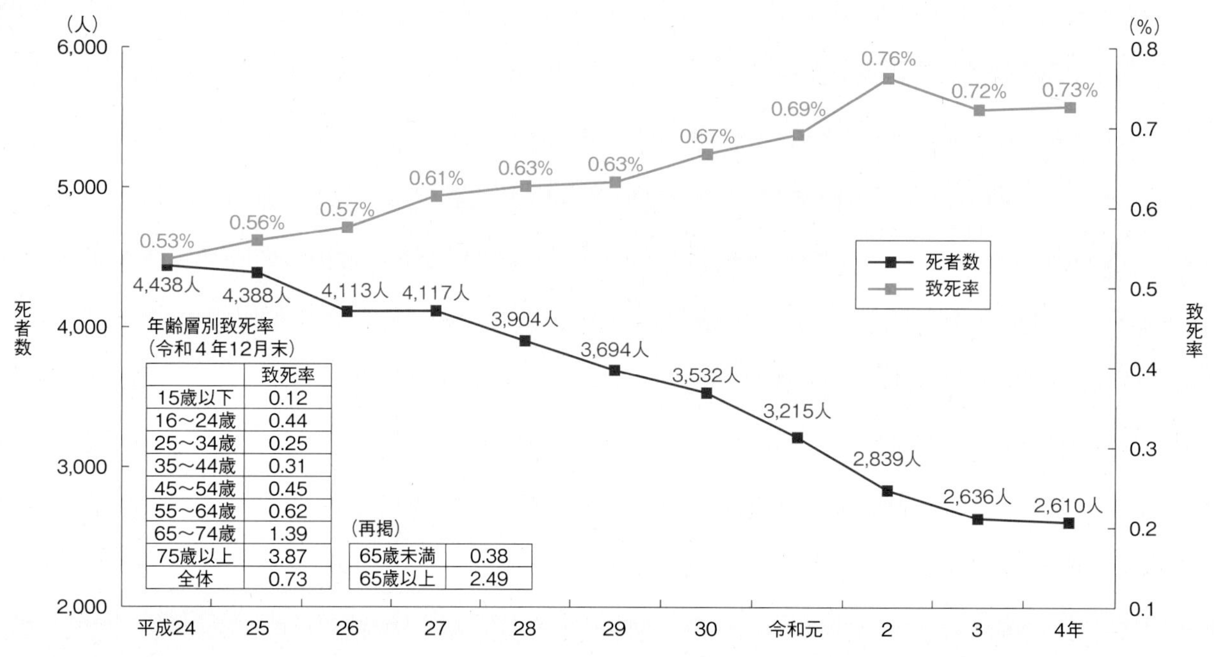

	致死率
15歳以下	0.12
16～24歳	0.44
25～34歳	0.25
35～44歳	0.31
45～54歳	0.45
55～64歳	0.62
65～74歳	1.39
75歳以上	3.87
全体	0.73

（再掲）

65歳未満	0.38
65歳以上	2.49

注　1　警察庁資料による。
　　2　致死率＝死者数÷死傷者数× 100

2　交通死亡事故等の特徴

⑴事故類型別交通死亡事故発生件数及び交通事故発生件数

令和４年中の交通死亡事故発生件数を事故類型別にみると，正面衝突等※が最も多く，次いで歩行者横断中，出会い頭衝突の順で多くなっており（「人対車両その他」を除く。），この３類型を合わせると全体の約７割を占めている（第 1-7 図）。過去 10 年間の交通死亡事故発生件数（人口 10 万人当たり）を事故類型別にみると，いずれも減少傾向にある（第 1-8 図）。

また，令和４年中の交通事故発生件数を事故類型別にみると，追突が最も多く，次いで出会い頭衝突が多くなっており，両者を合わせると全体の約６割を占めている（第 1-9 図，第 1-10 図）。

⑵状態別交通事故死者数及び重傷者数

令和４年中の交通事故死者数を状態別にみると，歩行中が最も多く，次いで自動車乗車中が多くなっており，両者を合わせると全体の約７割を占めている（第 1-11 図）。過去 10 年間の交通事故死者数（人口 10 万人当たり）を状態別にみると，いずれも減少傾向にある（第 1-12 図）。

また，令和４年中の交通事故重傷者数を状態別にみると，自動車乗車中と歩行中がほぼ同数である（第 1-13 図）。

※事故原因が類似する正面衝突，路外逸脱，工作物衝突をまとめたもの。

第1-7図　事故類型別交通死亡事故発生件数（令和4年）

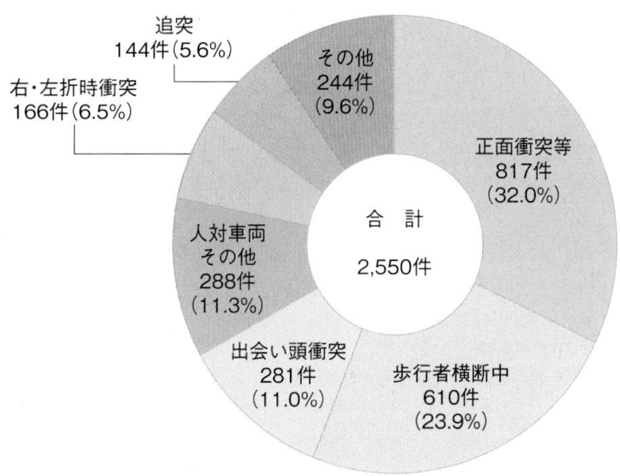

注　1　警察庁資料による。
　　2「人対車両その他」とは，人対車両の事故のうち，歩行者横断中以外の事故をいう（対面通行中，背面通行中，路上横臥等）。
　　3「正面衝突等」とは，正面衝突，路外逸脱及び工作物衝突をいう。
　　4（　）内は構成率である。

第1-8図　事故類型別人口10万人当たり交通死亡事故発生件数の推移

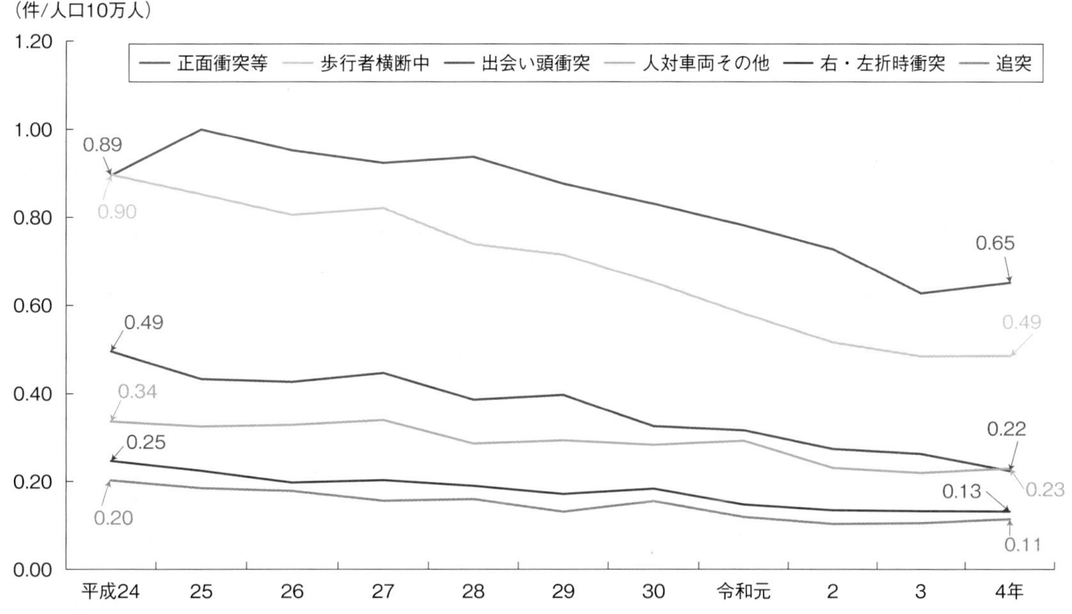

注　1　警察庁資料による。
　　2「人対車両その他」とは，人対車両の事故のうち，歩行者横断中以外の事故をいう（対面通行中，背面通行中，路上横臥等）。
　　3「正面衝突等」とは正面衝突，路外逸脱及び工作物衝突をいう。
　　4　算出に用いた人口は，該当年の前年の人口であり，総務省統計資料「人口推計」（各年10月1日現在人口（補間補正を行っていないもの。ただし，国勢調査実施年は国勢調査人口による。））による。

第 1-9 図 事故類型別交通事故発生件数（令和４年）

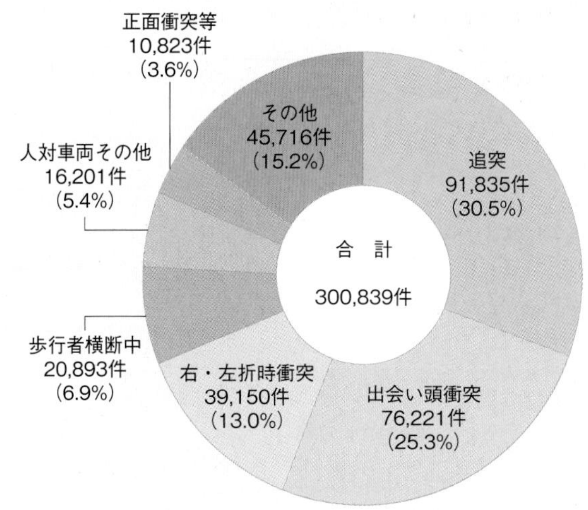

注　1　警察庁資料による。
　　2　「人対車両その他」とは，人対車両の事故のうち，歩行者横断中以外の事故をいう（対面通行中，背面通行中，路上横臥等）。
　　3　「正面衝突等」とは正面衝突，路外逸脱及び工作物衝突をいう。
　　4　（　）内は構成率である。

第 1-10 図 事故類型別交通事故発生件数の構成率の推移

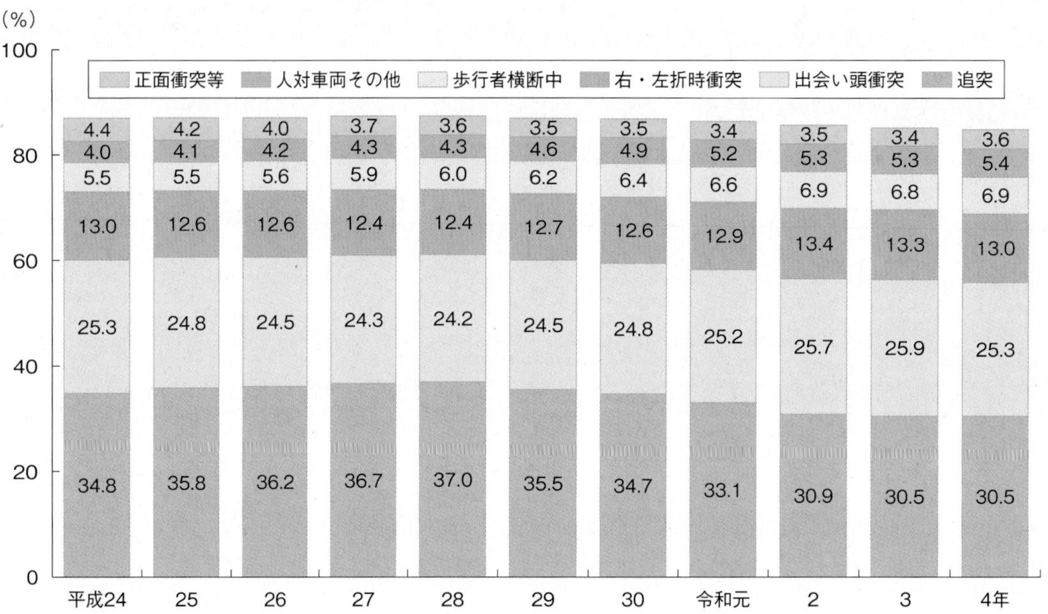

	平成24	25	26	27	28	29	30	令和元	2	3	4年
正面衝突等	4.4	4.2	4.0	3.7	3.6	3.5	3.5	3.4	3.5	3.4	3.6
人対車両その他	4.0	4.1	4.2	4.3	4.3	4.6	4.9	5.2	5.3	5.3	5.4
歩行者横断中	5.5	5.5	5.6	5.9	6.0	6.2	6.4	6.6	6.9	6.8	6.9
右・左折時衝突	13.0	12.6	12.6	12.4	12.4	12.7	12.6	12.9	13.4	13.3	13.0
出会い頭衝突	25.3	24.8	24.5	24.3	24.2	24.5	24.8	25.2	25.7	25.9	25.3
追突	34.8	35.8	36.2	36.7	37.0	35.5	34.7	33.1	30.9	30.5	30.5

注　1　警察庁資料による。ただし，事故類型別「その他」を省略しているため，構成率の合計は必ずしも100%とならない。
　　2　「人対車両その他」とは，人対車両の事故のうち，歩行者横断中以外の事故をいう（対面通行中，背面通行中，路上横臥等）。
　　3　「正面衝突等」とは正面衝突，路外逸脱及び工作物衝突をいう。

第 1-11 図　状態別交通事故死者数（令和４年）

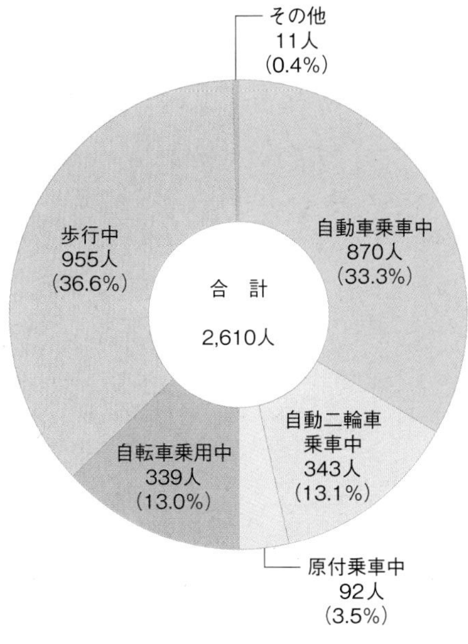

注　1　警察庁資料による。
　　2　（　）内は構成率である。

第 1-12 図　状態別人口 10 万人当たり交通事故死者数の推移

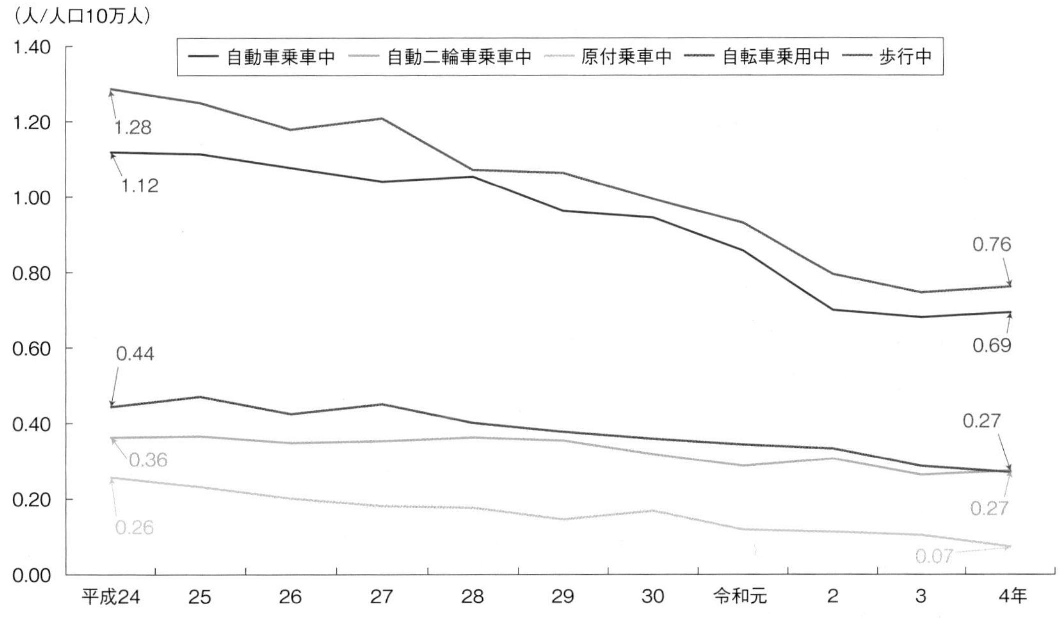

注　1　警察庁資料による。
　　2　算出に用いた人口は，該当年の前年の人口であり，総務省統計資料「人口推計」（各年 10 月 1 日現在人口（補間補正を行っていないもの。ただし，国勢調査実施年は国勢調査人口による。））による。

第 1-13 図　状態別交通事故重傷者数（令和４年）

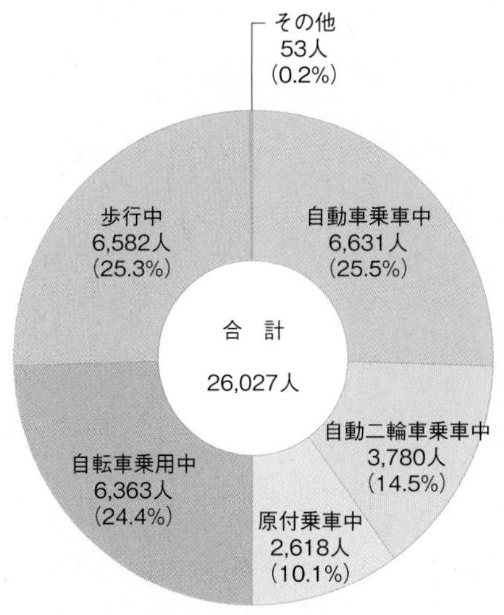

注　1　警察庁資料による。
　　2　（　）内は構成率である。

⑶年齢層別交通事故死者数・重傷者数

令和４年中の交通事故死者数を年齢層別にみると，各層人口 10 万人当たりでは，80 歳以上が最も多く，次いで 70 〜 79 歳，60 〜 69 歳の順で多くなっており（第 1-14 図），この３つの年齢層の死者数を合わせると全体の約６割を占めている（第 1-15 図）。

人口 10 万人当たりの 65 歳以上高齢者の死者数は引き続き減少しているものの（第 1-5 図），交通事故死者数に占める高齢者の割合は約６割である（第 1-15 図）。

また，令和４年中の交通事故重傷者数を年齢層別にみると，各層人口 10 万人当たりでは，80 歳以上が最も多い（第 1-16 図）。

さらに，交通事故重傷者数の構成率の推移を年齢層別にみると，80 歳以上が増加し続けている（第 1-17 図）。

⑷年齢層別・状態別人口 10 万人当たり交通事故死者数（令和４年）

状態別でみた過去 10 年間の交通事故死者数（人口 10 万人当たり）の推移については，いずれも減少傾向にあるが（第 1-12 図），令和４年の歩行中死者数（人口 10 万人当たり）については，高齢者で多く，特に 80 歳以上では全年齢層の約 4.2 倍の水準となっているほか，40 歳代以降は，年齢が高くなるにつれて，歩行中，自動車乗車中，自転車乗用中で増加している（第 1-12 図及び第 1-18 図）。

⑸年齢層別・状態別・男女別交通事故死者数（令和４年）

交通事故死者数を年齢層別・状態別・男女別にみると，歩行中の占める割合は，全年代を通じて男性より女性の方が高くなっており，65 歳以上では，男性が 38.1％に対し女性は 61.5％と，その傾向は顕著であった（第 1-19 図）。

⑹昼夜別・状態別交通事故死者数及び重傷者数（令和４年）

交通事故死者数を昼夜別・状態別にみると，原付乗車中，自動車乗車中，自転車乗用中，自動二輪車乗車中については昼間の割合が６割以上と高いのに対して，歩行中については，夜間の割合が高くなっている（第 1-20 図）。

重傷者数を昼夜別・状態別にみると，自転車乗用中，自動車乗車中，原付乗車中，自動二輪車乗車中と，歩行中を除きいずれも昼間の割合が６割以上と高い（第 1-20 図）。

第 1-14 図　年齢層別人口 10 万人当たり交通事故死者数の推移

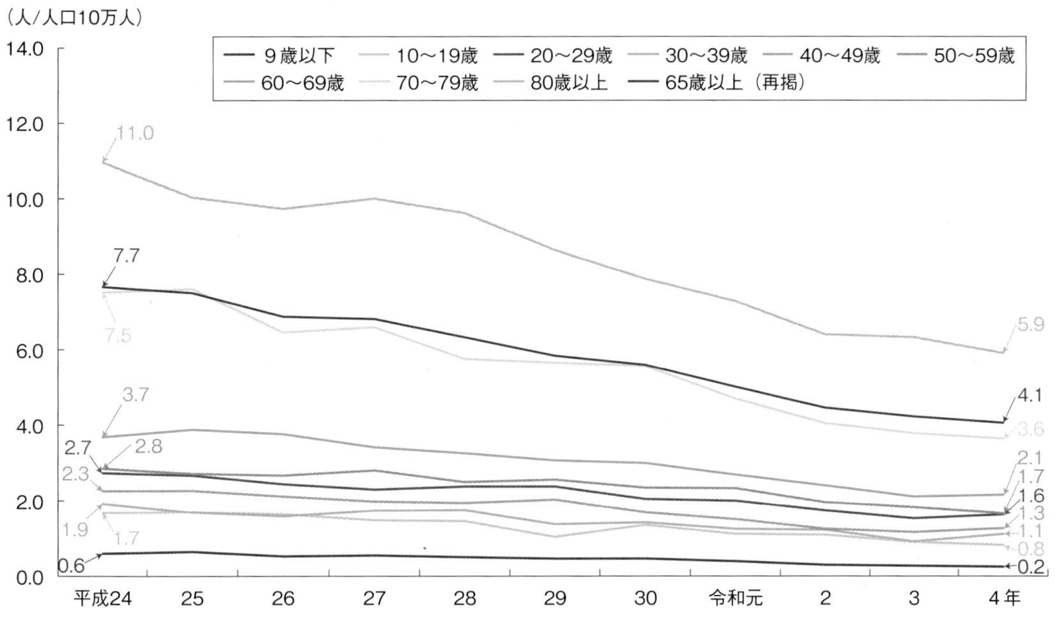

注　1　警察庁資料による。
　　2　算出に用いた人口は，該当年の前年の人口であり，総務省統計資料「人口推計」（各年 10 月 1 日現在人口（補間補正を行っていないもの。ただし，国勢調査実施年は国勢調査人口（不詳補完値）による。））による。

第 1-15 図　年齢層別交通事故死者数の推移

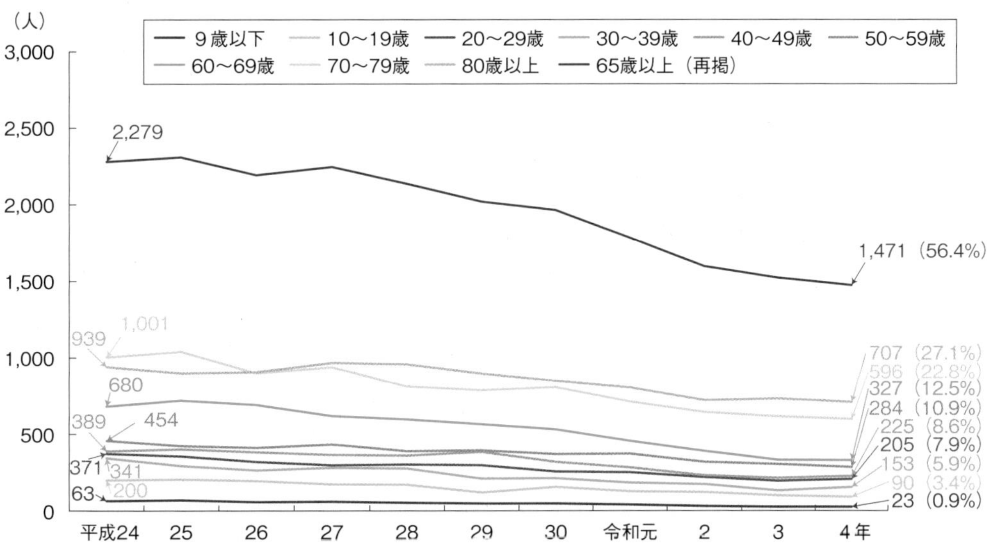

注　1　警察庁資料による。
　　2　（　）内は構成率である。

第 1-16 図　年齢層別人口 10 万人当たり交通事故重傷者数（令和４年）

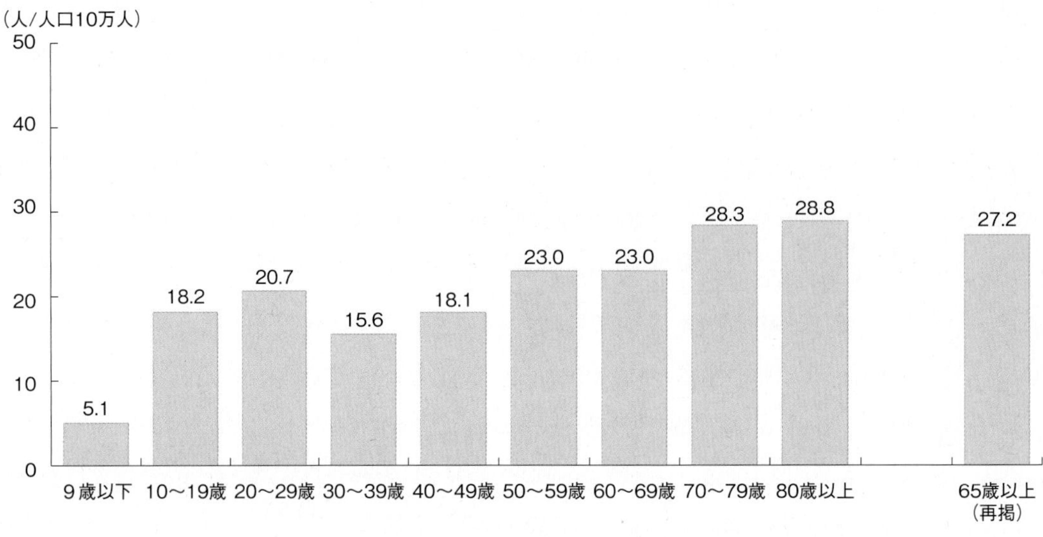

注　1　警察庁資料による。
　　2　算出に用いた人口は，総務省統計資料「人口推計」（令和３年 10 月１日現在）による。

第 1-17 図　年齢層別交通事故重傷者数の構成率の推移

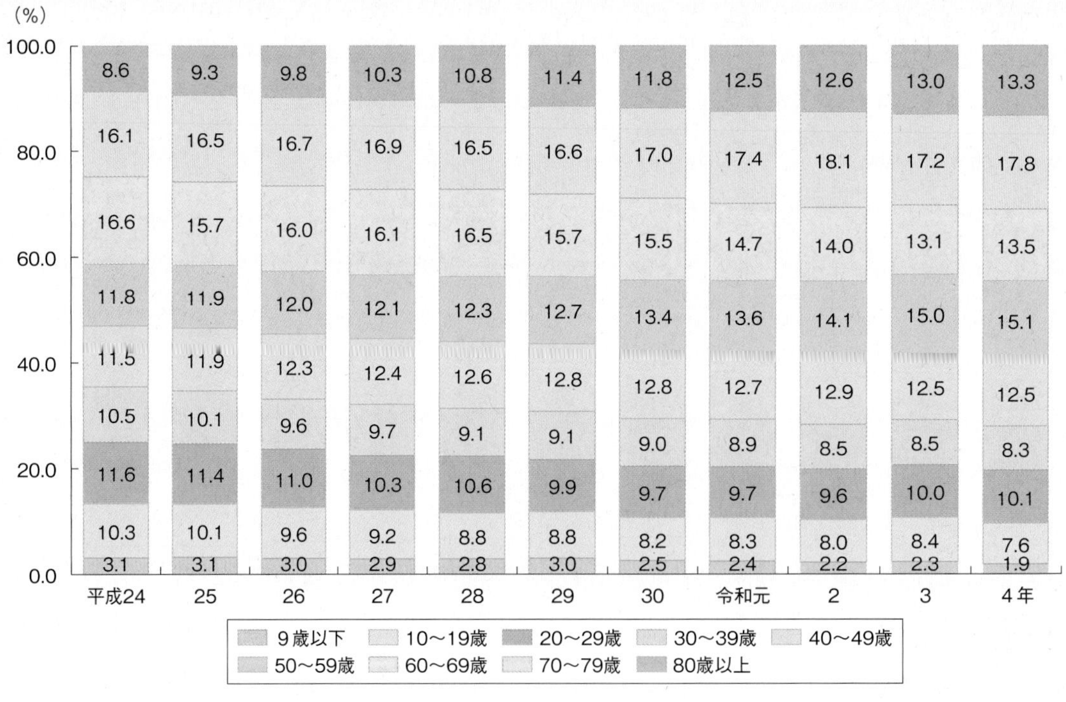

	平成24	25	26	27	28	29	30	令和元	2	3	4年
80歳以上	8.6	9.3	9.8	10.3	10.8	11.4	11.8	12.5	12.6	13.0	13.3
70～79歳	16.1	16.5	16.7	16.9	16.5	16.6	17.0	17.4	18.1	17.2	17.8
60～69歳	16.6	15.7	16.0	16.1	16.5	15.7	15.5	14.7	14.0	13.1	13.5
50～59歳	11.8	11.9	12.0	12.1	12.3	12.7	13.4	13.6	14.1	15.0	15.1
40～49歳	11.5	11.9	12.3	12.4	12.6	12.8	12.8	12.7	12.9	12.5	12.5
30～39歳	10.5	10.1	9.6	9.7	9.1	9.1	9.0	8.9	8.5	8.5	8.3
20～29歳	11.6	11.4	11.0	10.3	10.6	9.9	9.7	9.7	9.6	10.0	10.1
10～19歳	10.3	10.1	9.6	9.2	8.8	8.8	8.2	8.3	8.0	8.4	7.6
9歳以下	3.1	3.1	3.0	2.9	2.8	3.0	2.5	2.4	2.2	2.3	1.9

注　警察庁資料による。

第 1-18 図　年齢層別・状態別人口 10 万人当たり交通事故死者数（令和４年）

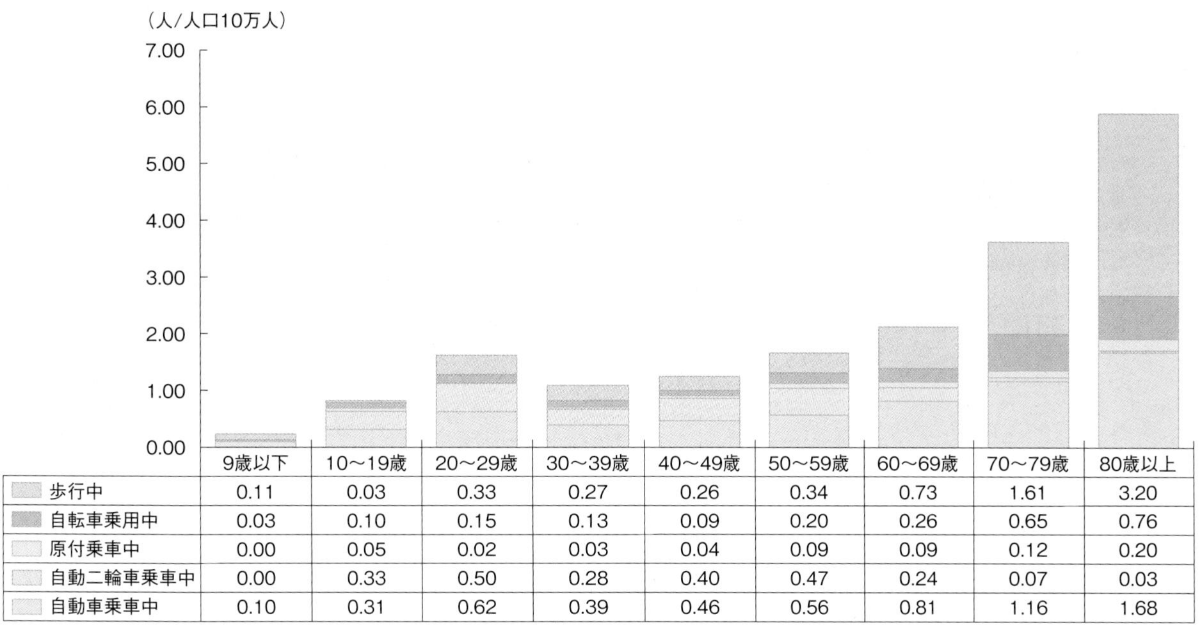

（人/人口10万人）

	9歳以下	10～19歳	20～29歳	30～39歳	40～49歳	50～59歳	60～69歳	70～79歳	80歳以上
歩行中	0.11	0.03	0.33	0.27	0.26	0.34	0.73	1.61	3.20
自転車乗用中	0.03	0.10	0.15	0.13	0.09	0.20	0.26	0.65	0.76
原付乗車中	0.00	0.05	0.02	0.03	0.04	0.09	0.09	0.12	0.20
自動二輪車乗車中	0.00	0.33	0.50	0.28	0.40	0.47	0.24	0.07	0.03
自動車乗車中	0.10	0.31	0.62	0.39	0.46	0.56	0.81	1.16	1.68

注　1　警察庁資料による。
　　2　算出に用いた人口は，総務省統計資料「人口推計」（令和３年 10 月１日現在）による。

第 1-19 図　年齢層別・状態別・男女別交通事故死者数（令和４年）

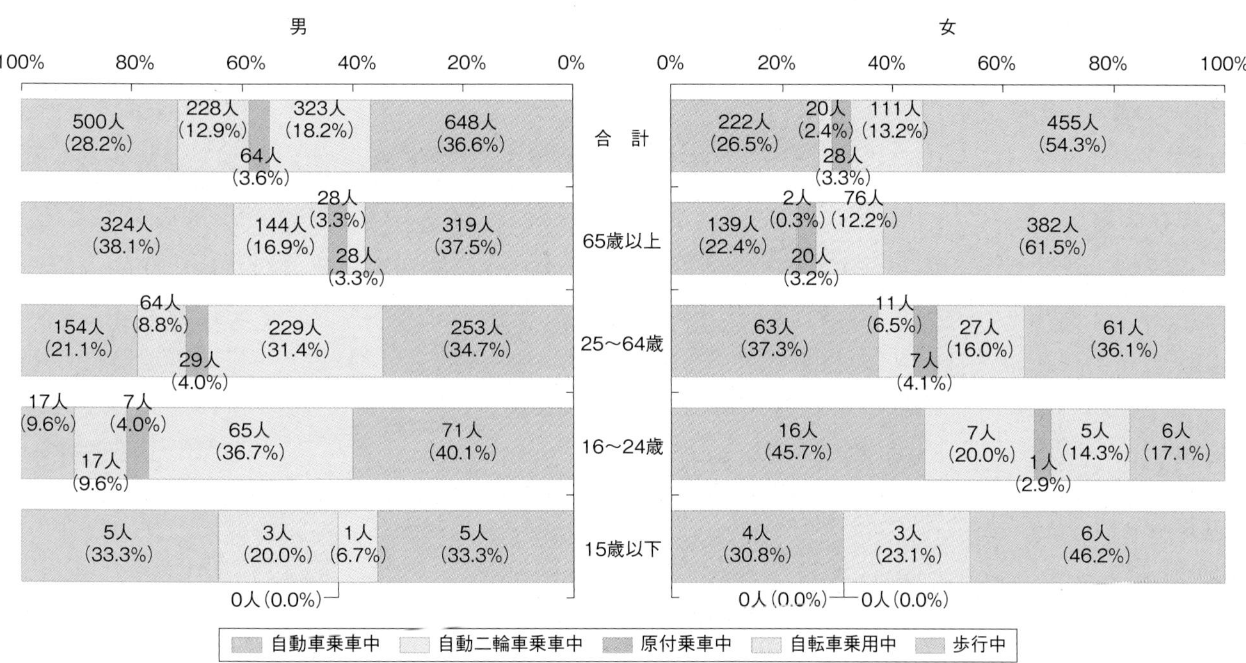

注　1　警察庁資料による。ただし，上記の状態別に含まれない事故（列車との事故等）を省略しているため，構成率の合計は必ずしも 100%とならない。
　　2　（　）内は構成率である。

第 1-20 図　昼夜別・状態別交通事故死者数及び重傷者数（令和４年）

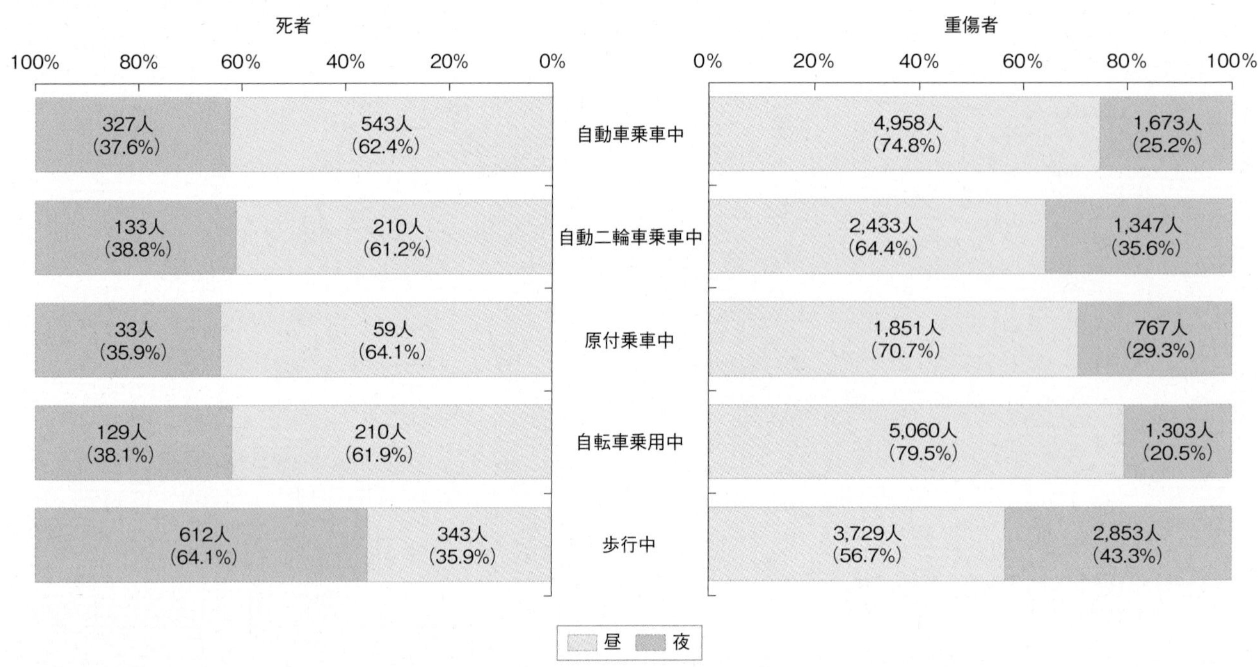

注　1　警察庁資料による。
　　2　昼夜別の「昼間」とは日の出から日没までの間をいい，「夜間」とは，日没から日の出までの間をいう。
　　3　日の出及び日没の時刻は，各日ごとの各都道府県の都道府県庁所在地（北海道は各方面本部所在地を含む。）の国立天文台天文情報センター暦計算室の計算による日の出入り時刻による。
　　4　（　）内は構成率である。

⑺道路形状別交通死亡事故発生件数（令和４年）

令和４年中の交通死亡事故発生件数を道路形状別にみると，交差点内が最も多く，次いで一般単路（交差点，カーブ，トンネル，踏切等を除いた道路形状をいう。）が多くなっている（第 1-21 図）。

⑻第１当事者別の交通死亡事故発生件数（令和４年）

自動車，自動二輪車又は原動機付自転車（以下「自動車等」という。）の運転者が第１当事者となる交通死亡事故発生件数（免許保有者 10 万人当たり）を過去 10 年間の推移で年齢層別にみると，16 ～ 19 歳，80 歳以上が他に比べ多くなっており，令和４年中については，16 ～ 19 歳が最も多く，次いで 80 歳以上が多くなっている（第 1-22 図）。

令和４年中の交通死亡事故発生件数を法令違反別（第１当事者）にみると，安全運転義務違反が約半数を占め，中でも運転操作不適，漫然運転，安全不確認，脇見運転が多い（第 1-23 図）。

当事者別（第１当事者）にみると，自家用乗用車及び自家用貨物車で全体の約７割を占めている（第 1-24 図）。

⑼歩行中，自転車乗用中の交通死亡事故における法令違反の有無

歩行中の交通事故死者数は減少傾向にあるものの，状態別交通事故死者数では最も多くなっている（第 1-25 図）。令和４年中における歩行中死者数の法令違反の有無を高齢者と高齢者以外に分けてみると，ともに５割以上に法令違反があるか（第 1-26 図），法令違反別では，高齢者は横断歩道外横断や走行車両の直前直後横断など「横断違反※」の割合が約３割を占めており，高齢者以外と比べて多くなっている（第 1-27 図）。また，令和４年中の自転車乗用中死者数について，高齢者と高齢者以外に分けてみると，高齢者は前年から減少しているが，自転車側に法令違反があった割合が約８割と多くを占めている（第 1-28 図）。

※横断違反
　横断歩道外横断，走行車両直前直後横断等

第 1-21 図　道路形状別交通死亡事故発生件数（令和４年）

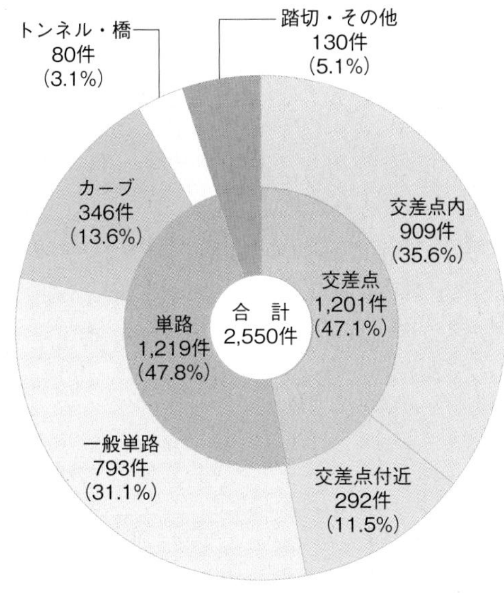

注　1　警察庁資料による。
　　2　（　）内は構成率である。

第 1-22 図　自動車，自動二輪車又は原動機付自転車運転者（第１当事者）の年齢層別免許保有者 10 万人当たり交通死亡事故発生件数の推移

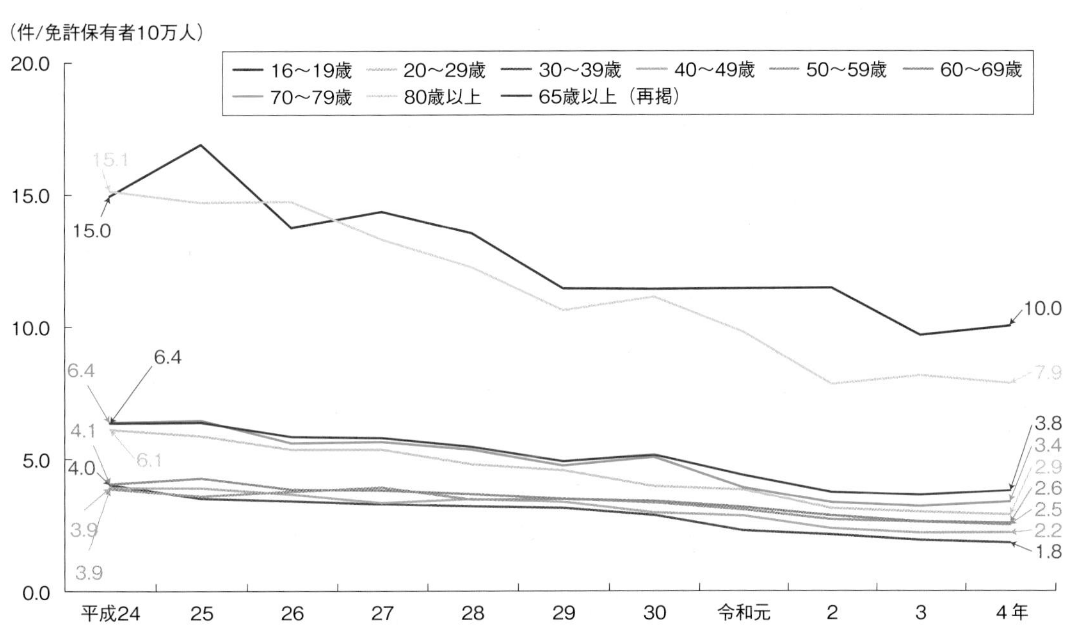

注　警察庁資料による。

第1-23図 法令違反別（第1当事者）交通死亡事故発生件数（令和4年）

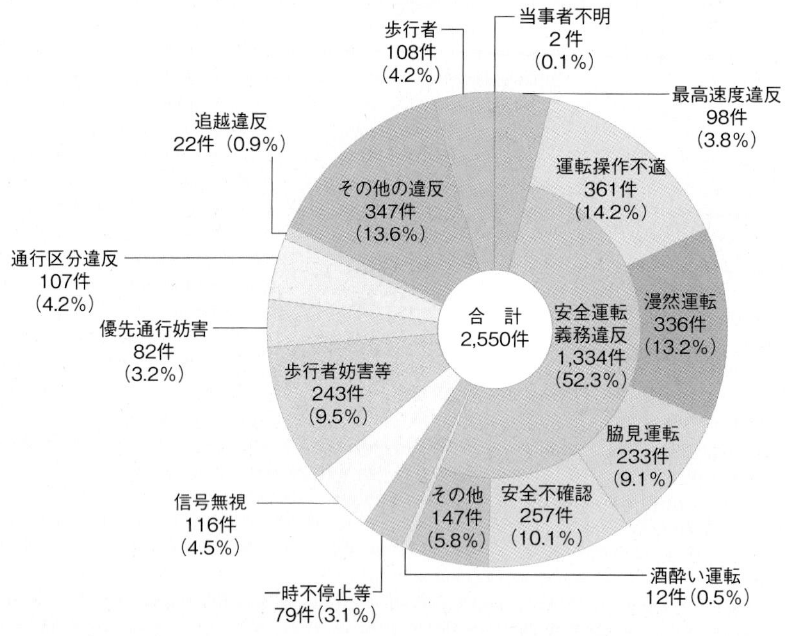

注 1 警察庁資料による。
2 （ ）内は構成率である。

第1-24図 当事者別（第1当事者）交通死亡事故発生件数（令和4年）

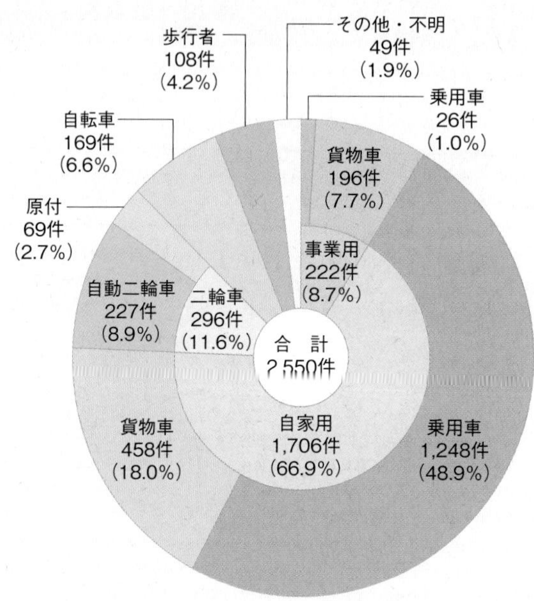

注 1 警察庁資料による。
2 （ ）内は構成率である。

第 1-25 図　状態別交通事故死者数の推移

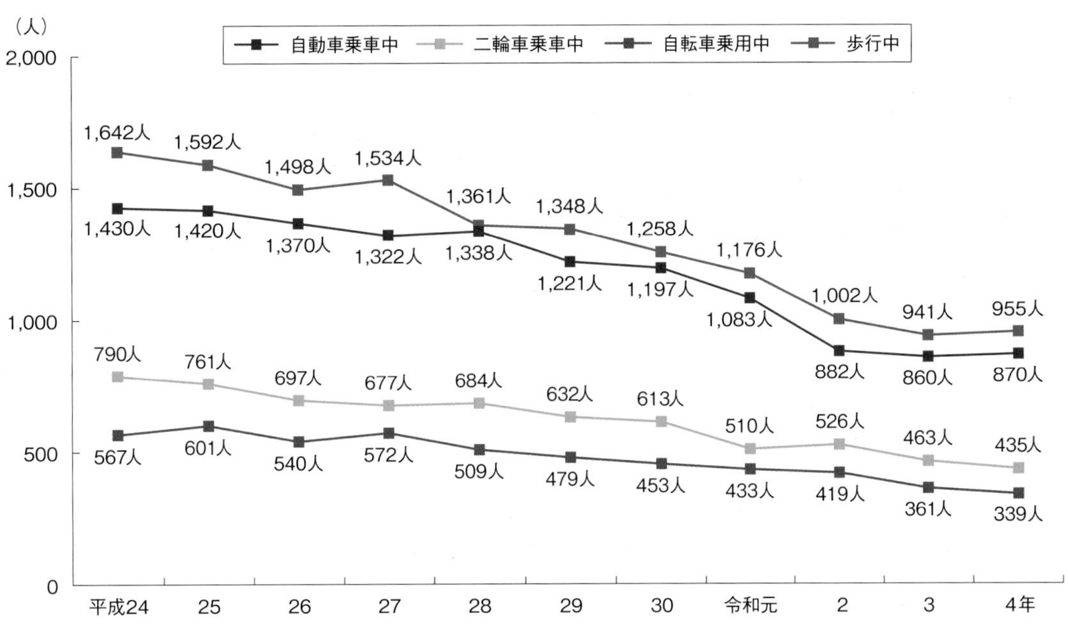

注　警察庁資料による。

第 1-26 図　歩行中死者（第１・第２当事者）の法令違反状況の推移

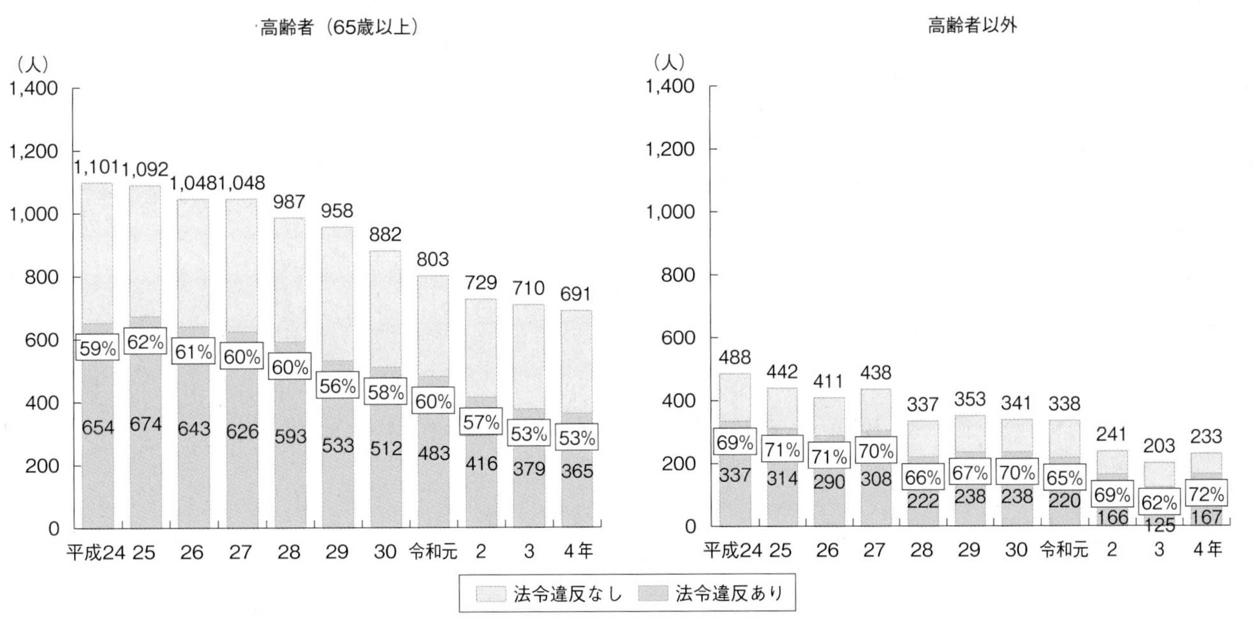

注　1　警察庁資料による。
　　2　「法令違反あり」には，法令に規定のない「飛び出し（安全を確認しないで道路に飛び出したもの）」，「調査不能（違反種別が不明の場合）」等を含む。

第 1-27 図 歩行中死者（第1・第2当事者）の法令違反別比較（令和4年）

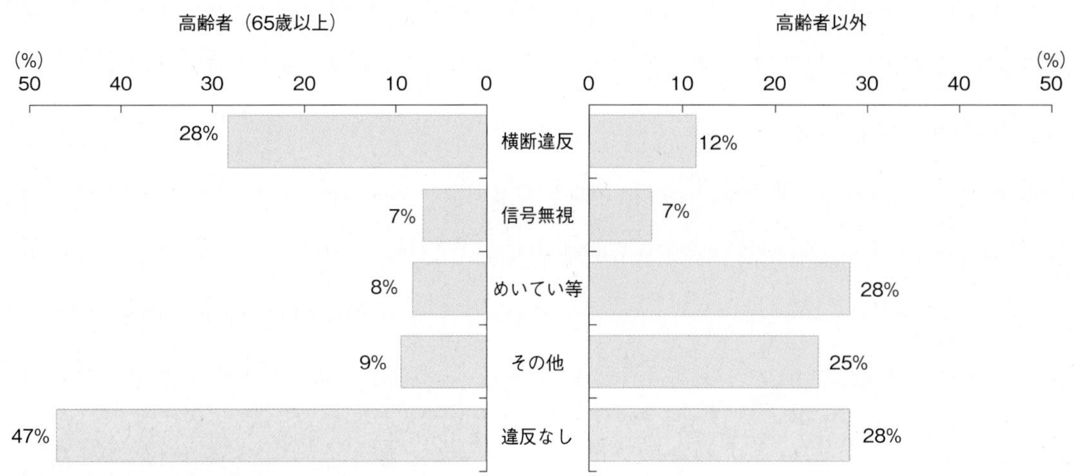

注 1 警察庁資料による。
2 「横断違反」とは，横断歩道外横断，走行車両の直前直後横断等をいう。

第 1-28 図 自転車乗用中死者（第1・第2当事者）の法令違反状況の推移

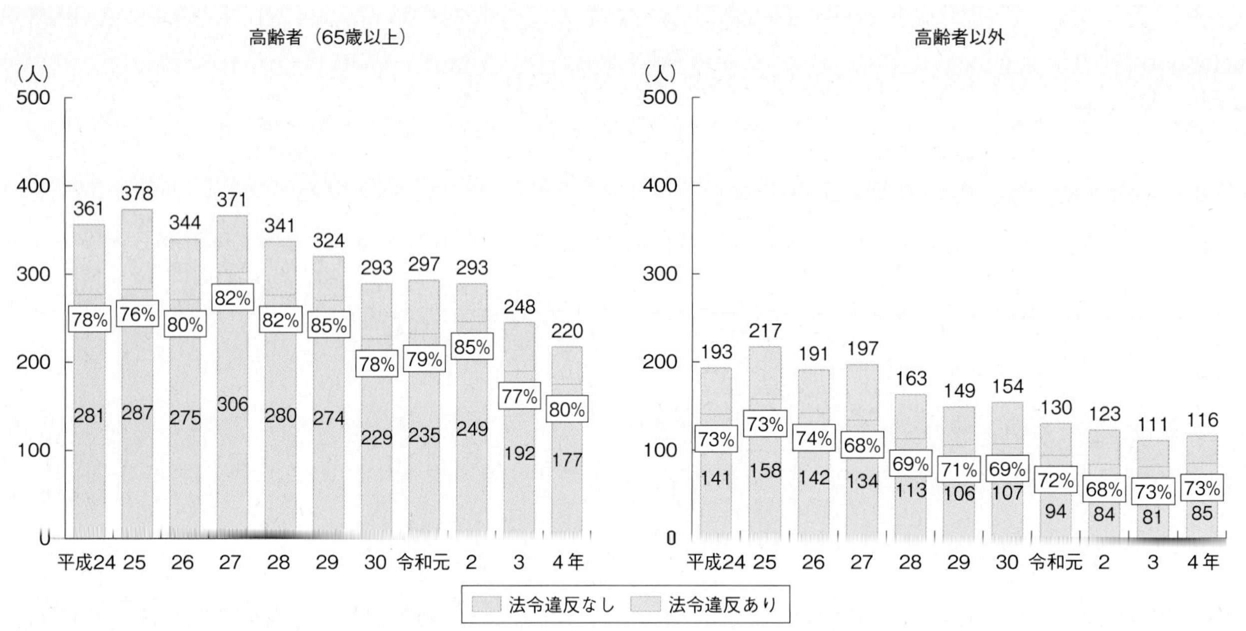

注 1 警察庁資料による。
2 「法令違反あり」には，「調査不能（違反種別が不明の場合）」等を含む。

⑽飲酒運転による交通事故発生状況（令和４年）

令和４年中の自動車等の運転者（第１当事者）の飲酒運転による交通事故発生件数及び交通死亡事故発生件数は，ともに減少した。飲酒運転による死亡事故は，平成14年以降，累次の飲酒運転の厳罰化，飲酒運転根絶の社会的気運の高まりにより大幅に減少してきたが，近年はその減少幅が縮小している（第1-29図）。

⑾シートベルト着用有無別の交通事故死者数（令和４年）

令和４年中の自動車乗車中の交通事故死者数をシートベルト着用の有無別にみると，非着用の全体に占める割合は約４割で前年とほぼ同水準だった。これまでシートベルト着用者率の向上が自動車乗車中の死者数の減少に大きく寄与していたが，近年はシートベルト着用者率（自動車乗車中死傷者に占めるシートベルト着用の死傷者の割合）が伸び悩んでいる。４年中のシートベルト着用者率は94.8％にとどまっており，自動車乗車中の交通事故死者数をシートベルト着用有無別にみると，シートベルト着用者数はシートベルト非着用者数の約1.5倍になっているが，４年中のシートベルト着用有無別の致死率をみると，非着用の致死率は着用の14.4倍と高くなっている（第1-30図，第1-31図及び第1-32図）。

⑿チャイルドシート使用の有無別死傷者数

令和４年中の６歳未満幼児の自動車同乗中の死者数及び重傷者数は，第1-33図のとおりである。

チャイルドシートの使用者率及び６歳未満幼児の自動車同乗中の致死率は，ほぼ横ばいで推移しており，６歳未満幼児の自動車同乗中の死亡重傷率も，年により増減はあるものの，ほぼ横ばいで推移している（第1-34図）。

令和４年中のチャイルドシート使用有無別の死亡重傷率をみると，不使用は使用の2.3倍，致死率をみると，不使用は使用の15.9倍となる（第1-35図）。

３　高速道路における交通事故発生状況

⑴概況

令和４年中の高速道路（高速自動車国道法（昭32法79）第４条第１項に規定する高速自動車国

第1-29図　自動車，自動二輪車又は原動機付自転車運転者（第１当事者）の飲酒運転による交通事故発生件数及び交通死亡事故件数の推移

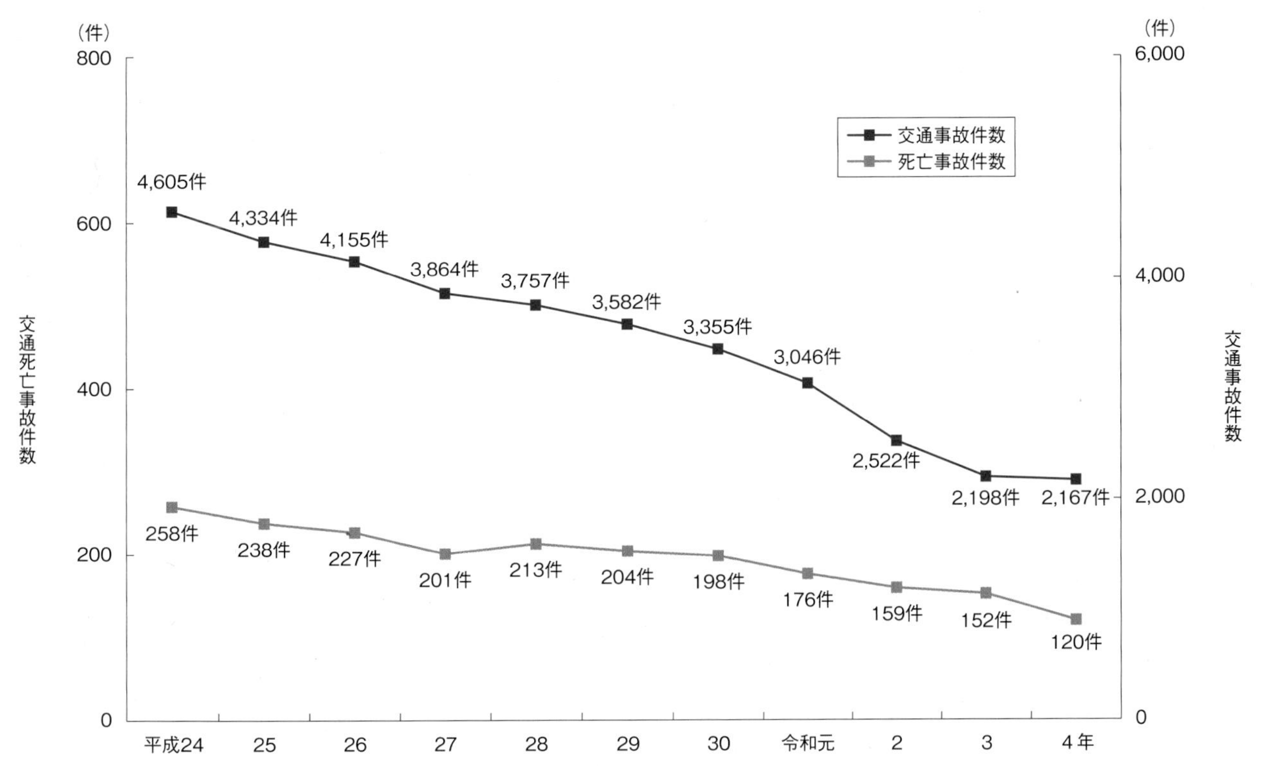

注　警察庁資料による。

第 1-30 図　自動車乗車中の交通事故におけるシートベルト着用有無別死者数の推移

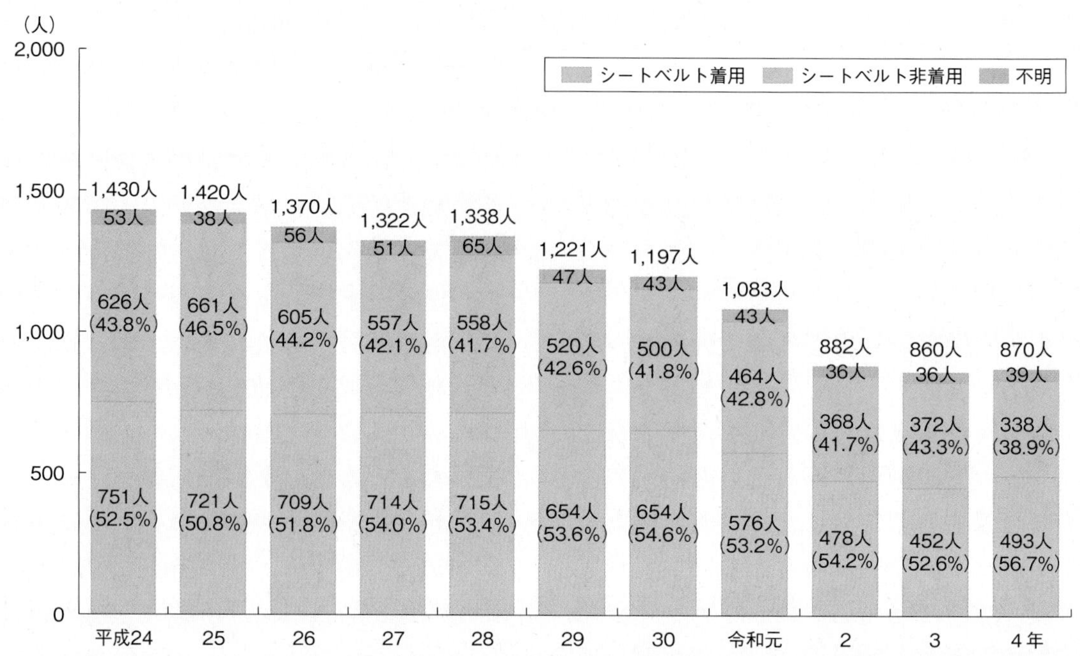

注　1　警察庁資料による。
　　2　（　）内は構成率である。

第 1-31 図　自動車乗車中の交通事故におけるシートベルト着用者率及び致死率の推移

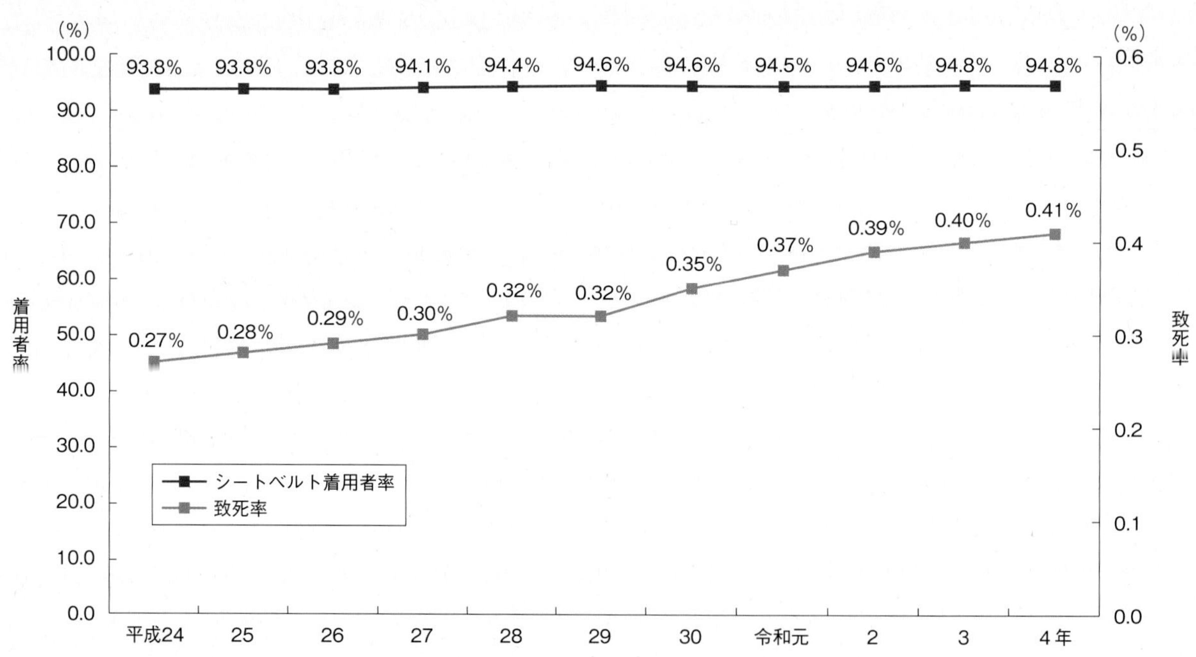

注　1　警察庁資料による。
　　2　シートベルト着用者率＝シートベルト着用死傷者数（自動車乗車中）÷死傷者数（自動車乗車中）×100
　　3　致死率＝死者数（自動車乗車中）÷死傷者数（自動車乗車中）×100

第 1-32 図　自動車乗車中の交通事故におけるシートベルト着用有無別致死率（令和４年）

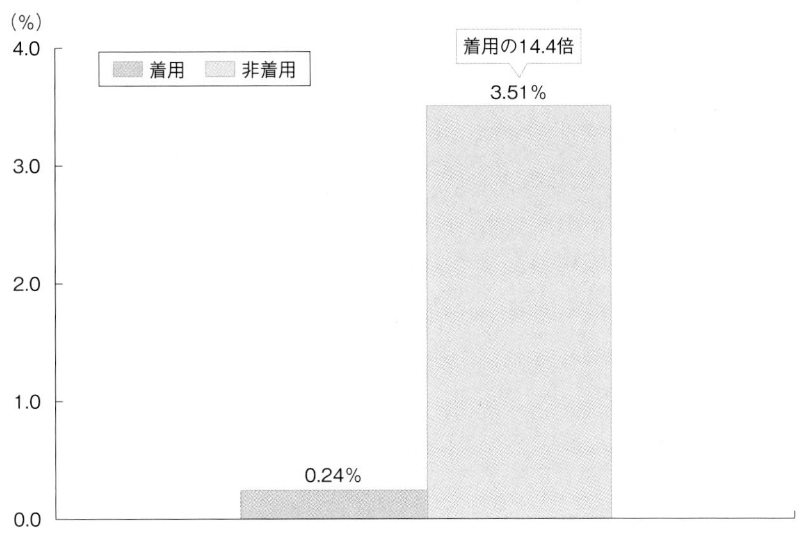

注　1　警察庁資料による。
　　2　致死率＝死者数（自動車乗車中）÷死傷者数（自動車乗車中）× 100

第 1-33 図　自動車同乗中の交通事故におけるチャイルドシート使用有無別６歳未満死者数及び６歳未満重傷者数の推移

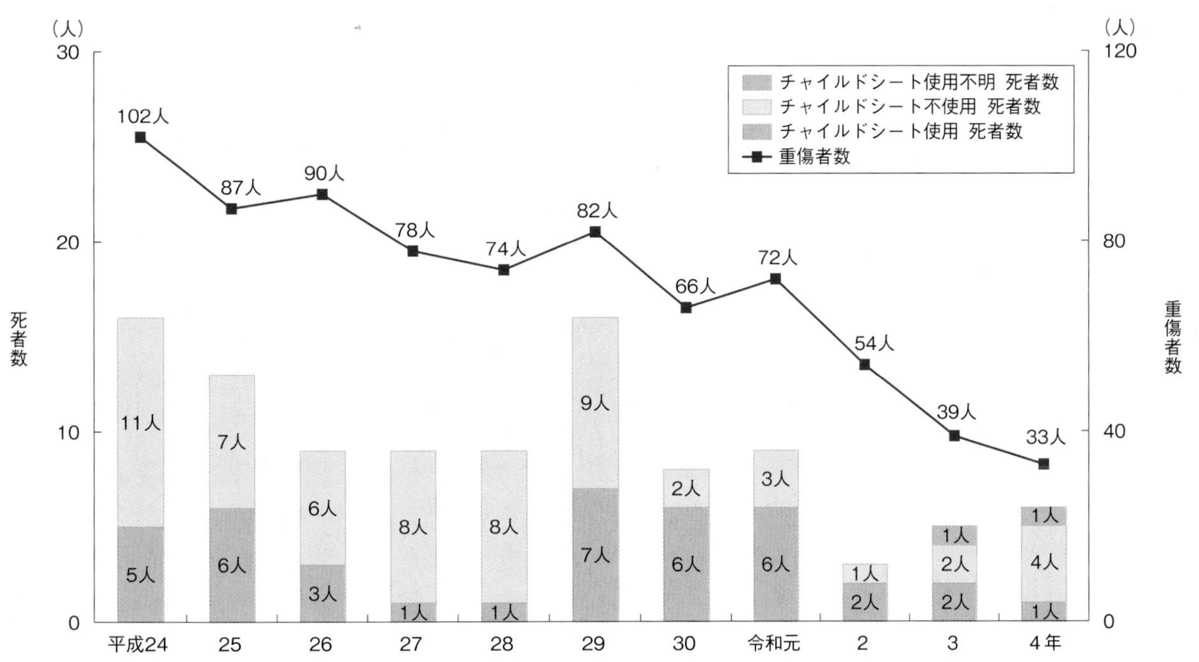

注　警察庁資料による。

第 1-34 図　自動車同乗中の交通事故における６歳未満チャイルドシート使用者率，致死率及び死亡重傷率の推移

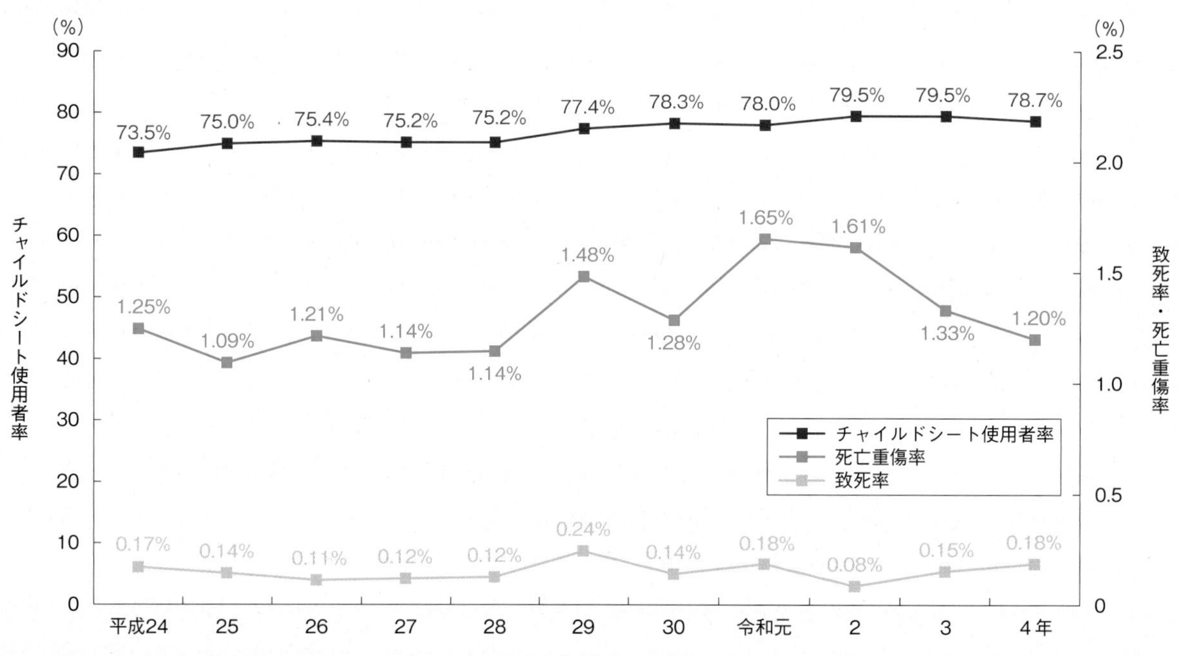

注　1　警察庁資料による。
　　2　チャイルドシート使用者率＝チャイルドシート着用死傷者数（６歳未満自動車同乗中）÷死傷者数（６歳未満自動車同乗中）×100
　　3　致死率＝死者数（６歳未満自動車同乗中）÷死傷者数（６歳未満自動車同乗中）×100
　　4　死亡重傷率＝（死者数（６歳未満自動車同乗中）＋重傷者数（６歳未満自動車同乗中））÷死傷者数（６歳未満自動車同乗中）×100

第 1-35 図　自動車同乗中におけるチャイルドシート使用有無別６歳未満致死率及び６歳未満死亡重傷率（令和４年）

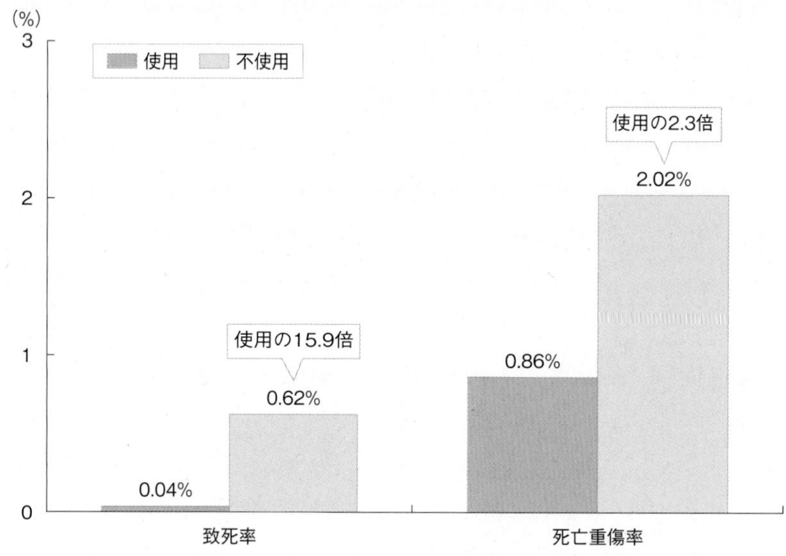

注　1　警察庁資料による。
　　2　致死率＝死者数（６歳未満自動車同乗中）÷死傷者数（６歳未満自動車同乗中）×100
　　3　死亡重傷率＝（死者数（６歳未満自動車同乗中）＋重傷者数（６歳未満自動車同乗中））÷死傷者数（６歳未満自動車同乗中）×100

道及び道路交通法（昭 35 法 105）第 110 条第 1 項の規定により国家公安委員会が指定する自動車専用道路をいう。以下同じ。）における交通事故発生件数，死者数及び負傷者数は，第 1-36 図のとおりである。

前年と比べると，交通事故発生件数及び負傷者数は増加し，死者数も約 1 割増加した。

⑵死亡事故率

高速道路は，歩行者や自転車の通行がなく，原則として平面交差がないものの，高速走行となるため，わずかな運転ミスが交通事故に結びつきやすく，また，事故が発生した場合の被害も大きくなり，関係車両や死者が多数に及ぶ重大事故に発展することが多い。そのため，令和 4 年中の死亡事故率（交通事故発生件数のうち交通死亡事故の割合）を高速道路と一般道路に分けてみると，高速道路における死亡事故率（2.4％）は，一般道路における死亡事故率（0.8％）に比べ約 3 倍となっている。

⑶事故類型別及び法令違反別発生状況

令和 4 年中の高速道路における事故類型別交通事故発生状況をみると，車両相互の事故の割合が最も高く，中でも追突が多い。次いで高いのが車両単独事故の割合で，これは一般道路と比較しても高くなっており，防護柵等への衝突が最も多く，次いで分離帯等への衝突が多くなっている。また，法令違反別発生状況をみると，安全運転義務違反が約 9 割を占めており，その内容は前方不注意，動静不注視，安全不確認の順となっている（第 1-37 図）。

⑷昼夜別交通事故発生状況

令和 4 年中の高速道路における昼夜別交通事故発生状況をみると，交通事故全体では昼間の発生が夜間の発生の約 3 倍となっている。交通死亡事故でも，昼間の発生が夜間の発生より多いが，死亡事故率では夜間が昼間を上回っている（第 1-38 図）。

第 1-36 図　高速道路における交通事故発生件数，死者数及び負傷者数の推移

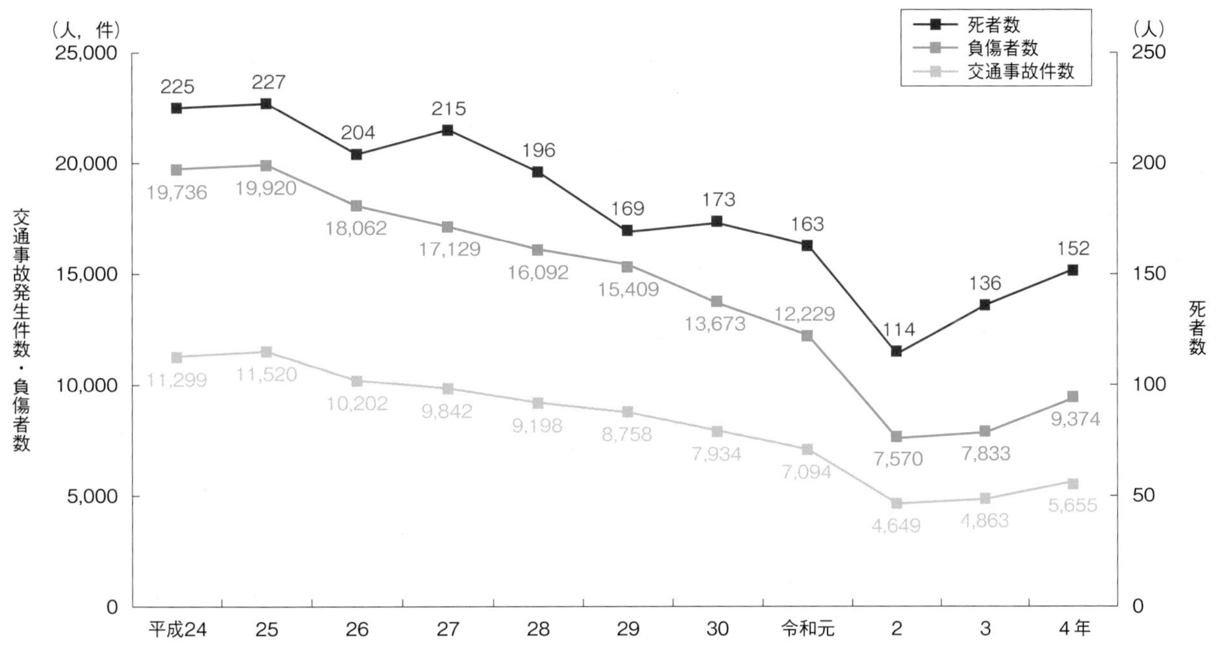

注　警察庁資料による。

第 1-37 図　高速道路における事故類型別及び法令違反別交通事故発生件数（令和４年）

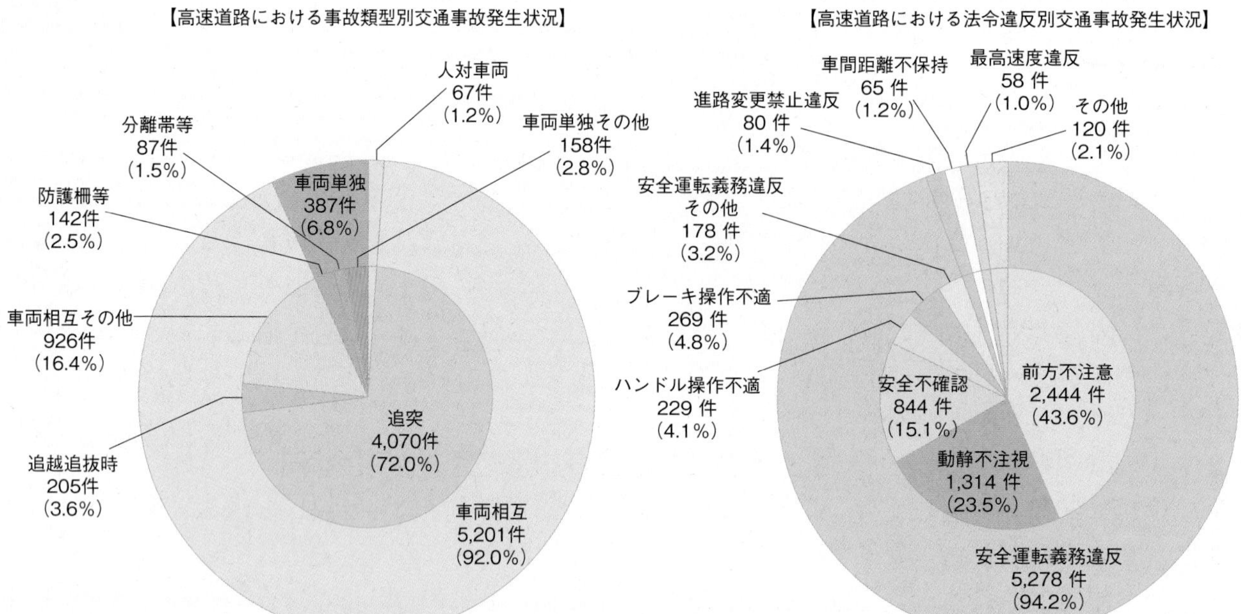

注　1　警察庁資料による。
　　2　（　）内は構成率である。

第 1-38 図　高速道路における昼夜別交通事故発生状況

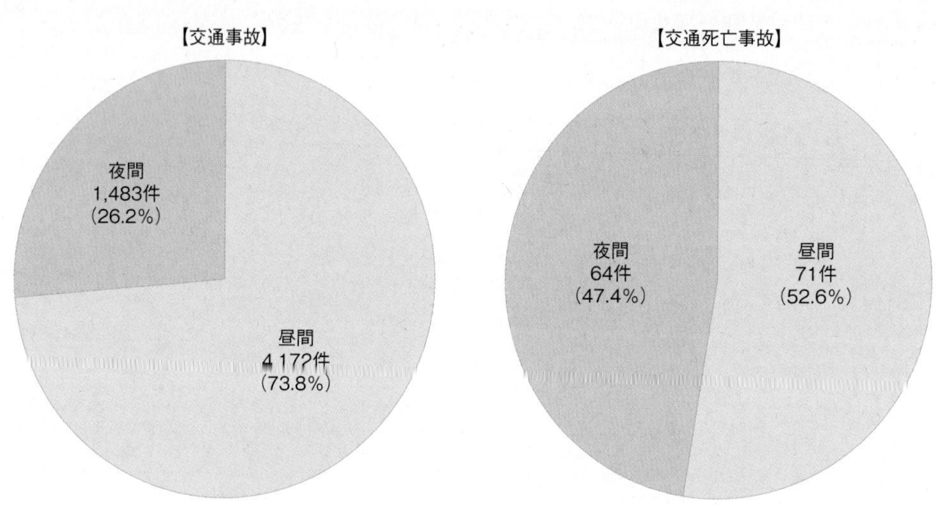

注　1　警察庁資料による。
　　2　昼夜別の「昼間」とは，日の出から日没までの間をいい，「夜間」とは，日没から日の出までの間をいう。
　　3　日の出及び日没の時刻は，各日ごとの各都道府県の都道府県庁所在地（北海道は各方面本部所在地を含む。）の国立天文台天文情報センター暦計算室の計算による日の出入り時刻による。
　　4　（　）内は構成率である。

第２章　道路交通安全施策の現況

第１節　道路交通環境の整備

１　道路及び交通安全施設等の現況

⑴道路の現況

我が国の道路は，令和３年３月31日現在で実延長122万9,239キロメートルである。国土交通省では，安全で円滑な道路交通環境を確保するため，高規格幹線道路を始めとする道路ネットワークの体系的な整備を進めており，道路種別ごとの現況は，以下のとおりである。

ア　高規格幹線道路

高規格幹線道路は，全国的な自動車交通網を形成する自動車専用道路網のうち，道路審議会答申（昭62）に基づき建設大臣が定めたもので，高速自動車国道，本州四国連絡道路，一般国道の自動車専用道路により構成される。

イ　地域高規格道路

地域高規格道路は，全国的な高規格幹線道路と一体となって規格の高い幹線道路網を形成するものである。

ウ　都市高速道路

都市高速道路は，大都市圏における円滑な道路交通を確保するために建設されているものであり，地域高規格道路の一部を構成するものである。

エ　その他の一般道路

一般国道，主要地方道及び一般都道府県道として分類される道路の実延長は，令和３年３月31日現在18万5,938キロメートルとなっている。

これに市町村道を加えると122万138キロメートルとなり，その改良率（幅員5.5メートル以上。以下同じ。）及び舗装率（簡易舗装を含む。以下同じ。）はそれぞれ62.6％，82.6％である。

（ア）　一般国道

一般国道の道路実延長は５万6,111キロメートル，改良率，舗装率はそれぞれ93.1％，99.5％である。

（イ）　主要地方道等

主要地方道（国土交通大臣の指定する主要な都道府県道又は市道）の道路実延長は５万7,888キロメートル，改良率，舗装率はそれぞれ79.9％，98.3％である。主要地方道以外の一般都道府県道については７万1,939キロメートルで，それぞれ63.8％，95.8％である。一般国道や主要地方道に比して，主要地方道以外の一般都道府県道の整備水準は低くとどまっている。

（ウ）　市町村道

市町村道の道路実延長は103万4,201キロメートル，改良率（幅員5.5メートル未満を含む。），舗装率は，それぞれ59.9％，79.9％であり，その整備水準は最も低くなっている。

⑵交通安全施設等の現況

交通安全施設等は，都道府県公安委員会及び道路管理者がそれぞれ整備を行っており，令和４年３月末現在の整備状況は次のとおりである。

ア　都道府県公安委員会が整備する施設

（ア）　交通管制センター

交通管制センターは，全国の主要75都市に設置されており，交通管制システムにより，車両感知器等で収集した交通量や走行速度等のデータを分析し，信号機，道路標識及び道路標示の設置・管理その他道路における交通の規制を広域にわたって総合的に行うとともに，収集・分析したデータを交通情報として広く提供し，運転者が混雑の状況や所要時間を的確に把握して安全かつ快適に運転できるようにすることにより，交通の流れを分散させ，交通渋滞や交通公害の緩和を促進している。

（イ） 信号機

信号機の設置基数は約20万7,000基であり，このうち35.1%に当たる約7万3,000基が交通管制センターで直接制御されている。なお，信号機のうち，押ボタン式信号機は約3万1,000基であり，バリアフリー対応型信号機※は，約4万4,000基である。

また，幹線道路の機能の維持向上のため，信号機のサイクル，スプリット，オフセット等の設定の計画的な見直し等を推進するとともに，信号機の集中制御化，系統化，感応化，多現示化等の改良を行っている。

（ウ） 交通情報提供装置

最先端の情報通信技術等を用いて交通管理の最適化を図るため，光ビーコン※，交通情報板等の交通情報提供装置の整備を推進している。

（エ） 道路標識及び道路標示

規制標識及び指示標識の設置枚数は，約949万枚であり，そのうち約53万枚が大型標識（灯火式，反射式又は自発光式）である。

イ 道路管理者が整備する施設

（ア） 歩道等

歩行者・自転車・自動車の異種交通を分離することにより，歩行者，自転車利用者等の安全と快適性を確保し，併せて，道路交通の円滑化に資するため，歩道等の整備を推進しており，歩道設置済道路延長は令和3年3月31日現在で約18万キロメートルである。

また，安全で快適な歩行空間の拡大を図るため，歩道等の整備に際しては，高齢者や障害者等が安心して社会参加できるよう，幅が広く使いやすい歩道等の整備，既設歩道の段差の解消，勾配の改善，視覚障害者誘導用ブロックの設置等の措置を講じている。

（イ） 立体横断施設

歩行者等と車両を立体的に分離することにより，歩行者の安全確保とともに，自動車交通の安全かつ円滑な流れを確保するため，横断歩道橋及び地下横断歩道を整備している。

（ウ） 道路照明

夜間において，あるいはトンネル等の明るさが急変する場所において，道路状況，交通状況を的確に把握するための良好な視環境を確保し，道路交通の安全，円滑を図るため，道路照明を整備している。

（エ） 防護柵

車両の路外，対向車線，歩道等への逸脱を防止し，乗員及び第三者への被害を最小限にとどめることや，歩行者及び自転車の転落もしくはみだりな横断を抑制することを目的として防護柵を整備している。

（オ） 道路標識

初めて訪れる観光客や外国人など，全ての道路利用者の安全かつ円滑な移動に資するため，主要な幹線道路の交差点及び交差点付近におけるルート番号等を用いた案内標識や，高齢者，身体障害者等を含む歩行者の安全かつ円滑な移動を確保する地図標識等を整備している。

（カ） 道路情報提供装置

道路交通情報をリアルタイム（即時）に提供する道路交通情報通信システム（VICS※）については，ビーコン（通信スポットを含む。）の整備を図った。また，異常気象時の道路状況に関する情報等（都市間のルート選択に資する情報を含む。）を迅速かつ的確に提供するため，道路情報板2万5,604基を設置・運用している。

また，カーラジオを通してドライバーに道路の状況に関する情報を提供する路側通信システムを全国で設置・運用している。さらに，安全で円滑な道路交通を確保するため，高速道路等に，情報ターミナル※等を設置している。

なお，交通安全施設の老朽化等による第三者被

※バリアフリー対応型信号機

音響により信号表示の状況を知らせる音響信号機，信号表示面に青時間までの待ち時間及び青時間の残り時間を表示する経過時間表示機能付き歩行者用灯器，歩行者・自転車と車両が通行する時間を分離して，交通事故を防止する歩車分離式信号等，高齢者，障害者等が道路を安全に横断できるよう整備している信号機。

※光ビーコン

通過車両を感知して交通量等を測定するとともに，車載装置と交通管制センターとの間の情報のやり取りを媒介する路上設置型の赤外線通信装置。

※ VICS：Vehicle Information and Communication System

※情報ターミナル

高速道路の休憩室内に設置され，道路交通情報，行先別経路案内等情報を提供する装置。

害の防止を図る観点から，道路管理者による道路標識，道路照明等の総点検を実施している。

2　生活道路等における人優先の安全・安心な歩行空間の整備

地域の協力を得ながら，通学路，生活道路，市街地の幹線道路等において，歩道を整備するなど，「人」の視点に立った交通安全対策を推進した。

⑴生活道路における交通安全対策の推進

警察と道路管理者が緊密に連携し，最高速度30キロメートル毎時の区域規制とハンプや狭さく等の物理的デバイスとの適切な組合せにより交通の安全の向上を図ろうとする区域を「ゾーン30プラス」（令和４年度末までに122か所）として整備計画を策定し，車両の速度抑制対策や通過交通の進入抑制対策，外周幹線道路の交通を円滑化するための交差点改良等を推進し，全ての人が安心して通行できる道路空間の確保を図っている。

都道府県公安委員会においては，交通規制，交通管制及び交通指導取締りの融合に配意した施策を推進した。生活道路については，歩行者・自転車利用者の安全な通行を確保するため，これまでのゾーン30（令和４年度末までに4,288か所。ゾーン30プラスとして整備している箇所を含む。）の整備を含め，低速度規制を実施した。令和２年度末までに全国で整備したゾーン30（4,031か所）において，整備前年度の１年間と整備翌年度の１年間における死亡重傷事故発生件数を比較したところ，29.5％減少しており，そのうち対歩行者・自転車事故も27.8％減少するなど，交通事故抑止及びゾーン内における自動車の通過速度の抑制に効果があることが確認された。

また，高輝度標識等の見やすく分かりやすい道路標識・道路標示の整備や信号灯器のLED化，路側帯の設置・拡幅，ゾーン規制の活用等の安全対策や，外周幹線道路を中心として，信号機の改良，光ビーコン・交通情報板等によるリアルタイムの交通情報提供等の交通円滑化対策を実施したほか，高齢者，障害者等の移動等の円滑化の促進に関する法律（平18法91，以下「バリアフリー法」という。）にいう生活関連経路を構成する道路を中心として，バリアフリー対応型信号機等の整備を推進した。

道路管理者においては，歩道の整備等により，安心して移動できる歩行空間ネットワークを整備した。

また，道路標識の高輝度化・必要に応じた大型化・可変化・自発光化，標示板の共架，設置場所の統合・改善，道路標示の高輝度化等（以下「道路標識の高輝度化等」という。）を行い，見やすく分かりやすい道路標識・道路標示の整備を推進した。

⑵通学路等における交通安全の確保

通学路における交通安全を確保するため，「通学路交通安全プログラム」等に基づく定期的な合同点検の実施やPDCAサイクルに基づいた対策の改善・充実等の継続的な取組を支援するとともに，道路交通実態に応じ，学校，教育委員会，警察，道路管理者等の関係機関が連携し，ハード・ソフトの両面から必要な対策を推進した。

また，子供が犠牲となる事故等の発生を受け，令和元年６月に決定された「未就学児等及び高齢運転者の交通安全緊急対策」に基づき，引き続き対策必要箇所のうち，対策未完了の箇所について，幼稚園，保育所，認定こども園等のほか，その所管機関や道路管理者，警察等が連携し，必要な対策を推進している。

さらに，令和３年６月に発生した下校中の小学生の交通事故を受け，「交通安全対策に関する関係閣僚会議」において，「通学路等における交通安全の確保及び飲酒運転の根絶に係る緊急対策」が決定され，通学路における合同点検を実施するとともに，合同点検の結果を踏まえ，学校，教育委員会，道路管理者，警察が連携して，速度規制や登下校時間帯に限った車両通行止め，通学路の変更，スクールガード等による登下校時の見守り活動の実施等によるソフト面の対策に加え，歩道やガードレール，信号機，横断歩道等の交通安全施設等の整備等によるハード面の対策を適切に組み合わせるなど，地域の実情に対応した，効果的な対策を検討し，速やかに実施している。なお，放課後児童クラブの来所・帰宅経路についても，市町村立小学校が行う合同点検を踏まえつつ，安全点検を実施している。

小学校，幼稚園，保育所，認定こども園や児童館等に通う児童・幼児，中学校，高校に通う生徒の通行の安全を確保するため，通学路等の歩道整備等を積極的に推進するとともに，ハンプ・狭さく等の設置，路肩のカラー舗装，防護柵・ライジングボラード等の設置，自転車道・自転車専用通行帯・自転車の通行位置を示した道路等の整備，押ボタン式信号機・歩行者用灯器等の整備，立体横断施設の整備，横断歩道等の拡充等の対策を推進した。

⑶高齢者，障害者等の安全に資する歩行空間等の整備

ア　高齢者，障害者等の自立した日常生活及び社会生活を確保するため，駅，官公庁施設，病院等を結ぶ道路や駅前広場等において，高齢者・障害者を始めとする誰もが安心して通行できるよう，幅の広い歩道の整備や歩道の段差・傾斜・勾配の改善，無電柱化等の整備を推進した。

このほか，音響信号機や歩車分離式信号，歩行者等支援情報通信システム（PICS※）等のバリアフリー対応型信号機，エスコートゾーン，昇降装置付立体横断施設，歩行者用休憩施設，自転車駐車場，障害者用の駐車マス等を有する自動車駐車場等の整備を推進した。あわせて，高齢者，障害者等の通行の安全と円滑を図るとともに，高齢運転者の増加に対応するため，信号灯器のLED化，道路標識の高輝度化等を推進した。

また，駅前等の交通結節点において，エレベーター等の設置，スロープ化や建築物との直結化が図られた立体横断施設，交通広場等の整備，視覚障害者誘導用ブロックの設置等を推進し，安全で快適な歩行空間の確保を図った。

特に，バリアフリー法に基づく重点整備地区に定められた駅の周辺地区等においては，公共交通機関等のバリアフリー化と連携しつつ，誰もが歩きやすい幅の広い歩道，道路横断時の安全を確保する機能を付加したバリアフリー対応型信号機等の整備を連続的・面的に整備しネットワーク化を図った。

さらに，視覚障害者誘導用ブロック，歩行者用の案内標識，バリアフリーマップ等により，公共施設の位置や施設までの経路等を適切に案内した。

イ　横断歩道，バス停留所付近の違法駐車等の悪質性・危険性・迷惑性の高い駐車違反に対する取締りを推進するとともに，高齢者，障害者等の円滑な移動を阻害する要因となっている歩道や視覚障害者誘導用ブロック上等の自動二輪車等の違法駐車についても，放置自転車等の撤去を行う市町村と連携を図りつつ適切な取締りを推進した。

3　高速道路の更なる活用促進による生活道路との機能分化

高規格幹線道路から生活道路に至る道路ネットワークを体系的に整備し，道路の適切な機能分化を推進した。

特に，高規格幹線道路等，事故率の低い道路利用を促進するとともに，生活道路においては，車両速度の抑制や通過交通の進入抑制を図り，歩行者，自転車中心の道路交通を形成した。

4　幹線道路における交通安全対策の推進

⑴事故ゼロプラン（事故危険区間重点解消作戦）の推進

交通安全に資する道路整備事業の実施に当たって，効果を科学的に検証しつつ，マネジメントサイクルを適用することにより，効率的・効果的な実施に努め，少ない予算で最大の効果を得られるよう，幹線道路において，「選択と集中」，「市民参加・市民との協働」により重点的・集中的に交通事故の撲滅を図る『事故ゼロプラン（事故危険区間重点解消作戦）』を推進した。

⑵事故危険箇所対策の推進

事故の発生割合の高い幹線道路の区間や，ビッグデータの活用により明らかになった潜在的な危険区間等2,748か所を「事故危険箇所」に指定し，都道府県公安委員会及び道路管理者が連携して，信号機の新設・改良，歩車分離式信号の整備，道路標識の高輝度化等を推進するとともに，歩道等の整備，隅切り等の交差点改良，視距の改良，付加車線等の整備，中央帯の設置，バス路線等における停車帯の設置及び防護柵，区画線等の整備，道路照明・視線誘導標等を設置するなど集中的な交通事故対策を推進している。

※ PICS：Pedestrian Information and Communication Systems

⑶幹線道路における交通規制

幹線道路については，交通の安全と円滑化を図るため，道路の構造，交通安全施設等の整備状況，交通実態等を勘案しつつ，速度規制，追越しのための右側部分はみ出し通行禁止規制等について見直しを行い，その適正化を図った。

⑷重大事故の再発防止

交通死亡事故等の重大事故が発生した場合に，同一場所における交通事故の再発防止対策を講ずるため実施している現場点検，現地検討会等（一次点検）に加えて，一次点検の結果等を警察本部及び警察署等で共有することにより，同様に道路交通環境の改善を図るべき危険箇所を発見し，当該危険箇所においても同様の交通事故の再発を防止するために必要と認められる措置を講ずる二次点検プロセスを推進した。

⑸適切に機能分担された道路網の整備

ア　自動車，自転車，歩行者の異種交通を分離し，交通流の純化を促進するため，高規格幹線道路から生活道路に至るネットワークを体系的に整備するとともに，歩道や自転車通行空間の整備を推進した。

イ　一般道路に比較して死傷事故率が低く安全性の高い高規格幹線道路等の整備やインターチェンジの増設等による利用しやすい環境を整備し，より多くの交通量を分担させることによって道路ネットワーク全体の安全性を向上させた。

ウ　通過交通の排除と交通の効果的な分散により，都市部における道路の著しい混雑，交通事故の多発等の防止を図るため，バイパス及び環状道路等の整備を推進した。

エ　幹線道路で囲まれた居住地域内や歩行者等の通行の多い商業地域内等においては，通過交通をできる限り幹線道路に転換させるなど道路機能の分化により，生活環境を向上させるため，補助的な幹線道路，区画道路，歩行者専用道路等の系統的な整備等を実施した。

オ　国民のニーズに応じた効率的な輸送体系を確立し，道路混雑の解消等円滑な交通流が確保された良好な交通環境を形成するため，鉄道駅等の交通結節点，空港，港湾の交通拠点への交通モード間の接続（モーダルコネクト）の強化を実施した。

⑹高速自動車国道等における事故防止対策の推進

高速自動車国道等においては，緊急に対処すべき交通安全対策を総合的に実施する観点から，交通安全施設等の整備を計画的に進めるとともに，渋滞区間における道路の拡幅等の改築事業，適切な道路の維持管理，道路交通情報の提供等を積極的に推進し，安全水準の維持，向上を図った。

ア　事故削減に向けた総合的施策の集中的実施

安全で円滑な自動車交通を確保するため，事故の多い地点等，対策を実施すべき箇所について事故の特徴や要因を分析し，箇所ごとの事故発生状況に対応した交通安全施設等の整備を実施した。

中央分離帯の突破による重大事故のおそれがある箇所について中央分離帯強化型防護柵の設置の推進を図るとともに，雨天時の事故を防止するための高機能舗装，夜間の事故を防止するための高視認性区画線の整備等の各種交通安全施設の整備を実施した。また，道路構造上往復の方向に分離されていない非分離区間については，対向車線へのはみ出しによる重大事故を防止するため，四車線化等に伴う中央分離帯の設置等分離対策の強化に加え，正面衝突事故防止対策として，土工部及び中小橋はワイヤロープの設置を概成，長大橋及びトンネル区間は令和３年度から新技術を実道へ試行設置するほか，高視認性ポストコーン，高視認性区画線の設置による簡易分離施設の視認性向上や凹凸型路面標示の設置などの交通安全対策を実施した。また，高速道路での逆走事故対策については，令和11年までに逆走による重大事故ゼロを目指し，対策を実施した。このほか，車両故障や交通事故により停車中の車両から降車し，又は車内に留まった運転者等が後続の通行車両等に衝突される死亡事故が発生していることから，利用者に対して車両故障や交通事故等の緊急の場合の措置等について周知するための広報啓発活動を推進した。

さらに，事故発生後の滞留車両の排除や，救助・救急活動を支援する緊急開口部としての転回路の整備等も併せて実施した。

イ　安全で快適な交通環境の整備

過労運転やイライラ運転を防止し，安全で快適な自動車走行に資するより良い走行環境の確保を図るため，本線拡幅，事故や故障による停車車両の早期撤去，上り坂での速度低下に対する注意喚起などの情報提供等による渋滞対策，休憩施設の混雑緩和等を推進した。

ウ　高度情報技術を活用したシステムの構築

道路利用者の多様なニーズに応え，道路利用者へ適切な道路交通情報等を提供するVICS等の整備・拡充を図るなど，高度道路交通システム（ITS※）の整備を推進した。

⑺道路の改築等による交通事故対策の推進

交通事故の多発等を防止し，安全かつ円滑・快適な交通を確保するため，道路の改築等による交通事故対策を推進した。

ア　歩行者及び自転車利用者の安全と生活環境の改善を図るため，歩道等を設置するための既存道路の拡幅，幹線道路の整備と併せた生活道路におけるハンプや狭さくの設置等によるエリア内への通過車両の抑制対策，自転車の通行を歩行者や車両と分離するための自転車通行空間の整備等の道路交通の安全に寄与する道路の改築事業を推進した。

イ　交差点及びその付近における交通事故の防止と交通渋滞の解消を図るため，交差点のコンパクト化，立体交差化等を推進した。また，進入速度の低下等による交通事故の防止や被害の軽減，信号機が不要になることによる待ち時間の減少等の効果が見込まれる環状交差点について，周辺の土地利用状況等を勘案し，適切な箇所への導入を推進した。

ウ　道路の機能と沿道の土地利用を含めた道路の利用実態との調和を図ることが交通の安全の確保に資することから，交通流の実態を踏まえつつ，沿道からのアクセスを考慮した副道等の整備，植樹帯の設置，路上駐停車対策等を推進した。

エ　商業系地区等における歩行者及び自転車利用者の安全で快適な通行空間を確保するため，これらの者の交通量や通行の状況に即して，幅の広い歩道，自転車通行空間等の整備を推進した。

オ　交通混雑が著しい都心地区，鉄道駅周辺地区等において，人と車の交通を体系的に分離するとともに，歩行者空間の拡大を図るため，地区周辺の幹線道路，ペデストリアンデッキ※，交通広場等の総合的な整備を推進した。

カ　歴史的街並みや史跡等卓越した歴史的環境の残る地区において，自動車交通の迂回を主目的とする幹線道路，地区に集中する観光交通等と歩行者等を分離する歩行者系道路の体系的な整備を推進することにより，歩行者・自転車利用者の安全・快適性の確保を図った。

⑻交通安全施設等の高度化

ア　交通実態に応じて，複数の信号機を面的・線的に連動させる集中制御化・プログラム多段系統化等の信号制御の改良を推進するとともに，疑似点灯防止による視認性の向上に資する信号灯器のLED化を推進した。

イ　道路の構造，交通の状況等に応じた交通の安全を確保するために，道路標識の高輝度化等，高機能舗装，高視認性区画線の整備等を推進したほか，交通事故発生地点を容易に把握し，速やかな事故処理及び的確な事故調査が行えるようにするとともに，自動車の位置や目的地までの距離を容易に確認できるようにするためのキロポスト（地点標）の整備を推進した。

5　交通安全施設等の整備事業の推進

社会資本整備重点計画に即して，都道府県公安委員会及び道路管理者が連携し，交通事故実態の調査・分析を行いつつ，重点的，効果的かつ効率的に歩道や信号機の整備を始めとした交通安全施設等整備事業を推進することにより，道路交通環境を改善し，交通事故の防止と交通の円滑化を図った。

なお，事業の実施に当たっては，事故データの客観的な分析による事故原因の検証に基づき，効果的な交通事故対策の実施に努めた。

⑴交通安全施設等の戦略的維持管理

都道府県公安委員会では，整備後長期間が経過した信号機等の老朽化対策が課題となっていることから，平成25年に「インフラ老朽化対策の推進に関する関係省庁連絡会議」において策定された「インフラ長寿命化基本計画」等に即して，中長期的な視点に立った老朽施設の更新，施設の長

※ITS：Intelligent Transport Systems
※ペデストリアンデッキ
　歩行者を保護するために車道と分離し立体的に設置した歩行者道。

寿命化，ライフサイクルコストの削減等を推進した。

また，横断歩行者優先の前提となる横断歩道の道路標識・道路標示が破損，滅失，褪色，摩耗等によりその効用が損なわれないよう効率的かつ適正な維持管理を行った。

⑵歩行者・自転車対策及び生活道路対策の推進

生活道路において人優先の考えに基づき,「ゾーン 30 プラス」等の車両速度の抑制，通過交通の抑制・排除等の面的かつ総合的な交通事故対策を推進するとともに,少子高齢社会の進展を踏まえ,歩行空間のユニバーサルデザイン化及び通学路における安全・安心な歩行空間の確保を図るとともに，自転車通行空間の整備，無電柱化の推進，安全上課題のある踏切の対策等による歩行者・自転車の安全な通行空間の確保を図った。

⑶幹線道路対策の推進

幹線道路では交通事故が特定の区間に集中して発生していることから，事故危険箇所等の事故の発生割合の大きい区間において重点的な交通事故対策を実施した。この際，事故データの客観的な分析による事故原因の検証に基づき，信号機の改良，交差点改良等の対策を実施した。

⑷交通円滑化対策の推進

交通安全に資するため，信号機の改良，交差点の立体化,開かずの踏切の解消等を推進したほか,駐車対策を実施することにより，交通容量の拡大を図り，交通の円滑化を推進するとともに，自動車からの二酸化炭素排出の抑制を推進した。

⑸ ITS の推進による安全で快適な道路交通環境の実現

交通情報の収集・分析・提供や交通状況に即応した信号制御その他道路における交通の規制を広域的かつ総合的に行うため，交通管制システムの充実・改良を図った。

具体的には，複数の信号機を面的・線的に連動させる集中制御化・プログラム多段系統化等の信号制御の改良を図った。また，最先端の情報通信技術等を用いて，高度化光ビーコン※の整備拡充，プローブ情報※を活用した信号制御の高度化，信号情報活用運転支援システム（TSPS※）などの新交通管理システム（UTMS※）の推進やETC2.0 サービスの展開を図った。また，災害時に交通情報を提供するためのシステムを活用し,民間事業者が保有するプローブ情報を警察が保有する交通情報と融合して提供するなど，情報収集・提供環境の拡充等により，道路交通情報提供の充実等を推進し，安全で快適な道路環境の実現を図った。

⑹道路交通環境整備への住民参加の促進

道路交通環境の整備に当たっては，道路を利用する人の視点を生かすことが重要であることから，地域住民や道路利用者の主体的な参加の下に交通安全施設等の点検を行う交通安全総点検を積極的に推進するとともに，道路利用者等が日常感じている意見を受け付ける「標識 BOX※」,「信号機 BOX※」等を活用することにより，交通安全施設等の適切な維持管理等を推進した。また,交通の安全は，住民の安全意識により支えられることから，安全で良好なコミュニティの形成を図るために，交通安全対策に関して住民が計画段階から実施全般にわたり積極的に参加できるような仕組みを作り，行政と市民の連携による交通安全対策を推進した。

さらに，安全な道路交通環境の整備に係る住民の理解と協力を得るため，事業の進捗状況，効果等について積極的な広報を推進した。

※高度化光ビーコン
　プローブ情報（下記注釈参照）の収集及び信号情報の提供の機能が付加された光ビーコン。
※プローブ情報
　カーナビゲーションシステムに蓄積された走行履歴情報。
※ TSPS：Traffic Signal Prediction Systems
※ UTMS：Universal Traffic Management Systems
※標識 BOX
　はがき，インターネット等により，運転者等から道路標識等に関する意見を受け付けるもの。
※信号機 BOX
　はがき，インターネット等により，運転者等から信号機に関する意見を受け付けるもの。

⑺連絡会議等の活用

都道府県警察と道路管理者が設置している「都道府県道路交通環境安全推進連絡会議」やその下に設置されている「アドバイザー会議」を活用し，学識経験者のアドバイスを受けつつ施策の企画，評価，進行管理等に関して協議を行い，的確かつ着実に安全な道路交通環境の実現を図った。

さらに，「都道府県道路交通環境安全推進連絡会議」は，各市町村からの要請に応じ，ETC2.0で収集したビッグデータを活用して，対策区域における自動車の速度に関する情報や抜け道利用に関する情報，急挙動情報等を提供するなどの技術的支援を行った。

6　高齢者等の移動手段の確保・充実

⑴地域公共交通計画の策定

高齢者の運転免許の返納の増加等も背景に，令和2年11月に施行された改正地域公共交通活性化再生法（令2法36）に基づき，高齢者を含む地域住民の移動手段の確保に向け，地方公共団体が中心となった，地域公共交通のマスタープラン（地域公共交通計画）の策定を推進することにより，既存の公共交通サービスの改善や自家用有償旅客運送，スクールバス，福祉輸送等の地域の輸送資源の最大限の活用を促した。

⑵ MaaSの推進

MaaS（マース：Mobility as a Service）はスマホアプリ又はウェブサービスにより，地域住民や旅行者一人一人のトリップ単位での移動ニーズに対応して，複数の公共交通やそれ以外の移動サービスを最適に組み合わせて検索・予約・決済等を一括で行うサービスであり，新たな移動手段（AIオンデマンド交通，シェアサイクル等）や関連サービス（医療・福祉等）も組み合わせることが可能なサービスである。

MaaSは既存の公共交通の利便性の向上や，地域における移動手段の確保・充実に資するものであり，その普及により，高齢者等が自らの運転だけに頼らず，ストレスなく快適に移動できる環境が整備されることが期待できる。

このような状況を踏まえ，新たなモビリティサービスの社会実装を通じた移動課題の解決及び地域の活性化に挑戦する地域や企業を応援する「スマートモビリティチャレンジ」を推進している。令和元年度には28，令和2年度には50，令和3年度には26，令和4年度には17の先駆的な取組に支援を行い，MaaSを始めとする新たなモビリティサービスの早期の全国普及を図っているところである。

今後もこのような取組を進めることで，高齢者等が公共交通を利用してストレスなく快適に移動できる環境を整備し，自らの運転だけに頼らずに暮らせる社会の実現に努めていく。

⑶自動運転サービスの社会実装

高齢者等の事故防止や移動手段の確保などに資する地域の自動運転サービスの社会実装に向けて，「自動運転レベル4等先進モビリティサービス研究開発・社会実装プロジェクト」を立ち上げ，運転者が存在せず，遠隔監視のみにより運行する自動運転移動サービスの事業モデルの検討，自動運転移動サービスの横展開に当たって，車両開発等の効率化を図るための走行環境やサービス環境の類型化などを行った。また，自動運転による地域公共交通実証事業を実施し，その持続可能性について検証したほか，新たに全国10か所において自動運転サービスの実証実験における技術的支援を行い，和歌山県太地町においては本格導入に移行した。

7　歩行空間のユニバーサルデザイン化

高齢者や障害者等を含めて全ての人が安全に，安心して参加し活動できる社会を実現するため，駅，公共施設，福祉施設，病院等を結ぶ歩行空間の連続的・面的なユニバーサルデザイン化を推進した。

8　無電柱化の推進

災害の防止，安全かつ円滑な交通の確保，良好な景観の形成等の観点から，「無電柱化推進計画」に基づき無電柱化を推進した。

9　効果的な交通規制の推進

地域の交通実態等を踏まえ，交通規制や交通管制の内容について常に点検・見直しを図るとともに，交通事情の変化を的確に把握してソフト・ハード両面での総合的な対策を実施することにより，安全で円滑な交通流の維持を図った。

速度規制については，最高速度規制が交通実態に合った合理的なものとなっているかどうかの観点から，点検・見直しを進めることに加え，一般道路においては，実勢速度，交通事故発生状況等を勘案しつつ，規制速度の引上げ，規制理由の周知措置等を計画的に推進している。

高規格の高速道路については，有識者からなる調査研究委員会の提言を踏まえ，平成29年から新東名高速道路及び東北自動車道において100キロメートル毎時を超える最高速度規制の試行を段階的に実施して交通事故実態等を分析し，令和２年８月，100キロメートル毎時を超える最高速度規制の実施基準を新たに設けた。

同基準に基づき，東北自動車道及び新東名高速道路において，最高速度を120キロメートル毎時とする規制を実施しているほか，東関東自動車道において，最高速度を110キロメートル毎時とする規制を実施している。また，令和４年10月には，東北自動車道の新たな区間において，最高速度を120キロメートル毎時とする規制を，令和５年３月には，常磐自動車道において，最高速度を110キロメートル毎時とする規制を，それぞれ開始した。

駐車規制については，必要やむを得ない駐車需要への対応が十分でない場所を中心に，地域住民等の意見要望を十分に踏まえた上で，道路環境，交通量，駐車需要等に即応したきめ細かな駐車規制の見直しを推進した。

信号制御については，歩行者・自転車の視点で，信号をより守りやすくするために，横断実態等を踏まえ，歩行者の待ち時間の長い押ボタン式信号の改善を行うなど，信号表示の調整等の運用の改善を推進した。

さらに，都道府県公安委員会が行う交通規制の情報についてデータベース化を推進し，効果的な交通規制を行った。

10　自転車利用環境の総合的整備

⑴安全で快適な自転車利用環境の整備

クリーンかつエネルギー効率の高い持続可能な都市内交通体系の実現に向け，自転車の役割と位置付けを明確にしつつ，交通状況に応じて，歩行者・自転車・自動車の適切な分離を図り，歩行者と自転車の事故等への対策を講じるなど，安全で快適な自転車利用環境を創出する必要がある。このことから，第２次自転車活用推進計画（令和３年５月閣議決定）に基づき，「安全で快適な自転車利用環境創出ガイドライン」の周知を図るとともに技術的助言等を実施し，本ガイドラインに基づく自転車ネットワーク計画の策定や歩行者と自転車が分離された車道通行を基本とする自転車通行空間の整備等により，安全で快適な自転車利用環境の創出に関する取組を推進した。

また，自転車通行の安全性を向上させるため，自転車専用通行帯の設置区間や自転車と自動車を混在させる区間では，周辺の交通実態等を踏まえ，必要に応じて，駐車禁止又は駐停車禁止の規制を実施した。あわせて，自転車専用通行帯をふさぐなど悪質性・危険性・迷惑性の高い違法駐停車車両については，取締りを適切に実施した。

さらに，各地域において道路管理者や都道府県警察が自転車ネットワークの作成や道路空間の整備，通行ルールの徹底を進められるよう「安全で快適な自転車利用環境創出ガイドライン」の周知を図り，さらに，自転車を共同で利用するシェアサイクルなどの自転車利用促進策や，ルール・マナーの啓発活動などのソフト施策を積極的に推進した。

⑵自転車等の駐車対策の推進

自転車等の駐車対策については，その総合的かつ計画的な推進を図ることを目的として，自転車の安全利用の促進及び自転車等の駐車対策の総合的推進に関する法律（昭55法87）による施策を総合的に推進しており，自転車等駐車対策協議会の設置，総合計画の策定を促進するとともに，自転車等の駐車需要の多い地域及び今後駐車需要が著しく多くなることが予想される地域を中心に，社会資本整備総合交付金等による自転車等の駐車場整備事業を推進した。また，大量の自転車等の駐車需要を生じさせる施設について自転車等駐車場の設置を義務付ける附置義務条例の制定の促進を図っている。

鉄道の駅周辺等における放置自転車等の問題の解決を図るため，自転車等駐車対策協議会の積極的な運営と総合計画の策定の促進を図ること等を通じて，地方公共団体，道路管理者，都道府県警察，鉄道事業者等が適切な協力関係を保持した。また，「自転車等駐車場の整備のあり方に関するガイドライン」に基づき，自転車利用者のニーズに応じた自転車等駐車場の整備を推進した。

特に，バリアフリー法に基づき，市町村が定める重点整備地区内における生活関連経路を構成する道路においては，高齢者，障害者等の移動等の円滑化に資するため，関係機関・団体が連携した広報啓発活動等の違法駐車を防止する取組及び自転車等駐車場の整備を重点的に推進した。

11　ITSの活用

道路交通の安全性，輸送効率及び快適性の向上や，渋滞の軽減等，環境保全にも寄与する交通の円滑化の実現を目的に，最先端の情報通信技術（ICT）等を用いて人と道路と車両とを一体のシステムとして構築する新しい道路交通システムである「高度道路交通システム」（ITS）の開発及び普及を引き続き推進している。そのため，令和４年６月に閣議決定された「デジタル社会の実現に向けた重点計画」に基づき，産・学・官が連携を図りながら，研究開発やフィールドテスト※等を進めるとともに，インフラの整備や普及及び標準化に関する検討等についても一層の推進を図り，SIP-adus※ Workshop※においてインフラ協調型の自動運転の実現に資する技術的な成果の発表及び課題の共有を実施する等，国際的な会合において国内外の関係者との国際情報交換や国際標準化等の国際協力を積極的に進めた。

⑴道路交通情報通信システムの整備

安全で円滑な道路交通を確保するため，リアルタイムの渋滞情報や交通障害情報，交通規制情報などの道路交通情報を提供するVICSの整備・拡充を推進するとともに，対応車載器の普及を図った。

また，詳細な道路交通情報の収集・提供のため，高度化光ビーコン，ETC2.0等のインフラの整備を推進するとともに，インフラから提供される情報を補完するため，リアルタイムの自動車走行履歴情報（プローブ情報）等の広範な道路交通情報を集約・配信した。

⑵新交通管理システムの推進

最先端の情報通信技術等を用いて交通管理の最適化を図るため，高度化光ビーコン等の機能を活用して公共車両優先システム（PTPS※），現場急行支援システム（FAST※）を始めとする新交通管理システム（UTMS）の整備を行うことにより，ITSを推進し，安全・円滑かつ快適で環境負荷の低い交通社会の実現を図った。

⑶交通事故防止のための運転支援システムの推進

交通の安全を高めるため，自動車単体では対応できない事故への対策として，「世界最先端デジタル国家創造宣言・官民データ活用推進基本計画」に基づき，情報通信技術を活用した安全運転支援システムの導入・整備を官民が一体となって推進した。

具体的には，高齢者を含む運転者に信号灯火に関する情報等を提供することで，注意を促し，ゆとりを持った運転ができる環境を作り出すことにより，交通事故の防止を図るため，信号情報活用運転支援システム（TSPS）の整備を推進した。

産学官の連携により，先進技術を搭載した自動車の開発と普及を促進する「先進安全自動車（ASV※）推進プロジェクト」では，第７期ASV推進検討会を立ち上げ，テーマの１つとして「通信や地図を活用した協調型の安全技術の実用化と普及に向けた共通仕様の検討」に取り組み，車両間の通信により，見通しの悪い交差点での出会い頭の事故等を防止する安全技術や歩行者等の交通弱者と通信を行い，交通弱者が被害者となる事故

※フィールドテスト
実地試験，屋外試験等のこと。
※ SIP-adus：
内閣府総合科学技術・イノベーション会議の戦略的イノベーション創造プログラム（SIP）における自動運転への取組（SIP-adus：Automated Driving for Universal Services）。
※ SIP-adus Workshop
SIP-adusに関する国際会議
※ PTPS：Public Transportation Priority Systems
※ FAST：FAST emergency vehicle preemption systems
※ ASV：Advanced Safety Vehicle

を防止する安全技術等がより安全に寄与する事故形態の検討を行った。

電波を用いた自動運転・安全運転支援等を目的とするV2X※用通信システムについて，国際的に検討が進められている周波数帯（5.9GHz帯）を用いた新たなV2X用通信システムに係る通信プロトコルを始めとする通信要件などに関する技術的検討を行った。

⑷ ETC2.0の展開

平成27年８月より本格的に車載器の販売が開始されたETC2.0は，令和５年３月末時点で約928万台が出荷されている。ETC2.0では，事故多発地点，道路上の落下物等の注意喚起等に関する情報を提供することで安全運転を支援するほか，収集した速度や利用経路，急ブレーキのデータなど，多種多様できめ細かいビッグデータを活用して，ピンポイント渋滞対策や交通事故対策，生産性の高い賢い物流管理など，道路ネットワークの機能を最大限に発揮する取組を推進した。

⑸ 道路運送事業に係る高度情報化の推進

環境に配慮した安全で円滑な自動車の運行を実現するため，道路運送事業においてITS技術を活用し，公共交通機関の利用促進に資するバスロケーションシステム・ICカードシステムの導入を推進した。

⑹ ITS用無線システムの国際標準化活動

国際電気通信連合の無線通信部門（ITU-R）の2019年世界無線通信会議（WRC-19）において，ITSに使用される周波数の調和を促進する旨の勧告が採択されたことや，ITU-Rの地上業務研究委員会（SG5）において，無線技術を活用した自動運転車（CAV※）に求められる通信要件の検討を行う研究課題が採択されたことを踏まえ，我が国のITS技術がITU-R勧告等に反映されることを目的に，世界的なITS用通信技術の動向調査を行うとともに，ITS関係の国際会合において意見交換等を実施するなど，積極的に国際標準化活動を行った。

また，我が国のITS用無線システムが各国で採用されるよう，周波数割当てや道路交通事情等が我が国と類似するアジア地域への普及・展開を図るべく，引き続きインドにおいてITS用無線システムの実用化実証及び同国標準規格への採用に向けた働き掛けを行った。

⑺ ITSに関する国際標準化活動

主要国におけるITSに関する技術開発や標準化動向を踏まえ，国際標準化機構（ISO）の国際会議において我が国から提案中の国際規格原案の審議を促進するとともに，新規規格原案の追加提案を行うなど，積極的に国際標準化活動を行い，令和４年度は，トラック隊列走行に関わる国際標準の発行を行った。

12　交通需要マネジメントの推進

依然として厳しい道路交通渋滞を緩和し，道路交通の円滑化を図るため，バイパス・環状道路の整備や交差点の改良，付加車線の設置等の交通容量の拡大策，交通管制の高度化等に加えて，パークアンドライド※の推進，ツイッター・インターネット等情報通信ツールの活用，時差通勤・通学，フレックスタイム（自由勤務時間）制の導入，ITS利用の促進，路肩活用等の柔軟な車線運用等により，多様化する道路利用者のニーズを的確に捉え，輸送効率の向上や交通量の時間的・空間的平準化を図る交通需要マネジメント（TDM）を推進した。

⑴ 公共交通機関利用の促進

令和２年11月に施行された改正地域公共交通活性化再生法に基づき，地方公共団体が中心となった地域のマスタープラン（地域公共交通計画）の策定を推進し，公共交通サービスの改善を進めるなど，公共交通機関利用の促進を図った。

道路交通混雑が著しい一部の道路について，バ

※ V2X：Vehicle to Everything
※ CAV：Connected Automated Vehicle
※パークアンドライド
都心部へ乗り入れる自家用自動車による交通混雑を緩和するため，郊外の鉄道駅・バスターミナル等の周辺に駐車場を整備し，自動車を駐車（パーク）させ，鉄道・バス等公共交通機関への乗換え（ライド）を促すシステム。

ス専用・優先通行帯規制の実施，ハイグレードバス停※や公共車両優先システム（PTPS）の整備，パークアンドバスライドの導入等バスの利用促進を図った。

また，路面電車，モノレール等の公共交通機関の整備を支援するとともに，エコ通勤※等の広報・啓発活動を行うことで，鉄道，バス等の公共交通機関への転換による円滑な道路交通の実現を図った。

さらに，鉄道，バス事業者による運行頻度・運行時間の見直し，乗り継ぎ改善等によるシームレス※な公共交通の実現を図ること等により，利用者の利便性の向上を図るとともに，鉄道駅・バス停までのアクセス（交通手段）確保のために，パークアンドライド駐車場，自転車道，駅前広場等の整備を促進し，交通結節機能を強化した。

多様な交通モードが選択可能で利用しやすい環境を創出し，人とモノの流れや地域活性化の更なる促進のため，バスタ新宿を始めとする集約型公共交通ターミナル「バスタプロジェクト」を全国で推進しており，平成31年に品川，令和２年に神戸三宮，新潟，令和３年に追浜，近鉄四日市，呉で事業化された。

⑵貨物自動車利用の効率化

効率的な自動車利用等を促進するため，共同輸配送による貨物自動車の積載効率向上や宅配便の再配達削減の推進等による物流効率化を図った。

13　災害に備えた道路交通環境の整備

⑴災害に備えた道路の整備

地震，豪雨，豪雪，津波等の災害が発生した場合においても安全で安心な生活を支える道路交通を確保する必要があり，地震による被災時に円滑な救急・救援活動，緊急物資の輸送，復旧活動に不可欠な緊急輸送を確保するため，緊急輸送道路上の橋梁及び同道路をまたぐ跨道橋，ロッキング橋脚橋梁の耐震補強対策や無電柱化を実施した。

また，豪雨・豪雪時等においても，安全・安心で信頼性の高い道路ネットワークを確保するため，道路斜面等の防災対策や災害のおそれのある区間を回避・代替する道路の整備を推進するとともに，津波や洪水に対しては，浸水が想定される地域において，道路高架区間や盛土部分等を一時的な避難場所として活用するため，避難階段等を整備した。

⑵災害に強い交通安全施設等の整備

地震，豪雨，豪雪，津波等の災害が発生した場合においても安全で円滑な道路交通を確保するため，交通管制センター，交通監視カメラ，車両感知器，交通情報板等の交通安全施設等の整備を推進するとともに，通行止め等の交通規制を迅速かつ効果的に実施するための道路災害の監視システムの開発・導入や交通規制資機材の整備を推進した。あわせて，災害発生時の停電による信号機の機能停止を防止する信号機電源付加装置の整備を推進した。

また，オンライン接続により都道府県警察の交通管制センターから詳細な交通情報をリアルタイムで警察庁が収集し，広域的な交通管理に活用する「広域交通管制システム」の的確な運用を推進した。

⑶災害発生時における交通規制

災害発生時における交通規制の迅速かつ的確な実施を図るため，関係機関と緊密に連携し，緊急交通路の確保，緊急通行車両確認標章の交付，交通検問所の設置，信号機の滅灯対策，広域緊急救助隊の出動運用等について，南海トラフ地震発生時の交通規制計画や首都直下地震発生時の交通規制計画等に基づき，総合的かつ実践的な訓練を実施した。

※ハイグレードバス停
　バス停の機能を高度化したもので，バス接近表示器（バスロケーションシステム）や上屋，ベンチ等を整備したもの。

※エコ通勤
　事業者が主体となり，従業員への働き掛け，電車・バスの情報提供，通勤制度の見直し，通勤バス導入等を行うことでマイカー通勤から公共交通への転換等を行う取組。

※シームレス
　「継ぎ目のない」の意味。公共交通分野におけるシームレス化とは，乗り継ぎ等の交通機関の「継ぎ目」の交通ターミナル内の歩行や乗降に際しての「継ぎ目」をハード・ソフト両面にわたって解消することにより，出発地から目的地までの移動を全体として円滑かつ利便性の高いものとすること。

⑷災害発生時における情報提供の充実

災害発生時において，道路の被災状況や道路交通状況を迅速かつ的確に収集・分析・提供し，復旧や緊急交通路，緊急輸送道路等の確保及び道路利用者等に対する道路交通情報の提供等に資するため，高度化光ビーコン，交通監視カメラ，車両感知器，交通情報板，道路交通情報提供装置，道路管理情報システム，ETC2.0路側機等の整備を推進するとともに，インターネット等を活用した道路・交通に関する災害情報等の提供を推進した。

また，災害時に交通情報を提供するためのシステムを運用し，民間事業者が保有するプローブ情報を活用しつつ，石川県能登地方を震源とする地震等において，民間事業者が保有するプローブ情報を警察が保有する交通情報と融合して提供するとともに，災害通行実績データシステムによって官民ビッグデータを活用し，相互に連携を図りつつ，災害対応へ活用を図った。

14　総合的な駐車対策の推進

道路交通の安全と円滑を図り，都市機能の維持及び増進に寄与するため，道路交通の状況や地域の特性に応じた総合的な駐車対策を推進した。

令和4年中の駐車車両への衝突事故の発生件数は，652件で，25人が死亡したほか，110番通報された要望・苦情・相談のうち，駐車問題に関するものが9.3%を占めた。

⑴きめ細かな駐車規制の推進

ア　地域住民等の意見要望等を十分に踏まえつつ，駐車規制の点検・見直しを実施するとともに，物流の必要性や自動二輪車の駐車需要等にも配慮し，地域の交通実態等に応じた規制の緩和を行うなど，きめ細かな駐車規制を推進した。

イ　違法な駐停車が交通渋滞等交通に著しい迷惑を及ぼす交差点においては，違法駐車抑止システムを活用し，違法な駐停車を抑制して交通の安全と円滑化を図った。

ウ　都市部の交通渋滞を緩和するため，特に違法駐車が著しい幹線道路において，きめ細かな駐車規制の実施や違法駐車防止指導員等を配置して指導・広報・啓発を行った。

⑵違法駐車対策の推進

取締り活動ガイドラインに沿った取締りの推進，駐車監視員による放置車両の確認等に関する事務の円滑な運用，放置違反金制度による使用者責任の追及，悪質な運転者の責任追及の徹底等により，地域の駐車秩序の確立を図った。令和4年中の放置駐車の取締り件数（放置車両確認標章取付件数）は84万4,598件であった。

⑶駐車場等の整備

路上における無秩序な駐車を抑制し，安全かつ円滑な道路交通を確保するため，駐車規制及び違法駐車の取締りの推進と併せ，次の施策により駐車環境の整備及び配置適正化を推進した。

ア　駐車場整備に関する調査を推進し，自動車交通が混雑する地区等において，駐車場整備地区の指定を促進するとともに，当該地区において計画的，総合的な駐車対策を行うため，駐車場整備計画の策定を推進した。

イ　地域の駐車需要を踏まえた附置義務駐車施設の整備を促進するとともに，民間駐車場の整備を促進した（第1-2表）。

ウ　郊外部からの過度な自動車流入を抑制し，都心部での交通の混雑・ふくそうを解消するため，都市再生特別措置法（平14法22）に基づく駐車場法（昭32法106）の特例制度による駐車場配置適正化区域の設定等の促進や，市街地の周縁部（フリンジ）等に駐車場を配置する等，パークアンドライド等の普及のための環境整備を推進したほか，まちづくり計画等を踏まえた駐車場の配置適正化を促進した。

エ　高速道路の休憩施設における駐車マス不足に対応するため，駐車マスの拡充や駐車場予約シ

第1-2表　駐車場整備状況（令和4年3月末現在）

	都市計画駐車場	届出駐車場（注2）	附置義務駐車施設（注3）
箇所数	434	9,851	75,991
台数	113,318	1,899,396	3,505,529

注　1　国土交通省資料による。
　　2　都市計画区域内に設けられ，自動車の駐車の用に供する部分の面積が500m²以上であって，一般公共の用に供され，駐車料金を徴収する駐車場をいう（届出駐車場であって同時に都市計画駐車場又は附置義務駐車施設にも該当する場合には，これから除いている。）。
　　3　地方公共団体が定める附置義務条例に基づき設置された駐車施設をいう。

ステムを導入するとともに,「道の駅」を活用した休憩サービスの拡充等高速道路外の休憩施設等の活用を推進した。

⑷違法駐車を排除する気運の醸成・高揚

違法駐車の排除及び自動車の保管場所の確保等に関し，国民への広報･啓発活動を行うとともに，関係機関・団体との密接な連携を図り，地域交通安全活動推進委員の積極的な活用等により，住民の理解と協力を得ながら違法駐車締め出し気運の醸成・高揚を図った。

⑸ハード・ソフト一体となった駐車対策の推進

必要やむを得ない駐車需要への対応が十分でない場所を中心に，地域の駐車管理構想を見直し，自治会，地元商店街等地域の意見要望を十分に踏まえた駐車規制の点検・改善，道路利用者や関係事業者等による自主的な取組の促進，地方公共団体や道路管理者に対する路外駐車場及び共同荷さばきスペースや路上荷さばきスペース整備の働き掛け，違法駐車の取締り，積極的な広報・啓発活動等ハード・ソフト一体となった総合的な駐車対策を推進した。

15　道路交通情報の充実

⑴情報収集・提供体制の充実

多様化する道路利用者のニーズに応えて道路利用者に対し必要な道路交通情報を提供することにより，安全かつ円滑な道路交通を確保するため，光ファイバーネットワーク等の情報技術を活用しつつ，高度化光ビーコン，交通監視カメラ，車両感知器，交通情報板，道路情報提供装置，ETC2.0 等の整備による情報収集・提供体制の充実を図るとともに，交通管制エリアの拡大等の交通管制システムの充実・高度化を図るほか，全国の交通規制情報のデータベース化を推進した。

⑵ ITS を活用した道路交通情報の高度化

ITS の一環として，運転者に渋滞状況等の道路交通情報を提供する高度化光ビーコン，VICS や ETC2.0 の整備・拡充を積極的に図るとともに，高度化光ビーコンを活用し，信号情報活用運転支援システム（TSPS）の整備を進めることや，全国の高速道路上に設置された約 1,800 か所の ETC2.0 路側機を活用し，渋滞回避支援や安全運転支援等の情報提供の高度化を図り，交通を分散することにより交通渋滞を解消し，交通の安全と円滑化に向けた取組を推進した。

⑶適正な道路交通情報提供事業の促進

自転車向けの交通情報提供アプリを提供する事業者に対して指導を行うなど，予測交通情報を提供する事業者の届出制，不正確又は不適切な予測交通情報の提供により道路における交通の危険や混雑を生じさせた事業者に対する是正勧告措置等を規定した道路交通法及び交通情報を提供する際に事業者が遵守すべき事項を定めた交通情報の提供に関する指針（平 14 国家公安委員会告示 12）に基づく事業者への指導・監督によって交通情報提供事業の適正化を図ること等により，民間事業者による正確かつ適切な道路交通情報の提供を促進した。

⑷分かりやすい道路交通環境の確保

時間別・車種別等の交通規制の実効を図るための視認性・耐久性に優れた大型固定標識及び路側可変標識の整備並びに利用者のニーズに即した系統的で分かりやすい案内標識及び中央線変移システムの整備を推進した。

また，主要な幹線道路の交差点及び交差点付近における，ルート番号等を用いた案内標識の設置の推進等により，国際化の進展への対応に努めた。

16　交通安全に寄与する道路交通環境の整備

⑴道路の使用及び占用の適正化等

ア　道路の使用及び占用の適正化

工作物の設置，工事等のための道路の使用及び占用の許可に当たっては，道路の構造を保全し，安全かつ円滑な道路交通を確保するために適正な運用を行うとともに，道路使用許可条件の順守等について指導した。また，占用物件の損壊による道路構造や交通への支障を防ぐため，道路占用者の維持管理義務を明確化し，道路占用者において物件の維持管理が適切になされるよう取組を実施した。

さらに，交通が著しくふくそうする道路又は幅員が著しく狭い道路について，電柱が車両の能率的な運行や歩行者の安全かつ円滑な通行の支障となっているときは，道路上における電柱の占用を禁止する取組を実施した。

イ　不法占用物件の排除等

道路交通に支障を与える不法占用物件等については，実態把握，強力な指導取締りその他の必要な措置によりその排除を行い，特に市街地について重点的にその是正を実施した。

また，道路上から不法占用物件等を一掃するためには，地域における道路の適正な利用についての認識を高める必要があることから，沿道住民等に対して道路占用制度の周知を行った。

ウ　道路の掘り返しの規制等

道路の掘り返しを伴う占用工事について，工事時期の平準化及び工事に伴う事故・渋滞の防止のため，関係者間の工事調整による共同施工，年末年始及び年度末の工事抑制等の取組を実施した。

さらに，掘り返しを防止する抜本的対策として共同溝等の整備を推進した。

⑵休憩施設等の整備の推進

過労運転に伴う事故防止や近年の高齢運転者等の増加に対応して，「道の駅」等の休憩施設等の整備を推進した。

⑶子供の遊び場等の確保

ア　都市公園の整備

都市における児童の遊び場が不足していることから，路上における遊びや運動による交通事故防止のため，街区公園，近隣公園，運動公園など，都市公園法（昭 31 法 79）に基づき設置される都市公園の整備を促進した（第 1-3 表）。

イ　交通公園の整備

児童が遊びながら交通知識等を体得できるような各種の施設を設置した交通公園は，全国で開設されており，一般の利用に供されている。

ウ　児童館，児童遊園等の整備

児童館及び児童遊園は，児童福祉法（昭 22 法 164）による児童厚生施設であり，児童に健全な遊びを与えてその健康を増進し，情操を豊かにすることを目的としているが，児童の交通事故防止にも資するものである。令和３年 10 月１日現在，児童館が 4,347 か所，児童遊園が 2,121 か所それぞれ設置されている。児童遊園は，児童の居住する全ての地域を対象に，その生活圏に見合った設置が進められており，特に児童の遊び場が不足している場所に優先的に設置されている。

このほか，幼児等が身近に利用できる小規模な遊び場（いわゆる「ちびっ子広場」）等が地方公共団体等により設置されている。

エ　学校等の開放

子供の安全な遊び場の確保のために，小学校，中学校等の校庭，体育施設等の開放を促進した。

⑷道路法に基づく通行の禁止又は制限

道路の構造を保全し，又は交通の危険を防止するため，道路の破損，欠壊又は異常気象等により交通が危険であると認められる場合及び道路に関する工事のためやむを得ないと認められる場合には，道路法（昭 27 法 180）に基づき，迅速かつ的確に通行の禁止又は制限を実施した。

また，危険物を積載する車両の水底トンネル※等の通行の禁止又は制限及び道路との関係において必要とされる車両の寸法，重量等の最高限度を

第 1-3 表　都市公園等の整備状況（令和４年３月末現在）

年度	住区基幹公園		都市基幹公園		緑道	
	箇所数	面積	箇所数	面積	箇所数	面積
	箇所	ha	箇所	ha	箇所	ha
令和３年度	98,632	35,490	2,242	39,805	1,009	927

注　1　国土交通省資料による。
　　2　交通安全に関連する都市公園のみである。
　　3　住区基幹公園とは，街区公園，近隣公園及び地区公園であり，都市基幹公園とは，総合公園及び運動公園である。

※水底トンネル
水底にあるトンネル，その他水際にあるトンネルで当該トンネルの路面の高さが水面の高さ以下のもの又は長さ 5,000 メートル以上のトンネル。

超える車両の通行の禁止又は制限に対する違反を防止するため，関係機関が連携し，違反車両の取締りを実施した。

(5)地域に応じた安全の確保

積雪寒冷特別地域においては，冬期の安全な道路交通を確保するため，冬期積雪・凍結路面対策として都道府県単位や地方ブロック単位にこだわらない広範囲で躊躇ない予防的・計画的な通行規制や集中的な除雪作業，凍結防止剤散布の実施，交差点等における消融雪施設等の整備，流雪溝，チェーン着脱場等の整備を推進した。

また，大雪が予想される場合には道路利用者に対し，通行止め，立ち往生車両の有無，広域迂回や出控えの呼び掛けなど，道路情報板への表示やラジオ，SNS等様々な手段を活用して幅広く情報提供するとともに，滞留が発生した場合には，滞留者に対して，定期的に，除雪作業や滞留排出の進捗，通行止めの解除見通し等を情報提供した。

さらに，安全な道路交通の確保に資するため，気象，路面状況等を収集し，道路利用者に提供する道路情報提供装置等の整備を推進した。

また，冬期の安全で快適な歩行空間を確保するため，中心市街地や公共施設周辺等における除雪の充実や消融雪施設の整備等の冬期バリアフリー対策を実施した。

改正道路交通法（令和４年公布）について

電動キックボードや自動配送ロボット等の新たなモビリティが登場し，道路交通の主体が多様化している中，新たなモビリティに係る交通ルールの整備等を内容とする道路交通法の一部を改正する法律が施行された[注1]。警察では，改正後の道路交通法を適切に運用するとともに，電動キックボードを始めとする新たなモビリティと通行空間を共有する自転車の交通秩序を整序化することにより，新たなモビリティと自動車，自転車，歩行者との共存を図り，多様な交通主体全ての安全かつ快適な通行を確保することとしている。

1　特定小型原動機付自転車の交通ルール等

道路交通法の一部改正により，一定の基準[注2]を満たす電動キックボード等は，「特定小型原動機付自転車」に分類された。特定小型原動機付自転車は，運転免許を要せず（ただし，16歳未満の者の運転は禁止），車道の左側を通行することが原則とされ[注3]，ヘルメットの着用の努力義務が課されるなど，自転車と同様の交通ルールを適用することとされた一方で，交通反則通告制度や放置違反金制度の対象とされた。また，危険な違反行為を繰り返す者には，都道府県公安委員会が特定小型原動機付自転車運転者講習の受講を命ずることとされた。

実証実験中の電動キックボード

警察では，特定小型原動機付自転車の販売事業者やシェアリング事業者による購入者や利用者への交通安全教育が努力義務とされたことを踏まえ，これらの事業者による講習会等が効果的に行われるよう支援するとともに，悪質・危険な違反行為に対する指導取締りを徹底することとしている。

2　遠隔操作型小型車の交通ルール等

道路交通法の一部改正により，一定の基準[注4]を満たす自動配送ロボット等は，「遠隔操作型小型車」に分類された。遠隔操作型小型車は，歩道や路側帯を通行することが原則とされるなど，歩行者と同様の交通ルールを適用することとされたほか，道路において通行させる場合には，車体の見やすい箇所に標識を付けなければならないこととされた。また，遠隔操作型小型車の使用者は，遠隔操作型小型車を遠隔操作により通行させる場合は，通行場所を管轄する都道府県公安委員会に一定の事項を事前に届け出なければならないこととされた。

実証実験中の自動配送ロボット

警察では，制度の内容について周知を図るとともに，歩行者の安全を確保するため，必要に応じて，遠隔操作型小型車を停止させるなどの危険防止等の措置を講じることとしているほか，都道府県公安委員会では，遠隔操作型小型車の通行に関して道路交通法に違反した使用者に対しては，行政処分を的確に行うこととしている。

3 特定自動運行の許可制度の創設

道路交通法の一部改正により，自動運行装置[注5]のうち，同装置の使用条件を満たさなくなった場合に直ちに自動的に安全な方法で自動車を停止させることができるものを適切に使用して自動車を運行することが「特定自動運行」と定義され，「運転」の定義から除外されたことで，運転者の存在を前提としないＳＡＥレベル４[注6]に相当する自動運転のうち一定の許可基準を満たすものの実施が可能となった。

特定自動運行を行おうとする者は，特定自動運行を行おうとする場所を管轄する都道府県公安委員会に，経路や交通事故発生時の対応方法等を記載した特定自動運行計画等を提出し，許可を受けなければならないこととされたほか，許可を受けた者（特定自動運行実施者）は，車内又は遠隔監視を行うための車外の決められた場所に特定自動運行主任者を配置した上で，特定自動運行計画に従って特定自動運行を行う義務を負うとともに，当該特定自動運行主任者は，交通事故があった場合に必要な措置を講じなければならないことなどとされた。

注１：特定小型原動機付自転車の交通ルールについては令和５年７月１日から，遠隔操作型小型車の交通ルールについては同年４月１日からそれぞれ施行された。
注２：最高速度が20キロメートル毎時を超えないこと，車体の大きさが長さ190センチメートル及び幅60センチメートルを超えないこと等
注３：例外として，最高速度が６キロメートル毎時以下に制限され，それに連動する最高速度表示灯を点滅させているなどの条件を満たす場合は，道路標識等で特定小型原動機付自転車が通行することができるとされている歩道を通行することができることとされた。
注４：遠隔操作により通行する車であって，最高速度が６キロメートル毎時を超えないこと，車体の大きさが長さ120センチメートル，幅70センチメートル及び高さ120センチメートルを超えないこと等
注５：プログラムにより自動的に自動車を運行させるために必要な装置であって，当該装置ごとに国土交通大臣が付する条件（使用条件）で使用される場合において，自動車を運行する者の操縦に係る認知，予測，判断及び操作に係る能力の全部を代替する機能を有するもの。
注６：「自動運転に係る制度整備大綱」等で採用されている，SAE（Society of Automotive Engineers）International のJ3016における運転自動化レベルのうち，システムが全ての動的運転タスク（操舵，加減速，運転環境の監視，反応の実行等，車両を操作する際にリアルタイムで行う必要がある機能）及びシステムの作動継続が困難な場合への応答をシステムが機能するよう設計されている特有の条件内で実施し，システムの作動継続が困難な場合，運転者が介入要求等に応答することが期待されないもの。

「ゾーン 30 プラス」の取組状況について

「ゾーン３０プラス」の目的

第 11 次交通安全基本計画においては，「生活道路における安全確保，地域が一体となった交通安全対策の推進」等が重視すべき視点とされるとともに，講じようとする施策として，「生活道路等における人優先の安全・安心な歩行空間の整備」が掲げられ，その具体的手法として，「物理的デバイスと組み合わせたゾーン規制の活用」等が位置付けられている。

令和３年８月 26 日より，最高速度 30 キロメートル毎時の区域規制とハンプや狭さく等の物理的デバイスとの適切な組合せにより交通安全の向上を図ろうとする区域を設定し，生活道路における人優先の安全・安心な通行空間の整備の更なる推進を図る施策である「ゾーン 30 プラス」を推進している。

「ゾーン３０プラス」の概要

「ゾーン 30 プラス」は，歩行者等の通行が最優先され，通過交通が可能な限り抑制されるという基本的なコンセプトに対する地域住民の同意が得られ，次のいずれにも該当する区域の中から，警察と道路管理者が協議して設定する。

○　最高速度 30 キロメートル毎時の区域規制が実施され，又は実施が予定されていること。
○　警察と道路管理者，地域の関係者等との間で，ドライバーの法令遵守意識を十分に高めるための物理的デバイスの設置について，適切に検討され，実施され，又は実施が予定されていること。

これら要件を満たす区域について，警察と道路管理者は共同で「ゾーン 30 プラス」整備計画を策定するものとしているが，その際，地域の要望等をしっかり把握しながら進めていくなど，策定初期の段階から地域との合意形成を図りながら整備計画を策定していくことが重要である。

整備計画を策定した後，対策の実施，対策効果の把握と進み，効果検証を経て，必要に応じて対策の改善・充実を図るという PDCA サイクルを基本として，継続的な取組を推進していく。

なお，「ゾーン 30 プラス」の入り口には，当該区域内が歩行者等の通行が最優先される道路環境であること及び物理的デバイスが設置されていることをドライバーに周知し，車両の速度及び通過交通を抑制するため，全国統一のシンボルマーク入りの路面表示と看板を設置することとしている。

「ゾーン 30 プラス」の路面表示・看板

「ゾーン 30 プラス」入り口
（長崎県佐世保市　御本町・大塔町地区）

「ゾーン３０プラス」の取組状況（令和４年度末時点）

令和４年度末時点で，全国 122 地区において「ゾーン 30 プラス」の整備計画が策定されており，また，これら 122 地区以外の各地においても整備計画の策定に向けた取組がそれぞれ進められており，整備計画の策定に向けた地域との協議等を始め，それぞれの現地状況にあった対策内容の検討等が進められている。

「ゾーン 30 プラス」に取り組むに当たっては，地域の実情を踏まえ様々な対策を組み合わせていくことや他地域の取組・工夫も参考にしながら整備計画を策定し，対策を進めること，PDCA サイクルによる対策の改善・充実を図ることが重要である。

生活道路対策は，その対象が地域に密着した道路であるがゆえに，対策実施に当たっては地域との合意形成だけでなく，技術的な困難を伴うことも多い。対策を実施する地方公共団体等に対し支援を行い，安全な生活道路，人優先の安全・安心な通行空間の実現につながる取組を進めていく。

○本施策の詳細については，以下の URL（国土交通省ホームページ）を参照

http://www.mlit.go.jp/road/road/traffic/sesaku/syokai.html

ハンプ
（宮城県富谷市　大清水一丁目地区）

スムーズ横断歩道（交差点部）
（高知県四万十市　中村小学校地区）

狭さく
（埼玉県草加市　住吉二丁目地区）

シケイン（クランク）
（広島県福山市　新涯町一丁目・新涯町三丁目地区）

「通学路等における交通安全の確保及び飲酒運転の根絶に係る緊急対策」の進捗状況について

緊急対策策定の経緯

令和3年6月28日，千葉県八街市において，下校中の小学生の列にトラックが衝突し，5人が死傷する痛ましい交通事故が発生したことを受けて，同月30日に，第1回「交通安全対策に関する関係閣僚会議（以下「第1回関係閣僚会議」という。）」が開催され，内閣総理大臣から，「通学路の総点検を改めて行い，緊急対策を拡充・強化する」「子供の安全を守るための万全の対策を講じる」「飲酒運転の根絶に向けた徹底を行う」旨の指示がなされた。

第1回関係閣僚会議における内閣総理大臣指示を踏まえ，同年8月4日に，「通学路等における交通安全の確保及び飲酒運転の根絶に係る緊急対策」が策定された。

緊急対策に基づく主な施策の進捗状況

＜通学路等における交通安全の確保＞

・小学校の通学路を対象に合同点検を実施し，全国で7万6,404箇所の対策箇所を抽出。そのうち，6万1,637箇所（80.7%）の対策を完了（令和4年12月末時点）。

	箇所数		
		うち対策済み	割合
対策必要箇所（全体数）	7万6,404箇所	6万1,637箇所	80.7%
教育委員会・学校による対策箇所	4万0,568箇所	3万9,589箇所	97.6%
道路管理者による対策箇所	3万9,219箇所	2万6,337箇所	67.2%
警察による対策箇所	1万6,996箇所	1万6,103箇所	94.7%

【合同点検の結果を踏まえた道路交通環境の整備の例】

歩道の設置

防護柵の設置

スムーズ横断歩道の設置

狭さくの設置・速度規制の実施

・「ゾーン30」を始めとする低速度規制を的確に実施するとともに，当該規制区間・区域内において効果的にハンプ等の物理的デバイスの設置を進める「ゾーン30プラス」の整備も含めた通学路等における速度抑制・通過交通の進入抑制対策を推進。

・通学路等における速度規制の実効性確保のため，可搬式速度違反自動取締装置の整備を推進し，全国で132台を整備（令和5年3月末時点）。同装置の積極的かつ効果的な活用により，令和4年中は1万3,053回（前年比＋1,978回）運用し，取締りを実施。

・令和４年春の全国交通安全運動期間中の同年４月 12 日の登下校時間帯（午前７時から２時間，午後３時から２時間）に，通学路における全国一斉取締りを実施。警察官約１万 5,600 人を動員し，約１万 5,200 件の交通違反を検挙。また，令和４年秋の全国交通安全運動期間中の同年９月 30 日にも同様の全国一斉取締りを実施。警察官約１万 3,800 人を動員し，約１万 2,400 件の交通違反を検挙。
・小学校新１年生向けリーフレット（交通安全等に関する注意事項をクイズ形式で学べるもの）を作成し，全国全小学校に約 122 万部を配布。

可搬式速度違反自動取締装置による取締り状況

安全教育リーフレット
「クイズでまなぼう！
たいせつないのちとあんぜん」

＜飲酒運転の根絶＞
・道路交通法施行規則（昭 35 総理府令 60）を改正（令和３年 11 月 10 日公布）し，安全運転管理者の行うべき業務として，運転者の運転前後における酒気帯びの有無の確認等を新たに義務化。

○　安全運転管理者に対し，目視等により運転者の酒気帯びの有無の確認を行うこと及びその内容を記録して１年間保存することを義務付ける規定を整備（令和４年４月１日施行）
○　安全運転管理者に対し，アルコール検知器を用いて運転者の酒気帯びの有無の確認を行うこと並びにその内容を記録して１年間保存すること及びアルコール検知器を常時有効に保持することを義務付ける規定を整備
　※　今後，十分な数のアルコール検知器が市場に流通する見通しが立った時点で，アルコール検知器を用いて上記の確認を行うこと及びアルコール検知器を常時有効に保持するよう義務付ける予定。

・道路交通法の一部改正により，安全運転管理者の選任義務違反等に対する罰則の引上げ等を実施（令和４年４月 27 日公布。同年 10 月１日施行）

選任義務違反（旧）５万円以下の罰金　→　（新）50 万円以下の罰金

・ウェブサイト上での情報公開により安全運転管理者の選任を促進（全都道府県警察ホームページにて掲載）。
・運送事業者による更なる飲酒運転対策を促進するため，運送事業者へのアンケートにより独自の取組について情報収集，優良取組事例を抽出してヒアリングを行う等，詳細な調査を実施。また，運送事業者による運転者の指導・監督時の実施マニュアルに結果を記載することで好事例を横展開。
・飲酒傾向の強い運転者に対して適切な指導･監督が実施できるよう，運送事業者による運転者の指導･監督時の実施マニュアルへのアルコール依存症の記載拡充を実施。
・令和４年中の酒酔い・酒気帯び運転検挙件数は１万 9,820 件（前年比＋ 19 件）であり，また，飲酒運転による死亡事故及び重傷事故はともに減少しており，飲酒運転による交通事故発生を抑止。
・飲酒運転の危険性や飲酒運転による交通事故の実態等について積極的に広報するとともに，飲酒が運転等に与える影響について理解を深めるため，映像機器や飲酒体験ゴーグルを活用した参加・体験型の交通安全教育等効果的な取組を推進。

【飲酒運転根絶に向けた交通安全教育及び広報啓発活動】

飲酒疑似ゴーグルの活用

運転シミュレータの活用

広報啓発用ポスターの活用

○本対策の詳細については，以下の URL（内閣府ホームページ）を参照
https://www8.cao.go.jp/koutu/taisaku/index-w.html

第2節 交通安全思想の普及徹底

1　段階的かつ体系的な交通安全教育の推進

交通安全教育指針（平10国家公安委員会告示15）等を活用し，幼児から成人に至るまで，心身の発達段階やライフステージに応じた段階的かつ体系的な交通安全教育を実施した。特に，高齢化が進展する中で，高齢者自身の交通安全意識の向上を図るとともに，他の世代に対しても高齢者の特性を知り，その上で高齢者を保護し，また，高齢者に配慮する意識を高めるための啓発指導を強化した。さらに，自転車を使用することが多い小学生，中学生及び高校生に対しては，交通社会の一員であることを考慮し，自転車利用に関する道路交通の基礎知識，交通安全意識及び交通マナーに係る教育の充実に努めた。

学校においては，学習指導要領等に基づき，体育科・保健体育科や特別活動はもとより，各教科等の特質に応じ，教育活動全体を通じて計画的かつ組織的な指導に努めている。

また，交通安全のみならず生活全般にわたる安全教育について，目標，内容等を明示した学校安全資料「『生きる力』をはぐくむ学校での安全教育」などの参考資料等の活用を促し，安全教育の充実を図った。さらに，学校保健安全法（昭33法56）に基づき，令和4年度からの5年間を計画期間とする「第3次学校安全の推進に関する計画」（令和4年3月25日閣議決定）を策定し，施策を推進している。

交通安全教育・普及啓発活動を行うに当たっては，参加・体験・実践型の教育方法を積極的に取り入れるとともに，教材の充実を図りホームページに掲載するなどにより，インターネットを通じて地域や学校等において行われる交通安全教育の場における活用を促進し，国民が自ら納得して安全な交通行動を実践することができるよう，必要な情報を分かりやすく提供することに努めた。

交通安全教育・普及啓発活動について，国，地方公共団体，警察，学校，関係民間団体，地域社会，企業及び家庭がそれぞれの特性をいかし，互いに連携を取りながら地域が一体となった活動が推進されるように促している。特に，交通安全教育・普及啓発活動に当たる地方公共団体職員や教職員の指導力の向上を図るとともに，地域における民間の指導者を育成することなどにより，地域の実情に即した自主的な活動を促進した。

また，家庭や地域において，子供，父母，祖父母の各世代が交通安全について互いに話し合い，注意を呼び掛け，実践するなど世代間交流を促進し，効果的な交通安全教育の推進に努めた。

さらに，交通安全教育・普及啓発活動の実施後には，効果を検証・評価し，より一層効果的な実施に努めるとともに，交通安全教育・普及啓発活動の意義，重要性等について関係者の意識が深まるよう努めた。

(1)幼児に対する交通安全教育の推進

ア　幼稚園・保育所・認定こども園における交通安全教育

幼稚園教育要領，保育所保育指針及び幼保連携型認定こども園教育・保育要領に基づき，家庭及び地域の関係機関・団体等と連携・協力を図りながら，日常の教育・保育活動のあらゆる場面を捉えて，交通安全教育を計画的，かつ継続的に行うよう指導した。これらを効果的に実施するため，例えば，紙芝居や視聴覚教材等を利用したり親子で実習したりするなど，分かりやすい指導に努めるよう促した。

イ　児童館・児童遊園における交通安全に関する指導

主として幼児を対象に，遊びによる生活指導の一環として，交通安全に関する指導を推進するとともに，地域組織等を支援し，その活動の強化に努めた。

ウ　関係機関・団体等における支援

幼稚園・保育所・認定こども園，児童館・児童遊園に対する教材・教具・情報の提供等の支援を行うとともに，幼児の保護者が常に幼児の手本となって安全に道路を通行するなど，家庭において適切な指導ができるよう保護者に対する交通安全講習会等の実施に努めたほか，チャイルドシートの正しい利用を促進するため，指導員を養成する講習会を開催した。

また，交通ボランティアによる幼児に対する通園時や園外活動時等の安全な行動の指導，保護者を対象とした交通安全講習会等の開催を促進した。

さらに，令和４年度中に自動車安全運転センター安全運転中央研修所において，2,142 人の幼児に対して交通安全研修を実施した。

⑵小学生に対する交通安全教育の推進

ア　小学校における交通安全教育

家庭及び関係機関・団体等との連携・協力を図りながら，体育科，特別活動はもとより各教科等の特質に応じ，学校の教育活動全体を通じて計画的に，安全な歩行の仕方，自転車の安全な利用，乗り物の安全な利用，危険の予測と回避，交通ルールの意味及び必要性を重点として交通安全教育を実施するとともに，教職員等を対象とした心肺蘇生法の実技講習会等を実施した。

イ　関係機関・団体等における支援

小学校において行われる交通安全教育の支援を行うとともに，児童に対する補完的な交通安全教育の推進を図った。

また，児童の保護者が日常生活の中で模範的な行動を取り，歩行中，自転車乗用中など実際の交通の場面で，児童に対し，基本的な交通ルールや交通マナーを教えられるよう保護者を対象とした交通安全講習会等を開催した。

さらに，交通ボランティアによる児童に対する安全な行動の指導を促進した。

また，令和４年度中に，自動車安全運転センター安全運転中央研修所において，4,630 人の児童に対して交通安全研修を実施した。

⑶中学生に対する交通安全教育の推進

ア　中学校における交通安全教育

家庭及び関係機関・団体等との連携・協力を図りながら，保健体育科，特別活動はもとより各教科等の特質に応じ，学校の教育活動全体を通じて計画的に，安全な歩行の仕方，自転車の安全な利用，自動車等の特性，危険の予測と回避，標識等の意味，自転車事故における加害者の責任，応急手当等を重点として交通安全教育を実施するとともに，教職員等を対象とした心肺蘇生法の実技講習会等を実施した。

イ　関係機関・団体等における支援

中学校で行われる交通安全教育が円滑に実施できるよう指導者の派遣，情報の提供等の支援を行うとともに，地域において，保護者対象の交通安全講習会や中学生に対する補完的な交通安全教育を実施した。

また，令和４年度中に自動車安全運転センター安全運転中央研修所において，324 人の中学生に対して交通安全研修を実施した。

⑷高校生に対する交通安全教育の推進

ア　高等学校における交通安全教育

家庭及び関係機関・団体等との連携・協力を図りながら，保健体育科，特別活動はもとより各教科等の特質に応じ，学校の教育活動全体を通じて計画的に，自転車の安全な利用，二輪車・自動車の特性，危険の予測と回避，運転者の責任，飲酒運転の防止を含む運転者に求められる行動，応急手当等について更に理解を深めるとともに，生徒の多くが，近い将来，普通免許等を取得することが予想されることから，免許取得前の教育としての性格を重視した交通安全教育を実施した。特に，二輪車・自動車の安全に関する指導については，道路環境や交通事故の発生状況等地域の実情に応じて，関係機関・団体やPTA 等と連携しながら，安全運転に関する意識と実践力の向上を図るとともに，実技指導等を含む安全に道路を通行するために必要な技能と知識を習得させるための交通安全教育の充実を図っている。このほか，教職員等を対象とした心肺蘇生法の実技講習会等を実施した。

イ　関係機関・団体等における支援

高等学校で行われる交通安全教育が円滑に実施できるよう指導者の派遣，情報の提供等の支援を行うとともに，地域において，高校生及び相当年齢者に対する補完的な交通安全教育を実施した。また，小中学校等との交流を図るなどして高校生の果たし得る役割を考えさせるとともに，交通安全活動への積極的な参加を促した。

⑸成人に対する交通安全教育の推進

運転免許取得時の教育は，指定自動車教習所等における教習が中心となることから，都道府県公安委員会は，適正な教習水準の確保のため指導・

助言を行っている。

免許取得後の運転者教育は，運転者としての社会的責任の自覚，安全運転に必要な知識及び技能，特に危険予測・回避の能力の向上，交通事故被害者等の心情等交通事故の悲惨さに対する理解，交通安全意識・交通マナーの向上を目標とし，都道府県公安委員会が行う各種講習，自動車教習所等が受講者の特性に応じて行う運転者教育及び事業所の安全運転管理の一環として安全運転管理者，運行管理者等が行う交通安全教育を中心としている。

自動車の使用者等が選任することとなる安全運転管理者，運行管理者等を法定講習，指導者向けの研修会等へ積極的に参加させ，事業所における自主的な安全運転管理の活発化に努めた。また，自動車安全運転センター安全運転中央研修所等の研修施設において，高度な運転技術，指導方法等を身に付けた運転者教育指導者の育成を図るとともに，これらの交通安全教育を行う施設の整備を推進した。

また，社会人に対しては，公民館等の社会教育施設における学級・講座などにより，交通安全教育を実施した。大学生・高等専門学校生等に対しては，学生等の自転車，二輪車及び自動車の利用実態や地域における交通事故発生状況等の実態に応じて，関係機関・団体等と連携した交通安全教育の推進に努めた。

さらに，二輪車運転者については，交通安全意識の向上と交通安全活動への積極的な参加を促進するため，関係機関・団体等が連携して，二輪車の安全に関する各種情報の提供，自主的な訓練への協力，クラブリーダーの育成等を行うことにより，二輪車クラブの指導育成を図るとともに，クラブ未加入二輪車運転者のクラブ加入の促進及び新規クラブの組織化を促進したほか，二輪車の特性を踏まえた実技教室等の交通安全教育を行った。

⑹高齢者に対する交通安全教育の推進

国及び地方公共団体は，高齢者に対する交通安全指導担当者の養成，教材・教具等の開発など指導体制の充実に努めるとともに，高齢者が加齢に伴って生ずる身体機能の変化が行動に及ぼす影響等を理解し，自ら納得して安全な交通行動を実践することができるよう，各種教育器材を活用した参加・体験・実践型の交通安全教育を積極的に推進した。特に，歩行中の死亡事故の法令違反別では，高齢者は高齢者以外と比較して「横断違反」の割合が高い実態を踏まえ，交通ルールの遵守を促す交通安全教育の実施に努めた。また，関係団体，交通ボランティア，医療機関・福祉施設関係者等と連携して，高齢者の交通安全教室等を開催するとともに，高齢者に対する社会教育の場面，福祉活動，各種の催し等の多様な機会を活用した交通安全教育を実施した。特に，運転免許を持たないなど，交通安全教育を受ける機会のなかった高齢者を中心に，家庭訪問による個別指導，見守り活動等の高齢者と日常的に接する機会を利用した助言等により，高齢者の移動の安全が地域全体で確保されるように努めた。その際，高齢者の自発性を促すことに留意しつつ，高齢者の事故実態に応じた具体的な指導を行うこととし，反射材用品等の普及促進にも努めた。

高齢者同士の相互啓発等により交通安全意識の向上を図るため，老人クラブ，老人ホーム等における交通安全部会の設置，高齢者交通安全指導員（シルバーリーダー）の養成等を促進し，老人クラブ等が関係団体と連携して，自主的な交通安全活動を展開し，地域・家庭における交通安全活動の主導的役割を果たすよう努めた。

電動車椅子を利用する高齢者に対しては，電動車椅子の製造メーカーで組織される団体等と連携して，購入時等における安全利用に向けた指導・助言を徹底するとともに，継続的な交通安全教育の促進に努めた。

地域における高齢者の安全運転の普及を促進するため，シルバーリーダー及び地域の高齢者に影響力のある者等を対象とした参加・体験・実践型の講習会を開催し，高齢者の安全運転に必要な知識の習得とその指導力の向上を図り，高齢者交通安全教育の継続的な推進役の養成に努めた。

⑺障害者に対する交通安全教育の推進

交通安全のために必要な技能及び知識の習得のため，字幕入りビデオの活用等に努めるとともに，参加・体験・実践型の交通安全教室を開催するなど障害の程度に応じたきめ細かい交通安全教育を推進した。

その他，運転免許の更新時講習等の際には，手話通訳やルビを付した字幕入りの講習用映像を活用している。

⑻外国人に対する交通安全教育等の推進

我が国の交通ルールやマナーに関する知識の普及による交通事故防止を目的として，在留外国人に対しては，母国との交通ルールの違いや交通安全に対する考え方の違いを理解させるなど，効果的な交通安全教育を推進するとともに，外国人を雇用する使用者等を通じ，外国人の講習会等への参加を促進した。また，訪日外国人に対しては，関係機関・団体等と連携し，多言語によるガイドブックやウェブサイト等各種広報媒体を活用して我が国の交通ルールに関する広報啓発活動を推進した。

その他，日本の運転免許を取得する際に行う運転免許学科試験や運転に必要な知識の確認の多言語化を推進した。

⑼交通事犯被収容者に対する教育活動等の充実

ア　交通事犯受刑者に対する教育活動等の充実

刑事施設においては，被害者の生命や身体に重大な影響を与える交通事故を起こした受刑者や重大な交通違反を反復した受刑者を対象に，改善指導として，「交通安全指導」，「被害者の視点を取り入れた教育」，「アルコール依存回復プログラム」といった指導を組み合わせて実施している。

「交通安全指導」は，受刑者に交通違反や事故の原因等について考えさせることを通じて，遵法精神，責任観念，人命尊重の精神等をかん養することを目的に，飲酒運転の危険性と防止策，罪の重さ，被害者及びその遺族等への対応等について，グループワークや講義等を通して指導を行っている。

「被害者の視点を取り入れた教育」は，被害者やその家族等の心情などを認識させ，被害者等に誠意を持って対応していくとともに，再び罪を犯さない決意を固めさせることなどを目的とし，被害者遺族等のゲストスピーカー等による講話，グループワーク等により，被害者等の精神的・身体的苦痛，更には経済的負担の大きさなどを理解させている。

「アルコール依存回復プログラム」は，自己の飲酒の問題性を理解させ，その改善を図るとともに，再飲酒しないための具体的な方法を習得させることを目的に，認知行動療法の手法を活用し，アルコール依存に係る民間自助団体等の協力を得ながらグループワークを実施している。

イ　交通事犯少年に対する教育活動

令和３年中に少年院送致決定を受けて少年院に新たに収容された少年のうち，非行名が「道路交通法違反」となっている少年は，85人であり，新収容者全体の6.2%を占めている。

各少年院においては，交通事犯少年に対して，対象者の個別的な問題性に応じた適切な矯正教育その他の健全な育成に資する処遇を行うとともに，人命尊重の精神，遵法精神のかん養に重点を置いた交通問題に関する教育を実施しており，再非行防止のための指導の充実を図っている。

ウ　交通事犯少年に対する鑑別

少年鑑別所においては，交通事犯少年の特性の的確な把握，より適切な鑑別の在り方等について，専門的立場から検討するとともに，運転適性検査や法務省式運転態度検査等の活用により，交通事犯少年に対する鑑別の一層の適正・充実化を図った。

⑽交通事犯により保護観察に付された者に対する保護観察の充実

令和３年に交通事犯により保護観察に付された者は5,897人であり，これらの者に対しては，遵法精神のかん養，安全運転態度の形成等を目的とした保護観察を実施した。このうち，家庭裁判所において交通事犯により保護観察に付された少年であって，事犯の内容が比較的軽微な者に対しては，集団処遇を中心とした特別な処遇を短期間に集中して行う交通短期保護観察を実施した。

さらに，被害者を死亡させ又は身体に重大な傷害を負わせた保護観察対象者に対して，罪の重さを認識させ，被害者等に誠実に対応するよう促すことを目的としたしょく罪指導を行っている。

2　効果的な交通安全教育の推進

交通安全教育を行うに当たっては，受講者が，安全に道路を通行するために必要な技能及び知識を習得し，かつ，その必要性を理解できるようにするため，参加・体験・実践型の教育方法を積極的に活用した。

交通安全教育を行う機関・団体は，交通安全教育に関する情報を共有し，他の関係機関・団体の求めに応じて交通安全教育に用いる資機材の貸与，講師の派遣及び情報の提供等，相互の連携を図りながら交通安全教育を推進した。

また，受講者の年齢や道路交通への参加の態様に応じた交通安全教育指導者の養成・確保，ドライブレコーダー映像やシミュレーター，VR等の機器の活用など，柔軟に多様な方法を活用し，着実に教育を推進するよう努めた。

さらに，交通安全教育の効果を確認し，必要に応じて教育の方法，利用する教材等を見直して，社会やライフスタイルの変化，技術の進展を踏まえ，常に効果的な交通安全教育ができるよう努めた。

このほか,動画を活用した学習機会の提供,ウェブサイトやSNS等の各種媒体の積極的活用等，時代に即した交通安全教育や広報啓発活動についても効果的に推進している。

3　交通安全に関する普及啓発活動の推進

⑴交通安全運動の推進

国民一人一人に広く交通安全思想の普及・浸透を図り，交通ルールの遵守と正しい交通マナーの実践を習慣付けるとともに，国民自身による道路交通環境の改善に向けた取組を推進するための国民運動として，運動主催機関・団体を始め，地方公共団体の交通対策協議会等の構成機関・団体が相互に連携して，交通安全運動を組織的・継続的に展開した。

運動重点として，歩行者，自転車，自動車運転者の交通事故防止，夕暮れ時や夜間の交通事故防止，飲酒運転の根絶，時節や交通情勢を反映した事項を設定するとともに，地域の実情に即した効果的な交通安全運動を実施するため，必要に応じて地域の重点を定めた。

実施に当たっては，事前に，運動の趣旨，実施期間，運動重点，実施計画等について広く国民に周知することにより，市民参加型の交通安全運動の充実・発展を図るとともに，関係機関・団体が連携し，運動終了後も継続的・自主的な活動が展開されるよう，事故実態，住民や交通事故被害者等のニーズ等を踏まえた取組を推進した。

また，地域に密着したきめ細かい活動が期待できる民間団体及び交通ボランティアの参加促進を図ったほか，参加・体験・実践型の交通安全教室の開催等により，交通事故を身近なものとして意識させる交通安全活動を促進した。

ア　令和４年春及び令和４年秋の全国交通安全運動の実施と結果

令和４年春及び令和４年秋の全国交通安全運動は，中央交通安全対策会議の交通対策本部が決定した推進要綱に基づき，関係省庁，地方公共団体及び関係13団体が主催し，154団体の協賛の下に実施した。

春の運動は，４月６日から15日までの10日間，「子供を始めとする歩行者の安全確保」「歩行者保護や飲酒運転根絶等の安全運転意識の向上」「自転車の交通ルール遵守の徹底と安全確保」を全国重点とするとともに，必要に応じて地域の交通事故実態に即した地域重点も定めることとし，歩行者に対する交通ルール遵守の徹底を図るための交通安全教育等の実施，自転車利用者に対する交通ルールの遵守と交通マナーの向上を目的とした街頭活動等の推進，運転者に対する歩行者の保護を重点に置いた指導・啓発，後部座席を含めた全ての座席のシートベルトの正しい着用及びチャイルドシートの正しい使用を徹底するための講習等の実施，飲酒運転や妨害運転（いわゆる「あおり運転」）等の防止に向けた啓発活動の推進，電動キックボードの利用者に対し，交通ルールを周知するための事業者等と連携した広報啓発活動の推進等，効果的な活動を行った。また，新型コロナウイルス感染症の状況を踏まえ，ウェブサイトやSNS等の各種媒体を活用した広報啓発活動や情報提供等を積極的に推進するなど，創意工夫を凝らした交通安全活動を促進した。

秋の運動は，９月21日から30日までの10日間，「子供と高齢者を始めとする歩行者の安全確保」「夕暮れ時と夜間の歩行者事故等の防止及び飲酒運転の根絶」「自転車の交通ルール遵守の徹底」を全国重点とするとともに，必要に応じて地域の交通事故実態に即した地域重点も定めることとし，歩行者に対する交通ルールの遵守を促す指導・啓発等の実施，運転者に対する横断中，横断しようとする歩行者等の優先義務等についての指導・啓発，自転車利用者に対する交通ルールの遵守と交通マナーの向上を目的とした街頭指導等の推進，飲酒運転や妨害運転の防止に向けた啓発活動の推進等に加え，夕暮れ時と夜間における歩行中・自転車乗用中の反射材用品等の着用推進，前照灯点灯の徹底などのルール遵守による自転車安全利用の促進，夕暮れ時における自動車前照灯の早めの点灯と夜間の対向車や先行車がいない状況でのハイビームの活用の促進，後部座席を含めた全ての座席のシートベルトの正しい着用及びチャイルドシートの正しい使用を徹底するための講習等の実施，電動キックボードの利用者に対し，交通ルールを周知するための事業者等と連携した広報啓発活動の推進等，効果的な活動を行った。また，新型コロナウイルス感染症等の状況や，これに伴う国民の交通行動の変化等を注視しつつ，国民の命と健康を守ることを第一に，地域の実情に応じた運動を展開し，交通安全意識の向上に努めた。

実施に当たっては，交通対策本部決定（春の運動は２月１日，秋の運動は７月１日）を受けて，中央においては，主催の各機関及び団体がそれぞれ運動の具体的な実施計画を定め，国の機関の地方支分部局及び団体の下部組織に対してその推進を図るよう適切な措置を講じた。

また，地方においては，都道府県交通対策協議会等の関係機関を通じて，国の機関の地方支分部局，地方公共団体及び民間団体が相互に連絡を保持しつつ，地域の実態等に応じた具体的な実施計画を作成し，運動期間を中心として広報活動及び交通安全教育を推進するとともに，生活道路網を中心とする道路交通環境の点検整備等を集中的に実施するなどの効果的な運動を展開した。

（ア）　広報活動

国，地方公共団体及び民間団体は，新聞，テレビ，ラジオ，インターネット，携帯端末，ケーブルテレビ，有線（無線）放送，広報雑誌，ポスター，パンフレット，チラシ，立て看板，電光掲示板，横断幕，懸垂幕，広告塔，構内放送，広報車の巡回広報等による対象に応じた広報活動を活発に展開した。

（イ）　交通安全教育

春及び秋の全国交通安全運動期間中の交通安全教育は，都道府県，市区町村，教育委員会，警察，幼稚園，保育所，認定こども園，学校，交通安全協会（交通安全活動推進センター），交通安全母の会，交通指導員，PTA，安全運転管理者協議会等の関係機関・団体の協力の下に，新型コロナウイルス感染症の感染拡大防止に配慮した上で実施された。

指導内容は，交通社会の一員としての自覚と責任を持つよう促すことを基本とし，①歩行者については，道路の正しい通行と横断方法，反射材用品等の着用効果，②自転車利用者については，「自転車安全利用五則」を活用した自転車の通行ルールと交通マナーの周知徹底，③保護者については，家庭における交通安全意識の醸成，特に子供の交通安全のための知識としつけ方，④運転者とその雇主等に対しては，交通法令を遵守し，体調面も考慮した安全運転の励行，子供，高齢者，障害者等や他の車両に対する「思いやり・ゆずり合い」の気持ちを持って通行する交通マナーの呼び掛け，全ての座席のシートベルトの正しい着用とチャイルドシートの正しい使用，飲酒運転や妨害運転等の防止が主なものである。また，指導方法についてみると，運転者・安全運転管理者等に対する講習会，自治会・町内会・各種関係団体での座談会，小学生・中学生・高校生等を対象とする交通安全教室，高齢者への参加・体験・実践型の交通安全教育や家庭訪問，子供とその保護者及び高齢者の世代間交流を視野に入れた交通安全教室等多彩なものとなっている。これら各種の指導を強化するため，地域において交通安全教育の核となる指導者の養成を積極的に支援し，指導の効率化を図った。なお，運動期間中には，街頭での歩行者，自転車利用者及び二輪車・自動車の運転者に対する直接指導も行われた。

（ウ）　運動期間中の交通事故

全国交通安全運動期間中の交通事故の発生状況は，第1-4表のとおりである。

イ　地方公共団体の行う交通安全運動

春及び秋の全国交通安全運動のほか各地域の交通実態に応じ，夏の交通安全運動，年末年始の交通安全運動，行楽期の交通安全運動，シートベルト・チャイルドシート着用の推進運動，飲酒運転根絶運動等多様な交通安全運動を実施した。

ウ　交通安全組織による交通安全活動

職場内での運転者組織，地域での飲酒・暴走運転等無謀運転追放のための住民組織，学校内での

第 1-4 表　令和４年全国交通安全運動期間中の交通事故発生状況

区分	春の全国交通安全運動			秋の全国交通安全運動		
	発生件数	死者数	負傷者数	発生件数	死者数	負傷者数
	件	人	人	件	人	人
令和４年	8,111	57	9,567	8,468	83	10,036
令和３年	8,619	56	10,130	8,147	63	9,760
増減数	− 508	1	− 563	321	20	276
増減率（%）	− 5.9%	1.8%	− 5.6%	3.9%	31.7%	2.8%

注　警察庁資料による。

児童生徒の安全組織，特に交通少年団及び幼児交通安全クラブ，交通安全母親組織等における活動の充実強化により，交通安全意識の定着が図られた。

エ「交通事故死ゼロを目指す日」

交通安全に対する国民の更なる意識の向上を図り，国民一人一人が交通事故に注意して行動することにより交通事故の発生を抑止し，近年の交通事故死傷者数の減少傾向をより確実なものにするため，「交通事故死ゼロを目指す日」を春及び秋の全国交通安全運動期間中の４月10日及び９月30日に設定し，広報啓発活動を積極的に展開した。

⑵横断歩行者の安全確保

運転者に対し，子供・高齢者・障害者を始めとする歩行者に対する保護意識の向上を図るため，運転者教育や安全運転管理者等による指導，広報啓発活動等により，歩行者の特性を理解させる効果的な交通安全教育等の実施に努めた。

また，本来歩行者の保護が図られるべき横断歩道上においても，歩行者が被害者となる交通事故が発生していることから，これらの交通事故を防止するため，運転者に対して，横断歩道に歩行者がいないことが明らかな場合を除き直前で停止可能な速度で進行する義務と横断歩道において歩行者を優先する義務について強く周知したほか，歩行者に対しては，手を上げる・差し出す，運転者に顔を向けるなどして運転者に対して横断する意思を明確に伝えること，安全を確認してから横断を始めること，横断中も周りに気を付けることといった交通ルール・マナーの周知を図るとともに，自らの安全を守るための交通行動を促す交通安全教育等を推進した。

⑶自転車の安全利用の推進

令和５年４月，全ての自転車利用者に対する乗車用ヘルメット着用の努力義務化を内容とする改正道路交通法が施行された。改正内容を盛り込み，交通対策本部決定（令和４年11月１日）により改めて示された「自転車安全利用五則」を活用するなどして，自転車乗車時の頭部保護の重要性や，全ての年齢層の自転車利用者に対する乗車用ヘルメット着用を始めとした交通ルール・マナーについての広報啓発活動を推進するとともに，自動車教習所等の練習コース，視聴覚教材，シミュレーター，スケアード・ストレイト方式※等を活用した参加・体験・実践型の自転車教室等の交通安全教育を推進した。

このほか，自転車を用いた配達業務中の交通事故を防止するため，関係事業者等に対する交通安全対策の働き掛け，自転車配達員への街頭における指導啓発，飲食店等を通じた配達員への交通ルール遵守の呼び掛け等を推進した。

さらに，無灯火や二人乗り等の違反に対する実効性のある指導警告や，悪質・危険な違反に対する取締りの強化を推進するとともに，自転車運転者講習制度の適切な運用を図り，危険な違反行為を繰り返す自転車運転者に対する教育を実施した。

※スケアード・ストレイト方式
　スタントマンによる交通事故再現等により，恐怖を直視する体験型教育手法。

チャイルドシート着用推進シンボルマーク
「カチャピョン」

⑷後部座席を含めた全ての座席におけるシートベルトの正しい着用の徹底

後部座席のシートベルト非着用時の致死率は，着用時と比較して格段に高くなるため，関係機関・団体等が連携して衝突実験映像やシートベルトコンビンサー※を用いた着用効果が実感できる参加・体験型の交通安全教育等を推進したほか，あらゆる機会・媒体を通じて着用徹底の啓発活動を展開し，シートベルトの着用効果及び正しい着用方法について理解を深めるなど，後部座席を含めた全ての座席でのシートベルト着用の徹底を図った。

⑸チャイルドシートの正しい使用の徹底

チャイルドシートの使用効果及び正しい使用方法について，理解を深めるための広報啓発・指導を推進し，正しい使用の徹底を図った。

不適正使用時の致死率は，適正使用時と比較して格段に高くなるため，チャイルドシートの使用効果及び正しい使用方法について，着用推進シンボルマーク等を活用しつつ，幼稚園・保育所・認定こども園，病院，販売店等と連携した保護者に対する効果的な広報啓発・指導に努めた。特に，比較的年齢の高い幼児の保護者に対し，その取組を強化した。また，体格等の事情により，6歳以上の子供がシートベルトを適切に着用できない場合には，チャイルドシートを使用させることが望ましいことについて，広報啓発に努めたほか，地方公共団体，民間団体等が実施している各種支援制度の活用を通じて，チャイルドシートを利用しやすい環境づくりを促進した。

さらに，取り付ける際の誤使用の防止や，側面衝突時の安全確保等の要件を定めた新基準(i-size)に対応したチャイルドシートの普及促進，チャイルドシートと座席との適合表の公表の促進，製品ごとの安全性に関する比較情報の提供，分かりやすい取扱説明書の作成等，チャイルドシート製作者及び自動車製作者における取組を促した。また，チャイルドシートを利用するユーザーに必要な情報が行き渡るようにするため，販売店等における利用者への正しい使用の指導・助言，出産を控えた家族向けのスマートフォンアプリにおける広報記事の掲載，産婦人科や地方公共団体窓口等を通じたパンフレットの配布のほか，関係行政機関及び民間団体で構成するシートベルト・チャイルドシート着用推進協議会のウェブサイトに取付け解説動画等を掲載するなど，正しい使用方法の周知徹底を推進した。

⑹反射材用品等の普及促進

夕暮れ時から夜間における歩行者及び自転車利用者の事故防止に効果が期待できる反射材用品等の普及を図るため，各種広報媒体を活用して積極的な広報啓発を推進するとともに，反射材用品等の視認効果，使用方法等について理解を深める取組を推進した。

反射材用品等の普及に当たっては，衣服や靴，鞄等の身の回り品への反射材の組み込みを推奨するとともに，適切な反射性能を有する製品についての情報提供に努めた。

⑺飲酒運転根絶に向けた交通安全教育及び広報啓発活動等の推進

令和4年中の飲酒運転による交通事故件数は2,167件で，22年連続で減少したものの，近年ではその減少幅が縮小している。

ア　「飲酒運転を許さない社会環境づくり」の取組

飲酒運転の危険性や飲酒運転による交通事故の実態等について積極的に広報するとともに，飲酒が運転等に与える影響について理解を深めるため，

※シートベルトコンビンサー
　衝突時の衝撃とシートベルトの効果を体験する装置。

令和４年「春の全国交通安全運動」

内閣府

ポスター

内閣府

チラシ

令和４年「秋の全国交通安全運動」

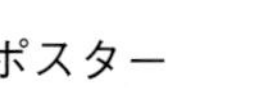

ポスター

チラシ

映像機器や飲酒体験ゴーグルを活用した参加・体験型の交通安全教育を推進した。また，交通ボランティアや酒類製造・販売業，酒類提供飲食業等の関係業界に対して飲酒運転を防止するための取組を要請しているほか，（一財）全日本交通安全協会等が推進している「ハンドルキーパー運動」※への参加を広く国民に呼び掛けるなど，関係機関・団体等と連携して「飲酒運転を絶対にしない，させない」という国民の規範意識の確立を図った。

また，運転免許の取消し等の処分を受けた飲酒運転違反者※に対し，飲酒行動の改善等のためのカリキュラムを盛り込んだ取消処分者講習（飲酒取消講習）や，停止処分者講習を実施し，飲酒運転の危険性等についての重点的な教育を行った。

イ　刑事施設における交通安全指導等

刑事施設においては，飲酒運転が原因で受刑している者に対する改善指導として，「交通安全指導」，「被害者の視点を取り入れた教育」，「アルコール依存回復プログラム」（第１編第１部第２章第２節１⑼ア参照）といった指導を組み合わせて実施し，飲酒運転防止のための取組を実施している。

ウ　自動車運送事業者等に対する働き掛け

平成23年度より，点呼時に運転者の酒気帯びの有無を確認する際にアルコール検知器の使用を義務付けており，点呼時のアルコール検知器を使用した確認の徹底について，運転者に対する日常的な指導・監督を徹底するよう，講習会や全国交通安全運動，年末年始の輸送等安全総点検等も活用し，機会あるごとに事業者や運行管理者等に対し指導を行っている。

令和４年度においても，飲酒運転の防止等法令遵守の徹底について，関係団体宛て周知徹底を行った。

エ　保護観察における飲酒運転事犯者に対する指導

保護観察対象者に対する飲酒運転防止のため，平成22年10月から，心理学等の専門的知識に基づいて策定された飲酒運転防止プログラムを実施し，飲酒運転事犯者に対する指導の充実強化に努めている。

⑻効果的な広報の実施

ア　家庭，学校，職場，地域等と一体となった広範なキャンペーンや，官民が一体となった各種広報媒体を通じた集中的なキャンペーン等を積極的に行い，子供と高齢者の交通事故防止，後部座席を含めた全ての座席のシートベルトの正しい着用及びチャイルドシートの正しい使用の徹底，自転車の安全利用の推進，運転中のスマートフォンの操作や飲酒運転等悪質・危険な運転等の根絶，違法駐車の排除を推進したほか，妨害運転の危険性や罰則について周知等を図った。

イ　家庭向け広報媒体の積極的な活用，地方公共団体，町内会等を通じた広報等により家庭に浸透するきめ細かい広報の充実に努め，子供，高齢者等を交通事故から守るとともに，妨害運転や飲酒運転等の悪質・危険な運転を根絶する気運の高揚を図った。

ウ　民間団体の交通安全に関する広報活動を援助するため，国及び地方公共団体は，交通の安全に関する資料，情報等の提供を積極的に行い，報道機関の理解と協力を求め，全国民的気運の盛り上がりを図った。

⑼その他の普及啓発活動の推進

ア　高齢者の交通安全のための広報啓発等

高齢者の交通事故防止に関する国民の意識を高めるため，高齢者の歩行中や自転車乗用中の事故実態の広報を積極的に行った。また，高齢者に対する高齢運転者標識（高齢者マーク）の表示の促進を図るとともに，高齢運転者の特性を理解し，高齢者マークを取り付けた自動車への保護意識を高めるよう，他の年齢層に対しても，広報啓発に努めた。さらに，高齢運転者による交通事故の防止及び被害軽減に効果が期待できる安全運転サポート車※の普及啓発を官民一体となって推進した。

※ハンドルキーパー運動
自動車によりグループで酒類提供飲食店に来たときには，その飲食店の協力を得て，グループ内で酒を飲まず他の者を安全に自宅まで送る者（ハンドルキーパー）を決め，飲酒運転を根絶しようという運動。
※飲酒運転違反者
運転免許の取消事由に係る累積点数の中に飲酒運転の法令違反が含まれている者
※安全運転サポート車
自動ブレーキやペダル踏み間違い時加速抑制装置等の先進安全技術が搭載された自動車。

イ　薄暮・夜間事故防止のための広報啓発等

夜間の重大事故の主原因となっている最高速度違反，飲酒運転，歩行者の横断違反等による事故実態・危険性を広く周知し，これら違反の防止を図った。また，季節や気象の変化，地域の実態等に応じ，自動車及び自転車の前照灯の早期点灯，対向車や先行車がいない状況におけるハイビームの使用を促すとともに，歩行者・自転車利用者の反射材用品等の着用を推進した。

ウ　交通事故関連情報の提供

国民が，交通事故の発生状況を認識し，交通事故防止に関する意識の啓発等を図ることができるよう，インターネット等を通じて事故データ及び事故多発地点に関する情報の提供に努めた。

エ　自動車に係る安全情報の提供の充実

交通安全に関する意識を高めるため，自動車アセスメント情報や，安全装置の有効性，自動車の正しい使い方，点検整備の方法に係る情報，交通事故の概況，自動車運送事業者の先進的取組事例の紹介などの情報を総合的な安全情報として取りまとめ，自動車ユーザー，自動車運送事業者，自動車製造業者などの情報の受け手に応じ適時適切にウェブサイト等において情報提供を行った。

また，各事業者における日々の点呼時や安全教育等に活用してもらうため，事業者から行政へ事故報告があった事故のうち，重大なものや運行管理に問題があるものについて，メールマガジン「事業用自動車安全通信」に盛り込み，事業者や運行管理者等に対して配信した。

このほか，先進安全自動車（ASV）に関する技術の開発・普及が促進されていることを踏まえ，技術に対する過信による事故を防止するため，関係団体等と連携した広報啓発活動により，技術の限界や使用上の注意点等の理解の促進を図った。

オ　交通安全ファミリー作文コンクールの実施

各家庭や学校，地域等において交通安全に関する話合いを進めることにより，国民一人一人の交通安全意識の一層の向上を図り，交通ルールの遵守と正しい交通マナーの向上を目的として，交通安全ファミリー作文コンクールを実施した。また，約4,800点の応募の中から優秀作品を選出し，作品集として取りまとめ，都道府県，学校，関係機関・団体等に配布した（参考‐４参照）。

作文コンクール募集ポスター

カ　交通安全フォーラムの開催

令和５年１月，令和４年度交通安全フォーラムを内閣府，神奈川県の共催で「新たなモビリティに対応した交通安全対策」をテーマとして開催した。なお，新型コロナウイルス感染症予防のため，フォーラムの様子は，YouTubeにより同時配信を行った。

キ　インターネットによる交通安全対策に関する情報提供等

交通安全基本計画と同計画に基づく交通安全対策に関する情報等をインターネットにより提供し，活用を促すことにより，地方公共団体の交通安全対策担当者，交通指導員等の支援を図るとともに，交通安全教育教材を作成してホームページに掲載し，地域において行われる交通安全教育に活用してもらうことを通じて，交通安全思想の普及を図った。

４　交通の安全に関する民間団体等の主体的活動の推進

⑴民間交通安全関係団体に対する協力等

交通安全意識の普及浸透を図るため，交通安全についての広報啓発活動を行うとともに，交通安全に関する調査研究等を推進している民間交通安全関係団体の育成に努め，これらの団体が実施する各種研修会の開催，機関誌及び広報資料の作成，反射材用品等の普及促進，その他交通安全のための諸活動が効果的に行われるよう協力･支援した。

また，道路交通法の規定に基づく全国交通安全活動推進センターに指定されている（一財）全日本交通安全協会については民間の交通安全活動団体の中核を担っていることから，警察庁では必要な助言・指導に努めた。

⑵地域交通安全活動推進委員に対する指導等

令和４年４月１日現在，全国で約１万7,000人が委嘱されている地域交通安全活動推進委員（以下「推進委員」という。）に対し，適正な交通の方法及び交通事故防止について住民の理解を深めるための交通安全教育や，高齢者・障害者その他その通行に支障のある者の通行の安全を確保するための方法，道路における適正な車両の駐車・道路の使用の方法及び自転車の適正な通行の方法について住民の理解を深めるための運動の推進等を適正かつ効果的に推進することができるよう指導した。

また，推進委員が組織する地域交通安全活動推進委員協議会において，推進委員相互の連携，必要な情報の提供，関係機関との連絡調整等を十分に行うことができるよう指導するとともに，推進委員が交通安全教育指針に基づいた効果的かつ適切な交通安全教育を行うことができるよう，交通安全活動推進センターが実施する研修等を通じ，その指導に努めた。

⑶交通指導員等に対する指導

地域における交通事故防止を徹底するため，地方公共団体，民間交通安全団体からの委嘱等を受け，子供，高齢者等に対する交通安全指導を行っている交通指導員等について，その活動が効果的に推進されるよう育成指導や情報提供に努めた。

⑷交通ボランティア等の養成

地域社会において交通安全活動を行っている交通指導員や交通ボランティア等を支援するため，交通安全教育に関する基礎的理論及びその実践的手法に関する知識・技能を習得させること等を目的とする交通安全指導者養成講座，交通安全に対する意識の向上及び資質の向上を図り，地域社会全体の交通安全の確保を図ることを目的とする交通ボランティア等ブロック講習会を開催した。

⑸交通安全功労者表彰の実施

内閣府では，交通安全の確保及び交通安全思想の普及に貢献し，顕著な功績のあった個人，団体，市区町村について，「交通安全功労者表彰」を実施している。

令和４年度は，個人21名，団体５団体，市区町村５市町に対し，交通対策本部長（内閣府特命担当大臣）から表彰を行った。なお，本表彰は昭和46年から行われており，今回で52回目の実施であった。

５　地域における交通安全活動への参加・協働の推進

交通安全総点検の実施等

交通の安全は，人・道・車の調和が図られることにより保たれるものであり，利用する人の視点に立って捉えられるべき課題である。このような観点から，各種ボランティアを始め，地域の様々な人々や道路利用者の主体的な参加の下，道路交通環境の点検等を行い，行政と住民・企業など地域が一体となった取組を通じ，交通の安全確保を目指す交通安全総点検を始めとする各種活動を推進した。

交通ボランティア活動の取組について

熊本県「玉名地区高等学校　交通マナーアップ委員会」の活動

玉名地区高等学校交通マナーアップ委員会は，平成４年当時の地区内高等学校６校により，高校生が正しい交通ルールとマナーを身に付けて交通安全意識を高揚するとともに，将来の安全なドライバーの育成を図ることで，交通事故防止に寄与することを目的として設立された。現在は，玉名工業高等学校，玉名高等学校，北稜高等学校，玉名女子高等学校，専修大学玉名高等学校の地区内全５校の全生徒約 3,000 名が会員となり，各校代表の生徒たちが委員を務め，１年交代で当番校となった学校を中心に，交通安全協会，警察等と一致協力して交通安全のため活動している。

毎年，交通安全作文・標語・ポスターコンクールを開催し，各校から作品を募集して，表彰された作品をまとめた優秀作品のポスターを関係機関に配布したり，地域掲示板に掲出したりしている。また，担当校を入れ替えながら，年２回「交通マナーアップ新聞 IN 玉名」を発行して広報啓発に努めている。

春・秋の全国交通安全運動期間中や安全日には，主要交差点での交通安全指導や学校内での交通安全呼びかけ運動を展開し，交通マナーアップを推進しているほか，生徒がドライバーや通行人に交通安全グッズを配布するなどの校外での交通安全啓発活動にも積極的に参加している。

交通安全啓発活動の様子

ポスターコンクール最優秀作品

静岡県田方郡函南町「函南町交通指導員会」の活動

函南町交通指導員会は，昭和 45 年に前身となる団体が発足して以来，町や地元警察，自治会を始めとする関係機関・団体と連携を図りながら，児童への通学指導を中心とした活動を推進し，町の交通安全対策に取り組んでいる。

会員は，児童の通学時間帯に，通学路において歩行者等の保護や交通ルール・マナーの指導を行い，また，各小学校の高学年児童と交通安全について対話する「交通安全リーダーと語る会」へ出席し，児童との意見交換を通じて，交通危険箇所の周知や児童の視点による交通危険箇所の吸い上げなど，交通安全意識の向上に努めている。

交通安全運動期間中には，主要交差点や幹線道路における街頭指導を実施するとともに，年４回，町の広報誌「広報かんなみ」に交通安全記事「青信号」を掲載し，運動の周知や会の活動状況，県警察が推進する事故防止施策の紹介等の広報啓発を行っているほか，町内で開催される各種イベントの交通整理を行うなど，「地域の交通安全推進の顔」として活発な活動により地域住民から厚い信頼を得ている。

通学指導

広報啓発活動

交通安全フォーラムの開催について

内閣府では交通安全意識の高揚を図るため，交通事情に詳しい学識経験者や交通安全に関わる方々をお招きし，地域における交通安全対策に関する講演やパネルディスカッションを行う「交通安全フォーラム」を開催している。

令和４年度は，令和５年１月 24 日に神奈川県との共催により，「新たなモビリティに対応した交通安全対策」をテーマに開催し，新型コロナウイルス感染防止のため，交通安全フォーラムの様子をインターネット配信した。

また，本フォーラムのパネルディスカッションには，電動キックボードの将来の利用者となり得る高校生６名が参加した。

○基調講演及びパネルディスカッションの提言内容

基調講演

横浜国立大学大学院都市イノベーション研究院教授　　田中 伸治　氏

「新たな移動手段と道路空間」

ＰＭＶ（パーソナル・モビリティ・ビークル）とは，近年登場した主に１人乗りの電動タイプの移動手段です。自動車による移動は５キロメートル以内の短距離移動が約半数，１～２人での移動が大半を占めており，これをＰＭＶに代替すれば渋滞削減や環境負荷低減につながると期待されています。

しかし，ＰＭＶに近い使われ方をされる自転車を見ると，道路右側を逆走する等の不適切な通行が横行しており，自転車関連交通事故の割合も近年増加傾向です。ＰＭＶも利用が拡大すると交通事故が増加するおそれがあります。

安全に走行するためには，安全な利用環境整備も重要です。自転車については関係省庁等からガイドラインが発行されており，通行空間として自転車道・自転車専用通行帯・矢羽根型路面標示の設置，交差点部では自転車横断帯を撤去し通行位置を矢羽根で表示するようになっています。

海外では日本よりも早く自転車のための整備がされており，メルボルンの例では道路空間を自動車，自転車，ＰＭＶ，路面電車，路上駐車等でシェアする工夫がされています。

日本の道路は道路構造令に基づき整備されます。最近は，車道中心の構成から自転車レーンや賑わい空間等に再構成する道路空間再配分のための社会実験が各地で行われており，ＰＭＶも利用しやすくなると思われます。

改正道路交通法は本年７月から施行されます。ＰＭＶの利用拡大に備え，通行空間の整備，使用ルールの周知，ルールの遵守とともに，自転車の使用方法の再確認も必要となると思われます。

パネルディスカッション

パシフィックコンサルタンツ株式会社 社会イノベーション事業本部 交通政策部 都市再生室 チーフプロジェクトマネージャー　　渡邉　健　氏

「新たなモビリティ」とは，法律上の位置づけが不明確または位置づけられたばかりの「乗り物」であり，交通分野の行政計画などで未だ取り扱っていない「乗り物」になると考えています。

この「新たなモビリティ」が今後社会実装されていくには，①安全性，②必然性，③普及性の３つの要素を満たす必要があると考えます。

「安全性」は安全な乗り物であることは勿論，利用者マナーや交通法規対応などの交通安全も含まれます。

「必然性」は，そのモビリティが社会課題解決など社会のためになることです。
「普及性」は，広く多くの人に利用されることと共に，インフラや利用の仕組みなどの利用環境が整うことです。
「新たなモビリティ」に対する今後の展望として，速く大量に人やモノを輸送するだけではなく，多様化した移動ニーズの下で皆が平等に移動でき，そして移動自体そのものも楽しむことができるようなモビリティ社会実現への寄与が期待されます。

モビリティジャーナリスト　森口　将之　氏

海外における電動キックボードは，フランス，ドイツ，イタリア等の欧州では広く普及しており，アジアでは，韓国，タイ，シンガポールにおいてある程度普及していますが，韓国では厳格なルールが設けられており，中国では乗ること自体が禁止されています。

フランスでは，既に免許不要でヘルメット着用も任意ですが，二人乗り運転やながら運転も多く，是非について住民投票が予定されており，電動キックボードのシェア事業者も減少傾向です。

フランスにおける交通安全教育は，小学校，中学校においてそれぞれ交通安全に関するテストがあり，テストに合格した児童・生徒には交通安全証明書が発行され，この証明書がなければ運転免許が取得できないことになっています。こうした制度があるため，中学校卒業時点で基本的な交通安全知識を得ることができます。

神奈川県警察本部交通総務課事故対策官　久保田　恒美　氏

本年7月に改正道路交通法の施行が予定されておりますが，施行後，一定の基準に該当する電動キックボードは「特定小型原動機付自転車」に位置付けられ，運転免許は不要，16歳未満の運転は禁止，ヘルメットの着用は努力義務となります。

電動キックボードの交通違反や交通事故の実態を踏まえると，電動キックボードの普及に伴い，交通ルールの知識が十分でない利用者の増加と，それに伴う交通違反や交通事故の増加が懸念されるところであります。

昨年，神奈川県警察では，電動キックボードのシェアリングや販売を行う事業者に対し，利用者等に正しい交通ルールを普及してもらうため，電動キックボード安全利用の取組として，「電動キックボード安全利用アドバイザー研修会」を開催しました。今後も改正道路交通法の施行に向け，あらゆる機会を通じて交通ルールの周知を図っていきたいと考えております。

神奈川県エアロビック連盟会長　関口　美惠子　氏

交通安全フォーラムに先立ち，電動キックボードを試乗しました。

運転自体はすぐにできましたが，一般道で運転できるかどうか不安に感じました。

高齢者の場合，多くの方は筋力の低下に伴い体幹バランスを長く維持することが難しく，平らな床で片足立ちをしてもうまくコントロールできない方が多いため，狭い乗車板の電動キックボードで足を揃えた立位での運転は難しいのではないかと思います。

また，高齢者は視野が狭く，耳も聞こえにくくなります。そのため，歩行中の高齢者は，音の小さい電動キックボードが接近しているのに気づかず，追い越しの際に驚いて転倒をする危険があるため，歩道を走行する場合には十分な注意をしていただきたいです。

第３節　安全運転の確保

1　運転免許保有者数及び運転免許試験の実施状況

⑴運転免許保有者数

令和４年末現在の運転免許保有者数は，前年と比べて約６万人（0.1％）減少して約8,184万人となった。このうち，男性は約13万人（0.3％）減少して約4,433万人，女性は約７万人（0.2％）増加して約3,751万人となり，その構成率は男性54.2％，女性45.8％となった（第1-5表）。

また，年齢層別の運転免許保有者数では，65歳以上の高齢者が約18万人（1.0％）増加した（第1-39図）。

運転免許の種類別保有者数は，第一種中型免許（８トン限定中型免許を含む。）保有者が約5,756万人で全体の70.3％を占めた（第1-6表）。

第1-5表　運転免許保有者数の推移

（各年12月末現在）

年	保有者数					対前年増減率			人口に対する割合		
	全体	人員		構成率		全体	男性	女性	全体	男性	女性
		男性	女性	男性	女性						
	千人	千人	千人	%	%	%	%	%	%	%	%
平成30年	82,315	44,995	37,320	54.7	45.3	0.1	－0.3	0.5	74.9	84.8	65.7
令和元年	82,158	44,779	37,380	54.5	45.5	－0.2	－0.5	0.2	74.8	84.4	65.8
2	81,990	44,597	37,393	54.4	45.6	－0.2	－0.4	0.0	74.8	84.3	66.0
3	81,896	44,460	37,436	54.3	45.7	－0.1	－0.3	0.1	74.7	84.0	66.0
4	81,841	44,331	37,510	54.2	45.8	－0.1	－0.3	0.2	74.8	84.0	66.3

注　1　警察庁資料による。
　　2　人口に対する割合（%）は，16歳以上の人口に対する運転免許保有者数の割合（%）である。
　　3　算出に用いた人口は，該当年の人口であり，総務省統計資料「人口推計」（各年10月１日現在人口（補間補正を行っていないもの。ただし，国勢調査実施年は国勢調査人口による。））による。
　　4　単位未満は四捨五入しているため，内訳の合計が全体と一致しないことがある。

第1-6表　種類別運転免許保有者数

（各年12月末現在）

免許種別		令和３年		令和４年			
		全体	構成率	全体	うち男性	うち女性	構成率
		千人	%	千人	千人	千人	%
第二種免許	大型	825	1.0	802	787	15	1.0
	中型	741	1.0	698	658	40	0.9
	普通	66	0.0	78	68	11	0.1
	大特	2	0.0	2	2	0	0.0
	けん引	1	0.0	1	0	0	0.0
	小計	1,634	2.0	1,580	1,515	66	1.9
第一種免許	大型	4,124	5.0	4,083	3,939	145	5.0
	中型	58,520	71.5	57,558	29,439	28,119	70.3
	準中型	11,126	13.6	11,084	5,635	5,449	13.5
	普通	5,447	6.7	6,529	3,370	3,159	8.0
	大特	2	0.0	2	1	0	0.0
	大自二	19	0.0	20	16	4	0.0
	普自二	131	0.2	130	93	37	0.2
	小特	15	0.0	14	5	8	0.0
	原付	878	1.1	841	318	523	1.0
	小計	80,261	98.0	80,260	42,816	37,444	98.1
合計		81,896	100.0	81,841	44,331	37,510	100.0

注　1　警察庁資料による。
　　2　２種類以上の運転免許を受けている者については，運転免許の種類欄の上位の運転免許の種類によって計上した。
　　3　旧法普通免許は中型免許又は準中型免許に計上した。
　　4　単位未満は四捨五入しているため，合計（小計）が内訳と一致しないことがある。

第 1-39 図　男女別運転免許保有者数と年齢層別保有者率（令和４年末）

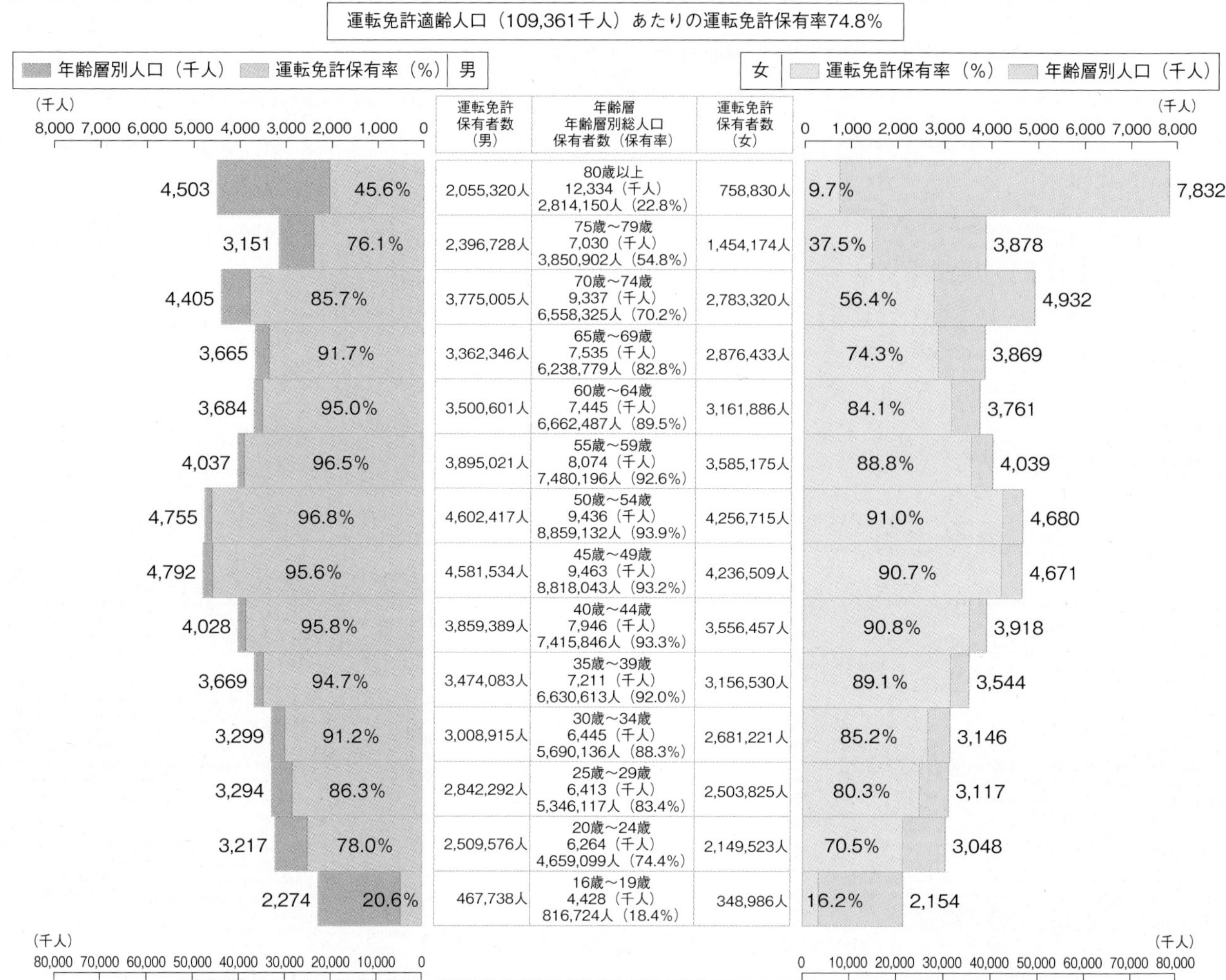

注　1　人口については，令和５年総務省統計資料「年齢（各歳），男女別人口及び人口性比－総人口，日本人人口（令和４年 10 月１日現在）」による。
　　2　人口の千単位は四捨五入しているので，合計の数字と内訳が一致しない場合がある。

障害者の運転免許については，運転できる車両に限定の条件が付されているものが延べ 24 万 101 件，補聴器使用の条件が付されているものが延べ４万 6,741 件となった。

なお，令和４年中の国外運転免許証の交付件数は 17 万 136 件で，前年に比べ 10 万 2,676 件（152.2％）増加した。また，外国等の行政庁等の運転免許を有する者については，一定の条件の下に運転免許試験のうち技能試験及び学科試験を免除することとされており，令和４年中の当該免除に係る我が国の運転免許の件数は４万 7,558 件に上り，増減率で 9.8％増となった。

⑵運転免許試験の実施状況

ア　運転免許試験の概況

令和４年中の運転免許試験の受験者数，合格者数等の概況は，第 1-40 図のとおりである。

受験者数は，前年に比べて９万 115 人（3.3％）減少し，合格者は，前年に比べて２万 8,591 人（1.4％）減少した。このうち，第１種免許についてみると，普通免許の受験者数は，前年に比べ 4.9％減少（合格者 4.5％減少），大型二輪免許及び普通二輪免許の受験者数は，前年に比べ 3.7％減少（合格者 0.7％減少），原付免許の受験者数は，前年に比べ 1.6％減少（合格者 0.3％減少）した。

第 1-40 図　運転免許試験の概況（令和４年）

注　1　警察庁資料による。
　　2　仮免許試験を除く。
　　3　（　）内は構成率である。

イ　障害者等の運転免許取得

障害や病気の症状が自動車等の運転に及ぼす影響は様々であり，運転免許に一定の条件を付すことにより補うことができる場合もあることから，安全運転相談を通じ，運転免許の取得に係る適切な助言を行っている。

聴覚障害のある人のうち，補聴器を使用しても一定の音が聞こえない人については，特定後写鏡等の使用を条件に準中型自動車及び普通自動車を運転することが可能であり，令和４年末現在，この条件が付された準中型免許及び普通自動車免許保有者数は1,466人である。また，大型自動二輪車，普通自動二輪車，小型特殊自動車及び原動機付自転車の免許については，適性試験における聴力が廃止されている。

なお，大型自動車，中型自動車，準中型自動車，普通自動車及び大型特殊自動車については，補聴器を使用して一定の音が聞こえることを条件に運転ができるほか，平成28年４月からは，タクシーやバス等の旅客自動車についても補聴器を使用して一定の音が聞こえることを条件に運転できることとなった。

2　運転者教育等の充実

⑴運転免許を取得しようとする者に対する教育の充実

ア　自動車教習所における教習の充実

（ア）　指定自動車教習所における教習の充実

令和４年末現在における指定自動車教習所数は1,295か所で，これらの指定自動車教習所で技能検定に従事している技能検定員は１万8,237人，学科又は技能の教習に従事している教習指導員は３万1,207人である。

一方，令和４年中に指定自動車教習所を卒業した者は163万4,633人で，前年に比べ８万9,290人（5.2％）減少し，指定自動車教習所の卒業者で４年中に運転免許試験に合格した者の数は159万4,481人で，全合格者（原付免許等を除く。）の97.5％を占めた。

都道府県公安委員会では，指定自動車教習所の教習指導員，技能検定員等に対する定期的な講習や研修を通じ，その資質及び能力の向上を図るとともに，教習及び技能検定等について定期又は随時の検査を行い，教習内容の充実に努めたほか，教習施設及び教習資器材等の整備等についても指導を行った。

また，交通状況の変化に迅速，的確に対応するため，常に教習内容の充実に努めている。

（イ）　指定自動車教習所以外の自動車教習所における教習水準の向上

都道府県公安委員会では，指定自動車教習所以外の届出自動車教習所に対して必要な助言等を行い，教習水準の維持向上を図った。

また，特定届出自動車教習所に対しても，教習の課程の指定を受けた教習の適正な実施等を図るため，指導等を行った。

イ　取得時講習の充実

大型免許，中型免許，準中型免許，普通免許，大型二輪免許，普通二輪免許，大型第二種免許，中型第二種免許又は普通第二種免許を受けようとする者は，それぞれ受けようとする免許の種別に応じ，大型車講習，中型車講習，準中型車講習，普通車講習，大型二輪車講習，普通二輪車講習，大型旅客車講習，中型旅客車講習又は普通旅客車講習のほか，応急救護処置講習の受講が義務付けられており，これらは，運転に係る危険の予測等，安全な運転に必要な技能及び知識，気道確保，人工呼吸，胸骨圧迫（心臓マッサージ）等に関する知識についての講習となっている。

令和4年には，大型車講習を394人，中型車講習を300人，準中型車講習を714人，普通車講習を3,620人，大型二輪車講習を276人，普通二輪車講習を1,233人，大型旅客車講習を237人，中型旅客車講習を9人，普通旅客車講習を497人，第一種応急救護処置講習を4,221人，第二種応急救護処置講習を739人が受講した。

また，原付免許を受けようとする者に対しては，原付の運転に関する実技訓練等を内容とする原付講習が義務付けられており，令和4年には8万2,168人が受講した。

都道府県公安委員会では，これらの講習の水準が維持され，講習が適正に行われるよう，講習実施機関に対し指導を行った。

⑵運転者に対する再教育等の充実

ア　初心運転者対策の推進

運転免許取得後の経過年数の短い者（大部分が若者）が死亡事故を引き起こしているケースが多いことから（第1-41図），準中型免許，普通免許，大型二輪免許，普通二輪免許又は原付免許を受けてから1年に達する日までの間を初心運転者期間とし，この期間中にこれらの免許を受けた者が，違反行為をして法令で定める基準に該当することとなったときは，都道府県公安委員会の行う初心運転者講習を受講できることとされている。なお，この講習を受講しなかった者及び受講後更に違反行為をして法令で定める基準に該当することとなった者は，初心運転者期間経過後に都道府県公安委員会の行う再試験を受けなければならない。

初心運転者講習は，少人数のグループで編成され，路上訓練や運転シミュレーター※を活用した危険の予測，回避訓練を取り入れるなど実践的な内容としている。

イ　運転者に対する各種の再教育の充実

（ア）　更新時講習

運転免許証の更新を受けようとする者が受けなければならない更新時講習は，更新の機会を捉えて定期的に教育を行うことにより，安全な運転に必要な知識を補い，運転者の安全意識を高めることを目的としている。この講習は，受講対象者の違反状況等に応じ，優良運転者，一般運転者，違

第1-41図　自動車等による死亡事故発生件数（第1当事者）の免許取得後経過年数別内訳（令和4年）

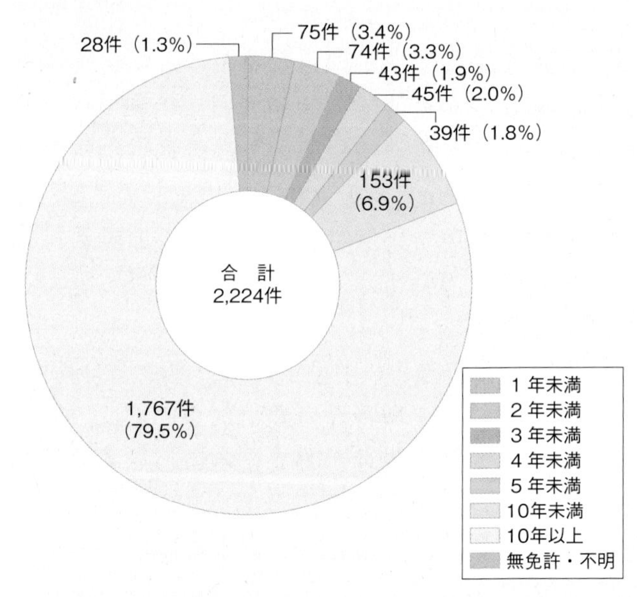

注　1　警察庁資料による。
　　2　（ ）内は構成率である。

※運転シミュレーター
　運転者の適性を判断するための模擬運転装置。

反違転者又は初回更新者の区分により実施している。

各講習では，視聴覚教材等を効果的に活用するなど工夫するとともに，一般運転者，違反運転者及び初回更新者の講習では，運転適性診断を実施し，診断結果に基づいた安全指導を行っている。令和４年には，優良運転者講習を912万6,721人，一般運転者講習を253万6,173人，違反運転者講習を183万8,064人，初回更新者講習を106万6,922人が受講した。

さらに，更新時講習では，高齢者等受講者の態様に応じた特別学級を編成し，受講者層の交通事故実態等について重点的に取り上げるなど，講習の充実を図っている。令和４年には，2,954人がこの特別学級による講習を受講した。

さらに，令和４年２月からは，北海道，千葉県，京都府及び山口県において，優良運転者の更新時講習をオンラインで受講可能とするモデル事業を調査研究として実施し，令和６年度末までに予定している全国展開に向けて効果検証を行った。令和４年には，９万102人がこのオンライン優良運転者講習を受講した。

なお，一定の基準に適合する講習（特定任意講習）を受講した者は，更新時講習を受講する必要がないこととされている。特定任意講習では，地域，職域等が共通する運転者を集め，その態様に応じた講習を行っており，令和４年には，2,267人が受講した。

（イ）　取消処分者講習

取消処分者講習は，運転免許の取消処分等を受けた者を対象に，その者に自らの危険性を自覚させ，その特性に応じた運転の方法を助言・指導することにより，これらの者の運転態度の改善を図ろうとするものである。講習は，受講者が受けようとしている免許の種類に応じ，四輪運転者用講習と二輪運転者用講習に分かれており，運転免許の取消処分等を受けた者が免許を再取得しようとする際には，この講習の受講が受験資格となっている。講習に当たっては，運転適性検査に基づくカウンセリング，グループ討議，自動車等の運転や運転シミュレーターの操作に基づく指導を行うなど個別的，具体的な指導を行い，運転時の自重・自制を促している。また，飲酒運転違反者に対してより効果的な教育を行うことを目的に，飲酒行動の改善等のためのカリキュラムとして，スクリーニングテスト（AUDIT※），ブリーフ・インターベンション※等を盛り込んだ取消処分者講習（飲酒取消講習）を全国で実施している。令和４年中の取消処分者講習の受講者数は，２万4,017人であり，うち飲酒取消講習の受講者数は１万3,059人であった。

（ウ）　停止処分者講習

停止処分者講習は，運転免許の効力の停止又は保留等の処分を受けた者を対象に，その者の申出により，その者の危険性を改善するための教育として行うものである。講習は，行政処分の期間に応じて短期講習，中期講習，長期講習に区分され，また，二輪学級，飲酒学級，速度学級等受講者の違反状況等に応じた特別学級を編成している。受講者は，講習終了後の考査の成績等によって，行政処分の期間が短縮されることとなっている。講習では，道路交通の現状，交通事故の実態に関する講義，自動車等の運転や運転シミュレーターの操作に基づく指導等を行っている。令和４年中の停止処分者講習の受講者は14万5,520人であった。

（エ）　違反者講習

違反者講習は，軽微違反行為（３点以下の違反行為）をして一定の基準（累積点数で６点になるなど）に該当することになった者に対し受講が義務付けられているもので，受講者に対しては，運転免許の効力の停止等の行政処分を行わないとされている。

講習を受けようとする者は，運転者の資質の向上に資する活動の体験を含む課程又は自動車等及び運転シミュレーターを用いた運転について必要な適性に関する調査に基づく個別的指導を含む課程を選択することができる。運転者の資質の向上に資する活動として，歩行者の安全通行のための通行の補助誘導，交通安全の呼び掛け，交通安全

※ AUDIT
世界保健機構がスポンサーになり，数か国の研究者によって作成された「アルコール使用障害に関するスクリーニングテスト」。面接又は質問紙により，その者が危険・有害な飲酒習慣を有するかどうかなどを判断する。
※ブリーフ・インターベンション
飲酒行動等の人の特定行動に変化をもたらすことを目的とした短時間のカウンセリング。

チラシの配布等の広報啓発等を行っている。令和4年中の違反者講習の受講者は7万1,665人であった。

（オ） 自動車教習所における交通安全教育

自動車教習所は，地域住民のニーズに応じ，地域住民に対する交通安全教育を行っており，地域における交通安全教育センターとしての役割を果たしている。具体的には，運転免許を受けている者を対象として，運転の経験や年齢等の区分に応じたいわゆるペーパードライバー教育，高齢運転者教育等の交通安全教育を行っている。こうした教育のうち，一定の基準に適合するものについては，その水準の向上と免許取得者に対する普及を図るため，都道府県公安委員会の認定を受けることができ，令和4年末現在，9,934件が認定されている。

⑶妨害運転等の悪質・危険な運転者に対する処分者講習での再教育

運転免許の取消処分等を受けた者を対象に，令和元年度から実施した問題行動の分析・指導方法に関する心理学的研究の結果を踏まえ，令和5年4月1日から，妨害運転等の悪質・危険な運転者の行動改善を図ることを目的としたディスカッション形式の指導を取消処分者講習に新たに導入している。

⑷二輪車安全運転対策の推進

ア 二輪免許交付時講習

主に二輪免許を新規取得した青少年層を対象として，免許証が交付される間における待ち時間を活用した二輪車の安全運転に関する講習を行っている。

イ 二輪運転者講習に対する協力

警察では，各都道府県の二輪車安全運転推進委員会が日本二輪車普及安全協会の協力を得て行っている二輪車安全運転講習及び原付安全運転講習に対し，講師として警察官等を派遣するなどの協力を行っている。

⑸高齢運転者対策の充実

ア 高齢者講習等

高齢者は，一般的に身体機能の低下が認められるが，これらの機能の変化を必ずしも自覚しないまま運転を行うことが事故の一因となっていると考えられる。このため，運転免許証の更新期間が満了する日における年齢が70歳以上の高齢者には，更新期間が満了する日前6月以内に高齢者講習を受講することが義務付けられている。

高齢者講習は，受講者に実際に自動車等の運転をしてもらうことや運転適性検査器材を用いた検査を行うことにより，運転に必要な適性に関する調査を行い，受講者に自らの身体的な機能の変化を自覚してもらうとともに，その結果に基づいて助言・指導を行うことを内容としており，この講習を受講した者は，更新時講習を受講する必要がないこととされている。令和4年中の高齢者講習（臨時高齢者講習，高齢者講習と同等の効果を生じさせるために行われる課程（認定教育）を含む。）の受講者は359万2,795人であった。

また，運転免許証の更新期間が満了する日における年齢が75歳以上の者については，運転免許証の更新期間が満了する日前6月以内に，認知機能検査を受けなければならないこととされており，加えて道路交通法の一部を改正する法律（令2法42）により令和4年5月から，普通自動車に対応する運転免許保有者のうち一定の違反歴がある者は，同じく6月以内に，運転技能検査に合格しなければ，運転免許証が更新されないこととされた。

運転技能検査では，一時停止や信号通過等の課題が実施され，検査の結果が一定の基準に達しない者は不合格となるが，更新期日までに繰り返し受検することができる。

令和4年中の認知機能検査（臨時認知機能検査，認知機能検査と同等の効果を生じさせるために行われる検査（認定検査）を含む。）の受検者数は251万882人，運転技能検査（運転技能検査と同等の効果を生じさせるために行われる検査（認定検査）を含む。）の受検者数は7万7,083人，うち合格者数は6万9,041人であった。

今後，超高齢化社会の更なる進展等に伴い，高齢運転者の増加が見込まれることから，高齢者講習等の円滑な実施に向け，引き続き，高齢者講習等の警察による直接実施や新たな実施機関の確保による受講・受検枠の拡大等，必要な実施体制を確保するための効果的な取組を推進することとしている。

第 1-7 表　申請による運転免許の取消し件数及び運転経歴証明書の交付件数の推移（平成 30～令和４年）

年次＼区分	平成 30	令和元	令和２	令和３	令和４
申請による運転免許の取消し件数（件）	421,190	601,022	552,381	517,040	448,476
うち 75 歳以上の者	292,089	350,428	297,452	278,785	273,206
運転経歴証明書交付件数（件）	358,740	519,188	496,556	444,484	371,411
うち 75 歳以上の者	244,726	295,113	260,437	234,816	222,712

注　警察庁資料による。

また，更新時の認知機能検査又は臨時認知機能検査の結果，認知症のおそれがあると判定された者については，その者の違反状況にかかわらず，医師の診断を要することとされている。

なお，一定の基準に適合する講習（特定任意高齢者講習）を受講した者は高齢者講習を受講する必要がないこととされている。

イ　申請による運転免許の取消し等

高齢運転者が身体機能の低下などを理由に自動車等の運転をやめる際には，本人の申請により運転免許を取り消し，運転免許証を返納することができる。

また，運転免許証の返納又は失効後５年以内に申請すれば，運転経歴証明書の交付を受けることができ，金融機関の窓口等で本人確認書類として使用することができる。

警察では，申請による運転免許の取消し及び運転経歴証明書制度の周知を図るとともに，運転免許証を返納した者への支援について，地方公共団体を始めとする関係機関・団体等に働き掛けるなど，自動車の運転に不安を有する高齢者等が運転免許証を返納しやすい環境の整備に向けた取組を進めている。

令和４年中の申請による運転免許の取消件数及び運転経歴証明書の交付件数は，第 1-7 表のとおりである。

ウ　安全運転サポート車の普及啓発

高齢運転者による交通事故の防止及び被害軽減に効果が期待できる安全運転サポート車について，関係機関・団体・事業所等が連携し，各種機会において試乗会を開催するなど，官民一体となって普及啓発を推進した。また，普及啓発に当たっては，その機能の限界や使用上の注意点を正しく理解し，機能を過信せずに責任を持って安全運転を行わなければならない旨の周知を図った。

⑹シートベルト，チャイルドシート及びヘルメットの正しい着用の徹底

後部座席を含めた全ての座席のシートベルト，チャイルドシート及びヘルメットの正しい着用の徹底を図るため，関係機関・団体と連携し，各種講習・交通安全運動等あらゆる機会を通じて，着用効果の啓発等着用徹底キャンペーンを積極的に行うとともに，シートベルト，チャイルドシート及びヘルメット着用義務違反に対する街頭での交通指導取締りを推進した。

⑺自動車安全運転センターの業務の充実

自動車安全運転センターは，道路の交通に起因する障害の防止及び運転免許を受けた者等の利便の増進に資することを目的として，次のような業務を行った。

ア　安全運転研修業務

安全運転中央研修所では，高速周回路，中低速周回路，模擬市街路及び基本訓練コースのほか，スキッドパン※，モトクロス※，トライアル※コース等の特殊な訓練コースを備えており，実際の道路交通現場に対応した安全運転の実践的かつ専門

※スキッドパン
　スリップを体験するための特殊路面。
※モトクロス
　自然な地形や自然に類似した路面状況で行われるモーター・サイクル競技。
※トライアル
　自然の障害物等を適切な技術を用いて乗り越え，失点の少なさを競うモーター・サイクル競技。

的な知識，技能についての体験的研修を行い，安全運転教育について専門的知識を有する交通安全指導者や高度な運転技能と知識を有する職業運転者，安全運転についての実践的な能力を身に付けた青少年運転者の育成を図っている。令和４年度には，延べ４万7,226人の研修を実施した。

イ　少年交通安全研修業務

安全運転中央研修所の附属交通公園では，幼児及び小・中学校の児童・生徒を対象とし，歩行者及び自転車利用者としての適正な交通の方法等について参加・体験型の交通安全研修を行い，交通安全意識の啓発を図っている。令和４年度には，7,096人の研修を実施した。

ウ　交通事故証明業務

交通事故当事者等の求めに応じて，交通事故の発生日時，場所，当事者の住所，氏名等を記載した交通事故証明書を交付した。

エ　経歴証明業務

運転者の求めに応じて運転経歴に係る証明書を交付し，運転者の利便を図った。運転経歴に係る証明書は，企業等における安全運転管理を進める上での有効な資料としての利用価値が高いことから，運転経歴に係る証明書の活用効果についてのリーフレットを配付するなど，その活用を推進した。

また，運転経歴に係る証明書のうち，無事故・無違反証明書又は運転記録証明書の交付申請をした者（過去１年以上の間，無事故・無違反で過ごした者に限る。）に対して，証明書に加えSD（SAFE DRIVER）カードを交付し，安全運転者であることを賞揚するとともに，安全運転を促した。

オ　累積点数通知業務

交通違反等の累積点数が運転免許の停止処分又は違反者講習を受ける直前の水準に達した者に対して，その旨を通知し安全運転の励行を促した。

カ　調査研究業務

故障車等牽引時の車両の安全対策に関する調査研究等を行った。

⑻自動車運転代行業の指導育成等

令和４年末現在，全国で7,836業者が都道府県公安委員会の認定を受けて営業を行っている。自動車運転代行業に従事する従業員数は５万4,655人，使用されている随伴用自動車の台数は１万7,265台である。

平成24年３月に「安全・安心な利用に向けた自動車運転代行業の更なる健全化対策」を策定し，自動車運転代行業の健全化及び利用者の利便性・安心感の向上を図るための施策を推進した。また，国土交通省では，自動車運転代行業の利用者保護の一層の確保を図るため，28年３月に「自動車運転代行業における適正な業務運営に向けた「利用者保護」に関する諸課題への対策」を策定し，28年４月から順次各種の施策を推進しているところである。

⑼自動車運送事業等に従事する運転者に対する適性診断の充実

軽井沢スキーバス事故を踏まえ，雇い入れた全ての貸切バスの運転者に適性診断（初任）の受診を義務付けるなどにより，適性診断の充実を図ってきたところである。

また，自動車運送事業等に従事する運転者が受診する適性診断の受診環境を整えるため，適性診断実施者への民間参入を促進しているところであり，令和４年度に適性診断の実施者について２社を認定し，通算で121社を認定している。

⑽危険な運転者の早期排除

ア　運転免許の拒否及び保留

運転免許試験に合格した者が，過去に無免許運転等の交通違反をしたり，交通事故を起こしたりしたことがあるときは点数制度により，また，一定の症状を呈する病気，麻薬中毒等の事由に該当するときには点数制度によらず，免許を拒否し又は６月を超えない範囲で免許を保留することとされている。

イ　運転免許の取消し及び停止

運転免許を受けた者が，運転免許取得後に交通違反を犯し又は交通事故を起こしたとしたときは点数制度により，また，一定の症状を呈する病気，麻薬中毒等の事由に該当することとなったときには点数制度によらず，その者の運転免許を取り消し又は６月を超えない範囲で運転免許の効力を停止する処分を行うこととされている。

また，暴走行為を指揮した暴走族のリーダーのように自ら運転していないものの，運転者を唆して共同危険行為等重大な道路交通法違反をさせた者に対しても，運転免許の取消し等を行っている（第1-8表）。

3　運転免許制度の改善

運転免許証の更新申請等に係る国民の負担軽減の観点から，更新申請書や再交付申請書に添付する申請用写真の省略等，運転免許手続における簡素合理化を推進している。

また，障害のある運転免許取得希望者に対する利便性の向上を図るため，受験者である障害者が持ち込んだ車両による技能試験の実施等，障害者等に配意した施策を推進している。

4　安全運転管理の推進

安全運転管理者及び副安全運転管理者（以下「安全運転管理者等」という。）に対する講習を充実するなどにより，これらの者の資質及び安全意識の向上を図るとともに，事業所内で交通安全教育指針に基づいた交通安全教育が適切に行われるよう安全運転管理者等を指導した。

また，安全運転管理者等による若年運転者対策及び貨物自動車の安全対策の一層の充実を図るとともに，安全運転管理者等の未選任事業所の一掃を図り，企業内の安全運転管理体制を充実強化し，安全運転管理業務の徹底を図った。

さらに，事業活動に関してなされた道路交通法違反等についての使用者等への通報制度を十分活用するとともに，使用者，安全運転管理者等による下命，容認違反等については，使用者等の責任追及を徹底し適正な運転管理を図った。

事業活動に伴う交通事故防止を更に促進するため，ドライブレコーダー等，安全運転の確保に資する車載機器等を効果的に活用した交通安全教育や安全運転管理の手法等について周知を図った。

⑴安全運転管理者等の現況

安全運転管理者は，道路交通法により，自動車を５台以上使用する又は乗車定員11人以上の自動車を１台以上使用する事業所等において選任が義務付けられており，また，自動車を20台以上使用する事業所には，その台数に応じ，副安全運転管理者を置くことが義務付けられている（第1-9表）。

安全運転管理者等の年齢層別構成では40歳代と50歳代が多く，職務上の地位別構成では，課長以上が約半数を占めた（第1-10表）。

⑵安全運転管理者等に対する講習の実施状況

都道府県公安委員会は安全運転管理者等の資質の向上を図るため，自動車及び道路交通に関する法令の知識，安全運転に必要な知識，安全運転管理に必要な知識等を内容とした講習を実施している。

令和３年度における安全運転管理者等講習の実施状況は，第1-11表のとおりである。

⑶安全運転管理者協議会等に対する指導育成

企業等における自主的な安全運転管理を推進するとともに，安全運転管理者等の資質の向上を図るため，安全運転管理者等の組織への加入促進，自主的な検討会の開催，自動車安全運転センター安全運転中央研修所における研修の実施，無事故無違反運動等に対する指導育成等を行った。

都道府県ごとに組織されている安全運転管理者協議会に対しては，安全運転管理者等研修会の開催，事業所に対する交通安全診断等の実施を始め，交通安全教育資料及び機関誌（紙）の発行等について積極的に指導したほか，同協議会の自主的活動の促進を図っている。また，同協議会は，全国交通安全運動等を推進するとともに，職域における交通安全思想の普及活動に努めた。

5　事業用自動車の安全プラン等に基づく安全対策の推進

事業用自動車の交通事故については，令和３年３月に策定した「事業用自動車総合安全プラン2025」で掲げている，令和７年までに事業用自動車の事故による死者数を225人以下，人身事故件数を１万6,500件以下とする等事故削減目標の達成に向けて関係者が一丸となって各種取組を進めている。

令和３年においては，事業用自動車の事故による死者数は249人となり，前年に比べ８人（3.1%）減少した一方，事故件数は２万2,027件となっている。

令和４年度は，「事業用自動車に係る総合的安全対策検討委員会」を開催し，当該プランの達成

第 1-8 表　運転免許の取消し，停止件数

（令和４年，件）

取消		停止				合計
	うち初心取消	90 日以上	60 日	30 日	計	
32,980	1,065	33,089	28,069	119,399	180,557	213,537

注　1　警察庁資料による。
　　2　「初心取消」とは，平成元年の道路交通法改正により導入された初心運転者期間制度による取消しである。

第 1-9 表　安全運転管理者等の年次別推移

（各年３月末）

年	事業所	安全運転管理者	副安全運転管理者	管理下運転者数	管理下自動車台数
	か所	人	人	人	台
平成 30	337,632	337,632	70,916	7,500,293	4,682,261
令和元	337,721	337,721	72,223	7,612,460	4,686,318
2	338,636	338,636	73,362	7,695,857	4,694,167
3	339,068	339,068	74,557	7,822,339	4,714,960
4	352,335	352,335	76,911	8,082,323	4,859,925

注 警察庁資料による。

第 1-10 表　年齢層別及び職務上の地位別安全運転管理者等数

（令和４年３月末）

区分		安全運転管理者		副安全運転管理者	
		人員（人）	構成率（%）	人員（人）	構成率（%）
年齢層別	20 ～ 29 歳	8,369	2.4	3,033	3.9
	30 ～ 39 歳	39,399	11.2	11,008	14.3
	40 ～ 49 歳	103,686	29.4	26,414	34.3
	50 ～ 59 歳	123,956	35.2	28,059	36.5
	60 歳以上	76,925	21.8	8,397	10.9
合　計		352,335	100.0	76,911	100.0
地位別	課長以上	182,243	51.7	36,148	47.0
	係長	24,327	6.9	12,140	15.8
	主任	26,924	7.6	9,054	11.8
	使用者	60,817	17.3	1,347	1.8
	その他	58,024	16.5	18,222	23.7
合　計		352,335	100.0	76,911	100.0

注　警察庁資料による。

第 1-11 表　安全運転管理者等講習の年度別実施状況

（各年度末現在）

年度	安全運転管理者				副安全運転管理者			
	実施回数	受講対象者 (A)	受講者数 (B)	受講率 (B) / (A)	実施回数	受講対象者 (A)	受講者数 (B)	受講率 (B) / (A)
	回	人	人	%	回	人	人	%
平成 29	2,321	335,438	331,270	98.8	2,018	69,977	68,879	98.4
30	2,318	335,874	330,723	98.5	1,979	71,513	70,517	98.6
令和元	2,293	336,984	332,008	98.5	1,971	72,763	71,478	98.2
2	1,947	324,252	230,737	71.2	1,589	71,394	44,763	62.7
3	2,175	331,115	299,157	90.3	1,893	73,178	65,126	89.0

注　警察庁資料による。

に向けた取組状況のフォローアップを行った。

⑴バスの重大事故を踏まえた安全対策

平成28年1月に発生した軽井沢スキーバス事故を踏まえ，同年6月に「軽井沢スキーバス事故対策検討委員会」において取りまとめた85項目に及ぶ「安全・安心な貸切バスの運行を実現するための総合的な対策」を着実に実施してきた。他方，令和4年8月に名古屋市の高速道路において乗合バスが，10月には静岡県の県道において観光バスがそれぞれ横転し，乗客が亡くなる痛ましい事故が発生したところ，二度とこのような悲惨な事故を起こさないよう，更なる安全性向上に向けた取組を進めている。

⑵運輸安全マネジメントを通じた安全体質の確立

平成18年10月より導入した「運輸安全マネジメント制度」により，事業者が社内一丸となった安全管理体制を構築・改善し，国がその実施状況を確認し評価する取組を，令和4年度は119者に対して実施した。特に，29年7月の運輸審議会の答申を踏まえ，令和3年度までに全ての事業者の運輸安全マネジメント評価を行うとした貸切バス事業者については，同年度において，229者の評価を実施し，代表者変更により越年した1者についても令和4年度に評価を行い，全ての貸切バス事業者の評価を終了した。

また，令和2年7月に策定，公表した「運輸防災マネジメント指針」を活用し，運輸安全マネジメント評価の中で防災マネジメントに関する評価を実施した。

⑶抜本的対策による飲酒運転，迷惑運転等悪質な法令違反の根絶

事業用自動車の運転者による酒気帯び運転や覚醒剤，危険ドラッグ等薬物使用運転の根絶を図るため，点呼時のアルコール検知器を使用した確認の徹底や，薬物に関する正しい知識や使用禁止について，運転者に対する日常的な指導・監督を徹底するよう，講習会や全国交通安全運動，年末年始の輸送等安全総点検なども活用し，機会あるごとに事業者や運行管理者等に対し指導を行っている。

また，運送事業者に対し飲酒運転防止の徹底を要請した。

⑷ICT・自動運転等新技術の開発・普及推進

自動車運送事業者における交通事故防止のための取組を支援する観点から，デジタル式運行記録計等の運行管理の高度化に資する機器の導入や，過労運転防止のための先進的な取組等に対し支援を行っている。

令和3年度の「運行管理高度化検討会」において，実証実験を実施し，遠隔点呼や自動点呼に用いる機器等の要件等を取りまとめ，令和4年度から遠隔から点呼を行うことを可能とする遠隔点呼や乗務後自動点呼につき運用を開始した。

また，旅客/貨物自動車運送事業者が，従来と同等の輸送の安全等を確保しつつ，レベル4の自動運転車を用いて事業を行うことを可能とするために必要となる法令の整備を実施した。

⑸超高齢社会におけるユニバーサルサービス連携強化を踏まえた事故の防止対策

高齢者における発症率が高く自覚症状が無いまま運転を続ける可能性がある緑内障等の視野障害について，事業者が取り組むべき内容をマニュアルとして取りまとめ，各種講演会等を通じて周知を行っている。また，視野障害のある運転者を早期に発見することを目的とするスクリーニング検査の受診促進についてモデル事業を実施している。

⑹業態ごとの事故発生傾向，主要な要因等を踏まえた事故防止対策

輸送の安全の確保を図るため，トラック・バス・タクシーの業態毎の特徴的な事故傾向を踏まえた事故防止の取組について評価し，更なる事故削減に向け，必要に応じて見直しを行う等のフォローアップを実施している。

トラックの中でも事業用軽貨物自動車の死亡重傷事故件数が増加していることを踏まえ，荷主や元請運送事業者等の関係者を交えた「貨物軽自動車運送事業適正化協議会」において，輸送の安全に関する情報共有や意見交換を実施した。

⑺事業用自動車の事故調査委員会の提案を踏まえた対策

事業用自動車事故調査委員会において，社会的

影響の大きな事業用自動車の重大事故について，背景にある組織的・構造的問題の更なる解明を図るなど，より高度かつ複合的な事故要因の調査分析を行っており，令和４年度に３件，通算で53件の報告書を公表している。

⑻運転者の健康起因事故防止対策の推進

報告件数が近年増加傾向にある事業用自動車の健康起因事故を防止するため，「事業用自動車健康起因事故対策協議会」において「自動車運送事業者における脳血管疾患対策ガイドライン」（平成30年２月策定），「自動車運送事業者における心臓疾患・大血管疾患対策ガイドライン」（令和元年７月策定）や「自動車運送事業者における視野障害対策マニュアル（令和４年３月策定）」の周知等により健康起因事故対策を促進している。

⑼自動車運送事業者に対するコンプライアンスの徹底

自動車運送事業者における関係法令等の遵守及び適切な運行管理の徹底を図るため，悪質違反を犯した事業者や重大事故を引き起こした事業者に対する監査の徹底及び法令違反が疑われる事業者に対する重点的かつ優先的な監査を実施している。

また，平成28年11月より，事故を惹起するおそれの高い事業者を抽出・分析する機能を備えた「事業用自動車総合安全情報システム」の運用を開始した。

さらに，貸切バスについては，軽井沢スキーバス事故を受け取りまとめた総合的対策に基づき，法令違反を早期に是正させる仕組みの導入や行政処分を厳格化して違反を繰り返す事業者を退出させるなどの措置を同年12月より実施するとともに，平成29年８月より，民間の調査員が一般の利用者として実際に運行する貸切バスに乗車し，休憩時間の確保などの法令遵守状況の調査を行う「覆面添乗調査」を実施している。

このほか，自動車運送事業者に対する行政処分基準については適宜見直しすることとし，令和３年５月，運転者の健康状態の把握を適切に行わずに，重大事故を惹起するような悪質な違反に対する行政処分を追加する改正を行った。

⑽自動車運送事業安全性評価事業の促進等

貨物自動車運送適正化事業実施機関では，貨物自動車運送事業者について，利用者がより安全性の高いトラック事業者を選びやすくするとともに，事業者全体の安全性向上に資するため，平成15年度から，事業者の安全性を正当に評価・認定し，公表する「貨物自動車運送事業安全性評価事業（Gマーク制度）」を実施している。令和４年12月現在，２万8,696事業所に対して「安全性優良事業所（Gマーク認定事業所）」の認定を行っている。また，貸切バス事業者安全性評価認定実施機関では，貸切バス事業者について，利用者や旅行会社がより安全性の高い貸切バス事業者を選びやすくするとともに，事業者の安全性向上に資するため，平成23年度から，事業者の安全性を正当に評価・認定し，公表する「貸切バス事業者安全性評価認定（SAFETY BUS）」を実施している。令和４年12月現在，2,059事業者に対して認定を行っている。

⑾安全上問題のあるバス停留所における対策

バス停留所の安全性確保に資する取組として，警察や道路管理者等の関係機関の協力も得ながら，国土交通省運輸支局ごとに開催されるバス停留所安全性確保合同検討会でバス停留所ごとに安全対策の実施及び進捗状況の公表を行っている。

６ 交通労働災害の防止等

⑴交通労働災害の防止

全産業で発生した労働災害のうち死亡災害についてみると，令和３年において，道路上の交通事故による死亡者は，全体の死亡者数の約15%を占め，特に陸上貨物運送事業では事業の特性から道路上の交通事故によるものが約40%を占めた（第1-12表）。

厚生労働省では，「交通労働災害防止のためのガイドライン」に基づき，都道府県労働局，労働基準監督署，関係団体を通じて，自動車運転者の睡眠時間の確保に配慮した適正な労働時間等の管理及び走行管理の実施等の対策を積極的に推進するよう，関係事業者に対し周知徹底することにより，交通労働災害防止対策の推進を図った。

第 1-12 表　労働災害による死者数中交通事故による死者数の占める割合の推移

年	全産業			陸上貨物運送事業		
	労働災害全死者数 (A)	道路上の交通事故 (B)	道路上の交通事故の比率 (B)/(A)	労働災害全死者数 (A)	道路上の交通事故 (B)	道路上の交通事故の比率 (B)/(A)
	人	人	%	人	人	%
平成 29 年	978	202	20.7	137	57	41.6
30	909	175	19.3	102	47	46.1
31/令和元年	845	157	18.6	101	40	39.6
2	802	164	20.4	87	32	36.8
3	867	129	14.9	95	37	38.9

注　厚生労働省資料による。

⑵運転者の労働条件の適正化等

ア　自動車運転者の労働条件確保のための監督指導等

自動車運転者の労働時間等の労働条件の確保を図り，もって交通労働災害の防止に資するため，自動車運転者を使用する事業場に対し，重点的な監督指導を実施することなどにより（第 1-13 表），労働基準法（昭 22 法 49）等の関係法令及び自動車運転者の労働時間等の改善のための基準（平元労働省告示７）（以下,「改善基準告示」という。）の遵守徹底を図った。加えて，令和６年４月から自動車運転者についても時間外労働の上限規制が適用されること等を踏まえ，令和４年 12 月に改善基準告示を改正（令和６年４月適用）したところであり，円滑な施行に向け，荷主を含めて幅広く周知等を行っている。また,「特定地域における一般乗用旅客自動車運送事業の適正化及び活性化に関する特別措置法等の一部を改正する法律」（平 25 法 83）の附帯決議において,「一般乗用旅客自動車運送事業者は，歩合給と固定給のバランスの取れた給与形態の再構築，累進歩合制の廃止，事業に要する経費を運転者に負担させる慣行の見直し等賃金制度等の改善等に努める」等とされたことを踏まえ，タクシー運転者の賃金・労働条件の改善等については，運賃改定等の機会を捉えて，事業者に対して働き掛けを行った。

第 1-13 表　自動車運転者を使用する事業場に対する監督指導結果

（令和３年）

業種＼事項	監督実施事業場数	改善基準告示違反事業場数
トラック	3,037	1,754
バス	103	30
ハイヤー・タクシー	266	68
その他	364	158

注 厚生労働省資料による。

イ　相互通報制度等の活用

交通関係行政機関が, 相互通報制度等を活用し，連携をより一層密にすることにより，協力して自動車運送事業者等の労務管理及び運行管理の適正化を図った。

ウ　労務管理の推進

自動車運転者の労働条件及び安全衛生の確保及び改善を図るため，使用者等に対し，労働時間管理適正化指導員により，指導・助言等を行った。

７　道路交通に関する情報の充実

⑴危険物輸送に関する情報提供の充実等

危険物の輸送中の事故による大規模な災害を未然に防止するため，関係省庁の密接な連携の下に，危険物の運送業者に対して，適正な運行計画の作成等の運行管理の徹底，関係法令の遵守，異常・事故発生時の応急措置を記したイエローカード（緊急連絡カード）の携行及び容器イエローカードの添付等を指導するとともに，危険物輸送に係る事故事例を把握した際は，関係事業者団体等に事故防止の徹底を要請し，危険物輸送上の安全確保の徹底を図っている。

また，危険物運搬車両の交通事故により危険物の流出事故等が発生した場合に，安全かつ迅速に事故の処理等を行うため，危険物災害等情報支援システムを運用し，消防機関に対し，危険物の物性及び応急措置等の情報提供を行っている。

⑵国際海上コンテナの陸上輸送に係る安全対策

国際海上コンテナの陸上運送の安全対策を推進すべく，平成25年６月に関係者間での確実なコンテナ情報の伝達等について記載した「国際海上コンテナの陸上における安全輸送ガイドライン」の改訂及びマニュアルの策定を行い，令和３年４月にはマニュアルを一部改訂し，地方での関係者会議や関係業界による講習会等において本ガイドライン等の浸透を図るなど，関係者と連携した安全対策に取り組んでいる。

⑶気象情報等の充実

道路交通に影響を及ぼす台風，大雨，大雪，津波等の自然現象について，的確に実況監視を行い，適時適切な予報・警報等を発表・伝達して，事故の防止及び被害の軽減に努めた。線状降水帯による大雨となる可能性について，半日程度前から広域を対象に呼びかける運用を令和４年度から開始した。また，近年，集中的・記録的な降雪が発生し，大規模な車両渋滞・滞留を引き起こすなど，社会活動への影響が問題となっていることを踏まえ，令和４年10月より，現在の積雪・降雪の分布を推定する情報及び６時間先までの１時間ごとの積雪・降雪の分布の予報の作成における計算手法を改良するなど，雪に関する情報の改善を図った。

ア　気象監視体制の整備

令和４年12月に静止気象衛星「ひまわり８号」から「ひまわり９号」に観測運用衛星の切替を行った。「ひまわり８号」は待機運用を開始し，２機体制による観測を継続した。

イ　道路情報提供装置等の整備

安全な通行を確保するため，道路の積雪状況や路面状況等を収集し，道路利用者に提供する道路情報提供装置等を整備した。

ウ　地震・津波監視体制の整備

24時間体制で全国の地震活動を監視し，迅速かつ的確な地震情報や津波警報等の発表を行うとともに，情報の内容や利活用について周知・広報の取組を推進した。緊急地震速報については，迅速な発表を行うとともに，周知・広報の取組を推進した。地震の二次被害防止や迅速な救助活動を支援するため，より詳細に解析した推計震度分布情報の提供を令和５年２月から開始した。

また，関係機関や基盤的調査観測網によるデータを収集・処理し，そのデータを防災情報等に活用するとともに，その処理結果を地震調査研究推進本部地震調査委員会による地震活動評価や関係機関の地震調査研究に資するよう提供した。

エ　火山監視体制の整備

全国111の活火山について，火山活動の監視・評価の結果に基づき噴火警報等及び降灰予報の的確な発表を行った。また，「火山防災のために監視・観測体制の充実等が必要な火山」として火山噴火予知連絡会によって選定された50火山については常時観測火山として，24時間体制で火山活動を監視するとともに，平常時からの火山防災協議会（都道府県，市町村，気象台，砂防部局，自衛隊，警察，消防，火山専門家等で構成）における避難計画の共同検討を通じて，噴火警戒レベル（硫黄島を除く周辺に居住地域がある49火山で運用中）の改善を推進した。さらに，火山噴火後の救助・捜索活動や防災対応を支援するため，「火山噴火応急対策支援サイト」の活用等により，自治体と地元気象台との双方向での情報共有を行った。

オ　気象知識の普及等

気象・地象・水象の知識の普及など気象情報の利用方法等に関する講習会等の開催，広報資料の配布等を行ったほか，防災気象情報の改善に際しては防災機関の担当者や報道機関等を対象に説明を行った。

大型バス事故を受けた対応について

国土交通省では，平成 28 年１月に発生した軽井沢スキーバス事故等を踏まえ，大型バスの安全に関する 85 項目の対策を取りまとめ，着実に実施してきたところである。

令和４年においては，新型コロナウイルス感染症の感染拡大に伴い利用需要が低下していた貸切バス事業を営む事業者に対し，需要回復後に安全を軽視した事業が行われないよう，国土交通省による事業者講習会や観光施設の駐車場等での街頭指導を全国一斉に実施した。

【事業者講習会の概要】
実施時期：４月下旬～７月中旬
対 象 者：貸切バス事業者の運行管理者等
講習内容：運転者に対する指導監督の実施
　　　　　健康管理の重要性
　　　　　車両の点検整備の実施　等
※左写真は栃木運輸支局での講習会の様子

このような取組を進めていたところであるが，令和４年８月には愛知県名古屋市の高速道路において乗合バスが，同年 10 月には静岡県の県道において観光バスがそれぞれ横転し，乗客が死傷する痛ましい事故が発生した。

これらの事故を受け，直ちに事故対策本部を設置するとともに，事業用自動車事故調査委員会への事故調査の要請，事故惹起事業者に対する特別監査等を実施した。また，令和４年 10 月以降の貸切バス事業者に対する集中的な監査において，適正な運賃・料金の収受や運行管理の状況等を重点的に確認することを徹底するとともに，本年１月に事業者が運転者に対して行う指導・監督のマニュアルを改正し，下り坂における運転方法の指導等を事業者に確実に行わせる等の再発防止に向けた対策を講じたところである。

今後，事故調査等を通じて明らかになる事実関係も踏まえつつ，事業者に対する指導や監査により法令遵守を改めて徹底するとともに，更なる安全・安心の確保に向けた対策を検討していく。

令和４年８月に愛知県名古屋市で発生した乗合バス横転事故の事故車両

令和４年 10 月に静岡県で発生した観光バス横転事故の事故車両検分の様子

第４節 車両の安全性の確保

1　自動車保有台数の推移

令和４年 12 月末現在の自動車保有台数は約 8,274 万台であり，前年に比べて 17 万台（約 0.2%）増加し，自動車１台当たりの人口は 1.5 人（令和４年 10 月末現在）である（第 1-42 図）。

自動車保有台数を用途別及び車種別にみると，軽四輪乗用自動車が約 2,318 万台と最も多数を占め，全自動車台数の 28.0%を占めている。そのほか普通乗用自動車が約 2,049 万台で 24.8%，小型乗用自動車が約 1,849 万台で 22.3%となっており，この３車種で全体の 75.1%以上を占めている（第 1-14 表）。

2　車両の安全性に関する基準等の改善の推進

⑴道路運送車両の保安基準の拡充・強化等

ア　車両の安全対策の推進

第 11 次交通安全基本計画（計画年度：令和３～７年度）を踏まえ，交通政策審議会陸上交通分科会自動車部会において，今後の車両の安全対策の在り方，車両の安全対策による事故削減目標等について審議され，令和３年６月，報告書が取りまとめられた。報告書では「歩行者・自転車等利用者の安全確保」，「自動車乗員の安全確保」，「社会的背景を踏まえて重視すべき重大事故の防止」及び「自動運転関連技術の活用・適正利用促進」を今後の車両安全対策の柱とするとともに，令和 12 年までに，車両安全対策により，令和２年比で，年間の 30 日以内交通事故死者数を 1,200 人削減，重傷者数を 11,000 人削減するとの目標が掲げられた。

また，高齢運転者の事故防止対策として，「安全運転サポート車」（サポカー）の普及促進等により，先進的な安全技術を搭載した自動車の普及促進に取り組み，その結果，新車乗用車における衝突被害軽減ブレーキ等の先進安全技術の搭載割合は９割を達成した。

イ　道路運送車両の保安基準の拡充・強化

自動車の安全性の向上を図るため，国連の自動

第 1-42 図　自動車保有台数の推移

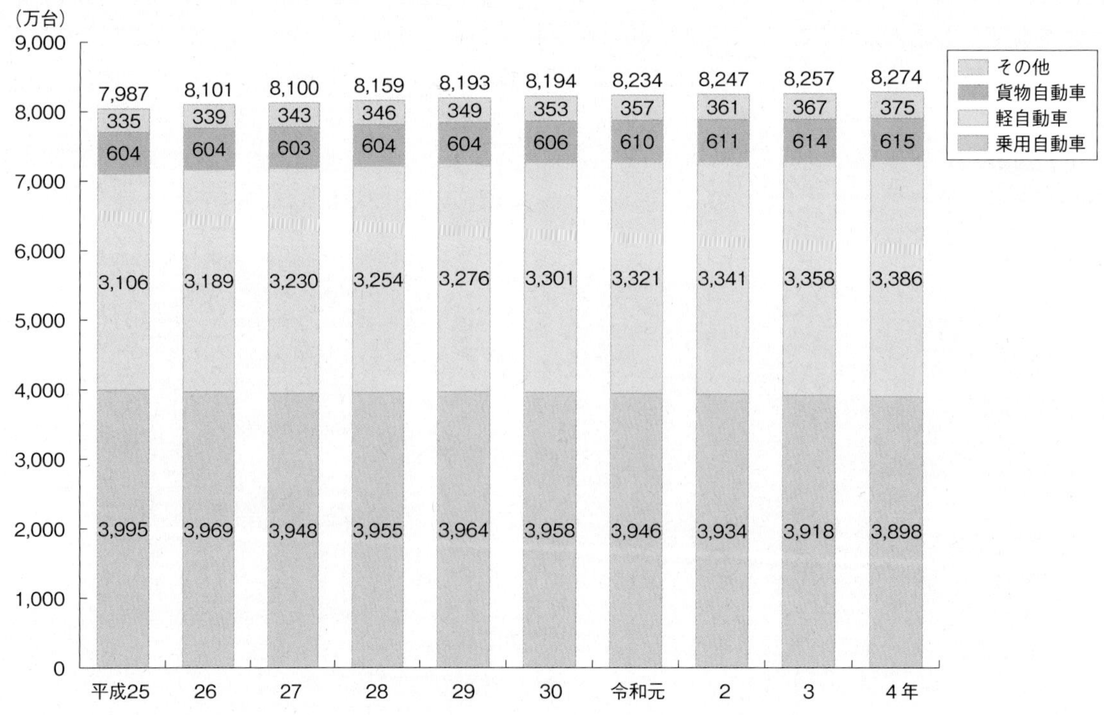

注　1　国土交通省資料により，各年 12 月末現在の値である。
　　2　第１種及び第２種原動機付自転車並びに小型特殊自動車を除く。
　　3　単位未満は四捨五入しているため，内訳の合計が全体と一致しないことがある。

第1-14表　用途別及び車種別自動車保有台数

（各年12月末現在）

用途別・車種別		令和３年		令和４年		対前年比	
		台　数	構成率	台　数	構成率	増減数	増減率
		台	%	台	%	台	%
貨物用	普通車	2,450,607	3.0	2,456,111	3.0	5,504	0.2
	小型四輪車	3,497,843	4.2	3,501,679	4.2	3,836	0.1
	小型三輪車	1,009	0.0	1,013	0.0	4	0.4
	被けん引車	189,711	0.2	194,255	0.2	4,544	2.4
	軽四輪車	8,349,064	10.1	8,411,502	10.2	62,438	0.7
	軽三輪車	1,214	0.0	1,210	0.0	− 4	− 0.3
	貨物用計	14,489,448	17.5	14,565,770	17.6	76,322	0.5
乗合用	普通車	106,083	0.1	104,265	0.1	− 1,818	− 1.7
	小型車	112,246	0.1	109,127	0.1	− 3,119	− 2.8
	乗合用計	218,329	0.3	213,392	0.3	− 4,937	− 2.3
乗用	普通車	20,256,088	24.5	20,488,930	24.8	232,842	1.1
	小型車	18,920,611	22.9	18,491,891	22.3	− 428,720	− 2.3
	軽四輪車	22,988,169	27.8	23,177,282	28.0	189,113	0.8
	乗用計	62,164,868	75.3	62,158,103	75.1	− 6,765	0.0
特種（殊）用途用	普通車	1,119,972	1.4	1,127,952	1.4	7,980	0.7
	小型車	156,814	0.2	158,107	0.2	1,293	0.8
	大型特殊車	356,376	0.4	358,720	0.4	2,344	0.7
	軽四輪車	160,777	0.2	160,827	0.2	50	0.0
	特種（殊）用途用計	1,793,939	2.2	1,805,606	2.2	11,667	0.7
二輪車	小型二輪車	1,821,946	2.2	1,889,282	2.3	67,336	3.7
	軽二輪車	2,076,561	2.5	2,107,466	2.5	30,905	1.5
	二輪車計	3,898,507	4.7	3,996,748	4.8	98,241	2.5
総　　計		82,565,091	100.0	82,739,619	100.0	174,528	0.2

注　1　国土交通省資料による。
　　2　特種用途自動車とは，緊急車，冷蔵・冷凍車のように特殊の目的に使用されるものをいい，大型特殊自動車とは，除雪車，ブルドーザー等のように特殊の構造を有するものをいう。

車基準調和世界フォーラム（WP29）において策定した国際基準を国内に導入することを通じ，大型車に備える衝突被害軽減ブレーキの検知対象の対歩行者の追加を含む性能要件の大幅強化及び大型車への車両後退通報装置（バックアラーム等）の装備義務化など，保安基準の拡充・強化を図った。

⑵先進安全自動車（ASV）の開発・普及の促進

産学官の連携により，先進技術を搭載した自動車の開発と普及を促進し，交通事故削減を目指す「先進安全自動車（ASV）推進プロジェクト」では，令和３年度から令和７年度の５年間にわたる第７期ASV推進検討会において，「自動運転の高度化に向けたASVの更なる推進」を基本テーマに掲げ，事故実態の分析を通じ，①ドライバーの操作ミス又は認知ミスによる明らかに誤った操作に対して，システムの安全操作を優先する安全技術，②車両間の通信により，見通しの悪い交差点での出会い頭の事故等を防止する安全技術，③歩行者等の交通弱者と通信を行い，交通弱者が被害者となる事故を防止する安全技術等がより安全に寄与する事故形態の検討を行った。

また，バス，トラック等の安全対策として，歩行者まで検知可能な衝突被害軽減ブレーキ，車線逸脱警報装置，ドライバー異常時対応システム等ASV装置に対する補助を継続して実施するとともに，従来より実施している側方衝突警報装置搭載車両に対する税制特例措置を講じた。

⑶高齢運転者による事故が相次いで発生している状況を踏まえた安全対策の推進

ペダルの踏み間違いなど運転操作ミス等に起因する高齢運転者による事故が発生していることや，高齢化の進展により運転者の高齢化が今後も加速していくことを踏まえ，「安全運転サポート車」（サポカー）の普及促進に取り組む等により，先進的な安全技術を搭載した自動車の性能向上と普及促進に取り組んだ。

3　自動運転車の安全対策・活用の推進

⑴自動運転車に係る安全基準の策定

より高度な自動運転車の国際基準の策定に向けて，国連 WP29 における議論を主導し，令和４年６月に車線変更，高速度域に対応した自動運転機能等についての国際基準の改正について国連 WP29 において合意を得たほか，令和４年４月に道路交通法の一部を改正する法律が成立したことを踏まえ，令和５年１月に運転者が不在となる場合を想定した保安基準の整備を行った。

⑵安全な無人自動運転移動サービス車両の実現に向けた取組の促進

高齢者等の事故防止や移動手段の確保などに資する無人自動運転移動サービスの実現に向けて，車両の安全性を確保するための技術開発・実証実験を推進したほか，自動運転車を活用したサービスの実現を目指す事業者が実証実験を安全に行い，事業化につなげられるよう，適切な安全性を有する自動運転車の設計方法や車両の評価方法等をまとめた「安全設計・評価ガイドブック」の策定を進めた。

⑶自動運転車に対する過信・誤解の防止に向けた取組の推進

自動運転車について，ユーザーが過信・誤解することのないよう，運転者が一部の動的運転タスクを実行するレベル１，レベル２の自動運転機能を搭載した自動車については「運転支援車」と表記することとし，自動運転システムが全ての動的運転タスクを実行するレベル３以上についても，ユーザーが各レベルを正しく理解できるようレベルごとの呼称を定めた。

また，車両の安全技術に対する過信・誤解が原因とされる事故等について分析を行い，機能の周知が必要な装置と周知すべき内容について，検討を行った。

⑷自動運転車に係る電子的な検査の導入や審査・許可制度の的確な運用

令和６年 10 月より開始される「OBD 検査※」の導入に向けて，検査の合否判定に必要なシステムの開発など，環境整備を進めた。また，レベル４の自動運転技術に対する審査手法を構築するため，シミュレーション等を活用した安全性評価手法等の策定のための調査を実施した。さらに，通信を活用して自動車の電子制御装置に組み込まれたソフトウェアをアップデートすることが可能となっていることに対応するため，引き続き自動車の特定改造等の許可制度に基づき，更新するプログラムの内容，配信する事業者のサイバーセキュリティ等について審査を実施した。

⑸自動運転車の事故に関する原因究明及び再発防止に向けた取組の推進

自動運転車の事故の原因を究明するための調査分析及び再発防止に向けた提言を行うことを目的として設置している「自動運転車事故調査委員会」において，自動運転の実証実験中に発生した事故についての調査分析を行ったほか，自動運転車の事故調査に資する知見の収集を行った。

4　自動車アセスメント情報の提供等

自動車アセスメントは，市販されている自動車やチャイルドシートの安全性能評価試験を行い，その結果を公表することで，ユーザーが安全な自動車等を選択できる環境をつくり，安全な自動車等の普及を図ることを目的としている。令和４年度は，13 車種を対象に「自動車安全性能 2022」の結果を公表した。さらに，対自転車の衝突被害軽減ブレーキについて，評価を開始した。

※ OBD（On Board Diagnostics）検査
自動車に搭載された電子装置の故障や不具合の有無に関する検査

第 1-15 表　自動車検査実施状況

検査の種類	平成 29 年度		平成 30 年度		令和元年度		令和２年度		令和３年度	
	件数	構成率	件数	構成率	件数	構成率	件数	構成率	件数	構成率
	件	%	件	%	件	%	件	%	件	%
新規検査	4,497,178	17.9	4,513,942	17.6	4,392,438	17.4	4,185,505	16.3	3,916,400	15.5
継続検査	20,612,834	81.9	21,043,151	82.1	20,795,904	82.4	21,431,112	83.4	21,239,742	84.2
構造等変更検査	62,214	0.2	62,001	0.2	61,833	0.2	66,952	0.3	70,525	0.3
整備不良車両の整備確認	1,023	0.0	910	0.0	810	0.0	588	0.0	607	0.0
計	25,173,249	100.0	25,620,004	100.0	25,250,985	100.0	25,684,157	100.0	25,227,274	100.0

注　1　国土交通省資料による。
　　2　整備不良車両の整備確認とは，道路運送車両法第 54 条及び第 54 条の２（整備命令等）並びに道路交通法第 63 条の規定による整備不良車両に必要な整備がなされたことの確認である。
　　3　軽自動車は除く。

5　自動車の検査及び点検整備の充実

⑴自動車の検査の充実

ア　自動車検査の実施状況

自動車の安全確保と公害の防止を図るため，独立行政法人自動車技術総合機構と連携して，道路運送車両法（昭 26 法 185）に基づき，自動車（軽自動車及び小型特殊自動車を除く。）の新規検査，継続検査及び構造等変更検査を行っている。令和３年度の検査実施車両は第 1-15 表のとおりである。また，不正改造車の排除等を目的とした街頭検査を行っており，令和３年度の検査実施車両は，約 14 万台であった。

イ　自動車検査施設の整備

自動車検査施設については，自動車ユーザーが受検しやすいよう音声誘導装置付検査機器及び映像式受検案内表示システムを導入している。また，より確実な自動車検査を行うため，車両画像取得装置等の自動車検査の高度化施設を整備し活用している。

ウ　軽自動車の検査の実施状況

軽自動車検査協会において，令和３年度に約 1,462 万台の軽自動車（二輪の軽自動車を除く。）の検査を実施した。

⑵型式指定制度の充実

自動車の型式指定等に当たっては，保安基準への適合性及び生産過程における品質管理体制等の審査を独立行政法人自動車技術総合機構交通安全環境研究所と連携して実施し，自動車の安全性の増進等を図っている。

また，一部メーカーによる，型式指定申請時の排出ガス性能や燃費性能を確認する試験における不正行為を受け，同種の型式指定に係る不正事案を防止するため，監査の強化等に取り組むとともに，型式指定に係る試験の効率化に向けた検討を行うこととしている。

⑶自動車点検整備の充実

ア　自動車点検整備の推進

自動車ユーザーの保守管理意識の高揚と点検整備の適切な実施の推進を図るため，令和４年９月，10 月を強化月間として「自動車点検整備推進運動」を全国的に展開した。

また，大型車の車輪脱落事故やバスの車両火災事故，車体腐食による事故等の点検・整備等の不良に起因する事故の防止を図るため，事故の発生状況の取りまとめ，公表や点検・整備等の実施に当たって注意すべき事項の周知徹底を行った。特に，大型車のホイール・ナット脱落等による車輪脱落事故が増加していることを踏まえ，令和４年２月に「大型車の車輪脱落事故防止対策に係る調査・分析検討会」を設置し，同年 12 月に「中間取りまとめ」を策定するとともに，「大型車の車輪脱落事故防止キャンペーン」を４年 10 月から５年２月まで実施し，大型車の使用者に対して，増し締めの確実な実施や劣化したナットの交換等について周知徹底する「大型車のホイール・ナットの緊急点検」等を実施した。

イ　不正改造車の排除

道路交通に危険を及ぼし，環境悪化の原因となるなど社会的問題となっている，消音器の切断・取り外し，車体からの車輪のはみ出し等の不正改造車等を排除するため，関係機関の支援及び自動車関係団体の協力の下に「不正改造車を排除する運動」を全国的に展開した。特に，令和４年６月（沖縄は10月）を強化月間として，広報活動の一層の推進，関係者への指導徹底等により，自動車ユーザー及び自動車関係事業者等の不正改造防止に係る意識の更なる高揚を図るとともに，街頭検査の重点的実施等により，不正改造車の排除を徹底した。

また，不正改造を行った自動車特定整備事業者に対する立入検査の実施等を厳正に行った。

ウ 自動車特定整備事業の適正化及び生産性向上

整備事業者の適正な事業運営を確保することで自動車ユーザーの安全・安心を担保するため，法令違反行為を行った自動車特定整備事業者及び指定自動車整備事業者に対し，処分基準に基づく行政処分を適切に実施し，各地方運輸局等において公示するとともに，国土交通省ネガティブ情報検索サイトを通じて処分の統一的な公表を実施している。

また，認証を受けずに特定整備を行っている事業者を排除し，道路運送車両の安全確保を図るため，毎年７月を「未認証行為の調査・確認・指導のための強化月間」と定め，情報の収集及び収集した情報に基づく指導等を推進した。

さらに，事業者における中小企業等経営強化法（平11法18）に基づく「経営力向上計画」の認定取得を促進し，税制面や金融面の支援を受けることによる経営管理の改善や生産性の向上等を図った。

エ 自動車の新技術への対応等整備技術の向上

自動車特定整備事業者は，自動車の点検整備を適切に実施するため，自動車への新技術の採用等の車社会の環境の変化に対応することが求められている。このため，整備主任者を対象とした技術研修等の実施により，自動車の新技術及び多様化するユーザーニーズに対応していくための技術の向上や高度化を図っている。また，自動車特定整備事業者の整備技術の高度化等への支援を行った。

また，「自動車整備技術の高度化検討会」を開催し，自動車技術の進化に適切に対応するため，ユーザーに代わって自動車を保守する自動車整備士の資格体系の見直しなどについて検討を行い，取りまとめた。

さらに，令和２年４月１日に施行された道路運送車両法の一部を改正する法律（令元法14）により，高度な整備技術を有するものとして国が認証を与えた整備工場（認証工場）でのみ作業が可能な整備の範囲を拡大することで，自動車の使用者が安心して整備作業を整備工場に委託できる環境作りを進めている。具体的には，これまで「対象装置の取り外しを行う整備（分解整備）」がその対象だったのに対し，対象装置に「自動運行装置」を加えるとともに，取り外しは行わずとも制動装置等の作動に影響を及ぼすおそれがある作業を対象に含め，特定整備と改称した。

加えて，新技術が採用された自動車の整備や自動車ユーザーに対する自動車の正しい使用についての説明等のニーズに対応するため，一級自動車整備士制度を活用している。なお，令和３年度には1,444名が一級小型自動車整備士技能検定に合格した（令和４年３月末までの累計２万172名）。

オ ペーパー車検等の不正事案に対する対処の強化

指定自動車整備事業者は，国の検査を代行し自動車の安全・環境基準への適合性を確保する車検制度の根幹に関わることから，引き続き監査等を厳正に実施し，法令遵守の指導を徹底していく。

6 リコール制度の充実・強化

自動車のリコールの迅速かつ着実な実施のため，自動車メーカー等及びユーザーからの情報収集に努め，自動車メーカー等のリコール業務について監査等の際に確認・指導するとともに，安全・環境性に疑義のある自動車については独立行政法人自動車技術総合機構交通安全環境研究所において現車確認等による技術的検証を行った。加えて，リコール改修を促進するため，ウェブサイトやソーシャル・メディアを通じたユーザーへの情報発信を実施した。

また，不具合情報の収集の強化等のため，「自動車不具合情報ホットライン」（www.mlit.go.jp/RJ/）の改修を行った。

さらに，国土交通省に寄せられた不具合情報や事故・火災情報等を公表し，ユーザーへの注意喚起が必要な事案や適切な使用及び保守管理，不具合発生時の適切な対応を促進するために必要な事項について，ユーザーへの情報提供を実施した。

なお，令和４年度のリコール届出件数は383件，対象台数は464万9,433台であった。

7　自転車の安全性の確保

自転車の安全な利用を確保し，自転車事故の防止を図るため，駆動補助機付自転車（人の力を補うため原動機を用いるもの）及び普通自転車に係る型式認定制度を運用しており，令和４年度には，駆動補助機付自転車を104型式，普通自転車を91型式認定した。

この型式認定制度は，型式認定を受けた駆動補助機付自転車等に型式認定番号等を表示させ，また，基準適合品であることを示す標章（TSマーク）を貼付することができることとし，当該駆動補助機付自転車等が道路交通法等に規定されている基準に適合したものであることを外観上明確にして，利用者の利便を図るとともに，基準に適合した駆動補助機付自転車等を普及させることにより，交通の安全の推進を図るものである。

また，自転車利用者が定期的な点検整備や正しい利用方法等の指導を受ける気運を醸成するため，関係団体は全国各地の学校等で自転車の安全点検促進活動や安全利用講習を実施するとともに，近年，歩行者との事故等自転車の利用者が加害者となる事故に関し，高額な賠償額となるケースもあり，こうした賠償責任を負った際の支払原資を担保し，被害者の救済の十全を図るため，損害賠償責任保険等への加入を促進した。

さらに，薄暮の時間帯から夜間における交通事故の防止を図るため，灯火点灯の徹底と反射材用品等の取付けの促進により，自転車の被視認性の向上を図った。

加えて，BAAマークを始めとする各種マーク制度（SBAA PLUSマーク，幼児２人同乗基準適合車マーク，TSマーク，SGマーク，JISマーク）を活用した安全性の高い自転車の供給・普及のため自転車技士※及び自転車安全整備士※に関する制度を後援した。

第５節　道路交通秩序の維持

1　交通指導取締りの状況

⑴交通指導取締りの状況

令和４年中における車両等の道路交通法違反（点数告知に係る違反を除く。）の取締り件数は505万3,271件で，悪質性・危険性の高い違反としては，最高速度違反が93万2,260件，酒酔い・酒気帯び運転が１万9,820件，無免許運転が１万6,761件等である（第1-43図）。

なお，点数告知に係る違反の取締り件数について主なものをみると，座席ベルト装着義務違反が35万1,156件で，ヘルメット装着義務違反が8,113件等である。また，放置違反金納付命令件数が69万8,533件である。

⑵高速道路における交通指導取締りの状況

令和４年中の高速道路における交通違反取締り状況は，第1-16表のとおりである。

⑶交通反則通告制度の適用状況

令和４年中に反則行為として告知した件数は488万6,106件で，車両等運転者の道路交通法違反（点数告知に係る違反を除く。）の取締り件数中に占める比率（反則適用率）は96.7%である。

反則告知件数を成人・少年別にみると，成人は479万5,824件，少年は９万282件である。また，行為別にみると，主なものは，最高速度違反が87万4,485件（17.9%），一時停止違反が146万2,289件（29.9%），携帯電話使用等違反が25万1,780件（5.2%）である。

※自転車技士

（一財）日本車両検査協会が，「自転車組立，検査及び整備技術審査」合格者に付与する称号。自転車技士は，（一社）自転車協会によるBAAマーク等貼付自転車，（一財）製品安全協会によるSGマーク表示自転車及び産業標準化法によるJISマーク表示自転車の組立，検査及び整備を行う。

※自転車安全整備士

（公財）日本交通管理技術協会が，自転車安全整備技能検定合格者に付与する称号。自転車安全整備士は，自転車の点検整備を行い，道路交通法令の基準に適合する普通自転車に点検整備済TSマークを貼付するとともに，利用者に対して自転車の交通ルールや正しい乗り方について指導する。

第1-43図　交通違反取締り（告知・送致）件数（令和4年）

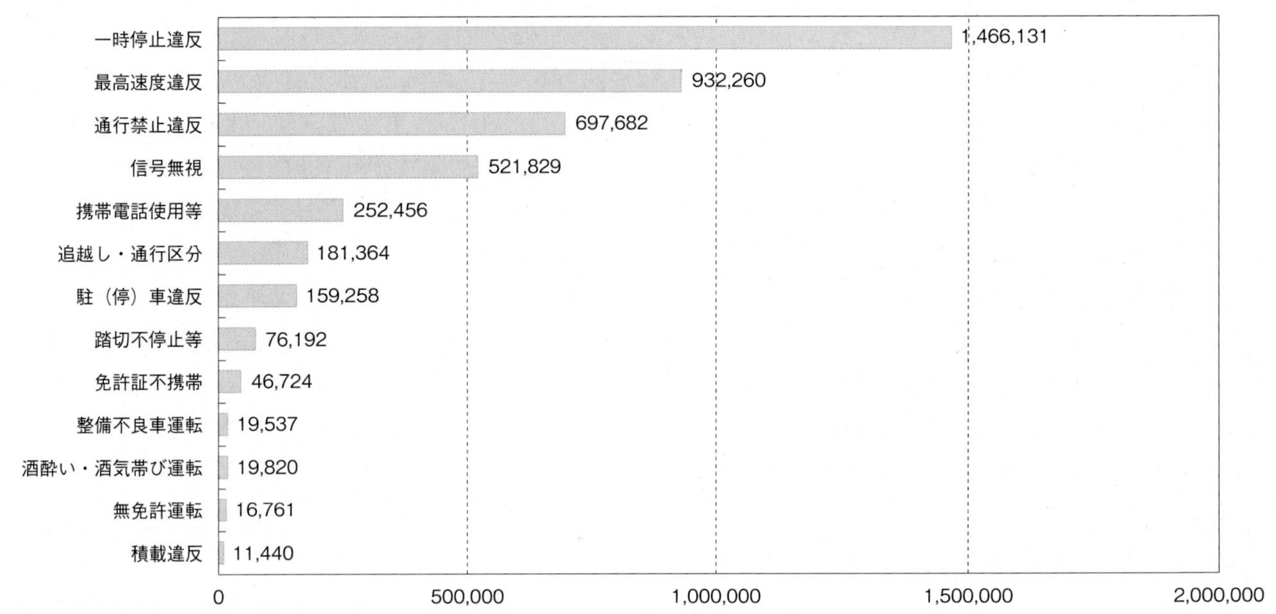

注　1　警察庁資料による。
　　2　高速道路分を含む。

第1-16表　高速道路における交通違反取締り状況

主法令違反別	令和3年		令和4年		対前年比	
	件数	構成率	件数	構成率	増減数	増減率
	件	%	件	%	件	%
総数	437,591	100.0	388,264	100.0	-49,327	-11.3
最高速度違反	304,283	69.5	272,995	70.3	-31,288	-10.3
積載違反	712	0.2	484	0.1	-228	-32.0
車両通行帯違反	72,851	16.6	57,011	14.7	-15,840	-21.7
車間距離不保持	7,422	1.7	5,213	1.3	-2,209	-29.8
酒酔い，酒気帯び運転	162	0.0	205	0.1	43	26.5
駐・停車違反	39	0.0	32	0.0	-7	-17.9
無免許，無資格運転	779	0.2	608	0.2	-171	-22.0
その他	51,343	11.7	51,716	13.3	373	0.7

注　1　警察庁資料による。
　　2　構成率は，単位未満で四捨五入しているため，総数と内訳の計が一致しない場合がある。

2　交通指導取締りの強化等

平成25年に有識者懇談会において取りまとめられた「交通事故抑止に資する取締り・速度規制等の在り方に関する提言」を踏まえ，交通事故実態の分析結果に基づき，飲酒運転のほか，著しい速度超過等の交通死亡事故に直結する悪質性・危険性の高い違反及び迷惑性が高く地域住民からの取締り要望の多い違反に重点を置いた交通指導取締りを推進した。

近年，スマートフォン等の画面を注視していたことに起因する交通事故が増加傾向にある情勢等を踏まえ，携帯電話使用等に起因する悲惨な交通事故を防止するため，第198回国会において成立した道路交通法の一部を改正する法律（令元法20）により，携帯電話使用等に対する罰則が引き上げられ，令和元年12月から施行された。運転中に携帯電話等を使用することは重大な交通事故につながり得る極めて危険な行為であることから，運転者等に対して広報啓発を推進するとともに，携帯電話使用等の交通指導取締りを推進した。

さらに，平成29年6月，神奈川県内の東名高速道路上において，他の自動車を執拗に追跡し，進路をふさぐなどの妨害行為を繰り返した上，当該自動車を停止させて後続の自動車に追突させ，停止させられた自動車に乗車していた一家４人を死傷させる事件が発生したことなどを背景に，いわゆる「あおり運転」が重大な社会問題となり，令和２年６月，第 201 回国会において成立した道路交通法の一部を改正する法律により，妨害運転に対する罰則が創設された。妨害運転等に対する厳正な指導取締りを徹底するため，他の車両等の通行を妨害する目的で行われる悪質・危険な運転が関係する事案を認知した場合には，客観的な証拠資料の収集等を積極的に行い，創設された妨害運転罪や危険運転致死傷罪（妨害目的運転）等のあらゆる法令を駆使して，厳正な捜査を徹底したほか，妨害運転等の悪質・危険な運転を未然に防止するため，車間距離不保持，進路変更禁止違反，急ブレーキ禁止違反等の道路交通法違反について，積極的な交通指導取締りを推進した。

⑴一般道路における効果的な交通指導取締りの強化等

ア　信号機のない横断歩道における歩行者の優先等を徹底するため，運転者に対し，横断中はもとより横断しようとする歩行者の保護に資する指導を重点的に行うとともに，子供・高齢者が多い箇所においては適切に検挙措置を講じたほか，通学路等において可搬式の速度違反自動取締装置を活用するなど，交通事故実態に的確に対応した効果的な交通指導取締りを推進した。

イ　自転車利用者による危険・迷惑行為及び交通事故を防止するために，自転車指導啓発重点地区・路線を中心に，自転車利用者の信号無視，通行区分違反（右側通行，歩道通行等），一時不停止等，歩行者や他の車両にとって危険性・迷惑性の高い違反に重点を置いた取締りを行った。

ウ　パトカー等による警戒活動や通学時間帯，薄暮時間帯における交通街頭活動を推進し，違法行為の未然防止に努めたほか，交通事故抑止対策について国民の理解を深めるため，ウェブサイトや SNS 等を活用した交通指導取締りに関する情報発信に努めるなど，交通事故抑止に資する取組を推進した。

エ　事業活動に関して行われた過労運転，過積載運転，放置駐車，最高速度等の違反及びこれらに起因する事故事件については自動車の使用者等の責任，いわゆる背後責任の追及を図るとともに，自動車の使用制限処分を行うなどこの種の違反の根源的対策を推進したほか，無車検運行，無保険車運行等各種交通関係法令違反についても取締りを推進した。

オ　警察では，飲酒運転に対する厳正な取締りを行っており，特に，夜間における取締体制を確保し，飲酒運転に係る取締結果や交通事故発生状況を的確に分析した上，飲酒運転が常態的に見られる時間帯・場所に重点を置いた効果的な飲酒運転の取締りを推進した。

カ　無免許運転又は飲酒運転を検挙した際は，その周辺者に対する的確な捜査を行い，これらの違反を助長する周辺者に対する取締りを推進した。

⑵高速道路における交通指導取締りの強化等

高速道路における安全で円滑な交通流を確保するため，各都道府県の高速道路交通警察隊の体制の充実強化を図るとともに，多角的な交通事故分析により交通危険箇所に重点を置いた機動警ら，駐留監視活動等を強化して交通流の整序に努め，悪質性・危険性・迷惑性の高い著しい速度超過，飲酒運転，車間距離不保持，通行帯違反等を重点とした指導取締りを推進した。

また，関係機関・団体と連携し，全席シートベルト着用の普及啓発活動を推進した。

3　交通事故事件等に係る適正かつ緻密な捜査の一層の推進

⑴交通事故事件捜査の現況

交通事故に係る自動車の運転により人を死傷させる行為等の処罰に関する法律（平 25 法 86）による危険運転致死傷罪及び過失運転致死傷罪等事件の令和４年中における送致件数は，28 万 3,882 件である。

なお，令和４年中のひき逃げ事件（交通事故に係る無申告事件を含む。）の発生件数及び検挙件数は，第 1-17 表のとおりである。

⑵適正かつ緻密な交通事故事件捜査の推進

交通事故事件捜査においては，初動捜査の段階から危険運転致死傷罪の適用も視野に入れ，組織的かつ重点的な捜査及び正確かつ綿密な鑑識活動を行うなど，適正かつ緻密な交通事故事件捜査を

第 1-17 表　ひき逃げ事件の発生・検挙状況

区分＼年別		ひき逃げ・無申告事件の発生・検挙状況				
		平成 30 年	令和元年	令和２年	令和３年	令和４年
死亡	発　生（件）	132	130	96	92	102
	検　挙（件）	128	131	93	92	101
	検挙率（％）	97.0	100.8	96.9	100.0	99.0
重傷	発　生（件）	1,177	991	965	872	870
	検　挙（件）	734	672	657	655	621
	検挙率（％）	62.4	67.8	68.1	75.1	71.4
軽傷	発　生（件）	13,748	12,283	10,769	10,639	10,558
	検　挙（件）	6,750	6,161	6,067	6,290	6,047
	検挙率（％）	49.1	50.2	56.3	59.1	57.3
合計	発　生（件）	15,057	13,404	11,830	11,603	11,530
	検　挙（件）	7,612	6,964	6,817	7,037	6,769
	検挙率（％）	50.6	52.0	57.6	60.6	58.7

注　1　警察庁資料による。
　　2　ひき逃げ事件とは，人の死傷を伴う道路上の交通事故に係る救護措置義務違反をいう。
　　3　無申告事件とは，人の死傷を伴う道路上の交通事故に係る報告義務違反をいう。

第 1-18 表　暴走族等の勢力

区分＼年		平成 30 年	令和元	令和２年	令和３年	令和４年
暴走族	グループ数	146	150	131	124	121
	人員	6,286	6,073	5,714	5,838	5,770
旧車會	グループ数	513	516	510	499	491
	人員	5,882	5,661	5,583	5,648	5,888

注　1　警察庁資料による。
　　2　旧車會は，違法行為を敢行する者として把握した数。

推進した。

また，客観的な証拠に基づいた事故原因の究明を図るため，常時録画式交差点カメラや 3D レーザースキャナ等の装備資機材を活用し，科学的捜査を推進した。

4　暴走族等対策の推進

暴走族は減少傾向にあるものの，都市部を中心に，地域住民や道路利用者に多大な迷惑を及ぼしていることから，「暴走族対策の強化について」（平成 13 年２月５日暴走族対策関係省庁担当課長等会議申合せ）に基づき，政府一体となった暴走族対策の推進に努めた。

令和４年末現在，警察が把握している全国の暴走族は，第 1-18 表のとおりである。

また，元暴走族構成員等が中心となって結成された「旧車會」等と呼ばれる集団の中には，暴走族風に改造した旧型の自動二輪車等を連ねて，大規模な集団走行を各地で行うなど，迷惑性が高いものもあることから，都道府県警察間での情報共有を図るとともに，関係機関と連携して騒音関係違反※等に対する指導取締りを推進した（第 1-18 表）。

(1)暴走族追放気運の高揚及び家庭，学校等における青少年の指導の充実

暴走族追放の気運を高揚させるため，「暴走族根絶（追放）条例」等の運用に協力するとともに，報道機関に対する資料提供等による広報活動を積極的に行った。

また，家庭，学校，職場，地域等において，青少年に対し，「暴走族加入阻止教室」を開催する

※騒音関係違反
　道路交通法違反のうち，近接排気騒音に係る整備不良，消音器不備及び騒音運転等をいう。

第 1-19 表　暴走族等による道路交通法，道路運送車両法違反の検挙状況

区分＼年	平成 30 年	令和元年	令和２年	令和３年	令和４年
暴走族の検挙人員	7,608	7,053	8,200	6,189	6,375
旧車會の検挙人員	872	745	787	798	663
合計	8,480	7,798	8,987	6,987	7,038

注　警察庁資料による。

などの指導等を促進するとともに関係団体や暴走族相談員等との連携の下に，暴走族の解体，暴走族への加入阻止，暴走族からの離脱等の支援指導を徹底した。さらに，暴走族問題と青少年の非行等問題行動との関連性に鑑み，地域の関連団体等との連携を図るなど，青少年の健全育成を図る観点から施策を推進した。

学校において，非行防止教室の開催など生徒指導の充実に努めるとともに，文部科学省と独立行政法人教職員支援機構の共催による交通安全を含む安全教育担当教職員等のオンライン研修の実施などを通じて，児童生徒等に対する交通安全教育の充実を図った。

⑵暴走行為阻止のための環境整備

暴走族等（暴走族及び違法行為を敢行する旧車會員（暴走族風に改造した旧型の自動二輪車等を運転する者））及びこれに伴う群衆のい集場所として利用されやすい施設の管理者に協力を求め，暴走族等及び群衆をい集させないための施設の管理改善等の環境づくりを推進するとともに，地域における関係機関・団体が連携を強化し，暴走行為等ができない道路環境づくりを積極的に行った。また，事前情報の入手に努め，集団不法事案に発展するおそれがあるときは，早期に暴走族等と群衆を隔離するなどの措置を講じた。

⑶暴走族等に対する指導取締りの推進

暴走族等に対しては，共同危険行為等の禁止違反や騒音関係違反を始めとする各種法令を活用した取締りを推進した。また，暴走行為に使用された車両等を積極的に押収し，暴走族等と車両の分離を図るとともに，不正改造等暴走行為を助長する行為に対しても背後責任の追及を行った。令和４年中の暴走族等の検挙状況をみると，前年に比べ検挙人員は0.7％増加した（第 1-19 表）。

⑷暴走族関係事犯者の再犯防止

暴走族関係事犯者の捜査に当たっては，個々の犯罪事実はもとより，組織の実態やそれぞれの被疑者の非行の背景となっている行状，性格，環境等の諸事情を明らかにしつつ，事件の速やかな処理に努めるとともに，グループの解体や暴走族グループから加入者等を離脱させるなど暴走族関係事犯者の再犯防止に努めた。

少年院送致決定を受けたあるいは保護観察に付された暴走族関係事犯少年等の処遇に当たっては，遵法精神のかん養，家庭環境の調整，交友関係の改善指導，暴走族組織からの離脱指導等，再犯・再非行防止に重点を置いた個別処遇に努めた。

なお，令和３年に保護観察に付された者のうち，保護観察開始前に暴走族と関係があった者は 396 人である。

⑸車両の不正改造の防止

消音器の切断・取り外し，車体からの車輪のはみ出し等の不正改造車等を排除し，自動車の安全運行を確保するため，年間を通じて「不正改造車を排除する運動」を実施した。特に，令和４年６月（沖縄は 10 月）を強化月間として，自動車検査のより一層確実な実施に加え，広報活動の一層の推進，関係者への指導徹底，街頭検査の重点化等を行った。

また，道路運送車両法の不正改造行為の禁止及び不正改造車両に対する整備命令に係る規定を的確に運用し，不正改造車の排除に努めた。

第6節 救助・救急活動の充実

1 救助活動及び救急業務の実施状況

(1)概要

ア 救助活動の実施状況

令和3年中の全国の救助活動実施状況は，第1-20表のとおりである。

イ 救急業務の実施状況

令和3年中の全国の救急出動件数は，消防防災ヘリコプターによる出動件数を含め，619万6,069件で，前年と比較し，26万375件(4.4%)増加した。また，搬送人員は，549万3,658人で，前年と比較し，19万7,931人（3.7%）増加した。

また，救急自動車による救急出動件数は，全国で1日平均1万6,969件であり，約5.1秒に1回の割合で救急隊が出動し，国民の約23人に1人が救急隊によって搬送されたことになる。

(2)交通事故に対する活動状況

令和3年中の救助活動件数及び救助人員のうち，交通事故に際して救出困難な者が生じた場合に，消防機関が救助活動に当たったものは1万2,374件で，救助人員は1万5, 331人となっており，それぞれ全体の19.6%，25.6%を占めた。

また，令和3年中の救急自動車による救急出動件数及び搬送人員は，第1-21表のとおりである。

救急業務全体に占める交通事故に起因するものの割合は減少傾向にあるが，救助活動に占める割合は依然として高い水準にあり，事故の種類・態様の複雑多様化に対処するためにも，引き続き救助・救急体制の一層の拡充が必要である。

第1-20表 救助活動件数及び救助人員の推移

区分／年	救助活動件数				救助人員			
	件数	対前年増減率	うち交通事故による件数	交通事故件数による割合	人員	対前年増減率	うち交通事故による人員	交通事故による人員の割合
	件	%	件	%	人	%	人	%
平成29年	56,315	－1.5	14,665	26.0	57,664	－0.5	19,701	34.2
30	61,507	9.2	14,261	23.2	63,836	10.7	18,813	29.5
令和元年	61,340	－0.3	13,160	21.5	63,670	－0.3	17,314	27.2
2	59,977	－2.2	11,790	19.7	57,952	－9.0	15,003	25.9
3	63,198	5.4	12,374	19.6	59,861	3.3	15,331	25.6

注 総務省消防庁資料による。

第1-21表 救急自動車による救急出動件数及び搬送人員の推移

区分／年	救急出動件数			搬送人員		
	全出動件数			全搬送人員		
		うち交通事故による件数	全出動件数に対する割合		うち交通事故による人員	全搬送人員に対する割合
	件	件	%	人	人	%
平成29年	6,342,147	481,473	7.6	5,736,086	466,043	8.1
30	6,605,213	459,977	7.0	5,960,295	441,582	7.4
令和元年	6,639,767	432,492	6.5	5,978,008	411,528	6.9
2	5,933,277	366,255	6.2	5,293,830	342,250	6.5
3	6,193,581	368,491	5.9	5,491,744	340,573	6.2

注 総務省消防庁資料による。

２　救助・救急体制の整備

⑴概要

ア　救助隊及び救急隊の設置状況

令和４年４月１日現在，救助隊は全国723消防本部の97.6％に当たる706消防本部に1,420隊設置されており，救助隊員は２万4,339人である。救助隊を設置している消防本部の管轄対象となっている市町村は，全国1,719市町村のうち1,653市町村である。また，救急隊は全国で5,328隊設置されており，救急隊員は６万5,853人で，救急業務実施市町村数は，全国1,719市町村のうち1,690市町村である。

より高度化する救助・救急需要に適切に対処するため，引き続き，高度かつ専門的な教育を受けた救助隊員及び救急隊員の配置を推進している。

イ　救助・救急用資機材等の整備に対する財政措置

救助活動に必要な救助工作車や救助器具，救急救命士による救急救命処置等の実施に必要な高規格救急自動車や高度救命処置用資器材，消防防災ヘリコプター等の整備に対して地方交付税措置等，所要の財政措置を行っている。

⑵救助体制の整備・拡充

交通事故の種類・内容の複雑多様化に対処するため，救助体制の整備・拡充を図り，救助活動が円滑に実施されている。

⑶多数傷者発生時における救助・救急体制の充実

大規模道路交通事故等の多数の負傷者が発生する大事故に対応するため，広域災害・救急医療情報システムなどによる情報の共有や，救護訓練の実施及び消防機関や医療機関等の連携による救助・救急体制の充実が図られている。

⑷自動体外式除細動器（AED）の使用も含めた心肺蘇生法等の応急手当の普及啓発活動の推進

交通事故による負傷者の救命を図り，また，被害を最小限にとどめるためには，救助・救急体制及び救急医療体制の整備・充実に加え，バイスタンダー（事故現場に居合わせた人）による負傷者に対する迅速かつ適切な自動体外式除細動器（AED）の使用も含めた応急手当の実施が重要であり，広く応急手当の普及を図ることが有効である。

このため，運転免許を受けようとする者（指定自動車教習所の卒業証明書を有する者等を除く。）に対して，応急救護処置（交通事故現場においてその負傷者を救護するため必要な応急の処置）に関する講習の受講が義務付けられており，第二種免許を受けようとする者に対して行う応急救護処置に関する講習は，第一種免許に係る講習に比べて高度な内容となっている。また，指定自動車教習所の教習カリキュラムには，応急救護処置に関する内容が盛り込まれている。

消防機関においては，「救急の日」（９月９日）や「救急医療週間」（９月９日を含む一週間）を中心に，「応急手当の普及啓発活動の推進に関する実施要綱」に基づき，一般市民に対する応急手当の普及啓発に努めるとともに，応急手当指導員等の養成や応急手当普及啓発用資器材の整備を推進している。同要綱に基づき令和３年中に行われた応急手当指導員講習（普通救命講習又は上級救命講習の指導に当たる応急手当指導員を養成する講習）の修了者数は7,645名，応急手当普及員講習（事業所又は防災組織等において当該事業所の従業員又は防災組織等の構成員に対して行う普通救命講習の指導に当たる応急手当普及員を養成する講習）の修了者数は8,698名であった。

また，地域住民に対する応急手当普及啓発活動については，普通救命講習受講者数が42万1,240名，上級救命講習受講者数が４万8,912名となっている。

さらに，（公社）日本交通福祉協会は，安全運転管理者，運行管理者等を対象に，実技指導を主体とする交通事故救急救命法教育講習会を全国的に実施した。

⑸救急救命士の養成・配置等の促進

ア　救急救命士制度

重度傷病者が病院若しくは診療所に搬送されるまでの間又は重度傷病者が病院若しくは診療所に到着し当該病院若しくは診療所に入院するまでの間（当該重度傷病者が入院しない場合は，病院又は診療所に到着し当該病院又は診療所に滞在している間）に，重度傷病者の症状の著しい悪化を防止し，又はその生命の危機を回避するために緊急に必要な救急救命処置を行う救急救命士の資格保有者数は，令和4年末現在で，6万9,786人であり，搬送途上の医療の確保が図られている。

また，令和4年4月1日現在，全国の消防機関における救急救命士有資格者数は4万2,495人，うち救急隊員は3万1,762人である。なお，救急救命士の資格を有する救急隊員のうち気管挿管を実施することのできる者は1万5,977人，ビデオ硬性挿管用喉頭鏡を実施することのできる者は7,575人，薬剤投与（アドレナリン）を実施することのできる者は2万8,827人である。また，心肺機能停止前の重度傷病者に対する静脈路確保及び輸液を実施することのできる者は2万7,535人，血糖測定並びにブドウ糖溶液の投与を実施することのできる者は2万7,554人である。

イ　救急救命士資格の取得

救急隊員に救急救命士資格を取得させるための教育訓練は，各都道府県からの出捐金により設立された（一財）救急振興財団の救急救命東京研修所及び救急救命九州研修所や，政令指定都市等が設置している救急救命士養成所において実施されている。また，専門学校や大学においても救急救命士養成課程を設置しているところもある。

⑹救助・救急資機材等の装備の充実

救助工作車，交通救助活動に必要な救助資機材を充実させるとともに，救急救命士等がより高度な救急救命処置を行うことができるよう，高規格救急自動車，高度救命処置用資器材等の整備を推進している。さらに，救急医療機関等へのアクセスを改善するため，高速自動車国道における緊急開口部の整備を推進している。

⑺消防防災ヘリコプターによる救急業務の推進

消防防災ヘリコプターによる救急搬送に関しては，昭和41年に東京消防庁でヘリコプターが導入されて以来実施されているが，平成10年の消防法施行令（昭36政令37）の一部改正，15年の消防組織法（昭22法226）の改正等により，消防防災ヘリコプターによる救急活動のための救急隊員の配備や装備等の基準に加え，都道府県の航空消防隊による市町村消防の支援について，法的根拠を明確にするなど，消防防災ヘリコプターの機動性をいかした，効果的な救急業務の実施を促進している。

⑻救助隊員及び救急隊員の教育訓練の充実

複雑多様化する救助・救急事象に対応すべく救助隊員，救急隊員及び准救急隊員の知識・技術等の向上を図るため，継続的な教育訓練を推進している。

⑼高速自動車国道等における救急業務実施体制の整備

東日本高速道路株式会社，中日本高速道路株式会社，西日本高速道路株式会社及び本州四国連絡高速道路株式会社（以下「高速道路株式会社」という。）並びに関係市町村等は，通信連絡体制の充実を図るなど連携を強化し，高速自動車国道等における適切かつ効率的な人命救護の実施に努めている。

現在，高速自動車国道等の全ての区間について，市町村の消防機関が救急業務を実施しており，沿線市町村においてはインターチェンジ近くに新たに救急隊を設置するなど，高速自動車国道等における救急業務実施体制の充実を図ってきた。このため，高速道路株式会社により，インターチェンジ所在市町村等に対し財政措置が講じられているほか，高速道路等における救急業務に要する経費について，特別交付税が措置されている。

⑽現場急行支援システムの整備

人命救助その他の緊急業務に用いられる車両を優先的に走行させる信号制御等を行い，現場到着時間の短縮及び緊急走行に伴う交通事故防止を図る現場急行支援システム（FAST）の整備を図った。

⑾緊急通報システム・事故自動通報システムの整備

事故発生時等に車載装置，携帯電話等を通じてその発生場所等の位置情報を通報することなどにより，緊急車両の現場到着時間を短縮し，負傷者の早期救出及び事故処理の迅速化を図る緊急通報システム（HELP※）及び事故自動通報システム

※ HELP：Help system for Emergency Life saving and Public safety

（ACN）の普及を図った。また，緊急通報サービスを行う事業者（接続機関）と救援機関の接続環境次第では，交通事故等緊急事態に適切な救助・救急活動が行えなくなる可能性があることから，接続機関が救援機関に自動車からの緊急通報の内容を連絡する際に遵守すべき内容を定めた「接続機関における自動車からの緊急通報の取扱いに関するガイドライン」（平成30年５月策定）の浸透を図り，緊急通報サービスの普及と高度化のための環境を整備した。

３　救急医療体制の整備

⑴救急医療機関等の整備

救急医療機関の整備については，救急隊により搬送される傷病者に関する医療を担当する医療機関としての救急病院及び救急診療所を告示し，医療機関の機能に応じた初期救急，入院救急（二次）及び救命救急（三次）医療機関並びに救急医療情報センターからなる体制の体系的な整備を推進した。

救急病院及び救急診療所は，厚生労働省令に定める基準に基づいて都道府県知事が告示することとなっており，令和３年４月１日現在の救急病院及び救急診療所は，全国で4,078か所である。

ア　救急医療機関の整備

（ア）　初期救急医療機関の整備

初期救急医療体制は，地方公共団体等に設置する休日夜間急患センター及び地域医師会で実施している在宅当番医制からなり，令和３年４月１日現在で，休日夜間急患センターについては，556か所，在宅当番医制については，604地区整備している。

（イ）　入院救急（二次）医療機関の整備

入院治療を必要とする重症救急患者を受け入れる救急医療体制は，二次医療圏（おおむね都道府県を数地区に分割した区域）を単位とする病院群輪番制及び共同利用型病院方式からなり，令和３年４月１日現在で，それぞれ395地区，15か所整備している。

また，入院を要する小児救急医療体制を構築するため，輪番制方式等により夜間・休日に小児救急患者を受け入れる医療機関について，令和３年４月１日現在で，164事業（小児救急医療支援事業），小児救急医療支援事業の実施が困難な複数の二次医療圏から小児重症救急患者を受け入れる小児救急医療拠点病院について，令和３年４月１日現在で，35か所整備している。

（ウ）　救命救急（三次）医療機関の整備

重症及び複数の診療科領域にわたる全ての重篤救急患者の救命医療を担当する24時間診療体制の救命救急センターについては，令和４年６月現在で，300か所整備している。

また，救命救急センターのうち広範囲熱傷，指肢切断，急性中毒等の特殊疾病患者に対応する高度救命救急センターについては，令和４年６月現在で，46か所整備している。

イ　救急医療情報システムの整備

救急医療機関の応需体制を常時，的確に把握し，医療機関，消防本部等へ必要な情報の提供を行う救急医療情報センターについては，令和３年４月１日現在で，40か所整備している。

⑵救急医療担当医師・看護師等の養成等

救急医療を担当する人材を確保するため，救急医療を担当する医師及び看護師を対象に，救急医療に関する講習及び実習を関係団体に委託して実施した。

また，医師の卒前教育・臨床研修において救急医療に関する内容の充実に努めるとともに，看護師養成課程においても，救急医療に関する教育を行っている。

⑶ドクターヘリ事業の推進

救急現場や搬送途上における医療の充実を図るため，ドクターヘリについては，平成19年６月27日に施行された「救急医療用ヘリコプターを用いた救急医療の確保に関する特別措置法（平19法103）」に基づき，普及推進を図っているところであり，令和４年４月現在で，46都道府県，56機のドクターヘリが運航されている。

４　救急関係機関の協力関係の確保等

⑴傷病者の搬送及び傷病者の受入れの実施に関する基準

傷病者の搬送及び受入れの円滑な実施を図るため，消防法（昭23法186）では，都道府県における「傷病者の搬送及び傷病者の受入れの実施に関する基準」（以下「実施基準」という。）の策定，実施基準に関する協議会（以下「法定協議会」という。）の設置が義務付けられている。各都道府県は，法定協議会において実施基準に基づく傷病者の搬送及び受入れの実施状況を調査・検証した上で，その結果を実施基準の改善等に結び付けていくことが望まれる。

⑵メディカルコントロール体制の強化

救急業務におけるメディカルコントロール体制とは，医学的観点から救急救命士を含む救急隊員が行う応急処置等の質を保障する仕組みをいう。具体的には，消防機関と医療機関との連携によって，①医学的根拠に基づく，地域の特性に応じた各種プロトコルを作成し，②救急隊が救急現場等から常時，迅速に医師に指示，指導・助言を要請することができ，③実施した救急活動について，医師により医学的・客観的な事後検証が行われるとともに，④その結果がフィードバックされることを等を通じて，救急救命士を含む救急隊員の再教育等が行われる体制をいう。

消防機関と医療機関等との協議の場であるメディカルコントロール協議会は，各都道府県単位及び各地域単位で設置されており，令和４年８月１日現在において，各地域単位のメディカルコントロール協議会数は250となっている。救急業務におけるメディカルコントロール体制の役割は，当該体制の基本であり土台である「救急救命士等の観察・処置を医学的観点から保障する役割」から，「傷病者の搬送及び受入れの実施に関する基準の策定を通じて地域の救急搬送・救急医療リソースの適切な運用を図る役割」へと拡大し，さらに「地域包括ケアにおける医療・介護の連携において，消防救急･救急医療として協働する役割」も視野に入れるなど，各地域の実情に即した多様なものへと発展しており，今後もメディカルコントロール体制の一層の充実強化が必要である。

第７節 被害者支援の充実と推進

1　自動車損害賠償保障制度の充実等

自動車損害賠償保障制度は，強制保険である自動車損害賠償責任保険及び自動車損害賠償責任共済（以下「自賠責保険」という。），ひき逃げ又は無保険車による事故の被害者に対して損害の塡補を行う政府の自動車損害賠償保障事業（以下「保障事業」という。）により，自動車事故による損害賠償の基本保障を担保し被害者救済を図るための制度である。

また，自動車損害賠償保障法（昭30法97）による自動車事故対策計画に基づき，被害者救済対策事業及び自動車事故発生防止対策事業を実施しており，保険金の支払と相まって被害者保護の増進及び自動車事故発生の防止に大きな役割を担っている。

平成29年度から令和３年度の自賠責保険の支払件数及び総支払額は，それぞれ29.6%，25.4%減少している（第1-22表）。

第1-22表　自賠責保険の保険金・共済金支払件数及び支払額の推移

年度	死亡		傷害		後遺障害		合計	
	支払件数	平均支払額	支払件数	平均支払額	支払件数	平均支払額	支払件数	総支払額
	件	千円	件	千円	件	千円	件	百万円
平成29年度	3,783	24,206	1,134,997	434	51,319	4,137	1,190,099	796,013
30	3,542	23,946	1,097,004	433	49,566	4,130	1,150,112	764,350
令和元年度	3,434	24,008	1,018,274	434	48,158	4,094	1,069,866	721,898
2	3,188	23,895	850,124	448	45,095	4,158	898,407	644,388
3	2,916	25,141	795,637	444	38,837	4,303	837,390	594,023

注　1　全国共済農業協同組合連合会を含む損害保険料率算出機構資料による。
　　2　死亡欄の平均支払額は，死亡に至るまでの傷害を含む金額である。
　　3　後遺障害欄の平均支払額は，後遺障害に至るまでの傷害を含む金額である。
　　4　「支払件数」覧における件数は，１名につき１件として集計したものである。

⑴自動車損害賠償責任保険（共済）の適正化の推進

自賠責保険では，被害者保護の充実が図られるよう，国による死亡等重要事案に関する支払審査のほか，保険会社等による被害者等に対する情報提供措置の義務付け，公正中立な紛争処理機関による紛争処理の仕組みの整備など，被害者を保護する措置がとられている。

これにより，保険金の適正な支払いの確保や，保険金支払いをめぐる紛争の迅速かつ適正な解決による被害者保護の増進を図っているところである。なお，自動車損害賠償保障法に基づく指定紛争処理機関である（一財）自賠責保険・共済紛争処理機構による令和３年度の紛争処理件数は725件となっている。

なお，自賠責保険の保険金限度額は，死亡の場合は3,000万円，介護を要する重度後遺障害者について，常時介護を要する者は4,000万円，随時介護を要する者は3,000万円となっている。

⑵政府の自動車損害賠償保障事業の適正な運用

自賠責保険による救済を受けられないひき逃げや無保険車による事故の被害者に対しては，政府の保障事業が被害者に損害の塡補を行い，その救済を図っている。

この保障事業は，自賠責保険料に組み込まれた賦課金等を財源としており，損害塡補の限度額は自賠責保険と同一である。令和４年度の保障事業による保障金の支払額は，ひき逃げ206件及び無保険69件（計275件）に対し，約２億9,900万円（死亡７人，傷害271人に対してそれぞれ約１億1,100万円及び約１億8,800万円）である。

なお，政府は，この損害の塡補をしたときは，その支払金額を限度として，被害者が加害運転者等に対して有する損害賠償請求権を被害者から代位取得し，政府が被害者に代わって，本来の損害賠償責任者に対する求償を行っている。

⑶無保険（無共済）車両対策の徹底

自賠責保険は自動車の保有者が加入を義務付けられている強制保険であり，車検の際に自賠責保険の加入を確認しているが，車検制度がない原動機付自転車及び軽二輪自動車のみならず，車検対象車両の期限切れによる無保険車事故が発生している。

このため，自賠責制度のPR活動を行い，自賠責制度の必要性・重要性等の認識向上を図るとともに，業界団体等と協力した無保険車両に対する啓発活動や無保険車指導員による街頭での指導，自賠責保険契約期限経過後の更新契約の締結が確認できない原動機付自転車等の保有者に対する契約を促す警告ハガキの発出等による注意喚起を推進し，無保険車両の運行防止を図っている。

⑷任意の自動車保険（自動車共済）の充実等

ア　任意の自動車保険

平成10年７月の保険料率の自由化後，人身傷害補償保険を始め多様な保険商品の開発・導入が進み，補償内容・損害時の対応・保険料水準等について，契約者が自身のニーズにあった保険商品を選択することが可能となっている。

対人賠償保険については，令和３年度に契約された契約金額別構成比が，2,000万円までのもの0.2％，2,000万円を超え5,000万円までのもの0.1％，5,000万円を超え１億円までのもの0.1％，１億円を超えるもの99.6％（うち無制限のもの99.6％）となっている。

なお，令和３年度に自動車保険（任意）の保険金が支払われた死亡事故の賠償額は，第1-23表のとおりである。

イ　任意の自動車共済

任意の自動車保険のほか，消費生活協同組合法（昭23法200）に基づく消費生活協同組合などで任意の自動車共済を実施している。

第1-23表　自動車保険（任意）保険金支払死亡事故賠償額の推移

年　度	死　者　数	平均賠償額
	人	万円
平成29年度	2,008	3,641
30	1,895	3,643
令和元年度	1,871	3,670
2	1,781	3,688
3	1,742	3,787

注注　1　損害保険料率算出機構資料による。
　　　2　任意保険の保険金支払に関係のあったもののみである。したがって，自賠責保険の支払のみで終わったものは含まれていない。

第 1-24 表　都道府県・政令指定都市の交通事故相談所の相談件数の推移

項　　目	29 年度	30 年度	令和元年度	令和２年度	令和３年度
都　道　府　県	37,585	33,637	29,039	22,442	20,529
政 令 指 定 都 市	5,972	5,200	4,507	3,032	2,789
計	43,557	38,837	33,546	25,474	23,318

注　国土交通省資料による。

第 1-25 表　交通事故関係人権相談件数の推移

項　　目	平成 30 年	令和元年	令和２年	令和３年	令和４年
交通事故関係人権相談件数	226	231	133	116	105

注　法務省資料による。

2　損害賠償の請求についての援助等

⑴交通事故相談活動の推進

地方公共団体に設置されている交通事故相談所等の活動を推進するため，研修や実務必携の発刊を通じて相談員の対応能力の向上を図るとともに，関係者間での連絡調整・情報共有のための会議やホームページで相談活動の周知を行うなど，地域における相談活動を支援した。これにより，交通事故被害者等の福祉の向上に寄与した。

なお，都道府県・政令指定都市の交通事故相談所等における相談件数の推移は，第 1-24 表のとおりである。

⑵損害賠償請求の援助活動等の強化

ア　警察による積極的な交通相談

交通事故の被害者及びその家族又は遺族に対する適正かつ迅速な救済の一助とするため，救済制度の教示や交通相談活動の積極的な推進を図った。

イ　法務省における人権相談

法務省は，全国の法務局において人権相談を受け付けている。また，市（区）役所，町村役場，デパート，公民館，公会堂等で特設相談所を臨時に開設している。人権相談においては，交通事故に関するものも含め，広く相談を受け付け，助言や日本司法支援センター（法テラス）への紹介等を行っている（第 1-25 表）。

ウ　日本司法支援センター（法テラス）による各種業務の推進

日本司法支援センター（法テラス）では，交通事故を含めた法的トラブル全般について，法テラス・サポートダイヤル（コールセンター：0570-078374）を始め全国各地の法テラス地方事務所の窓口で問合せを受け付け，解決に役立つ法制度やトラブルの内容に応じた適切な相談窓口等の情報を広く提供しているほか，調停手続や民事裁判等において弁護士・司法書士の費用を支払う経済的余裕がない人々に，無料法律相談や，その費用を立て替える民事法律扶助による援助を行っている。

また，過失運転致死傷などの事件の被害者や遺族などが刑事裁判に直接参加できる「被害者参加制度」について，法テラスでは，経済的に余裕のない被害者参加人であっても弁護士による援助を受けられるよう，国がその費用を負担する「被害者参加人のための国選弁護制度」を運用している。さらに，刑事裁判に出席した被害者参加人に国がその旅費，日当及び宿泊料を支給する「被害者参加旅費等支給制度」も運用している。

令和３年度に，法テラス・サポートダイヤルに寄せられた交通事故に関する問合せ件数は，第 1-26 表，民事法律扶助業務における交通事故関係の援助開始（扶助）決定事件数は，第 1-27 表のとおりである。

エ　（公財）日弁連交通事故相談センターによる交通事故相談活動の強化

（公財）日弁連交通事故相談センターは，弁護士による自動車事故に関する法律相談，示談あっ旋などを無料で行っている。

令和４年度の交通事故相談活動は，第 1-28 表

第1-26表 法テラス・サポートダイヤル問合せ件数（交通事故関係）推移

年　度	全問合せ件数（A）	交通事故に関する問合せ件数（B）	比　率（B)/(A)
	件	件	%
平成29年度	339,344	13,126	3.9
30	362,709	13,450	3.7
令和元年度	395,100	12,765	3.2
2	349,533	11,144	3.2
3	377,753	12,190	3.2

注　日本司法支援センター資料による。

第1-27表 民事法律扶助（交通事故関係）事件数の推移

年　度	援助開始（扶助）決定全事件数（A）	援助開始（扶助）決定交通事故関係事件数（B）	比　率（B)/(A)
	件	件	%
平成29年度	119,048	1,516	1.3
30	119,352	1,370	1.1
令和元年度	115,546	1,109	1.0
2	109,106	993	0.9
3	106,871	848	0.8

注　日本司法支援センター資料による。

第1-28表 （公財）日弁連交通事故相談センターの活動状況の推移

項　目	平成30年度	令和元年度	令和2年度	令和3年度	令和4年度
相談所開設延べ日数（日）	12,019	12,249	11,006	12,240	10,967
相　談　件　数（件）	35,721	36,941	31,407	32,538	36,758
従事弁護士延べ人員（人）	8,790	8,860	7,967	8,960	8,239

注　国土交通省資料による。

第1-29表 （公財）交通事故紛争処理センターの活動状況の推移

（件）

項　目	平成29年度	平成30年度	令和元年度	令和2年度	令和3年度
相　談　件　数	19,620	18,247	17,742	16,145	16,685
和　解　成　立　件　数	6,304	5,837	5,663	4,856	4,964
うち審査手続分	576	568	509	462	511

注　1　（公財）交通事故紛争処理センター資料による。
　　2　相談件数は，新規・再来の合計。

のとおりである（全国156か所の相談所で活動。うち42か所で示談あっ旋を実施。）。

オ　（公財）交通事故紛争処理センターによる交通事故相談活動の強化

交通事故に関する紛争の適正な処理を図るため，嘱託弁護士による法律相談，和解あっ旋及び審査会による審査・裁定業務を無料で行った。

令和3年度の交通事故相談活動は，第1-29表のとおりである（東京本部のほか，札幌，仙台，名古屋，大阪，広島，高松及び福岡の各支部並びにさいたま，金沢及び静岡の各相談室で活動）。

3　交通事故被害者等支援の充実強化

(1)自動車事故被害者等に対する援助措置の充実

ア　国土交通省

国土交通省では，被害者の救済を図るため，次に掲げる業務等を行った。

（ア）　障害の態様に応じたリハビリテーションの機会確保等

自動車事故によって生じる後遺障害には遷延性意識障害，脊髄損傷，高次脳機能障害等，様々な態様が存することを踏まえ，その態様に応じたリハビリテーション等の機会を確保するために必要な支援の充実を図った。

①遷延性意識障害者のリハビリの機会確保

遷延性意識障害者の支援として，国土交通省が短期入院協力病院としている病院の中から意欲的にリハビリ提供している短期入院協力病院を重点支援病院として指定した。

②高次脳機能障害者の社会復帰の促進

高次脳機能障害者の支援として，自立訓練（機能訓練・生活訓練）を提供する事業者のうち，高次脳機能障害を有する者が病院・事業者から地域への生活を円滑に移行するためのサポートの取組に対して補助を行った。

（イ）　介護者なき後を見据えた受入環境整備の促進

自動車事故被害者の介護者なき後の受け皿を整備するため，グループホーム等の新設を支援するとともに，介護人材確保や設備導入等に係る経費の補助を行った（グループホーム等65施設に対し，約２億1,600万円補助した。）。

イ　独立行政法人自動車事故対策機構

独立行政法人自動車事故対策機構（ナスバ）は，被害者の救済を図るため，次に掲げる業務等を行った。

（ア）　介護料の支給

自動車事故により重度の後遺障害を負い，常時又は随時介護を要する被害者に介護料の支給を行った（令和３年度は，後遺障害の程度，介護の状況に応じて4,815人に対し，約38億9,420万円の介護料を支給した。）。また，在宅介護者に対し，短期入院（入所）費用の一部助成等を行った。

（イ）　重度後遺障害者療護施設の運営等

自動車事故による脳損傷の重度後遺障害者に対し，適切な治療及び看護を行う専門病院である療護センター（宮城，千葉，岐阜，岡山），療護施設機能一部委託病床（北海道，神奈川，茨城，石川，愛知（一貫症例研究型委託病床），大阪，愛媛，福岡）の運営等により，重度後遺障害者の専門的治療，看護の機会の拡充を図っている。

昭和59年設置の千葉療護センターを始め，療護センターの経年劣化が進行しており，順次，老朽化対策を講じていくことが必要である。まずは最初に設置され，設置後35年以上が経過している千葉療護センターの老朽化対策の実施に向け，調査・研究を行った。

（ウ）　自動車事故被害者への情報提供体制の整備

ナスバより介護料の支給を受けている在宅の重度後遺障害者やその家族が安心して在宅介護生活を送るために，受給者等の自宅を訪問し介護に関する相談対応や各種情報の提供等を行う訪問支援を実施した（令和３年度は4,091件。）。その他，被害者やその家族との交流会，各種被害者団体との意見交換会への参加等を通じて，被害者やその家族の実情，要望等の把握に努めている。

また，全国の自動車事故による被害者及びその家族等への支援の充実・強化を図るため，各種相談機関の窓口を総合的に案内する相談窓口「ナスバ交通事故被害者ホットライン」において，自動車事故被害者の相談に応じ，情報提供の充実を図っている（令和３年度の相談件数は1,512件。）。

（エ）　貸付業務の実施

自動車事故により死亡した者の遺族又は重度後遺障害が残った者の子弟である中学校卒業までの児童に対する生活資金の無利子貸付業務等を行った。

ウ　（公財）交通遺児等育成基金

（公財）交通遺児等育成基金は，自動車事故によって一家の働き手を失った交通遺児に対し，交通遺児家庭の生活基盤を安定させ，交通遺児の健やかな育成に資するため，交通遺児に支払われた損害賠償金等から拠出された資金を運用し，これに国及び民間からの援助金を加えたものを育成給付金として，交通遺児が満19歳に達するまで，年金方式で支給する交通遺児育成基金事業を実施した。

なお，令和４年度末における加入遺児総数は450人となっている。

エ　交通安全活動推進センター

都道府県交通安全活動推進センターでは，職員のほか，弁護士等を相談員として配置し，交通事故の保険請求，損害賠償請求，示談等の経済的被害の回復に関してだけでなく，交通事故による精神的被害の回復に関しても，交通事故被害者，遺族からの相談に応じ，適切な助言を行った。

⑵交通事故被害者等の心情に配慮した対策の推進

ア　交通事故被害者等に対する情報提供の実施

警察では，ひき逃げ事件，死亡又は全治３か月以上の重傷の被害が生じた交通事故事件，危険運転致死傷罪の適用が見込まれる事件等を中心として，交通死亡事故等の被害者及びその家族又は遺族に対して，捜査への支障を勘案しつつ，可能な限り，事案の概要，捜査経過，被疑者の検挙や運転免許の停止・取消処分等に関する情報を提供するよう努めるとともに，交通事故事件に係る「被害者の手引」，現場配布用リーフレット等の配布や各種相談活動によって，被害者等にとって必要な情報の提供に努めた。

なお，法務省においては，被害者等通知制度により，検察庁，刑事施設，少年院，地方更生保護委員会，保護観察所等が連携し，交通事犯を含めた事件の被害者等からの希望に応じて，事件の処理結果，公判期日，裁判結果，加害者の刑の執行終了予定時期，釈放された年月日，刑事裁判確定後及び保護処分を受けた加害者の処遇状況に関する事項，仮釈放等審理に関する事項等の通知を実施している。

さらに，全国の地方検察庁に被害者支援員を配置し，被害者等からの様々な相談への対応，法廷への案内・付添い，事件記録の閲覧，証拠品の返還などの各種手続の手助けをするほか，被害者等の状況に応じて，精神面，生活面，経済面等の支援を行っている関係機関や団体等を紹介するなどの支援活動を行うとともに，犯罪被害者等の保護・支援のための制度について分かりやすく説明したパンフレットを検察庁に備え付けるなどの支援業務を行った。また，全国の保護観察所に被害者担当官及び被害者担当保護司を配置し，被害者等からの相談に応じて，仮釈放等審理における被害者等の意見等聴取制度など更生保護における被害者等のための制度の利用の手助けをするほか，必要な関係機関等を紹介するなどの相談・支援を実施している。

このほか，被害者等に対する不起訴事件記録の開示について，被害者等が民事訴訟等において被害回復のための損害賠償請求権その他の権利を行使する目的である場合のほか，被害者参加制度の対象となる事件の被害者等については，「事件の内容を知ること」などを目的とした場合でも，一定の範囲内で閲覧することができるよう，弾力的な運用を行うこととしている。

また，国土交通省公共交通事故被害者支援室においては，関係者からの助言を得ながら，外部の関係機関とのネットワークの構築，公共交通事業者による被害者等支援計画作成の促進等，公共交通事故の被害者等への支援の取組を着実に進めた。

イ　交通事故被害者等の声を反映した講習等の推進

運転免許に関する各種講習において，被害者の手記等を盛り込んだ視聴覚教材を活用するほか，被害者等の講話を取り入れるなどにより，講習において被害者等の声を反映させ，交通事故の悲惨さを受講者に効果的に理解させる施策の推進を図っている。また，被害者等の手記を取りまとめた資料等については，交通安全講習会等で配布し，交通事故の悲惨さの紹介に努め，交通事故の惨状等に関する国民の理解増進を図っている。

ウ　交通事故被害者サポート事業の実施

交通事故被害者等の支援の充実を図ることを目的として「交通事故被害者サポート事業」を行い，令和４年11月には「交通事故で家族を亡くした子供の支援に関するシンポジウム」を熊本県内において，ライブ配信及びオンデマンド配信を併用して開催し，交通事故で家族を亡くした子供に焦点を当て，専門家による対応事例の紹介や講演，交通事故で家族を亡くした遺族による体験談の発表等を実施した。

また，被害者等の回復のための自助グループ活動を促進する自助グループ運営・連絡会議，自治体担当者や警察，教育委員会等の関係団体間の連携強化を図るための意見交換会についてもウェブ会議により実施した。

(3)公共交通事故被害者等への支援

公共交通事故による被害者等への支援の確保を図るため，国土交通省に設置した公共交通事故被害者支援室では，被害者等に対し事業者への要望の取次ぎ，相談内容に応じた適切な機関の紹介などを行うこととしている。

令和４年度は，公共交通事故発生時には，被害者等へ相談窓口を周知するとともに被害者等からの相談に対応した。また，平時には，支援に当たる職員に対する教育訓練の実施，外部の関係機関とのネットワークの構築，公共交通事故被害者等支援フォーラムの開催，公共交通事業者による被害者等支援計画の策定の働き掛け等を行った。なお，平成28年１月に発生した軽井沢スキーバス事故について，継続的に遺族会との意見交換会を開催するなどの対応を実施した。

自動車事故被害者救済対策の充実について

令和４年６月，自動車事故被害者支援等を安定的・継続的に行うため，自動車損害賠償保障法（自賠法）が改正された。国土交通省に設置された，事故被害者団体や自動車ユーザー団体等で構成される「今後の自動車事故対策勘定のあり方に関する検討会」で，被害者支援等のために自賠責保険料の一部として自動車ユーザーが負担する賦課金の額等について，継続して検討を行い，令和５年２月に最終とりまとめを行った。「最終とりまとめ」では，被害者への支援制度の情報が確実に被害者の手元に届くように，被害者等へのアウトリーチに関する取組をより一層強化するほか，自動車ユーザーへ新たな負担を求めることから，これまで以上の積極的な情報発信や丁寧な説明の実施など，自動車ユーザーの理解を得るための不断の取組を徹底すべきとされた。

被害者等へのアウトリーチの強化

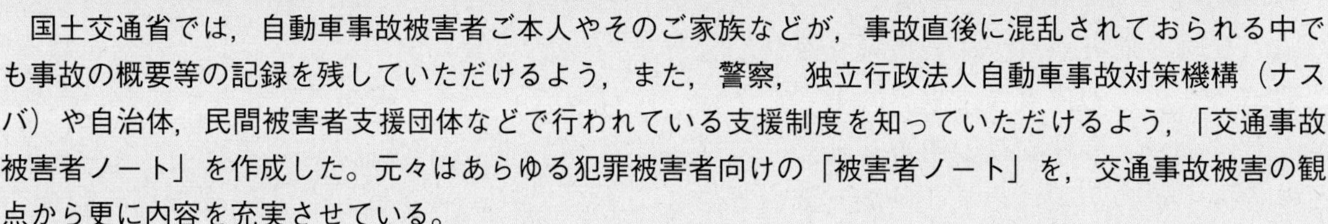

国土交通省では，自動車事故被害者ご本人やそのご家族などが，事故直後に混乱されておられる中でも事故の概要等の記録を残していただけるよう，また，警察，独立行政法人自動車事故対策機構（ナスバ）や自治体，民間被害者支援団体などで行われている支援制度を知っていただけるよう，「交通事故被害者ノート」を作成した。元々はあらゆる犯罪被害者向けの「被害者ノート」を，交通事故被害の観点から更に内容を充実させている。

令和４年12月より国土交通省及びナスバのウェブサイトにてPDFデータの配布を開始したほか，全国の都道府県にある犯罪被害者の方向けの総合的対応窓口等にて冊子の配布を行っており，「交通事故被害者ノート」が，必要とする事故被害者の方々のお手元に届き，不安の解消やサポートにつながるよう，周知に取り組んでいく。

※ PDFデータは，以下よりダウンロードいただけます。
・自賠責保険ポータルサイト
（URL:https://www.mlit.go.jp/jidosha/jidoshajiko.html）
・ナスバ（独立行政法人自動車事故対策機構）
（URL:https://www.nasva.go.jp）

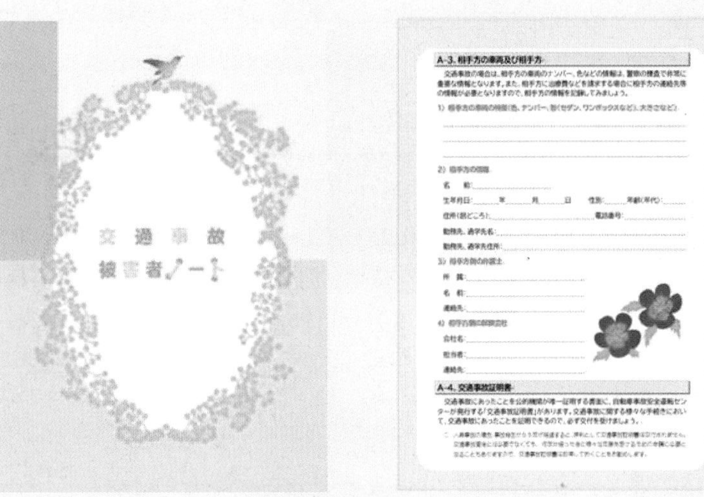

交通事故被害者ノート

自動車事故被害者支援等に関する理解促進の取組

令和５年４月から自賠責保険料の一部として設けられる賦課金について，自動車事故による被害者支援や事故防止対策について，現状の課題や賦課金の使途について知っていただき，必要性などを簡潔に分かりやすく伝えるためのポータルサイトを，令和５年２月に開設した。

今後，随時内容を更新していく予定であり，自動車事故被害者支援に対する自動車ユーザーの理解を得るための不断の努力も行っていく。

※「自賠制度特設サイト」のURL・二次元コード
https://www.mlit.go.jp/jidosha/jibaiseki/

「交通事故で家族を亡くした子供の支援に関するシンポジウム」の開催について

警察庁では，交通事故被害者等が，つらい体験や深い悲しみから立ち直り，回復に向けて再び歩み出すことができるような環境を醸成し，交通事故被害者等の権利・利益の保護を図ることを目的とした「交通事故被害者サポート事業」を実施している（平成28年４月１日，内閣府から警察庁に業務移管。）。

本事業では，交通事故で家族を亡くした子供の支援について広く情報発信するため，一般の方も聴講が可能な「交通事故で家族を亡くした子供の支援に関するシンポジウム」を開催しており，令和４年度は「交通事故できょうだいを亡くした子供の支援」をテーマとし，専門家による講演や対応事例の紹介，交通事故できょうだいを亡くした遺族による体験談の発表等を熊本県で実施した。同時に，ライブ配信及びオンデマンド配信も実施した。

シンポジウムのポスター

・武庫川女子大学准教授　大岡由佳氏による講演
・グリーフサポートやまぐち代表　京井和子氏による対応事例の紹介

シンポジウムの開催状況

大岡氏は，「交通事故で家族を亡くした子供のためのトラウマインフォームドな社会づくり」と題して講演を行った。被害者は当事者だけでなく，家族，親戚も被害者であるとし，トラウマについて十分に知識を持って関わっていく「トラウマインフォームドケア」が大切であると示し，トラウマインフォームドケアにおける「トラウマ」とはどのようなものであるか，どのように受け止めながら対応することができるかについて，具体例を交え説明した。まずは，「本人や周囲のトラウマの影響を理解する」ことであり，「トラウマのサインに気づく」ことが大切であるとした。続いて，「トラウマインフォームドケアの実践」をするための対応の視点の持ち方やトラウマインフォームドな聞き方を具体的に説明した。最後に，「再トラウマ化を予防する」ためには，どのような対応が望ましいかを説明し，私達一人ひとりがトラウマインフォームドの発想を持ち，社会全体として「トラウマインフォームドな社会づくり」に関わる必要があることを示した。

京井氏は，「きょうだいを亡くした交通事故被害者等への支援事例」と題し，自身も交通事故被害者遺族として関わってきた支援活動より，きょうだいを亡くしたきょうだいへの支援事例について紹介した。事例紹介を通して，支援団体だけでなく，様々な大人や専門分野の人達が関わることがとても大事であることを述べた。また，親にはサポートがあってもきょうだいを亡くした子供達にはサポートが無いため，子供達の抱えている生きづらさや悩みを大人達が受け止めることが子供達を守ることであること，比較しない，決めつけないことが大事であることを示した。同じ境遇の人と接する場，思いを吐き出す機会を作り，誠実な関心を示してそばで見守り続けることが必要であると述べた。

- **交通事故できょうだいを亡くした遺族４名による体験談の発表**
- **質疑応答**

コーディネーター：令和４年度交通事故被害者サポート事業検討会委員，飲酒・ひき逃げ事犯に厳罰を求める遺族・関係者全国連絡協議会幹事　井上郁美氏

専門家　　　　　：令和４年度交通事故被害者サポート事業検討会座長，元同志社大学教授，現同大学研究開発推進機構嘱託研究員　川本哲郎氏

交通事故できょうだいを亡くした遺族４名が当時の体験談や必要な支援等について発表を行った。その後，井上氏がコーディネーターを務め，意見交換，参加者からの質問への回答を行った。

松本氏 ― 平成 15 年（当時 14 歳），兄を交通事故で失う

事故の連絡を受け，父と母と私の３人で病院に向かいました。母はあまりのショックに倒れてしまい，父は事務手続のため私のそばからいなくなり，私一人だけがその場にいる状況になり，周囲への連絡，警察からの「ひき逃げ事件」という言葉など，私の中ではすでに情報過多な状況でした。

子供を失った悲しみで以前の姿がない親を目の当たりにし，自分を気に掛けてほしいとは絶対に思ってはいけない，自分が我慢することで母が救われるならその選択をするという気持ちでした。

当時の住環境に自分の空間はありませんでした。兄にお線香を上げに毎日訪問者があり，自分の生活が他人に丸見えなのが恥ずかしく，耐えがたい環境でした。性格も，事故前と事故後では 180 度変わってしまったとすごく感じます。当時，寄り添ってくれる支援者の存在があったなら，一時的にでもその環境から逃げることができたかもしれない，と今でも考えます。

竹山弦伸氏，佳克氏 ― 平成 28 年（当時８歳，６歳），弟を交通事故で失う

私の目の前で事件は起こりました。弟が手を挙げて広域農道を私の方に向かって渡って来ようとしていました。すると右側から走ってきた白い車と共に，弟は目の前からいなくなりました。自分がしっかりとしていたら，弟は死なずに済んだのではないかと，今でも想う事があります。

父は，自分の交通指導員としての制服姿が，すれ違うドライバーさん達の「心のブレーキ」になってほしいとよく話をしています。弟の事故の事を記憶に残して，思い出してもらえれば，交通事故は他人事ではないのだと想えるはずです。

「交通事故は一瞬の出来事です」。いつ，誰が，どこで起こすか，そして誰が被害者になるのかも分かりません。「思いやりと譲り合い，そして助け合い」の心を交通安全運動に取り組みながら，鍛えて行きたいと想います。（『私の交通安全運動　四歳のままの弟』野津原中学校三年・竹山弦伸）

中江龍生氏 ― 平成 24 年（当時 27 歳），妹を交通事故で失う

当時，何か変えることができるのではないかという思いで活動していました。しかし家に帰ると，生活にすっぽり穴が空いたようで，「現実じゃなくて夢ならいいのに」と何度も思いました。友人とも距離を置くようになり，近所からは「そんな活動をして何か意味があるのか」と言われ，ネットには言われのないことを書かれました。「なぜ，こんな目に遭わなくてはいけないのか」「活動することはいけないことなのか」という思いでした。そのような時，自分の周りには，理解してくれる人も相談する相手もいませんでした。出会った多くの人から，「お父さん，すごく頑張ってるから支えてあげて」と言われ，私は，陰で父を支えようと必死でしたが，そのうち，「私の立場は何なんだろう」「私を支えてくれる人は誰なんだろう」と，とても悲しい気持ちになりました。

その中で，兄弟姉妹を亡くした人だけで話ができる場所に出会い，たくさん話をし，気持ちを共有することができました。全国的に，兄弟姉妹だけで話し合える場所が増えればよいと思います。

第８節 研究開発及び調査研究の充実

1　道路交通の安全に関する研究開発及び調査研究の推進

⑴内閣府本府関係の調査研究

国民の交通安全に対する理解を深めるとともに，今後の交通安全対策の重点化・効率化を図るため，交通事故の被害・損失の経済的分析に関する調査研究を実施した。

⑵警察庁関係の研究

ア　交通規制データベースを活用した効果的な交通安全対策に関する研究

横断歩道，信号機，一時停止規制等による，交通事故抑止効果の時間的推移及び空間的な波及範囲を把握するために，地理情報システムを活用した交通事故の分析システムを構築した。

イ　妨害運転の防止を目的とした指導法に関する研究

妨害運転に代表される攻撃的な運転行動を防止するための指導方法を研究した。国内外の先行研究の調査，妨害運転の事件資料の分析，処分者講習受講者への調査を行った結果から，認知行動モデルに基づくディスカッション指導プログラムを作成した。

ウ　交通事故の実態把握に資する自動運転車両の走行記録装置に関する研究

自動車基準調和国際フォーラム（WP29）において自動運転レベル３～４を対象に作動状態記録装置（DSSAD）及びイベントデータレコーダ（EDR）の国際基準が成立した。そこでDSSADとEDRの技術要件から推定される交通事故鑑定の精度及び適用限界について検証した。

⑶総務省関係の研究

電波を用いた自動運転・安全運転支援等を目的とするV2X用通信システムについて，国際的に検討が進められている周波数帯（5.9GHz帯）を用いた新たなV2X用通信システムに係る通信プロトコルを始めとする通信要件などに関する技術的検討を行った。

⑷文部科学省関係の研究

国立研究開発法人防災科学技術研究所は，各種気象レーダーを活用したゲリラ豪雨・強風の新しい検知・予測技術，集中的な豪雪を監視するシステム，路面雪氷状態の分布を把握する技術，大雪・吹雪・雪崩・着雪等の雪氷災害を予測するシステムとハザードマップ作成技術の開発を行った。

⑸国土交通省関係の調査研究

ア　国土交通省本省の調査研究

（ア）　道路空間の安全性向上に資する検討

交通事故が集中している箇所や原因の特性を明確化し，効果的・効率的な交通安全対策を検討するため，過去の事故データ等を経年的に整理し，事故が発生した道路の特徴と交通事故との関係などについて分析等を実施した。

（イ）　安全運転の支援

令和３年度より開始した第７期先進安全自動車（ASV）推進計画において，近年の事故実態や技術の動向を踏まえ，産学官連携の下，「自動運転の高度化に向けたASVの更なる推進」を基本テーマに掲げ，①ドライバーの操作ミス又は認知ミスによる明らかに誤った操作に対して，システムの安全操作を優先する安全技術，②車両間の通信により，見通しの悪い交差点での出会い頭の事故等を防止する安全技術，③歩行者等の交通弱者と通信を行い，交通弱者が被害者となる事故を防止する安全技術等がより安全に寄与する事故形態の検討を行った。

イ　国土技術政策総合研究所の研究

（ア）　高度道路交通システムに関する研究開発

最先端のICTを活用して人・道路・車両を一体のシステムとして構築するITSに係る研究開発を行うとともに，これまで開発・普及してきた各種ITSシステムの共通的な基盤の構築，国内ITS技術の国際標準化の推進等を積極的に行った。

①　道路交通情報提供・収集の高度化

高精度な道路交通情報の提供・収集のため，プローブ情報の収集及びプローブ情報の活用による道路交通情報提供の高度化を図る研究開発を行った。また，ETCのほか，渋滞回避支援や安全運転支援に関する情報提供を行うETC2.0サービスを推進するなど，着実な取組を実施した。

②　安全運転の支援

全国の高速道路上に設置された約1,800か所の路側機を活用し，画像や音声を用いた前方障害物情報提供などの様々な安全運転支援を行うETC2.0サービスを推進するなど，着実な取組を実施した。

③　国際標準化の推進等

効率的なアプリケーション開発，国際貢献，国内の関連産業の発展等を図るため，ISO等の国際標準化機関において，国内のITS技術の国際標準化を推進するとともに，既存の国際標準との整合を図った。さらに，国際会議で情報交換を行うなど，国際協調活動を推進した。

（イ）　道路空間の安全性向上に資する研究

交通安全対策のより効果的，効率的な実施に資するために，PDCAサイクルに基づく交通事故対策マネジメントの効率化に関する研究，交通事故対策の事故削減効果分析に基づく効果的な事故対策の推進に関する研究，安全・安心な自転車通行空間の設計・整備に関する研究，科学的分析に基づく生活道路の交通安全対策に関する研究を実施した。

ウ　気象庁気象研究所等の研究

道路交通の安全に寄与する気象情報等の精度向上を図るため，気象庁気象研究所を中心に，気象・地象・水象に関する基礎的及び応用的研究を行っている。主な研究は，以下のとおりである。

（ア）　台風・集中豪雨等対策の強化に関する研究

気象災害を防止・軽減するために，予報・警報等の防災気象情報を避難等防災活動の早期準備や迅速・的確な実施に対して一層活用可能なものにしていくことを目的として，台風・集中豪雨等の災害をもたらす現象に対する観測・解析技術及び予測技術の高度化に関する研究を行った。

（イ）　地震・津波・火山対策の強化に関する研究

地震，津波及び火山に関する防災情報をより的確なものとし，それらによる災害を，防止・軽減するために，地震活動及び火山活動をより的確に観測・解析する技術を開発するとともに，地震動，津波及び火山噴火の予測技術の高精度化を進めた。

エ　独立行政法人自動車技術総合機構の研究

（ア）　自動運転車両に求められる機能要件に関する研究

ドライバーの運転する車両と混在して円滑かつ安全・安心に走行するため，ドライビングシミュレーターを活用し，自動運転車両に求められる機能要件を検討した。

（イ）　自動運転車両における電子制御装置の安全性・信頼性評価の研究

自動運転車両のセンシング機能について分析し，その正確性並びに誤認知が生じる場面及び条件を体系的に整理するなど，自動運転システムの安全性・信頼性評価に関する研究を実施した。

オ　国立研究開発法人土木研究所の研究

（ア）　積雪寒冷地における道路・舗装構造等に関する研究

冬期路面対策として，機械学習等を用いて気象，交通，道路条件等と冬期走行環境，走行速度や時間信頼性の関係性を分析し，冬期走行環境，走行速度や時間信頼性の推定精度向上の検討及び凍結防止剤散布支援技術の設計を行った。

（イ）　積雪寒冷地における重大事故防止に関する研究

冬期交通事故について，画像認識等の技術によるビッグデータ解析を活用し，冬期事故のリスク要因の評価方法の開発を行った。また，吹雪時にドライバーの判断を支援する視程障害予測技術の精度向上や吹雪対策施設の性能向上に関する検討を行った。

⑹厚生労働省関係の研究

交通事故被害者も含めた，PTSD等持続的な精神的後遺症を持つ者に対する治療法の研究を実施するとともに，PTSD等に適切に対応できる医療従事者等の人材を育成する研修を実施した。

2　道路交通事故原因の総合的な調査研究の充実強化

道路交通法の交通事故調査分析センターの指定を受けている（公財）交通事故総合分析センターは，官民それぞれが実施する交通安全対策をより一層効果的なものとし，安全で快適な交通社会の実現に寄与するため，交通事故と人・道・車に関する各種の分析・調査研究を行った。

同センターでは，交通事故，運転者，道路，車両等に関する各種データを統合したデータベースを作成し，幹線道路において事故が多発している地点を抽出するなど，交通安全対策に直結する多角的な統計分析を行った。

交通事故の原因をより総合的かつ科学的に検討するために，実際の交通事故現場への臨場や医療機関との連携による事故例調査を全国で実施しており，マクロ，ミクロ両面からの総合的な交通事故分析・調査研究を進めた。

第2部 鉄道交通

第1章 鉄道交通事故の動向

1 近年の運転事故の状況

鉄道交通における運転事故※は，平成14年に852件であったものが，24年には824件，令和4年には558件となっており，長期的には減少傾向にある（第1-44図）。

事故種類別の運転事故発生状況は，第1-30表のとおりであり，人身障害が半数を超えている。

運転事故による死者数は，第1-44図のとおりであり，乗客の死者数はゼロであった。平成17年に発生したJR東日本羽越線列車脱線事故以降，運転事故による乗客の死者は発生していない。

第1-44図 運転事故の件数と死傷者数の推移

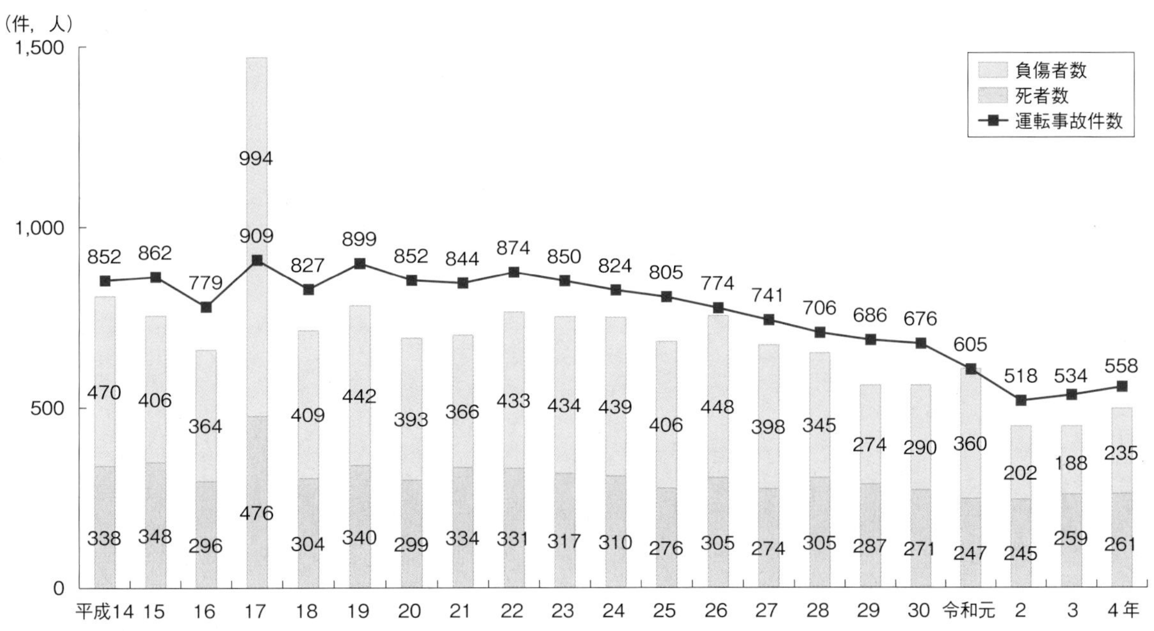

注 1 国土交通省資料による。
2 死者数は24時間死者。

第1-30表 事故種類別の運転事故の発生状況

（令和4年）

区分		列車事故				その他の事故					合計
		列車衝突	列車脱線	列車火災	小計	踏切障害	道路障害	人身障害	物損	小計	
件数（件）		3	9	0	12	190	30	320	6	546	558
		0.5%	1.6%	0.0%	2.2%	34.1%	5.4%	57.3%	1.1%	97.8%	100.0%
死傷者（人）		7	8	0	15	134	17	330		481	496
		(0)	(0)	(0)	(0)	(86)	(0)	(175)		(261)	(261)

注 1 （ ）内は，死亡者で死傷者の内数である。
2 踏切障害とは，踏切道において列車又は車両が道路を通行する人又は車両等と衝突し，又は接触した事故のうち列車事故に至らなかったもの。
3 道路障害とは，踏切道以外の道路において，列車又は車両が道路を通行する人又は車両等と衝突し，又は接触した事故のうち列車事故に至らなかったもの。
4 人身障害とは，列車又は車両の運転により人の死傷を生じた事故をいう（列車事故，踏切障害及び道路障害を除く）。
5 物損とは，列車又は車両の運転により500万円以上の物損を生じた事故をいう（列車事故，踏切障害，道路障害及び人身障害を除く）。

※運転事故
列車衝突事故，列車脱線事故，列車火災事故，踏切障害事故，道路障害事故，鉄道人身障害事故及び鉄道物損事故をいう。なお，軌道の運転事故は，鉄道運転事故と同様に定義する。

第 1-45 図 踏切事故の件数と死傷者数の推移

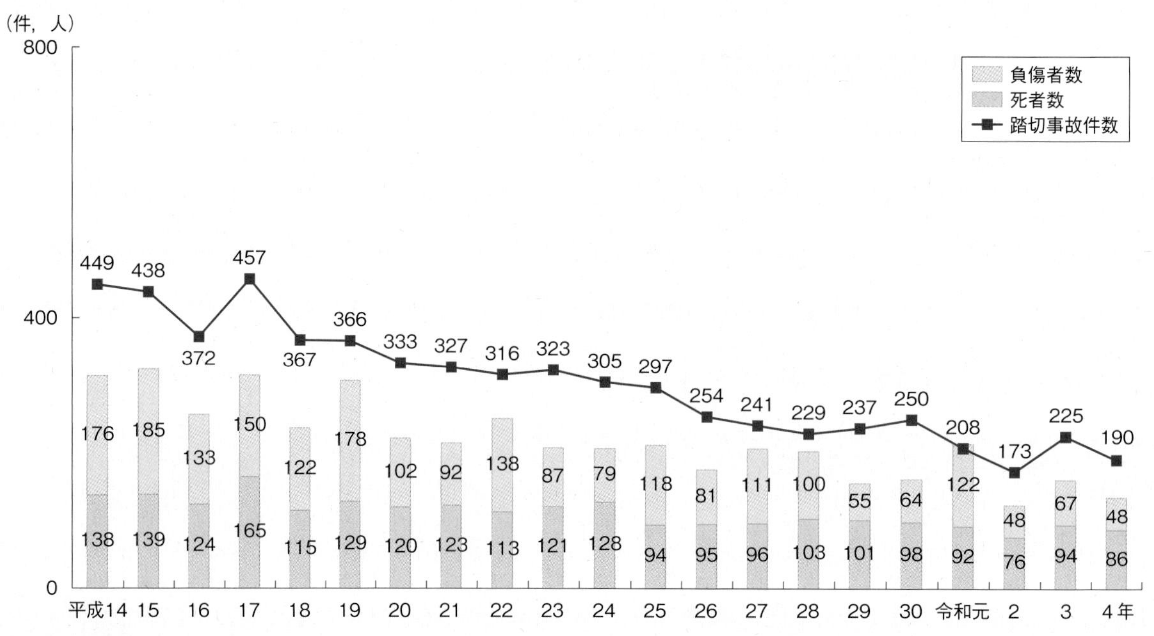

注　1　国土交通省資料による。
　　2　死者数は 24 時間死者。

2　令和４年中の列車事故の状況

列車事故（運転事故のうち列車衝突事故，列車脱線事故及び列車火災事故をいう。）は，第 1-30 表のとおりである。

3　令和４年中の踏切事故の状況

踏切事故※は，踏切保安設備の整備等により，平成 14 年に 449 件であったものが，24 年には 305 件，令和４年には 190 件となっており，長期的には減少傾向にある（第 1-45 図）。

衝撃物別の踏切事故発生件数は，第 1-46 図のとおりであり，歩行者による事故件数が約半数を占めている。

また，第１種踏切道での事故件数が約９割を占めているが，踏切道 100 か所当たりでは第１種踏切道が第３，４種踏切道の合計件数より少なくなっている（第 1-31 表）。

第 1-46 図 衝撃物別踏切事故発生件数（令和４年）

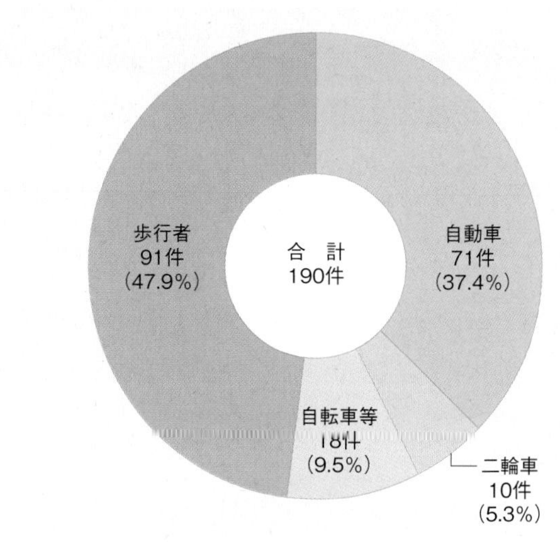

注　国土交通省資料による。

※踏切事故
　列車事故のうち，踏切道において，列車又は車両が道路を通行する人又は車両等と衝突し，又は接触した事故及び踏切障害事故をいう。

第 1-31 表　踏切道種別の踏切事故発生件数

（令和４年）

踏切道	踏切道数	構成率（踏切道）	事故件数	100 か所当たりの事故件数
	か所	%	件	件
第１種	29,473	90.6	166	0.56
第２種	—	—	—	—
第３種	612	1.9	6	0.98
第４種	2,455	7.5	18	0.73
計	32,540	100.0	190	0.58
（参考）第３，４種　計	3,067	9.4	24	0.78

注　1　国土交通省資料による。
　　2　踏切道種別は，次による。
　　　第１種　自動遮断機が設置されている踏切道又は踏切保安係が遮断機を操作している踏切道
　　　第３種　遮断機はないが警報機が設置されている踏切道
　　　第４種　踏切保安係もおらず，遮断機も警報機も設置されていない踏切道
　　　第２種については，現在設置されているものはない。
　　3　踏切道数は，令和３年度末の数字である。
　　4　100 か所当たり件数とは，踏切道 100 か所当たりの踏切事故件数である。

4　人身障害事故の発生状況

令和４年の人身障害事故は，320 件で前年比 20.3％増，死者数は 175 人で前年比 6.1％増であった（第 1-30 表）。このうちホームから転落して又はホーム上で列車と接触して死傷する事故（ホーム事故）は，増加したものの，平成 30 年以降減少傾向にある（第 1-47 図）。

なお，ホーム事故のうち，酔客による事故件数は 47 件で，全体の約 44.0％を占めている。

5　令和４年中の鉄道交通における重大事故の発生状況

令和４年３月 16 日に JR 東日本の東北新幹線福島駅～白石蔵王駅間において，福島県沖で発生した地震により列車のうち 16 両が脱線し，乗客６名が負傷した（第 1-32 表）。

第 1-47 図　ホーム事故の件数と死傷者数の推移

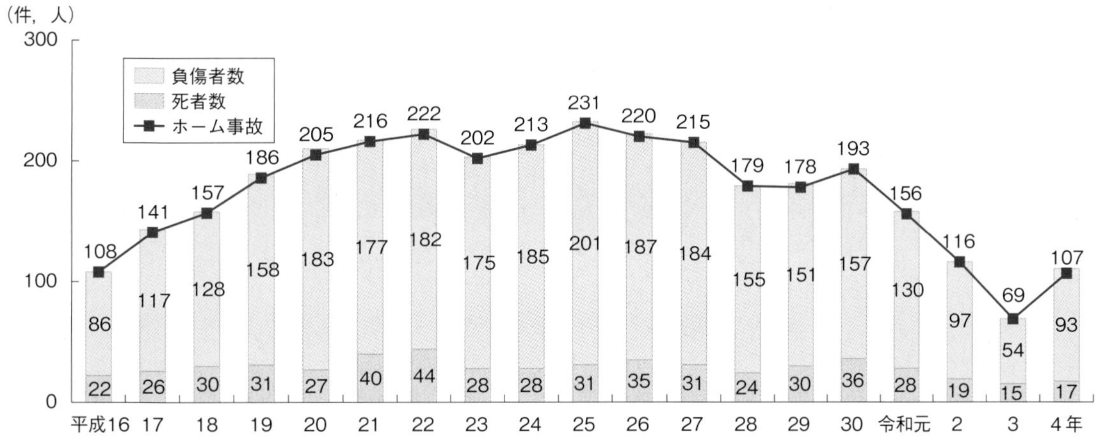

注　1　国土交通省資料による。
　　2　死者数は 24 時間死者。

第 1-32 表　重大事故一覧

発生月日	事業者名	線名・場所	事故種類	死傷者数	脱線両数	主原因及び概要
3/16	東日本旅客鉄道	東北新幹線 福島駅～白石蔵王駅間	列車脱線事故	６人 （０人）	16 両	福島県沖で発生した地震の影響による。

注　1　国土交通省資料による。
　　2　重大事故とは，死傷者が 10 名以上又は脱線両数が 10 両以上生じた事故をいう。
　　3　死傷者数の（　）内は，死亡者で死傷者の内数である。

第2章 鉄道交通安全施策の現況

第1節 鉄道交通環境の整備

1 鉄道施設等の安全性の向上

鉄道交通の安全を確保するためには，基盤である線路施設について常に高い信頼性を確保する必要があり，土砂崩壊，落石，雪崩等による施設の被害を防止するため，防災設備の整備を促進するとともに，鉄道事業者に対し，適切な保守及び整備を実施するよう指導した。

2 鉄道施設の老朽化対策の推進

鉄道事業者に対して，予防保全の観点から構造物の定期検査の実施，それに基づく健全度の評価を行い，適切な維持管理を行うよう指示するとともに，人口減少が進み経営状況が厳しさを増す地方の鉄道事業者に対して，鉄道施設の長寿命化に資する補強・改良に対する支援等を行った。

3 鉄道施設の豪雨対策の強化

近年，頻発化・激甚化する豪雨災害に適切に対応するため，河川に架かる鉄道橋梁の流失等防止対策や鉄道に隣接する斜面からの土砂流入防止対策といった豪雨対策を推進した。

4 鉄道施設の地震対策の強化

首都直下地震や南海トラフ地震等の大規模地震に備え，多くの鉄道利用者の安全確保や，一時避難場所としての機能の確保等を図るため，主要駅や高架橋等の耐震対策を推進した。この結果，首都直下地震又は南海トラフ地震で震度6強以上が想定される地域等に存在する主要鉄道路線の耐震化率について，おおむね100％を達成した。

5 駅ホームにおける安全性向上のための対策の推進

駅ホームの安全性向上については，ホームドア整備の前倒しや駅員による誘導案内などハード・ソフト両面からの転落防止対策を推進している。このうちホームドアについては，交通政策基本計画（令和3年5月28日閣議決定）及び移動等の円滑化の促進に関する基本方針（2年12月25日）に基づき，7年度までに，優先度が高い3,000番線，うち平均利用者数が10万人／日以上の駅で800番線を整備することとしている。3年度末時点において，駅全体で2,337番線，うち平均利用者数が10万人／日以上の駅で406番線が整備された。また，ホームドアのない駅においても，「新技術等を活用した駅ホームにおける視覚障害者の安全対策について～中間報告～」（3年7月公表）を取りまとめ，引き続きITやセンシング技術等を活用した視覚障害者のホーム転落防止対策について検討している。

6 運転保安設備等の整備

曲線部等への速度制限機能付きATS等，運転士異常時列車停止装置，運転状況記録装置等について法令により整備の期限が定められたもの※の整備については，平成28年6月までに完了したが，整備の期限が定められていないものの整備については引き続き推進した。

※　1時間あたりの最高運行本数が往復10本以上の線区の施設又はその線区を走行する車両若しくは運転速度が100キロメートル毎時を超える車両又はその車両が走行する線区の施設について10年以内に整備するよう義務付けられたもの。

第2節　鉄道交通の安全に関する知識の普及

踏切事故防止について，ポスターの掲示等によるキャンペーンを実施し，学校，沿線住民，道路運送事業者等に対し，踏切道の安全通行や鉄道事故防止に関する知識の普及及び意識の向上を図った。

また，首都圏の鉄道事業者が一体となって，酔客に対する事故防止のための注意喚起を行うプラットホーム事故０（ゼロ）運動等において広報活動を積極的に行い，鉄道の安全に関する正しい知識の浸透を図った。

第3節　鉄道の安全な運行の確保

1　保安監査等の実施

鉄道の安全運行を確保するため，鉄道事業法(昭61法92）等に基づき，鉄道事業者等に対し保安監査を実施した。令和３年度は32事業者に対して計36回実施し，輸送の安全確保の取組，施設及び車両の保守管理，運転取扱い，乗務員等に対する教育訓練等について17事業者に対して文書による行政指導を計18件行い，改善を求めた。また，年末年始の輸送等安全総点検を実施し，鉄道事業者等の安全意識の向上を図った。

2　運転士の資質の保持

動力車操縦者の資質の確保を図るため，動力車操縦者運転免許試験を適正に実施した。また，乗務員の資質が保持されるよう，運転管理者が教育等について適切に措置を講ずるよう指導した。

3　安全上のトラブル情報の共有・活用

主要な鉄道事業者の安全担当者等による鉄道保安連絡会議を開催し，事故等及びその再発防止対策に関する情報共有等を行うとともに，安全上のトラブル情報を関係者間に共有できるよう，情報を収集し，速やかに鉄道事業者へ周知している。さらに，国への報告対象となっていない安全上のトラブル情報について，鉄道事業者による情報共有化を図っている。

4　気象情報等の充実

鉄道交通に影響を及ぼす自然現象について，的確な実況監視を行い，適時・適切に予報・警報等を発表・伝達して，事故の防止及び被害の軽減に努めるとともに，これらの情報の内容の充実と効果的利用を図るため，第１編第１部第２章第３節７(3)（気象情報等の充実）で記載した施策を講じた。また，地震発生時に走行中の列車を減速・緊急停止等させることにより列車転覆等の被害の防止に活用されるよう，鉄道事業者等に対し，緊急地震速報の提供を行っている。

5　大規模な事故等が発生した場合の適切な対応

国及び鉄道事業者における，夜間・休日の緊急連絡体制を点検・確認し，大規模な事故又は災害が発生した際に，迅速かつ的確な情報の収集・連絡を行った。

また，大都市圏，幹線交通における輸送障害等の社会的影響を軽減するため，鉄道事業者に対し，外国人を含む利用者への適切な情報提供を行うとともに，迅速な復旧に必要な体制を整備するよう指導した。

鉄道の津波対策については，南海トラフ巨大地震等による最大クラスの津波からの避難の基本的な考え方（素早い避難が最も有効かつ重要な対策であること等）を踏まえた津波発生時における鉄道旅客の安全確保への対応方針と具体例等を取りまとめており，鉄道事業者における取組を推進している。

6　運輸安全マネジメント評価の実施

平成18年10月より導入した「運輸安全マネジメント制度」により，事業者が社内一丸となった安全管理体制を構築・改善し，国がその実施状況を確認し評価する取組を，令和４年度は63者に対して実施した。

また，令和２年７月に策定，公表した「運輸防災マネジメント指針」を活用し，運輸安全マネジメント評価の中で防災マネジメントに関する評価を実施した。

7　計画運休への取組

大型の台風が接近・上陸する場合など，気象状況により列車の運転に支障が生ずるおそれが予測されるときには，その都度，鉄道事業者に対し，計画運休の実施を含む対応により安全の確保に努めるよう指導した。また，これらの対応に関する情報提供を行うに当たっては，内容・タイミング・方法について留意させるとともに，外国人利用者にも対応するため，多言語案内体制の強化も指導した。

また，鉄道事業者における防災・気象情報の適切な利用を支援するため，国土交通省鉄道局と気象庁の共催による鉄道事業者向けワークショップを開催した。

第４節　鉄道車両の安全性の確保

近年，鉄道における車両の構造・装置は大きく変化し，各分野における科学技術の発達を反映するとともに，高齢者，障害者等に配慮した設計となっている。

最近導入されている車両は，機械的可動部分を削減した装置を採用することにより電子化・無接点化が進み，信頼性と保安度の向上が図られている。

車両の連結部には，プラットホーム上の旅客の転落を防止する安全対策を施した車両の導入を推進している。

また，鉄道車両の品質の改善，生産の合理化等を図ることにより，安全性の向上に寄与することを目的として日本産業規格を整備した。令和３年度末における鉄道部門の日本産業規格数は161件である。

鉄道の車両の検査については，鉄道事業者に対し，新技術を取り入れた検査機器を導入することによる検査精度の向上，鉄道車両への新技術の導入に対応した検修担当者に対する教育訓練の充実及び鉄道車両の故障データ等の科学的分析結果の保守管理への反映が図られるよう指導した。

第５節　踏切道における交通の安全についての対策

1　踏切事故防止対策の現状

踏切道の改良については，踏切道改良促進法（昭36法195）及び第11次交通安全基本計画に基づき，踏切道の立体交差化，構造の改良，歩行者等立体横断施設の整備及び踏切保安設備の整備を推進した。また，平成27年の「高齢者等による踏切事故防止対策検討会」取りまとめを踏まえ，全方位型警報装置，非常押ボタンの整備，障害物検知装置の高規格化等を推進した。これらの諸施策を総合的かつ積極的に推進した結果，令和４年の踏切事故件数は190件で，令和３年と比較して約15.6％減少し，長期的に減少傾向にある。令和４年度は，改正踏切道改良促進法（令３法９）に基づき，改良すべき踏切道として，新たに85か所を指定した。指定した踏切道を始め，課題のある踏切道については，地方踏切道改良協議会を適宜開催し，道路管理者と鉄道事業者が，地域の実情に応じた踏切対策の一層の推進を図った。

令和３年度に改良が図られた踏切道数（これまでに指定した踏切道と道路管理者，鉄道事業者等が自主的に行ったものを含む。）は，第1-33表のとおりである。また，踏切道の統廃合についても，

第1-33表　平成29～令和３年度における踏切道整備実績

（単位：箇所）

年度＼種別	立体交差化	構造の改良	踏切保安設備の整備
平成29	14	211	23
平成30	11	238	39
令和元	17	316	32
令和２	31	269	31
令和３	22	245	31

注　国土交通省資料による。

立体交差化等の事業と併せて実施した。

2　踏切道の立体交差化，構造の改良及び歩行者等立体横断施設等の整備の促進

立体交差化までに時間のかかる「開かずの踏切」等の対策について，早期に安全安心を確保するために構造の改良及び歩行者等立体横断施設の設置等，カラー舗装や駅周辺の駐輪場整備等の一体対策について緊急的に取り組んだ。

また，歩道が狭隘な踏切等における歩行者安全対策についても，踏切道内において歩行者と自動車等が錯綜することがないよう歩行者滞留を考慮した踏切拡幅など事故防止効果が高い構造の改良等を推進した。

さらに，「開かずの踏切」等の遮断時間が特に長い踏切等で，かつ道路交通量の多い踏切道が連担している地区等や主要な道路との交差にかかわるもの等については，抜本的な交通安全対策である連続立体交差化等により，踏切道の除却を促進するとともに，道路の新設・改築及び鉄道の新線建設に当たっても，極力立体交差化を図った。

以上のような立体交差化等の従前の踏切対策に加え，踏切周辺道路の整備等，踏切横断交通量の削減のための踏切周辺対策等の総合的な対策を推進した。

このほか，視覚障害者の踏切内での事故を受け令和４年６月に改定した「道路の移動等円滑化に関するガイドライン」の周知に加え，詳細な仕様や構造の検討を進めるとともに，踏切道におけるバリアフリー対策を推進した。

3　踏切保安設備の整備及び交通規制の実施

踏切道の利用状況，踏切道の幅員，交通規制の実施状況等を勘案して踏切遮断機（踏切遮断機を設置することが技術的に著しく困難である場合は，踏切警報機）を整備しており，その結果，踏切遮断機又は踏切警報機が設置されている踏切道は，令和３年度末には３万85か所（専用鉄道を含まない。）に及んでおり，全体の92.5％である。

自動車交通量の多い踏切道については，道路交通の状況，事故の発生状況等を勘案して必要に応じ，障害物検知装置等，より事故防止効果の高い踏切保安設備の整備を進めた。

また，高齢者等の歩行者対策としても効果が期待できる，全方位型警報装置，非常押ボタンの整備，障害物検知装置の高規格化を推進した。

第1-34表　踏切道における交通規制の実施状況

（令和３年度末現在）

規制種別	踏切種別			計
	１種	３種	４種	
大型車等通行止め	4,940	135	201	5,276
二輪の自動車以外の自動車通行止め	1,960	402	1,033	3,395
車両通行止め	988	147	414	1,549
その他の通行止め	1,342	190	301	1,833
一方通行	366	2	17	385
合計	9,596	876	1,966	12,438

注　警察庁資料による。

さらに，道路の交通量，踏切道の幅員，踏切保安設備の整備状況，う回路の状況等を勘案し，必要に応じ，大型車等通行止め，一方通行等の交通規制を実施するとともに，併せて道路標識等の高輝度化による視認性の向上を図った（第1-34表）。

4　踏切道の統廃合の促進

踏切道の立体交差化，構造の改良等の事業の実施に併せて，近接踏切道のうち，その利用状況，う回路の状況等を勘案して，地域住民の通行に特に支障を及ぼさないと認められるものについて，統廃合を進め，その結果，踏切道の総数は前年度から193か所減少し，令和３年度末で３万2,540か所（専用鉄道を含まない。）となった。ただし，構造の改良のうち踏切道に歩道がないか，歩道が狭小な場合の歩道整備については，その緊急性を考慮して，近接踏切道の統廃合を行わずに実施できることとしている。

5　その他踏切道の交通の安全及び円滑化等を図るための措置

踏切道における交通の安全と円滑化を図るため，必要に応じ，踏切道予告標，情報通信技術（ICT）の導入による踏切関連交通安全施設の高度化を図るための研究開発等を進めるとともに，車両等の踏切通行時の違反行為に対する指導取締りを推進した。

また，平常時の交通安全及び円滑化等の対策に加え，災害時においても，踏切道の長時間遮断による救急・救命活動や緊急物資輸送の支障の発生等の課題に対応するため，改正踏切道改良促進法

の災害時の管理方法の指定制度に基づき，災害時の管理の方法を定めるべき踏切道として令和４年度は新たに191か所を指定した。指定した踏切道については，道路管理者と鉄道事業者が，災害時に長時間遮断が生じないよう，連絡体制や優先開放の手順等の管理方法の策定に向けた協議を行い，取組を推進した。

第６節　救助・救急活動の充実

鉄道の重大事故等に備え，避難誘導，救助・救急活動を迅速かつ的確に行うため，訓練の充実や鉄道事業者と消防機関，医療機関その他の関係機関との連携・協力体制の強化を図った。

また，鉄道職員に対する，自動体外式除細動器（AED）の使用も含めた心肺蘇生法等の応急手当の普及啓発活動を推進している。

第７節　被害者支援の推進

被害者等の心情に配慮した対策の推進を図った。

特に，大規模事故が発生した場合には，警察，医療機関，地方公共団体，民間の被害者支援団体等が連携を図り，被害者を支援することとしている。

公共交通事故による被害者等への支援の確保を図るため，国土交通省に設置した公共交通事故被害者支援室では，被害者等に対し事業者への要望の取次ぎ，相談内容に応じた適切な機関の紹介などを行うこととしている。

令和４年度は，公共交通事故発生時には，被害者等へ相談窓口を周知するとともに被害者等からの相談に対応できるよう体制を維持した。また，平時の取組として，支援に当たる職員に対する教育訓練の実施，外部の関係機関とのネットワークの構築，公共交通事故被害者等支援フォーラムの開催，公共交通事業者による被害者等支援計画の策定の働き掛け等を行った。

第８節　鉄道事故等の原因究明と事故等防止

1　運輸安全委員会の事故調査状況

運輸安全委員会は，独立性の高い専門の調査機関として，鉄道の事故及び重大インシデント（事故等）の調査により原因を究明し，国土交通大臣等に再発防止及び被害の軽減に向けた施策等の実施を求めているところ，令和４年度中，調査対象となる事故等は，14件発生した。また，同年度中，13件の報告書を公表した。

2　令和４年度に公表した主な事故等

令和３年10月，千葉県北西部を震源とする地震により新交通システムの列車が脱線した事案について，地震の揺れが列車にどのように影響して脱線に至ったか要因の分析を行い，軌道経営者に対し，事故現場付近の施設に，地震動の影響により列車の案内輪が案内軌条に乗り上げないようにする対策を講ずることなどの勧告を行った（令和５年２月公表）。

3　ホームページの検索機能の向上

運輸安全委員会では，１万6,000件余りの報告書をホームページで公開しているところ，目的の報告書をより探しやすくするために，検索機能を向上させ，鉄道分野においては，「踏切区分」，「人の死傷」を検索条件に追加するとともに，検索条件が一つしか選択できなかったものについて，複数選択ができるよう改善を行った。

第９節　研究開発及び調査研究の充実

1　気象庁気象研究所等の研究

鉄道交通の安全に寄与する気象情報等の精度向上を図るため，気象庁気象研究所を中心に，第１編第１部第２章第８節１⑸ウ（気象庁気象研究所等の研究）で述べた研究等，気象・地象・水象に関する基礎的及び応用的研究を行った。

2　独立行政法人自動車技術総合機構交通安全環境研究所及び（公財）鉄道総合技術研究所の研究

より安全度の高い鉄道システムを実現するための，施設，車両，運転等に関する新技術の評価とその効果予測に関する研究や，事故及び防災・減災に関する試験研究等を行った。

鉄道の計画運休の取組について

近年，気象災害の激甚化・頻発化を踏まえ，社会全体として防災への関心が高まってきている。鉄道における計画運休も，乗客等の安全を守る観点から，こうした防災につながる取組の一つとして実施しており，今日では広く定着したところである。

気象災害に対しては，気象庁等から事前に予測情報（例えば台風情報など）が公表されることから，風速や雨量などの予測値と運転規制の基準値等とを照らし合わせて，列車の運転への支障の可能性を判断することが可能である。運転に支障が生じるおそれがあると判断された場合には，突然の運休による駅での混乱や駅間停車した場合の乗客の閉じ込め等を防止するため，前もって運休を決める，すなわち，計画運休を実施することとしている。

実際に計画運休を実施するに当たり，刻一刻と変わっていく状況に応じた，利用者への情報提供は欠かせないことから，国土交通省と鉄道事業者では，平成 30 年から令和元年にかけて「鉄道の計画運休に関する検討会議」を複数回開催し，対応の考え方を「鉄道の計画運休の実施についての取りまとめ」として整理した。この中で「計画運休・運転再開時における情報提供タイムラインのモデルケース」を作成し，これをもとに各路線の特性に応じた対応をとることとしている（取りまとめ内容の詳細やモデルケースの詳細版については QR コードのリンク先を参照。）。

＜計画運休・運転再開時における情報提供タイムラインのモデルケース（概要版）＞

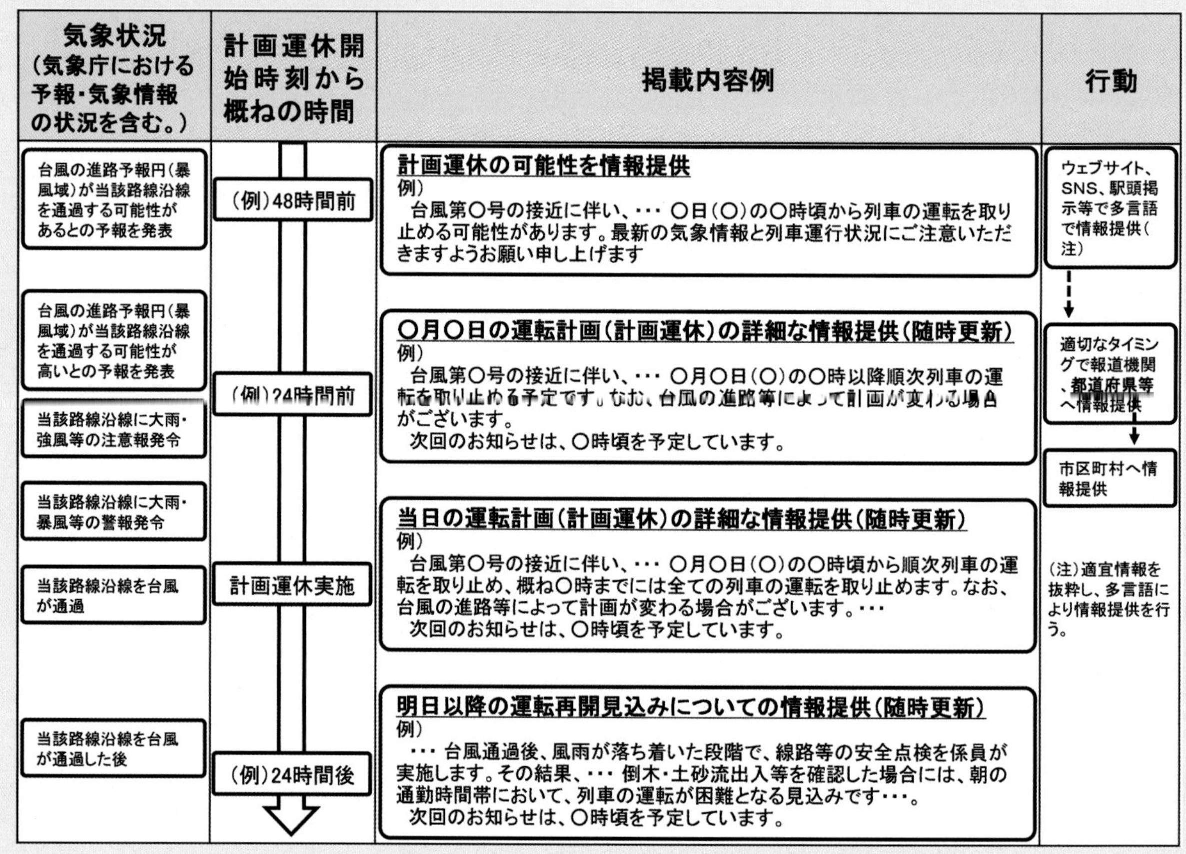

気象状況（気象庁における予報・気象情報の状況を含む。）	計画運休開始時刻から概ねの時間	掲載内容例	行動
台風の進路予報円（暴風域）が当該路線沿線を通過する可能性があるとの予報を発表	（例）48時間前	**計画運休の可能性を情報提供** 例） 台風第○号の接近に伴い、・・・ ○日（○）の○時頃から列車の運転を取り止める可能性があります。最新の気象情報と列車運行状況にご注意いただきますようお願い申し上げます	ウェブサイト、SNS、駅頭掲示等で多言語で情報提供（注）
台風の進路予報円（暴風域）が当該路線沿線を通過する可能性が高いとの予報を発表 当該路線沿線に大雨・強風等の注意報発令	（例）24時間前	**○月○日の運転計画（計画運休）の詳細な情報提供（随時更新）** 例） 台風第○号の接近に伴い、・・・ ○月○日（○）の○時以降順次列車の運転を取り止める予定です。なお、台風の進路等によって計画が変わる場合がございます。 次回のお知らせは、○時頃を予定しています。	適切なタイミングで報道機関、都道府県等へ情報提供 ↓ 市区町村へ情報提供
当該路線沿線に大雨・暴風等の警報発令 当該路線沿線を台風が通過	計画運休実施	**当日の運転計画（計画運休）の詳細な情報提供（随時更新）** 例） 台風第○号の接近に伴い、・・・ ○月○日（○）の○時頃から順次列車の運転を取り止め、概ね○時までには全ての列車の運転を取り止めます。なお、台風の進路等によって計画が変わる場合がございます。・・・ 次回のお知らせは、○時頃を予定しています。	（注）適宜情報を抜粋し、多言語により情報提供を行う。
当該路線沿線を台風が通過した後	（例）24時間後	**明日以降の運転再開見込みについての情報提供（随時更新）** 例） ・・・ 台風通過後、風雨が落ち着いた段階で、線路等の安全点検を係員が実施します。その結果、・・・ 倒木・土砂流出入等を確認した場合には、朝の通勤時間帯において、列車の運転が困難となる見込みです・・・。 次回のお知らせは、○時頃を予定しています。	

「鉄道の計画運休の実施についての取りまとめ」
https://www.mlit.go.jp/report/press/tetsudo08_hh_000096.html

「計画運休・運転再開時における情報提供タイムラインのモデルケース」
https://www.mlit.go.jp/common/001296917.pdf

第2編
海上交通

第2編 海上交通

第1章 海難等の動向

1 近年の海難等の状況

我が国の周辺海域において，交通安全基本計画の対象となる船舶事故隻数の推移をみると，第9次交通安全基本計画期間（平成23～27年度）の年平均では2,256隻であったものが，令和4年では1,875隻となっており，約2割減少した（第2-1図）。船舶種類別では，プレジャーボート，漁船，貨物船の順で事故隻数が多く，小型船舶（プレジャーボート，漁船及び遊漁船※）の事故隻数は，全体の約8割を占めている（第2-2図）。

このような船舶事故の状況において，船舶自動識別装置（AIS）※を活用した次世代型航行支援システムの運用を始め，海難防止思想の普及，民間団体の海難防止活動の展開，気象・海象情報の提供の充実等の各種安全対策を計画的に推進しており，一定の成果が認められるが近年の国民の余暇志向の高まりに伴い，マリンレジャーが急速かつ広範に国民に普及し，運航のための初歩的な知識・技能の不足した運航者が増加しており，引き続き安全対策を推進する必要がある。

船舶事故による死者・行方不明者の数は，第9次交通安全基本計画期間の年平均で91人であったものが，令和4年では71人となっており，2割以上の減少となった（第2-1図）。

第2-1図 船舶事故隻数及びそれに伴う死者・行方不明者数の推移

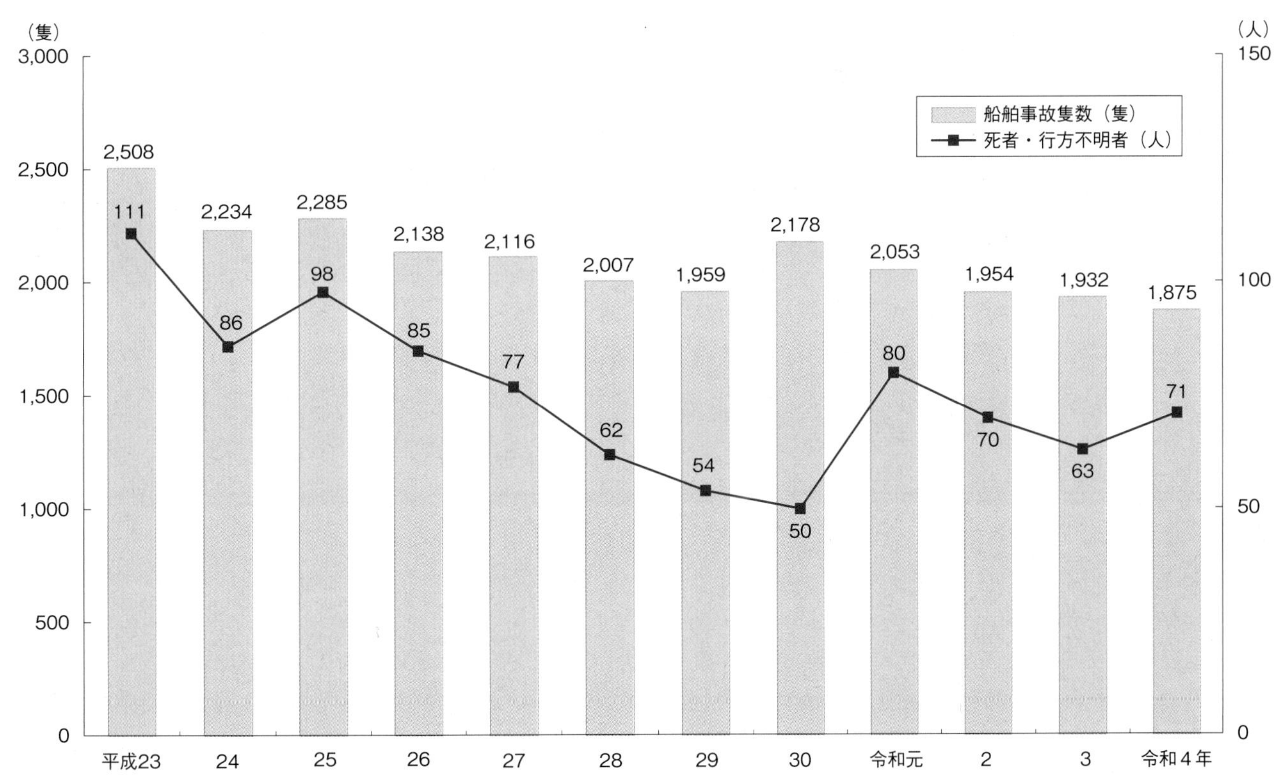

注 1 海上保安庁資料による。
2 死者・行方不明者には，病気等によって操船が不可能になったことにより，船舶が漂流するなどの海難が発生した場合の死亡した操船者を含む。

※遊漁船
「遊漁船業の適正化に関する法律」（昭63法99）第2条第2項に規定する「遊漁船」をいう。

※船舶自動識別装置（AIS：Automatic Identification System）
AISは，船名，大きさ，針路，速力などの航海に関する情報を自動的に送受信する装置で，総トン数300トン未満の旅客船及び総トン数300トン以上の船舶であって国際航海に従事するもの並びに総トン数500トン以上の船舶であって国際航海に従事しないものへの搭載が義務付けられている。

第 2-2 図　船舶種類別の船舶事故隻数の推移

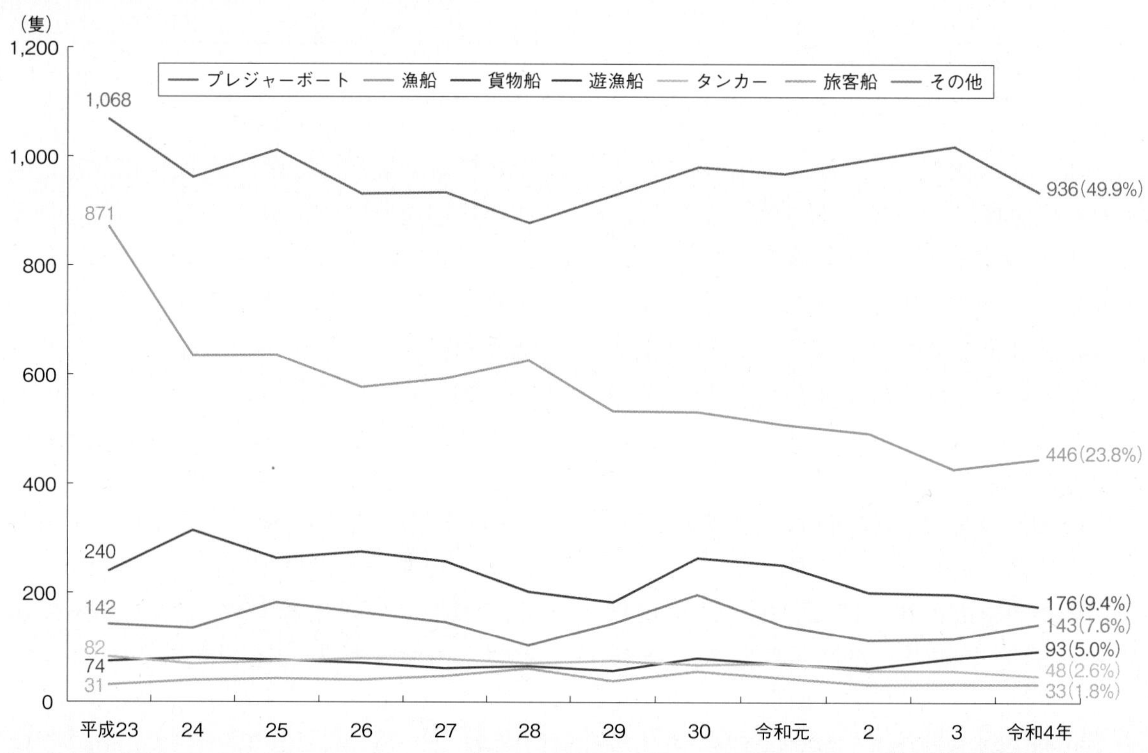

注　1　海上保安庁資料による。
　　2　（　　）内は構成率である。

また，交通安全基本計画の対象となる船舶からの海中転落者数の推移をみると，第9次交通安全基本計画期間の年平均人数では174人であったものが，令和4年では124人となっており，約3割の減少となった。これに伴う死者・行方不明者の数は，第9次交通安全基本計画期間の年平均で106人であったものが，令和4年では74人となっており，3割以上の減少となった（第2-3図）。

第11次交通安全基本計画では，海難における死者・行方不明者を減少させるために，救助率※を95%以上とする目標が定められており，海上保安庁において，救助・救急体制の充実強化，民間救助組織等との連携・協力に努めた結果，令和4年の救助率は95.7%であった。

2　令和4年中の海難等及び海難救助の状況

(1)海難等の状況

ア　船舶事故等の状況

令和4年の船舶事故は，1,875隻，約93万総トンであり，次のような特徴が見られる。

（ア）　船舶種類別状況

船舶種類別では，プレジャーボートが最も多く，次いで漁船，貨物船，遊漁船，タンカー，旅客船の順となっており，小型船舶の事故隻数が全体の約8割を占めている（第2-2図）。

（イ）　事故種類別状況

事故種類別では，衝突が最も多く，次いで運航不能（機関故障），乗揚の順となっている（第2-4図）。

（ウ）　距岸別状況

距岸別では，港内が最も多く，次いで港内を除く3海里未満，3海里以上12海里未満，12海里以上の順となっており，12海里未満で発生した事故が大半を占めた（第2-4図）。

（エ）　事故原因別状況

事故原因別では，見張り不十分，操船不適切，船体機器整備不良等運航の過誤によるものが全体の約6割を占め，これに機関取扱不良等を加えた人為的要因に起因するものが全体の7割以上を占めている（第2-4図）。

※救助率
　要救助海難の乗船者数及び海中転落者数（自力救助を除く。）のうち，救助された乗船者数及び海中転落者数の割合

第 2-3 図　船舶からの海中転落者数及び死者・行方不明者数の推移

(人)
250
200
150
100
50
0
海中転落者数
死者・行方不明者数
175
173
177
194
150
156
157
138
139
149
142
124
114
112
100
118
87
99
84
73
76
77
80
74
平成23
24
25
26
27
28
29
30
令和元
2
3
令和４年

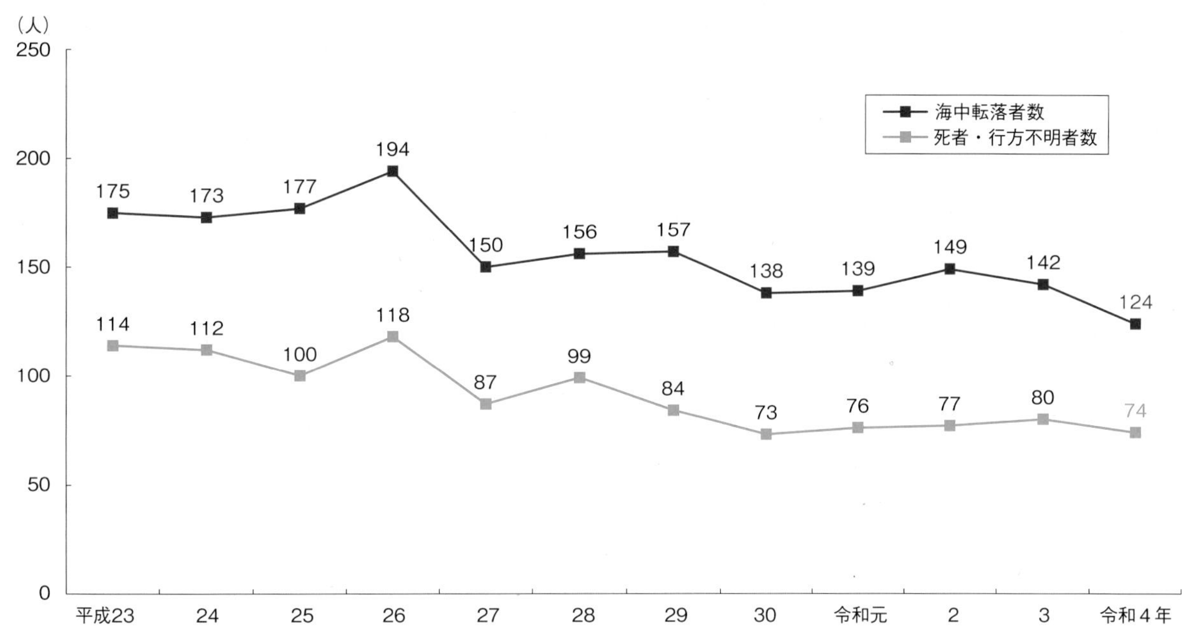

注　海上保安庁資料による。

第 2-4 図　船舶事故等の状況　内訳

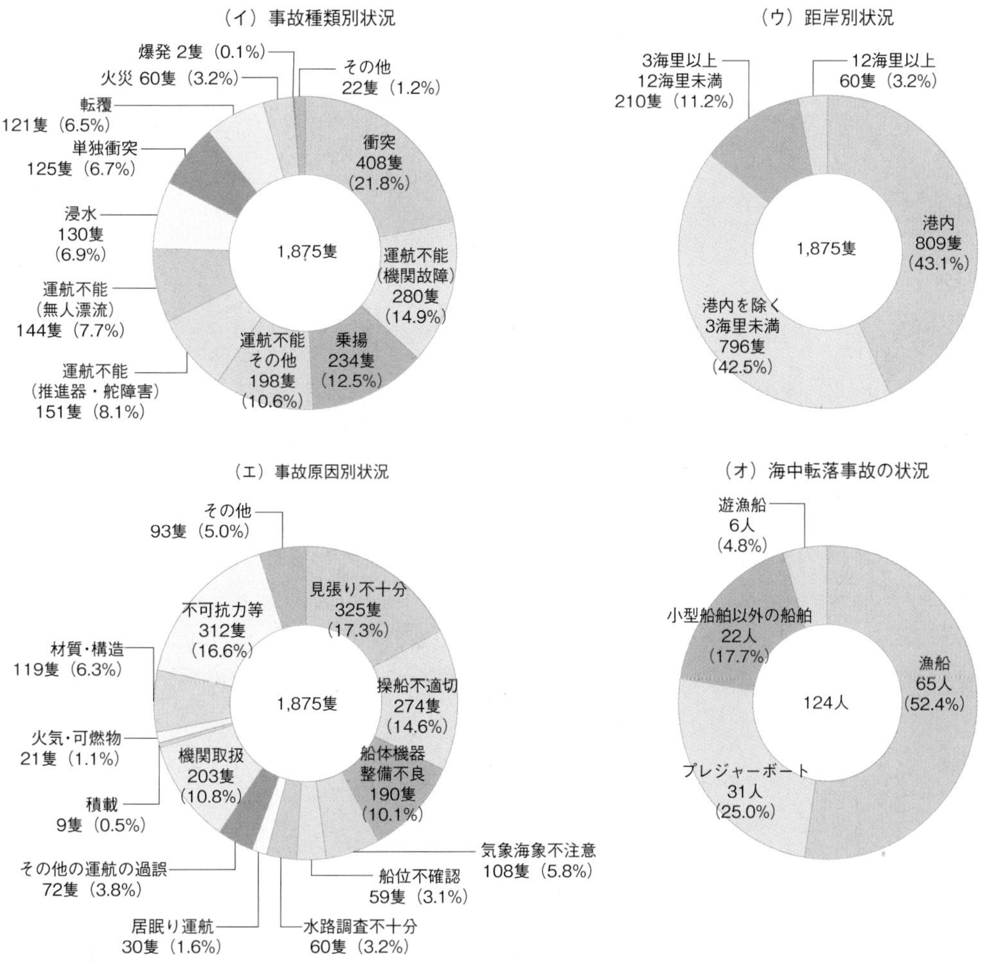

（イ）事故種類別状況
爆発 2隻（0.1%）
火災 60隻（3.2%）
その他 22隻（1.2%）
転覆 121隻（6.5%）
単独衝突 125隻（6.7%）
衝突 408隻（21.8%）
浸水 130隻（6.9%）
1,875隻
運航不能（機関故障）280隻（14.9%）
運航不能（無人漂流）144隻（7.7%）
運航不能（推進器・舵障害）151隻（8.1%）
運航不能 その他 198隻（10.6%）
乗揚 234隻（12.5%）
（ウ）距岸別状況
3海里以上12海里未満 210隻（11.2%）
12海里以上 60隻（3.2%）
1,875隻
港内 809隻（43.1%）
港内を除く3海里未満 796隻（42.5%）
（エ）事故原因別状況
その他 93隻（5.0%）
見張り不十分 325隻（17.3%）
不可抗力等 312隻（16.6%）
材質・構造 119隻（6.3%）
1,875隻
操船不適切 274隻（14.6%）
火気・可燃物 21隻（1.1%）
機関取扱 203隻（10.8%）
船体機器整備不良 190隻（10.1%）
積載 9隻（0.5%）
気象海象不注意 108隻（5.8%）
その他の運航の過誤 72隻（3.8%）
船位不確認 59隻（3.1%）
居眠り運航 30隻（1.6%）
水路調査不十分 60隻（3.2%）
（オ）海中転落事故の状況
遊漁船 6人（4.8%）
小型船舶以外の船舶 22人（17.7%）
124人
漁船 65人（52.4%）
プレジャーボート 31人（25.0%）

注　海上保安庁資料による。

（オ） 海中転落事故の状況

船舶からの海中転落者数を，船舶の用途別にみると，漁船が最も多く，次いでプレジャーボート，小型船舶以外の船舶，遊漁船の順となっている（第2-4図）。

イ 死者・行方不明者の発生状況

令和4年における，船舶事故による死者・行方不明者数は第2-1図のとおりであり，このうち36.6%が旅客船，33.8%が漁船によるものである。

また，船舶からの海中転落による死者・行方不明者数は，第2-3図のとおりであり，このうち58.1%が漁船，16.2%がプレジャーボートによるものである。

ウ ふくそう海域における大規模海難の発生状況

令和4年における，ふくそう海域における大規模海難の発生数はゼロであった。

(2)海難救助の状況

ア 海難船舶の救助状況

令和4年の海難船舶の救助状況は，第2-5図のとおりである。海上保安庁は，巡視船艇延べ1,142隻，航空機延べ137機を出動させ，海難船舶468隻を救助した。

イ 人命の救助状況

令和4年は，海難船舶の乗船者8,162人の中で自力救助の5,094人を除いた3,068人のうち3,003人が救助され，自力救助を除く海難船舶の乗船者に対する救助された人数の割合は97.9%であった。

海上保安庁は，巡視船艇延べ2,613隻，航空機延べ483機を出動させ，海難船舶の乗船者1,080人を救助した。

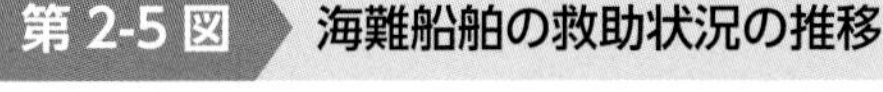
第2-5図 海難船舶の救助状況の推移

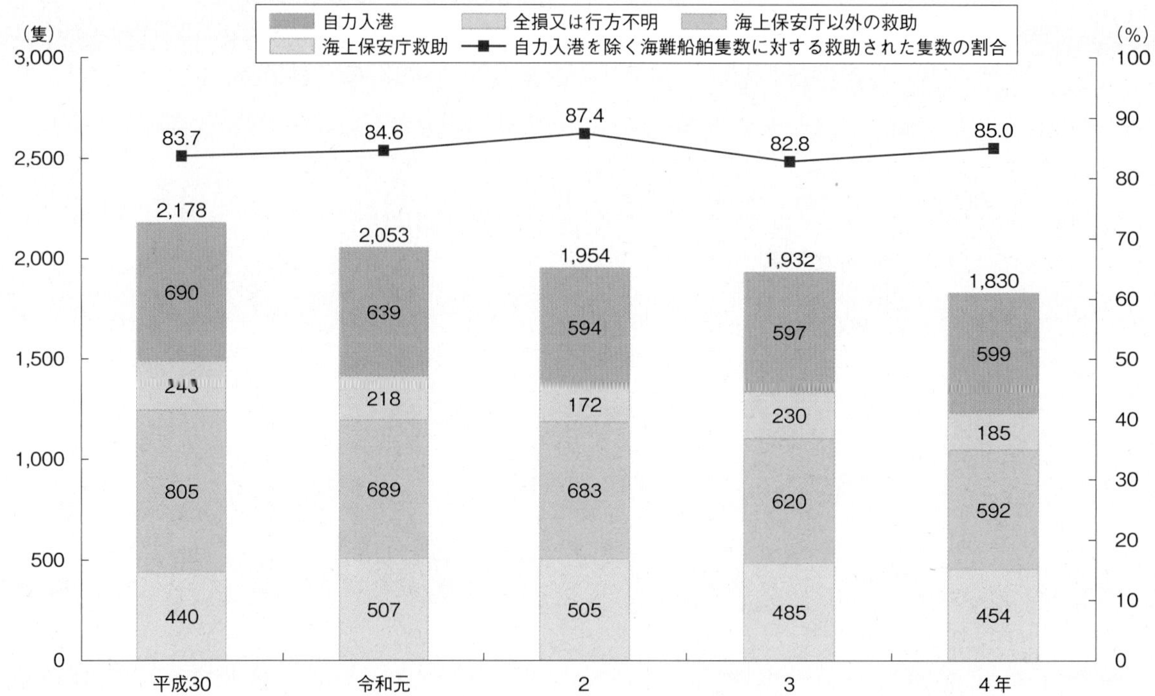

注 海上保安庁資料による。

3　令和４年中の小型船舶の事故等及び海難救助の状況

⑴海難等の状況

令和４年の小型船舶の事故隻数は1,475隻であり，前年より52隻減少した。これに伴う死者・行方不明者数は30人であり，前年より16人減少した。

この1,475隻についてみると，次のような特徴がみられる。

ア　船型別状況

船型別では，プレジャーボートが最も多く，次いで漁船，遊漁船の順となっている。このうち，プレジャーボートの事故隻数の内訳は，モーターボートが最も多く，次いで手漕ぎボート，水上オートバイ，ヨットの順となっており，モーターボートのうち，ミニボートの事故が約２割を占めている（第2-6図，第2-7図）。

第2-6図　小型船舶の船型別事故隻数の状況及びプレジャーボートの事故隻数内訳（令和４年）

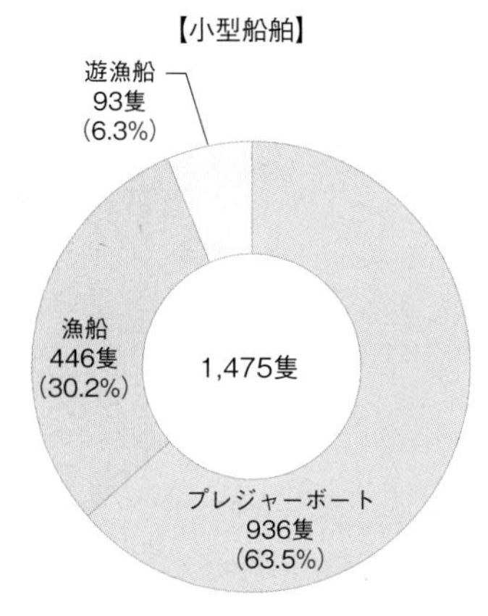

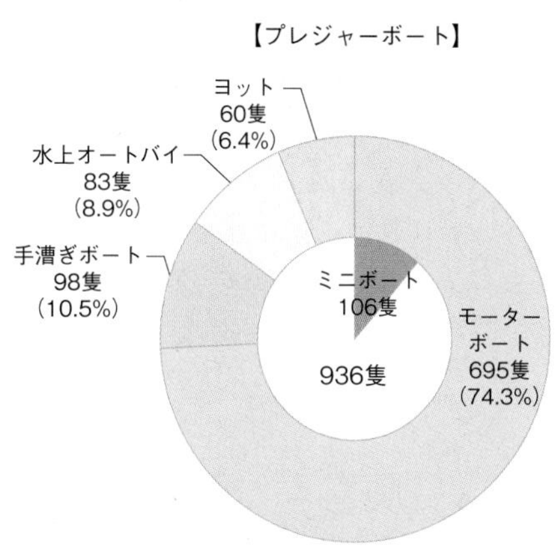

注　海上保安庁資料による。

第2-7図　プレジャーボートの船型別船舶事故隻数の推移

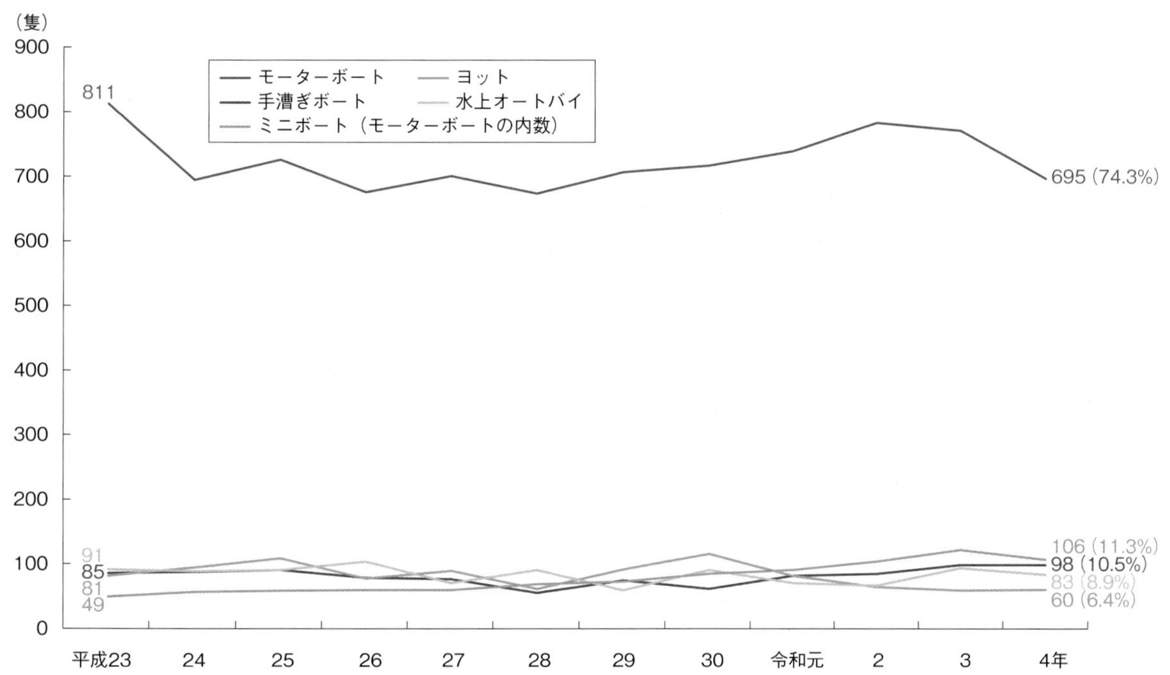

注　1　海上保安庁資料による。
　　2　船型「その他」を除く。
　　3　(　　　) 内は構成率である。

イ　事故種類別状況

事故種類別の事故発生状況は，第2-8図のとおりである。

漁船と遊漁船が衝突した海難の発生状況

事故原因別では見張り不十分，機関取扱不良，船体機器整備不良，操船不適切，気象・海象不注意等の人為的要因に起因するものが全体の7割以上を占めている（第2-9図）。

(2)海難救助の状況

ア　海難船舶の救助状況

令和4年は，プレジャーボート等の海難船舶1,029隻の中で自力入港した206隻を除いた823隻のうち724隻が救助され，自力入港を除くプレジャーボート等の海難船舶隻数に対する救助された隻数の割合は88.0％であった。海上保安庁は，巡視船艇延べ951隻，航空機延べ82機を出動させ，プレジャーボート等海難船舶385隻を救助した。

イ　人命の救助状況

令和4年は，プレジャーボート等の海難船舶の乗船者2,479人の中で自力救助の745人を除いた1,734人のうち1,724人が救助され，自力救助を除くプレジャーボート等の海難船舶の乗船者に対する救助された人数の割合は99.4％であった。

海上保安庁は，巡視船艇延べ951隻，航空機延べ82機を出動させ，プレジャーボート等の海難船舶の乗船者791人を救助した。

第2-8図　小型船舶の船型別・船舶事故種類別発生状況（令和4年）

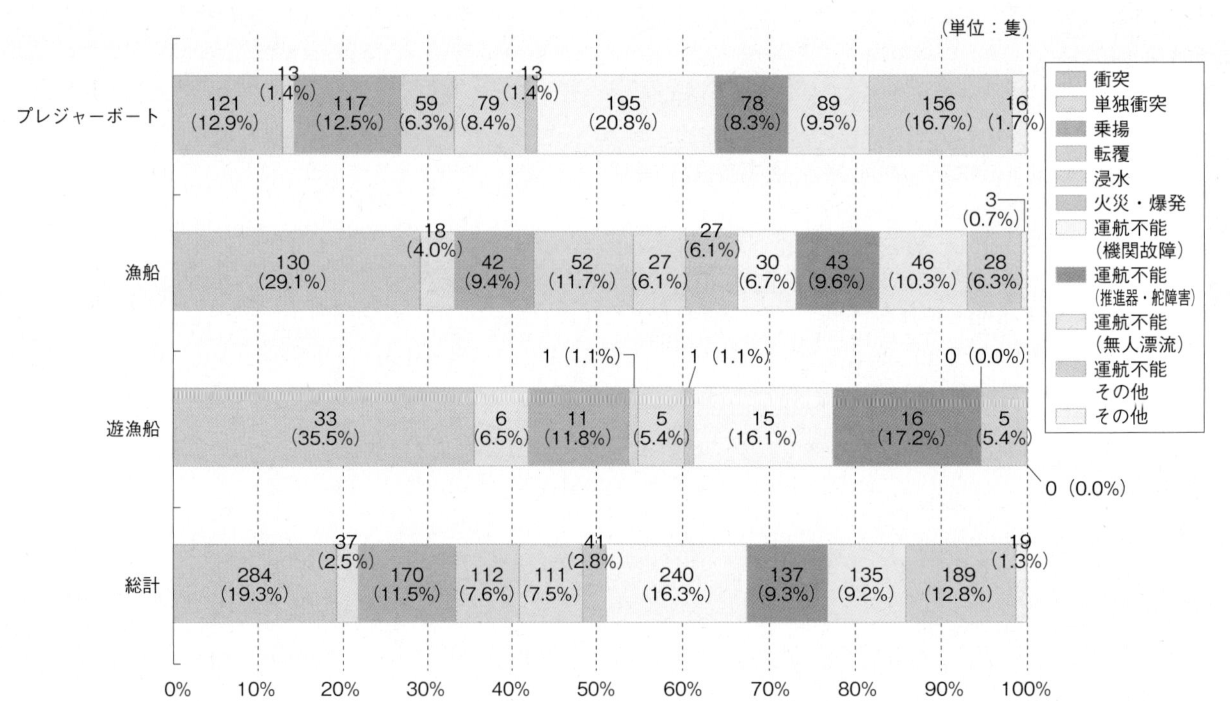

注　1　海上保安庁資料による。
　　2　数字は船舶事故種類別の隻数
　　3　（　　）内は構成率である。

第 2-9 図　小型船舶の船型別・事故原因別船舶事故発生状況（令和４年）

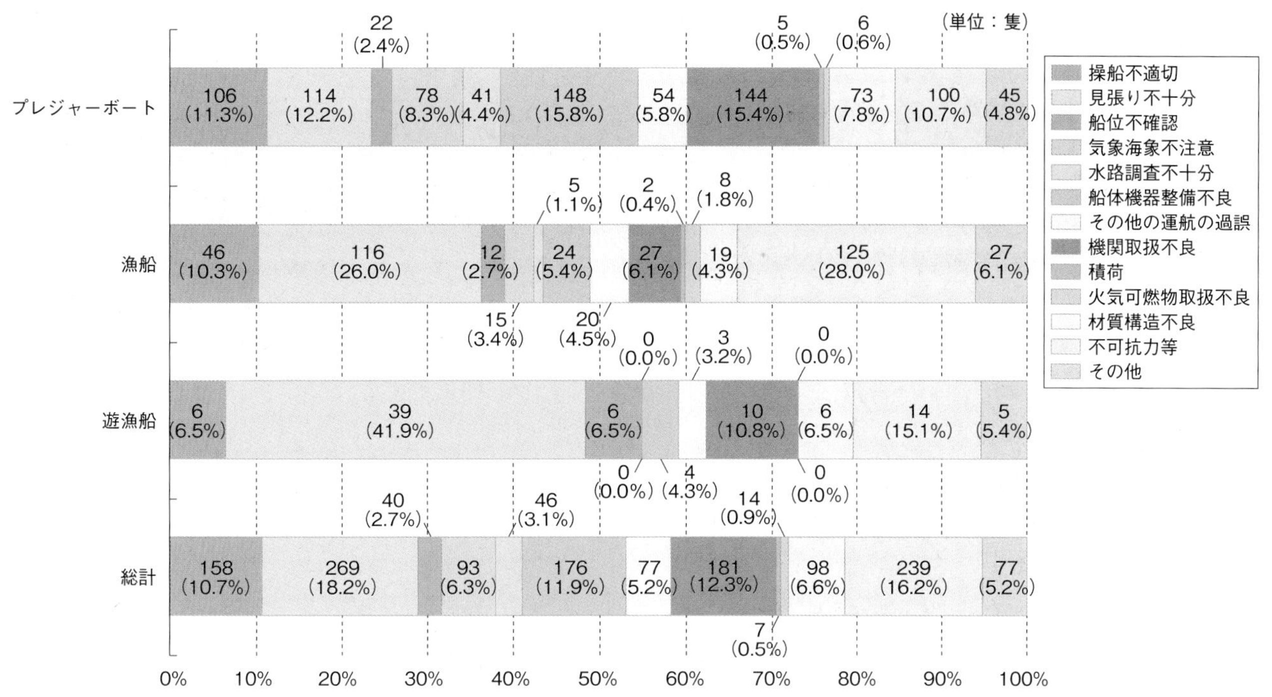

注　1　海上保安庁資料による。
　　2　数字は事故原因別の隻数
　　3　（　　）内は構成率である。

第2章　海上交通安全施策の現況

第1節　海上交通環境の整備

1　交通安全施設等の整備

⑴開発保全航路の整備，港湾の整備等交通安全施設の整備

船舶航行の安全性向上等のため，令和４年度は東京湾中央航路や関門航路等の開発保全航路において浚渫等を行った。

社会資本整備重点計画に基づき，令和４年度は事業費2,830億円（うち国費2,439億円）をもって港湾整備事業を実施し，その一環として海上交通の安全性の向上を図るため，防波堤，航路，泊地等の整備を行った。また，沿岸域を航行する船舶の緊急避難に対応するため，下田港等５港において避難港の整備を行った。

⑵漁港の整備

漁港漁場整備長期計画に基づき，水産基盤整備事業等を実施し，外郭施設等の整備を通じて漁船の航行・係留の安全の確保を図った。

⑶航路標識等の整備

国土強靱化基本計画等に基づき，地震や台風といった自然災害に伴う航路標識の倒壊や消灯等を未然に防止し，災害時でも被災地の海上交通安全を確保するために，航路標識の耐災害性強化対策を推進した。

⑷港湾における大規模災害対策の推進

災害時に陸上輸送が遮断された場合でも緊急物資の海上輸送機能を確保するとともに，発災直後から企業活動の維持を図るため，耐震強化岸壁等の整備を推進した。

また，非常災害が発生した場合でも港湾機能を維持するため，関係機関と連携し，防災訓練の実施や港湾BCPの改善を図るなど，災害対応力の強化に取り組んだ。

港湾の技術開発についても，耐震対策等の充実強化に向けた調査研究を推進した。

⑸漁港の耐震・耐津波化の推進

災害発生時に救援活動，物資輸送等の拠点となる漁港が，災害発生直後から当該活動の拠点としての機能を発揮できるよう，主要施設の耐震・耐津波化を推進した。

また，水産物の流通拠点となる漁港等において，災害発生後の地域水産業の早期回復のための拠点の確保を目指すため，主要施設の耐震・耐津波化を推進した。

⑹漂流ごみの回収による船舶交通安全の確保

海域環境の保全を図るとともに船舶の安全かつ円滑な航行を確保するため，東京湾，伊勢湾，瀬戸内海，有明海，八代海の閉鎖性海域（港湾区域，漁港区域を除く。）に配備している海洋環境整備船により，海面に漂流する流木等のごみや船舶等から流出した油の回収を実施した。

⑺港湾施設の老朽化対策の推進

「防災・減災，国土強靱化のための５か年加速化対策」に基づき，老朽化対策の加速化を推進している。また，「国土交通省インフラ長寿命化計画（行動計画）」（令和３年度～令和７年度）に基づき，持続可能なインフラメンテナンスの実現に向け，「予防保全」への本格転換，新技術等の普及促進などを推進している。

2　ふくそう海域等の安全性の確保

⑴ふくそう海域における安全性の確保

船舶交通がふくそうする東京湾，伊勢湾及び瀬戸内海並びに港内では，海上交通センター等において，船舶の安全に必要な情報の提供や大型船舶の航路入航間隔の調整，不適切な航行をする船舶に対する勧告，巡視船艇と連携した指導等のほか，非常災害時における東京湾内の海上交通機能を維持するための訓練を行った。

また，海上交通センターの機能向上のため，新たなレーダー及び監視カメラの整備を推進した。

⑵準ふくそう海域における安全性の確保

準ふくそう海域（ふくそう海域を結ぶ東京湾湾口～石廊崎沖～伊勢湾湾口～潮岬沖～室戸岬沖～足摺岬沖の各海域を経て瀬戸内海に至る海域）は，船舶交通量が多く，安全性を向上させる必要がある。このため，整流方法について検討を進めたところ，和歌山県潮岬沖において，伊豆大島西方海域と同様に推薦航路を設定することで，航行船舶の整流効果が得られるとの結論に至り，国際海事機関（IMO）に対して潮岬沖推薦航路を提案し，採択され，令和５年６月１日から開始することとしている。

⑶荒天時の走錨等に起因する事故防止対策

海上交通安全法等の一部を改正する法律（令３法53）が令和３年７月に施行された。令和４年９月の台風接近時には，船舶に対する湾外等の安全な海域への避難を勧告する制度及びバーチャルAIS航路標識の緊急表示制度をそれぞれ施行後初めて運用し船舶交通の安全確保に努めた。

また，荒天時における船舶の走錨等に起因する事故を防止するため，臨海部に立地する施設の周辺海域において，錨泊制限等の対策を実施するとともに，大阪湾海上交通センターの機能再編や走錨の予兆を検知するシステムの開発により，海域監視体制の強化を進めている。

さらに，走錨対策の一環として，船員が錨泊予定地における自船の走錨リスクを判定し，リスクに応じた走錨対策（錨泊地や錨泊方法の変更等）の実施を促すスマートフォン等向けのアプリである「走錨リスク判定システム」を開発し，令和３年７月に無料公開するとともに，業界団体等とも協力の上，普及促進を図った。

３　海上交通に関する情報提供の充実

⑴航行支援システムを用いた情報提供の実施

船舶自動識別装置（AIS）等を活用して，気象海象等の船舶交通の安全のために必要な情報の提供のほか，乗揚げや走錨のおそれのあるAIS搭載船に対する注意喚起等を実施した。

⑵気象情報等の充実

海上交通に影響を及ぼす自然現象について，的確な実況監視を行い，適時・適切に予報・警報等を発表・伝達して，事故の防止及び被害の軽減に努めるとともに，これらの情報の内容の充実と効果的利用を図るため，第１編第１部第２章第３節7⑶（気象情報等の充実）で記載した施策を講じた。また，波浪や高潮の予測モデルの運用及び改善を行うとともに，海上における遭難及び安全に関する世界的な制度（GMDSS※）において最大限有効に利用できるよう海上予報・警報の精度向上及び内容の改善に努めたほか，主に次のことを行った。

ア　船舶に対する気象・海象・火山現象に関する情報の提供

気象庁船舶気象無線通報，気象庁気象無線模写通報，海上保安庁の海岸局によるナブテックス放送，NHKによるラジオの漁業気象通報等によって，海上の気象実況及び予報・警報，火山現象及び津波に関する海上警報・予報，沿岸及び外洋波浪，海面水温，海流，海氷等の実況及び予想に関する情報を提供した。

イ　船舶気象通報

沿岸海域を航行する船舶等の安全を図るため，全国の主要な岬の灯台等132か所において局地的な風向，風速等の観測を行い，その現況を海の安全情報※で提供した。

⑶異常気象時における安全対策の強化

台風等異常気象時における海難を防止するため，関係省庁と連携の上，海事関係者等に対し，海難防止講習会や訪船指導等のあらゆる機会を通じて，気象・海象の早期把握，荒天時における早期避難等の安全指導や注意喚起を徹底するとともに，ユーザー視点に立った情報発信として，ツイッター等のSNSを積極活用した。また，発達した低気圧等の影響による海難を防止するため，海の安全情報で係留を強化する等の早期に注意喚起を促す情報等を提供した。

※GMDSS：Global Maritime Distress and Safety System

※海の安全情報

海域を利用する国民に対して，インターネット等により提供している気象・海象の情報，海上工事の状況等の海の安全に必要な情報の総称。

⑷航海安全情報の充実及び利便性の向上

ア　海図・水路誌等の整備

水路測量，海象観測等を実施し，航海の安全のために不可欠な航海用海図（紙海図及び航海用電子海図）及び航海参考用としての日本近海演習区域一覧図等の特殊図を刊行している。特に航海用電子海図については，画面上に自船の位置，速力，針路等の情報を表示し，警報機能を有する電子海図情報表示装置で利用されることにより，乗揚げ事故等の防止に寄与している。

また，航海用海図に表現できない航海の安全のために必要な港湾・航路，気象・海象，航路標識等の状況について詳細に記載した水路誌を刊行している。さらに，外国人が運航する船舶の海難防止対策の一環として，英語にも対応した紙海図及び水路誌を刊行しているほか，ふくそう海域における航法の理解を促進するため，法令やそれに対応する地理的位置関係を体系的に表示したマリナーズルーティングガイドを東京湾，伊勢湾，瀬戸内海の３海域について刊行している。

令和４年度は，南九州地域における物流の拠点としての役割を果たし，カーフェリーの航路がある宮崎港の海図を，広範囲の測量成果を取り入れて更新するなど，情報の整備を実施した。

イ　水路通報，航行警報等の充実

船舶が安全な航海を行うために必要な情報や，航海用海図・水路誌等の内容を常に最新に維持するため，令和４年には約１万9,400件の情報を水路通報及び管区水路通報としてインターネット等により提供したほか，航海用電子海図の更新情報を電子水路通報としてインターネット等により提供した。

また，航海中の船舶に対して緊急に周知する必要がある情報については航行警報を発出し，令和４年には約１万4,800件の情報を提供するなど，海上保安庁が運用している通信施設のほか衛星通信，インターネット，ラジオ，漁業無線といった様々な媒体により幅広く情報提供を実施した。

このように水路通報及び航行警報は発出件数が多いことから，これらを視覚的に素早く把握できるように表示した図をインターネットで提供しており，スマートフォン用のページも運用している。

また，北朝鮮のミサイル発射情報については，自動発出される航行警報及び海の安全情報等により我が国周辺の船舶への迅速な情報提供を行っている。

さらに，我が国周辺海域における海流・海氷等の海況を取りまとめた海洋速報等や黒潮等の海流の状況を短期的に予測した海流推測図等をインターネット等により提供しているほか，潮流シミュレーションにより来島海峡の潮流情報を提供しており，令和４年には約603万件のアクセスがあった。

加えて，上記取組等の国や政府関係機関等が保有する様々な海洋情報を一元的に集約し，地図上に重ね合わせて表示できるウェブサービス「海洋状況表示システム（海しる）」を運用している。

海しるを通じた広域性・リアルタイム性の高い情報の共有及び提供により，事故・災害等への迅速な対処が可能となるほか，海上安全に資する効果的・効率的な海洋政策の推進が期待される。

4　高齢者，障害者等に対応した旅客船ターミナルの整備

高齢者，障害者等も含めた全ての利用者が旅客船ターミナル，係留施設等を安全かつ身体的負担の少ない方法で利用・移動できるよう，段差の解消，オストメイト対応トイレの整備等を推進した。

第２節　海上交通の安全に関する知識の普及

1　海難防止思想の普及

海難を防止するためには，国民一人一人の海難防止に関する意識を高めることが重要である。

このため，関係機関と連携の上，海難防止講習会や訪船指導等あらゆる機会を通じて，海事関係者に限らず広く国民全般に対して法令遵守やライフジャケットの常時着用等の自己救命策確保の徹底を呼び掛けるなど，海難防止思想の普及及び高揚並びに海難防止に関する知識の習得及び向上を図った。

特に令和４年７月16日から31日までの間，「小型船舶の海難防止」「見張りの徹底及び船舶間コ

ミュニケーションの促進」「ライフジャケットの常時着用など自己救命策の確保」「ふくそう海域などの安全性の確保」を重点事項に掲げて官民一体となった「海の事故ゼロキャンペーン」を全国一斉に実施したほか，霧などの気象条件や海難の発生傾向など地域や各種船舶の特性を考慮した地域レベルの運動を実施した。

2　外国船舶に対する情報提供等

外国船舶の海難を防止するため，我が国周辺の地理や気象・海象の特性等に不案内な外国船舶に対し，訪船やホームページを活用するなどして，ふくそう海域における航法や航路標識の設置状況等の航行安全上必要な情報等について周知するとともに航行安全指導を実施した。

第3節　船舶の安全な運航の確保

1　ヒューマンエラーによる船舶事故の防止

船舶事故の多くは，見張り不十分，操船不適切といったヒューマンエラーであることから，関係機関と連携の上，各種キャンペーン，海難防止講習会，訪船指導等あらゆる機会を通じて，事業者，操縦者等の安全意識の向上を図った。

また，事故防止に有用なAISの普及を促進するため，関係省庁と連携して，その有用性に係るリーフレットを配布し，普及に取り組んだ。

さらに，AISや海の安全情報等により，船舶交通の安全に必要な情報を提供し，操縦者等に対してこれらの情報の積極的な活用を呼び掛けた。

2　船舶の運航管理等の充実

⑴旅客船事業者等に対する指導監督の充実強化

旅客船事業者等に対する抜き打ち・リモートによる監査の積極的な実施により，事業者の運航実態の的確かつ継続的な把握に努め，事業者に対する監視を強化するとともに，「旅客船の安全に関する通報窓口」を設置し，法令違反や事故のリスクの高い事業者に対する監査を機動的・重点的に実施した。また，船員の過労防止措置の確認を重点的に行い，安全かつ適切な労働環境の実現に努めた。

さらに，大量の輸送需要が発生する年末年始における交通機関の安全性向上を図るため，令和4年12月10日から5年1月10日までの間，「年末年始の輸送等に関する安全総点検」として，海運事業者による自主点検や地方運輸局等による現地確認を行った。この安全総点検では，海運事業者に対し気象海象条件を踏まえた運航の可否判断にかかる状況や通信設備等を重点的に点検するよう働き掛けるとともに，事業者による自主点検の実施率向上を図るため，業界団体を通じた周知等を行った。

⑵事故の再発防止策の徹底

船舶事故等が発生した場合には，運航労務監理官による監査等を通じて，事業者に対して事故の原因を踏まえた適切な再発防止策の策定を促すとともに，特に，行政処分等を行った事業者に対しては，改善が確認されるまで継続的・徹底的にフォローアップを行うことにより，再発防止の徹底を図った。

また，事業者の「輸送の安全」に対する意識を高め，海上輸送の安全の確保を図ることを目的として，海上運送法（昭24法187）及び内航海運業法（昭27法151）に基づき，運航労務監理官による立入検査の実施状況及び行政処分等の事例を公表した。

⑶運輸安全マネジメント評価の推進

平成18年10月より導入した「運輸安全マネジメント制度」により，事業者が社内一丸となった安全管理体制を構築・改善し，国がその実施状況を確認し評価する取組を，令和4年度は99者に対して実施した。

また，令和2年7月に策定，公表した，「運輸防災マネジメント指針」を活用し，運輸安全マネジメント評価の中で防災マネジメントに関する評価を実施した。

⑷安全統括管理者及び運航管理者等に対する研修水準の向上

安全統括管理者及び運航管理者に対して，関係省庁等と連携し受講者の運航管理に関する知識，安全意識の向上に資する研修を行っている。令和

４年度は，地方運輸局においては可能な限り会場開催とウェブ形式の併用を行い，事故の発生状況，管内における主な事故及び再発防止対策等に関する研修を実施した。

⑸安全情報公開の推進

旅客船利用者が適切に事業者の選択を行うことをより一層可能とするため，令和４年８月末より国土交通省ネガティブ情報等検索サイトにおいて，行政処分に加え，行政指導を公表対象に追加するとともに，公表期間を２年間から５年間に変更した。

3　船員の資質の確保

深刻な海難を機に締結された「1978 年の船員の訓練及び資格証明並びに当直の基準に関する国際条約」（STCW 条約）においては，船舶の航行の安全性を担保するための船員の知識・技能に関する国際基準が定められている。同条約に対応し，船舶職員及び小型船舶操縦者法（昭 26 法 149）に基づく海技士国家試験の際，一定の乗船履歴を求めつつ，最新の航海機器等に対応した知識・技能の確認を行うとともに，５年ごとの海技免状の更新の際，一定の乗船履歴又は講習の受講等を要求することにより，船舶職員の知識・技能の最新化を図っている。また，新人船員の教育訓練において実践的な訓練を実施するために，練習船における教育・訓練設備を充実させるとともに，学校と練習船の連携による効率的・効果的な教育に努めた。

さらに，船舶の安全な運航を確保し海難事故の未然防止等を図るため，船員法（昭 22 法 100）に基づき，発航前検査の励行，操練の実施，航海当直体制の確保，救命設備及び消火設備の使用方法に関する教育・訓練等について指導を行うとともに，これらの的確な実施を徹底するため，運航労務監理官による監査を通じて，関係法令の遵守状況等の確認を行い，関係法令に違反していることが判明した事業者等に対しては，行政処分等により再発防止を図った。

4　船員災害防止対策の推進

第 11 次船員災害防止基本計画（平成 30 年度から令和４年度までの５か年計画）に基づき，令和４年度船員災害防止実施計画を作成し，安全衛生管理体制の整備とその活動の推進，死傷災害の防止を図るとともに，令和４年９月１日から 30 日までを船員労働安全衛生月間として，船員を始め関係者の安全衛生意識の高揚，安全衛生に関する訪船指導などの災害防止対策の推進等を目指した取組を集中的に実施し，船舶所有者，船員及び国の三者が一体となって船員災害防止対策を強力に推進した。また，船舶所有者等が自主的に船員災害に係るリスクアセスメントと PDCA サイクルという一連の過程を定めて継続的な改善を行うことにより安全衛生水準の継続的かつ段階的な向上を図る「船内労働安全衛生マネジメントシステム」の普及促進を図った。

5　水先制度による安全の確保

船舶がふくそうする水域等交通の難所とされる水域（全国 34 か所）においては，これら水域を航行する船舶に免許を受けた水先人が乗り込んで船舶を導くことにより船舶交通の安全が図られている。当該水先人の業務の的確な実施を確保するため，水先人の免許更新時の講習等を通じた知識・技能の最新化や養成教育の充実等を行うことにより，更なる安全レベルの維持・向上を図っている。

6　外国船舶の監督の推進

船員に求められる訓練，資格証明及び当直基準については，STCW 条約等の国際条約で定められているが，これを遵守しない船舶（サブスタンダード船）が人命の安全や海洋環境等に多大な影響を及ぼす重大事故を引き起こす可能性がある。このようなサブスタンダード船を排除するため，関係条約に基づき外国船舶の監督（PSC※）を推進した。さらに，東京 MOU※の枠組みに基づき，アジア太平洋域内の加盟国と協力して効果的な PSC を実施した。

※ PSC：Port State Control
※東京 MOU：Memorandum of Understanding on Port State Control in the Asia-Pacific Region
アジア太平洋地域における PSC の協力体制に関する覚書

7　旅客及び船舶の津波避難態勢の改善

平成23年に発生した東日本大震災では，多くの船舶が被災した。また，今後南海トラフ沿いの大規模地震等の発生による大規模津波の発生が見込まれており，船舶運航事業者において津波防災対策を行うことが重要である。これを踏まえ，国土交通省では，大規模津波発生時における船舶の適切な避難行動を促進するため，船舶運航事業者による「船舶津波避難マニュアル」等の作成を推進している。具体的にはこれまで，マニュアル作成のための手引き等の公表，関係事業者に対する説明会の開催，津波防災対策の定着のための津波避難訓練実施の呼び掛け等を行った。令和4年度においては，引き続き津波避難に必要な主要ポイントを選定したマニュアル様式「津波対応シート」及び「津波対応シート」の外国語版を国土交通省ホームページに掲載し，活用を促した。

8　新技術の導入促進

内航を始めとする船舶への新技術の導入促進による労働環境改善・生産性向上，ひいてはそれによる安全性向上を図っている。具体的には，令和3年5月に船舶安全法（昭8法11）を改正し，遠隔監視技術を活用した船舶検査の簡素化制度を創設し，同年11月より運用を開始した。

第4節　船舶の安全性の確保

1　船舶の安全基準等の整備

船舶の安全性確保のため，国際海事機関（IMO）において「1974年の海上における人命の安全のための国際条約」（SOLAS条約）等に基づいて国際的な安全基準が定められるとともに，我が国では船舶安全法及びその関係省令において関連の構造・設備等の基準を規定している。

SOLAS条約等については船舶のより一層の安全性向上のため，IMOにおいて随時見直しが行われているが，我が国は，世界有数の造船・海運国としてIMOにおける審議に積極的に参画しており，技術革新等に対応した合理的な国際基準の策定に向け，主導的な役割を果たしている。

ヒューマンエラーの防止等による海上安全の向上のため，最新のICT技術を活用した自動運航船に係る国際ルールの検討が進められている。令和4年からは国際規則の策定に向けた具体的な条文の起草作業が開始されており，我が国で実施された実証実験の成果等を基に，重要分野である「運航」の節の起草作業を主導国として担当するなど，我が国はこれに積極的に貢献している。また，令和4年2月，我が国は自動運航船の安全確保に向け，設計，システム搭載，運航の各段階において留意すべき事項等をまとめた「自動運航船の安全ガイドライン」を策定・公表した。

このほか，運航に必要となる認知・判断・操船の自動化や機器の遠隔監視などに資する技術のトップランナーを中核としたシステムインテグレータの育成を図るべく他産業とも連携して行う次世代技術開発を支援した。さらに，我が国では改正SOLAS条約に基づき国際海上輸出コンテナ総重量の確定を義務付ける国内制度の理解促進と着実な履行を行っている。

2　船舶の検査体制の充実

海難事故が発生した場合には，人命及び船舶の損失，海洋への汚染等多大な影響を社会に及ぼすこととなる。このため国土交通省海事局では関係法令に基づき，海事技術専門官が人命及び船舶の安全確保，海洋環境の保全を目的とした検査を実施している。

近年の技術革新，海上輸送の多様化に応じた従来の設計とは異なる船型を有する船舶の増加や，国際的な規制強化に伴い，高度で複雑かつ広範囲にわたる検査が必要となっている。こうした状況に適切に対応していくため，ISO9001に準じた品質管理システムにのっとり，船舶検査体制の品質の維持向上を図っている。

また，危険物の海上輸送については，IMOで定められる国際的な安全基準に基づき，容器，表示等の運送要件及び船舶の構造，設備等の技術基準について国内規則の整備を図るとともに，危険物運搬船に対して運送前の各種検査や立入検査を実施することにより，安全審査体制の充実を図り，海上輸送における事故防止に万全を期している。

さらに，海上における人命の安全及び海洋環境保護の観点から，船舶及びそれを管理する会社の総合的な安全管理体制を確立するための国際安全管理規則（ISMコード）は，ヒューマンエラーの防止等に極めて有効であるため，同コード上強制化されていない内航船舶に対しても，事業者等が構築した安全管理システムを認証するスキームを運用しており，ヒューマンエラーに起因する海難事故の防止を図っている。

3 外国船舶の監督の推進

船舶の構造・設備等については，SOLAS条約等の国際条約に定められているが，これを遵守しない船舶（サブスタンダード船）が人命の安全や海洋環境等に多大な影響を及ぼす重大事故を引き起こす可能性がある。このようなサブスタンダード船を排除するため，関係条約に基づき外国船舶の監督（PSC）を推進した。さらに，東京MOUの枠組みに基づき，アジア太平洋域内の加盟国と協力して効果的なPSCを実施した。

第5節 小型船舶の安全対策の充実

1 小型船舶の安全対策の推進

(1)ヒューマンエラーによる船舶事故の防止

プレジャーボート，漁船等の小型船舶による船舶事故が全体の約8割を占め，その原因の多くは見張り不十分や機関取扱不良等のヒューマンエラーである。したがって，小型船舶操縦者による自主的な安全対策を推進するため，関係機関や民間団体と連携の上，小型船舶操縦者に対し，見張りの徹底のほか，発航前検査チェックリストやエンジントラブル時等の対処法をまとめたリーフレットの配布，訪船指導を実施した。

事故防止に有用なAISの普及を促進するため，関係省庁と連携して，その有用性に係るリーフレット等を配布するなどの取組を行った。

さらに，海の安全情報により，気象・海象の情報等，船舶交通の安全に必要な情報をインターネット等で提供するとともに，地図機能を活用したスマートフォン用サイトによる現地周辺の情報等の提供を継続して実施し，事前に登録されたメールアドレスにも緊急情報等を電子メールで配信することにより海難を防止するための情報提供を行った。

(2)小型船舶操縦者の遵守事項等の周知・啓発

小型船舶の航行の安全の確保のために，船舶職員及び小型船舶操縦者法において，小型船舶に乗船させるべき者の資格及び遵守事項等が定められており，試験及び講習等を通じて，小型船舶操縦者として必要な知識及び能力を有していることを確認した上で，操縦免許の付与及び操縦免許証の更新を行い，小型船舶操縦者の資質の確保に努めた。

また，関係機関等と連携し，パトロール活動や免許更新時の講習等において安全運航に必要な事項の周知・啓発を行うとともに，遵守事項違反の調査・取締りを行い，小型船舶操縦者の安全意識の向上を図った。

(3)ライフジャケット着用率の向上

小型船舶からの海中転落による死者・行方不明者を減少させるため，原則として全ての小型船舶乗船者にライフジャケットの着用を義務付けている。この周知を目的とし，リーフレット・ポスターを用いた周知活動やイベントにおける安全啓発活動を行った。

特に，令和4年の船舶からの海中転落による死者・行方不明者の約6割を漁船が占めていることから，漁船の労働環境の改善や海難の未然防止等について知識を有する安全推進員等を養成し，ライフジャケット着用推進のための普及啓発を実施した。また，漁業者に対し着やすいライフジャケットを提案するための「作業環境に適した着やすいライフジャケットの例」やライフジャケットの常時着用を啓発するための「漁業者のためのライフジャケットの着用手引」等をホームページに掲載するなど，着用促進を行った。漁業者の出漁時におけるライフジャケットの着用率は義務化される前の平成29年では69.0%であったが，令和4年では93.4%まで上昇した（第2-10図）。

また，海中転落した乗船者の安全を確保するた

第 2-10 図　漁業者の出漁時におけるライフジャケットの着用率の推移

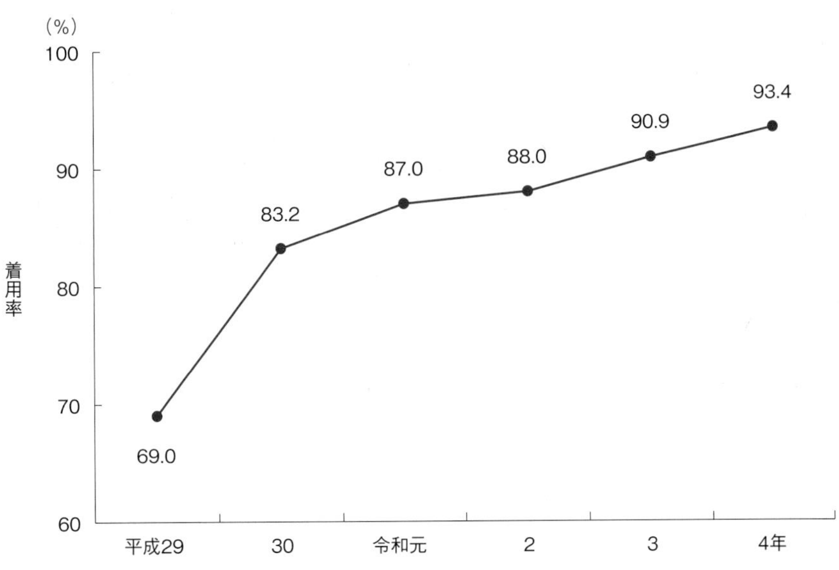

注　1　水産庁資料による。
　　2　沿海 39 都道府県庁を通じ，各漁業協同組合の組合員を対象として，出漁時におけるライフジャケットの着用者の割合について調査を実施したもの。

めには，速やかな救助要請が必要不可欠であることから，①ライフジャケットの常時着用，②防水パック入り携帯電話等の連絡手段の確保，③海上保安庁への緊急通報用電話番号「118 番」や「NET118」の有効活用といった「自己救命策３つの基本」のほか「家族や友人・関係者への目的地等の連絡」について講習会や巡回時，メディア等の手段を通して，周知・啓発を行った。

⑷河川等における事故防止対策の推進

河川・湖における落水，運航ルール不遵守といった事故原因を踏まえ，レジャー愛好者，漁業者並びに川下り船事業者に対しライフジャケットの着用及び河川・湖ごとに定められている運航ルール等の遵守について，関係者が連携して安全周知活動を行った。特に，全国の川下り船事業者に対しては，「川下り船の安全対策ガイドライン」に基づくチェックシートを配布し，自己点検ののち，これを回収することで安全確認を実施し，必要に応じて安全運航に関する指導を実施した。

2　プレジャーボート等の安全対策の推進

⑴プレジャーボートの安全対策

プレジャーボートの船舶事故隻数は，全船舶事故隻数に占める割合が最も多く，令和４年は約５割を占めており，特に整備事業者等による定期的な点検や整備を実施しなかったことに起因する機関故障が多く発生している。国土交通省では，海難防止講習会や訪船指導等あらゆる機会を通じて，リーフレットを活用した整備事業者等による定期的な点検整備の実施を呼び掛けたほか，小型船舶の検査を実施している日本小型船舶検査機構と連携して，適切な間隔で船舶検査を受検するよう，関係者に周知を図った。

また，遵守事項に係るパトロール活動及び周知啓発活動において，関係機関と連携を図りながら，遵守事項違反の取締り，リーフレットの配布等を実施した。

海上保安庁では，海上交通ルールの遵守，インターネットや携帯電話等による気象・海象や航行警報等の安全情報の早期入手等についても，パンフレット等を活用して広く啓発を行った。

警察では，港内その他の船舶交通のふくそうする水域，遊泳客の多い海水浴場，水上レジャースポーツが盛んな水域等に重点を置いて，警察用船舶，警察用航空機等によるパトロールのほか，関係機関・団体との連携により，水上レジャースポーツ関係者に対する安全指導等を通じて，水上交通安全の確保を図った。

⑵ミニボートの安全対策

ミニボート（長さ３メートル未満，機関出力

1.5kw 未満で，検査・免許が不要なボート）の安全安心な利用を推進するため，ユーザーに対し，ユーザー向け安全マニュアル等を使用し，海上・水上のルールやマナー等の周知啓発を図った。

⑶多様化・活発化するマリンレジャーの安全対策

近年，カヌー，SUP，ミニボート等のマリンレジャーが盛んになっており，海上活動が多様化・活発化している状況を踏まえ，関係機関と連携し，ユーザーに対する現場指導を実施しているほか，販売店等とも連携協力し安全対策に係る周知啓発活動を実施した。また，各アクティビティを安全に，かつ安心して楽しむために必要な知識及び技術等を掲載している総合安全情報サイト「ウォーターセーフティガイド」の充実・強化を図った。

3 漁船等の安全対策の推進

漁船の船舶事故隻数は，全船舶事故隻数に占める割合が高く，令和４年は全体の２割以上を占めており，また，船舶事故による死者・行方不明者数のうち３割以上を漁船の乗組員が占めている。これら漁船の事故原因をみると，見張り不十分や操船不適切といった人為的要因によるものが全体の６割以上を占めている。

海上保安庁では，漁船の海難を防止するため，関係省庁と連携して，パトロール活動，免許更新講習等の各種講習会，訪船指導等のあらゆる機会を通じて，適切な見張りの徹底，発航前検査の実施，インターネットや携帯電話等による気象・海象情報や航行警報等の的確な把握などの安全運航に関する留意事項，海事関係法令の遵守等についてきめ細かく指導するとともに，安全意識の高揚・啓発を行った。

また，水産庁では，漁船の海難や海中転落事故に対する安全対策の強化を図るため，漁船の労働環境の改善や海難の未然防止等について知識を有する安全推進員等を養成し，漁業労働環境の向上等を通じて海難事故の減少を図るとともに，漁船へのAIS搭載やスマートフォンを活用した船舶衝突防止アプリの普及促進などを行った。

4 放置艇削減による安全対策の推進

⑴放置艇対策の推進

令和３年３月に策定された「プレジャーボートの放置艇対策の今後の対応について」に沿って，放置艇対策を適切に推進している。

⑵ボートパーク等の整備

放置艇問題を解消し，港湾の秩序ある利用を図るために，必要最低限の施設を備えた簡易な係留・保管施設であるボートパーク等に，プレジャーボート等の収容が図られるよう取り組んだ。

⑶フィッシャリーナ等の整備

漁港においては，防波堤や航路泊地等の整備を通じ，漁船等の安全の確保を図るとともに，漁船とプレジャーボート等の秩序ある漁港の利用を図るため，周辺水域の管理者との連携により，プレジャーボート等の収容が図られるよう取り組んだ。

⑷係留・保管能力の向上と放置艇に対する規制措置

放置艇問題の解消に向け，ボートパーク等の整備による係留・保管能力の向上と併せて，港湾法（昭25法218），漁港漁場整備法（昭25法137）及び河川法（昭39法167）に基づく船舶の放置等を禁止する区域の指定等，公共水域の性格や地域の実情などに応じた適切な規制措置の実施を推進した。

第６節 海上交通に関する法秩序の維持

海上保安庁は，海上における犯罪の予防及び法令の励行を図るため，令和４年は２万8,491隻の船舶に立入検査を実施した。また，取締りの実施により，海事関係法令違反について2,736件を送致したほか，違反の内容が軽微で是正が容易なもの，あるいは，検挙こそできないが危険かつ有責な行為について1,097件の警告措置を講じた。

また，海事関係者等を対象とした海難防止講習会の開催，訪船指導の実施等により航法や海事関係法令の遵守等安全指導を行った。さらに，他の船舶の流れを無視したプレジャーボートの無謀な操船を行う者に対しては，訪船・現場指導や取締りを実施するなど，海難の未然防止及び海上交通秩序の維持に努めた。

港内，主要狭水道等船舶交通がふくそうする海域においては，巡視船艇による船舶交通の整理・指導及び航法違反等の取締りを実施しており，特に，海上交通安全法（昭47法115）に定める11の航路については，巡視船艇を常時配備するとともに，航空機によるしょう戒を実施し，重点的な指導・取締りを行った。

このほか，年末年始などに多客期となる旅客船，カーフェリー，遊漁船，海上タクシー等では，窃盗等の犯罪が発生するおそれがあるほか，テロの対象となる危険性や船内における事故発生の可能性も高くなることから，海上輸送の安全確保を図るため「年末年始特別警戒及び安全指導」などを実施し，必要に応じ旅客ターミナル等における警戒を実施するとともに，不審事象を認めた場合や犯罪・事故等が発生した場合には，直ちに海上保安庁に通報するよう指導を徹底した。

警察では，船舶交通のふくそうする港内や事故の起きやすい海浜，河川，湖沼やこれらの沿岸における警察用船舶，警ら用無線自動車及び警察用航空機が連携したパトロールや事故に直結しやすい無免許操縦，無検査船舶の航行等違反行為の取締りを実施するとともに，訪船連絡等を通じた安全指導や関係行政機関・団体と連携した広報啓発活動等により，水上交通の安全と秩序の維持に努めた。

そのほか，近年における多様な水上レジャースポーツに伴う事故を防止するため，関係機関・団体との連携を図り，水上レジャースポーツ関係者に対する安全指導を行ったほか，水上レジャースポーツを行う者同士の事故やこれらの者と遊泳者，漁業関係者等との事故を防止するため，水上交通安全に関する都道府県条例等に基づいて，危険行為者に対する指導を行った。

なお，水上交通安全に関する都道府県条例については，北海道，岩手県，福島県，東京都，茨城県，神奈川県，山梨県，栃木県，静岡県，福井県，三重県，滋賀県，京都府，兵庫県，和歌山県，山口県，長崎県，宮崎県及び沖縄県の19都道府県において施行されている。

第7節　救助・救急活動の充実

1　海難情報の早期入手体制の強化

海上保安庁では，海難情報を早期に入手し，迅速かつ的確な救助活動を行うため，全国12か所の陸上通信所や行動中の巡視船艇により，海上における遭難及び安全に関する世界的な制度（GMDSS）に対応した遭難周波数を24時間聴守するとともに，コスパス・サーサットシステムにより衛星経由で遭難信号を入手するなど，遭難情報への即応体制を整えている。

また，広く一般国民や船舶等から海上における事件・事故に関する情報を入手するため，緊急通報用電話番号「118番」や「NET118」の有効活用及び緊急通報時に携帯電話のGPS機能を「ON」にすることで緊急通報位置情報システムにより遭難位置を早期に把握することができ，迅速な救助につながることを周知し，啓発を行った。

海難発生から海上保安庁が2時間以内に情報を入手する割合（関知率）を85％以上とすることを目指し，上記活動を推進した結果，令和4年の関知率は約80.9％となり，徐々に向上している。

防衛省は，海上保安庁との電気通信の協力に関する協定に基づき，相互の連絡体制の強化を図っている。また，艦艇・航空機では状況の許す限り，遭難周波数を聴守した。

2　迅速的確な救助勢力の体制充実・強化

⑴救助勢力の早期投入

海難等の発生に備え即応体制を確保するとともに，大型台風の接近等により大規模な海難の発生が予想される場合には，非常配備を発令し，海難等が発生した際の救助勢力の早期投入を図った。

実際に海難等が発生した場合には，巡視船艇，航空機を現場に急行させるとともに，精度の高い漂流予測を実施し，関連する情報を速やかに収集・分析して捜索区域，救助方法等を決定するなど，迅速かつ的確な救助活動の実施を図った。

事案即応体制及び業務執行体制の一層の強化のため，巡視船艇・航空機の代替整備等を行い，速力，夜間捜索能力等の向上に努め，現場海域への到達時間や捜索に要する時間を短縮するなど救助勢力の充実・強化を図った。

令和４年４月に発生した北海道知床沖の遊覧船事故を受け，関係機関における捜索救助に係る調整機能の強化や自衛隊への災害派遣要請の迅速化を図った。

防衛省・自衛隊は，災害派遣による救助等を迅速に行うため，FAST-Force（初動対処部隊）として，航空機及び艦艇を常時即応できる態勢を整えている。

⑵海難救助体制の充実強化

船舶交通のふくそう状況，気象・海象の状況等を勘案し，海難の発生のおそれがある海域において，巡視船艇・航空機を効率的に運用した。

また，転覆船や火災船からの人命救助等，専門的な救助技術・知識が要求される海難に適切に対応するため，救助・救急資器材の充実に努めるとともに，特殊救難隊を始め機動救難士や潜水士の訓練・研修を行うなど，救助・救急体制の充実強化を図った。

このほか，全国各地で実施されている民間救助組織の救助訓練への指導・協力を行うなど，民間救助組織との連携体制の強化を図った。

⑶救急救命体制の充実強化

海上保安庁では，救急救命士について，実施できる救急救命処置範囲の拡大・高度化が進められている中，救急救命士の知識・技能を向上させ，かつ，実施する救急救命処置の質を医学的・管理的観点から保障するため，海上保安庁メディカルコントロール協議会において事後検証や救急処置基準の見直し等を行い，救急救命処置の更なる質的向上を推進した。

また，所定の講習等を修了した特殊救難隊及び機動救難士等を応急処置が実施可能な「救急員」として指名するなど，「救急員制度」を適切に運用し，洋上における救急救命体制の充実強化を図った。

⑷洋上救急体制の充実

洋上の船舶上で傷病者が発生し，医師による緊急の加療が必要な場合に，海上保安庁の巡視船艇・航空機等で医師等を輸送し，傷病者を引き取り，陸上の病院に搬送する洋上救急制度により，令和４年は12件の要請を受け，巡視船艇４隻，航空機12機，特殊救難隊等14人を派遣した。

また，医師等が騒音・振動のある巡視船艇・航空機内でも適切に医療活動ができるよう，洋上救急制度の事業主体である（公社）日本水難救済会，協力医療機関と連携し，全国２の拠点で慣熟訓練を実施した。

⑸海難救助体制の連携

「1979年の海上における捜索及び救助に関する国際条約」（SAR条約）に基づき，北西太平洋の広大な海域における捜索救助活動を迅速かつ的確に行うため，国際会議や合同訓練等への参加を通じて捜索救助機関との連携・協力を深めた。さらに，東南アジア諸国等を対象にオンライン研修を実施するなど，海上における捜索救助体制整備のための知見の共有を図るとともに，相互理解の促進を図った。

また，SAR条約に基づいた任意の相互救助システムである「日本の船位通報制度（JASREP)」を運用し，令和４年には，2,132隻の船舶が参加した。

沿岸部での小型船舶等に対する海難救助については，水難救済会等と連携協力し，海難救助活動を行った。

第８節 被害者支援の推進

船舶による旅客の運送に伴い発生し得る損害賠償に備えるため，事業許可を行う際に保険契約の締結を条件とするとともに，旅客定員12人以下の船舶による届出事業についても運航を開始するまでに保険を締結するよう指導することにより，事業者の損害賠償の能力を確保している。また，船舶油濁等損害賠償保障法（昭50法95）に基づき，一定の総トン数以上の船舶に対し，船舶の海難に伴って発生する油濁等の損害を塡補する保険の締結及び当該保険内容を記載した保障契約証明書等の船内備置きを義務付けるとともに，我が国に入港する外航船舶に対し，地方運輸局等宛てに保障契約情報の通報を義務付けている。加えて，NACCS（輸出入・港湾関連情報処理システム）等で受け取った通報内容の確認等を通じて，無保険船舶の排除を行い，船舶の海難等から被害者保護を図っている。

さらに，公共交通事故による被害者等への支援の確保を図るため，国土交通省に設置した公共交通事故被害者支援室では，被害者等に対し事業者への要望の取次ぎ，相談内容に応じた適切な機関の紹介等を行うこととしている。

令和4年度は，4月に発生した知床遊覧船事故において，事故発生直後から相談窓口を24時間体制とし，問合せや要望に対応するとともに，定期的に家族説明会を開催し情報提供する等の対応を実施している。また，支援に当たる職員に対する教育訓練の実施，外部の関係機関とのネットワークの構築，公共交通事故被害者等支援フォーラムの開催，公共交通事業者による被害者等支援計画の策定の働き掛け等を行った。

第9節　船舶事故等の原因究明と事故等防止

1　事故等の原因究明と事故等防止

(1)運輸安全委員会の事故調査状況

運輸安全委員会は，独立性の高い専門の調査機関として，船舶の事故及びインシデント（事故等）の調査により原因を究明し，国土交通大臣等に再発防止及び被害の軽減に向けた施策等の実施を求めているところ，令和4年度中，調査対象となる事故等は，844件発生した。また，同年度中，861件の報告書を公表した。

(2)令和4年度に公表した主な事故等

令和4年4月23日，北海道知床沖で旅客船が浸水，沈没し，乗員乗客計26名が死亡・行方不明となる痛ましい船舶事故が発生した。本件については，運輸安全委員会が事故原因究明等のための調査を実施しているところ，それまでに得られた事実情報と，そこから判明した本船の浸水から沈没に至るメカニズムについてまとめた経過報告を公表するとともに，併せて早急に講じるべき再発防止策について，国土交通大臣に対し意見を述べた（令和4年12月公表）。

(3)ホームページの検索機能の向上

運輸安全委員会では，1万6,000件余りの報告書をホームページで公開しているところ，目的の報告書をより探しやすくするために，検索機能を向上させ，船舶分野においては，「人の死傷」を検索条件に追加するとともに，検索条件が一つしか選択できなかったものについて，複数選択ができるよう改善を行った。

(4)事故等防止の啓発活動

令和4年4月，運輸安全委員会のホームページ上に，プレジャーボート事故防止に関する情報をとりまとめたコンテンツ「プレジャーボートの安全運航のために」を開設し，発航前や日頃の点検，航行中におけるレーダーや船舶自動識別装置（AIS）を活用した事故防止策などを，事故調査事例とともに紹介した。

(5)国際基準改正案への参画

IMOの下部組織のIMO規則実施小委員会（III）は，船舶事故等調査の国際基準の改正などを議論する場であるところ，令和4年度には，第8回IMO規則実施小委員会（III8）が開催され，議論に参画した。

2　海難事故の解析等の推進

国立研究開発法人海上・港湾・航空技術研究所海上技術安全研究所に設置されている「海難事故解析センター」において，国土交通省海事局等における再発防止対策の立案等への支援を行うため，事故解析に関して高度な専門的分析を行うとともに，重大海難事故発生時の迅速な情報分析・情報発信を行っている。

第 2-1 表 免許種類別処分の状況

(単位：人)(令和4年)

免許種類＼処分		免許取消し	業務停止	戒告	懲戒処分計	不懲戒	懲戒免除	合計
海技士（航海）	一級	0	1	4	5	0	0	5
	二級	0	0	0	0	1	0	1
	三級	0	8	13	21	1	0	22
	四級	0	15	18	33	2	1	36
	五級	0	17	11	28	2	0	30
	六級	0	6	1	7	0	0	7
海技士（機関）	一級	0	0	1	1	1	0	2
	二級	0	0	1	1	0	0	1
	三級	0	0	1	1	0	0	1
	四級	0	0	1	1	0	0	1
	五級	0	0	0	0	0	0	0
	六級	0	0	0	0	0	0	0
小型船舶操縦士	一級	0	117	83	200	5	0	205
	二級	0	35	28	63	6	0	69
	特殊	0	8	5	13	0	0	13
水先人	一級	0	0	5	5	3	0	8
	二級	0	0	1	1	0	0	1
	三級	0	0	0	0	0	0	0
締約国資格受有者		0	0	1	1	0	0	1
計		0	207	174	381	21	1	403

注　1　国土交通省海難審判所資料による。
　　2　「懲戒免除」とは，懲戒すべきところを本人の経歴等を考慮して免除したものである。
　　3　「締約国資格受有者」とは，外国の海事当局が発給した海技資格に基づき日本籍船に乗船できる資格を与えられた者である。

3　海難審判による懲戒処分等の状況

令和4年中に行われた海難審判の裁決は計290件であり，海技士若しくは小型船舶操縦士又は水先人の職務上の故意又は過失により海難が発生したとして，業務停止207人，戒告174人の計381人を懲戒処分とした。

懲戒を受けた者を免許種類別にみると，一級小型船舶操縦士免許受有者が最も多く，次いで二級小型船舶操縦士免許受有者，四級海技士（航海）免許受有者，五級海技士（航海）免許受有者，三級海技士（航海）免許受有者の順で多くなっている（第2-1表）。

第10節　海上交通の安全対策に係る調査研究等の充実

1　国土技術政策総合研究所の研究

⑴船舶諸元の現状・将来動向に関する研究

航路の幅員，水深，係留施設等の整備諸元の決定要素となる船舶諸元について，最近の動向を分析した。

⑵水域施設の計画手法に関する研究

航路や泊地といった船舶航行の安全に関わる水域施設の計画手法についてAISデータによる実態分析も踏まえつつ検討を行った。

2　海上保安庁海洋情報部の研究

海洋情報の充実を図るため海の流れの予測手法の検討を行った。

3　気象庁気象研究所等の研究

気象情報等の精度向上を図り，海上交通の安全に寄与するため，気象庁気象研究所を中心に，気象・地象・水象に関する基礎的及び応用的研究を行った。特に，台風・集中豪雨等対策の強化に関する研究として，気象災害を防止・軽減するために，予報・警報等の防災気象情報を避難等防災活動の早期準備や迅速・的確な実施に対して一層活用可能なものにしていくことを目的として，台風・集中豪雨等の災害をもたらす現象に対する観測・解析技術及び予測技術の高度化に関する研究を行った。

4　国立研究開発法人海上・港湾・航空技術研究所の研究

⑴海上技術安全研究所の研究

安全性と環境性のバランスに配慮した合理的な構造強度の評価方法の策定に向けた研究開発を始めとして，先進的な船舶の安全性評価手法の研究開発や，海難事故等の原因解明手法の深度化や，適切な再発防止策の立案に関する研究開発に取り組んだ。

⑵港湾空港技術研究所の研究

ア　船舶安全航行のための航路整備等に関する研究

（ア）　全国港湾海洋波浪情報網（ナウファス）

海上交通の安全や海上工事の計画・設計・施工の各段階で必要不可欠である沿岸波浪の出現特性を把握するため，全国の港湾事務所等で観測された波浪観測データを基に随時速報処理を行うとともに，過年度１年分の速報処理済のデータを確定処理した後，統計解析し波浪観測年報を取りまとめた。

（イ）　漂砂に関する研究

漂砂による港湾・航路の埋没を防止する対策技術の効率化に向けて，これまでの長期地形モニタリングデータを基にしたニューラルネットワーク等を活用した海浜地形予測モデルの有用性の検討や港湾施設の詳細地形を考慮した航路埋没予測シミュレーションの実施，現地観測に基づいた河口港における流下土砂の堆積機構に関する検討を行った。

イ　港湾における安全確保に関する研究

地球温暖化の影響が巨大台風の来襲や海面上昇等の形で顕在化しつつあり，沿岸部では高潮・高波災害のリスクが格段に高まるとともに激甚災害に至るおそれもある。そこで，最大級の高潮・高波に対する被害の軽減と迅速な復旧・復興を可能にするため，波浪や高潮のデータ解析や計算モデルの開発，構造物に作用する波圧の実験等を通じて，高潮・高波の予測精度の向上と被害想定及び被害軽減技術に関する検討を行った。

津波については，次世代の津波防災技術の開発を目指し，三次元漂流物モデル，GPS 波浪計及び海洋短波レーダーの観測情報を組み合わせた，津波予測技術，構造物周辺の局所洗掘量の推定手法，港湾構造物の変形を再現する粒子法モデルについての検討を行った。

知床遊覧船事故を受けた対策について

対策の経緯

令和4年4月23日，北海道知床沖で遊覧船が沈没し，乗員乗客計26名が死亡・行方不明となる近年類を見ない重大事故が発生した。本事故を受け，国土交通省に設置した「知床遊覧船事故対策検討委員会」において，「旅客船の総合的な安全・安心対策」が同年12月に取りまとめられた。

今後，同対策に基づく措置を講じ，旅客船の安全・安心な運航の確保を図る。

旅客船　KAZU Ⅰ（本事故前の状況）

発生場所
（北海道知床岬西側カシュニの滝付近海域）

「旅客船の総合的な安全・安心対策」の内容

取りまとめられた対策の具体的な内容は以下のとおり。

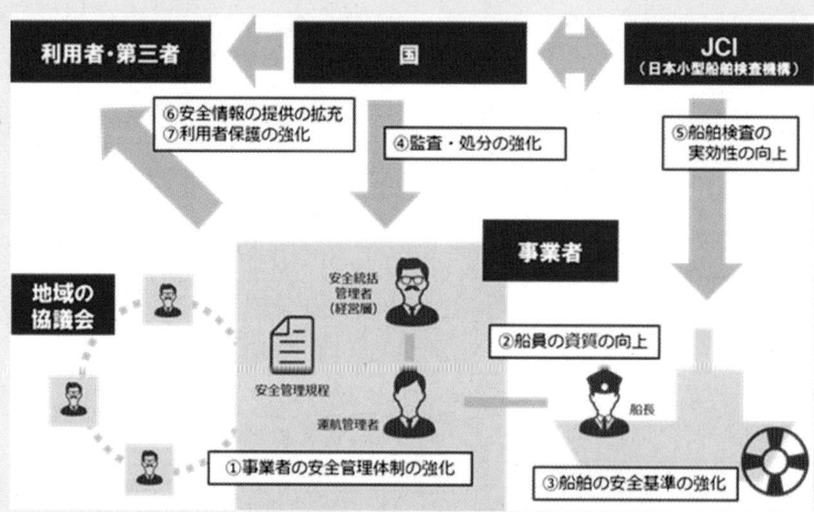

「旅客船の総合的な安全・安心対策」（概要）

1　事業者の安全管理体制の強化

- 安全統括管理者・運航管理者への試験制度の創設
- 事業許可更新制度の創設
- 届出事業の登録制への移行
- 運航の可否判断の客観性確保
- 避難港の活用の徹底
- 地域の関係者による協議会を活用した安全レベル向上

2　船員の資質の向上
・船長要件の創設
（事業用操縦免許の厳格化（修了試験の創設等），初任教育訓練，乗船履歴）
・発航前検査の確実な実施（ハッチカバーの閉鎖の確認を含む）

3　船舶の安全基準の強化
・法定無線設備からの携帯電話の除外
・業務用無線設備等の導入促進
・船首部の水密性の確保（既存船の緊急点検，隔壁の水密化等の検討）
・改良型救命いかだ等の積付けの義務化・早期搭載促進

4　監査・処分の強化
・海事監査部門の改革
（安全確保に向けた徹底した意識改革，通報窓口の設置，抜き打ち・リモートによる監視の強化，裏取り・フォローアップの徹底，自動車監査等のノウハウ吸収，監査体制の強化 等）
・行政処分制度の抜本的見直し（違反点数制度，船舶使用停止処分の導入等）
・罰則の強化（拘禁刑，法人重科等）
・許可の欠格期間の延長（２年→５年）

5　船舶検査の実効性の向上
・国による日本小型船舶検査機構（JCI）の検査方法の総点検・是正と監督の強化（ハッチカバー等を含む）

6　安全情報の提供の拡充
・安全法令違反の行政指導を公表対象に追加
・行政処分等の公表期間の延長（２年→５年）
・安全性の評価・認定制度（マーク等）の創設

7　利用者保護の強化
・船客傷害賠償責任保険の限度額引上げ
・旅客名簿の備置き義務の見直し

官民連携によるマリンレジャーの安全対策について

近年, 新型コロナウイルス感染症の影響から三密を避けることができる屋外レジャーの人気が高まり, マリンレジャー海難の増加が懸念されている。

海上保安庁では, マリンレジャーの海難を効果的に防止するため, 関係省庁との連携に加え, 民間関係団体や関係企業の主体的な安全推進が重要だと考えており, 令和4年度は次のような取組を行い, 海難防止に努めている。

① SUP関係民間団体との連携

近年事故が増加傾向のSUP（スタンドアップ・パドルボーディング）については, 規制法令（船舶検査や免許制度）がなく, 手軽に始められるマリンレジャーであるため, 事故者の大半を経験の浅い方が占めている。このことから, SUP関係団体に呼びかけ, 民間主導の「SUP安全推進プロジェクト」の設立を支援し, 関係団体が協力してリーフレットの作成・配布やインストラクター養成に係る共通事項の設定などの安全対策を行う体制の構築を行った。

② 通信販売業者との連携

近年では, 海で遊ぶ道具もインターネット等で手軽に入手できるようになり, 販売店が愛好者に直接接触する機会が少なくなっている。そのため, 大手ショッピングサイトのAmazon, 楽天, Yahoo! JAPANと連携して, 海上保安庁で運用するマリンレジャーの事故防止の情報を取りまとめた「ウォーターセーフティガイド」のウェブサイトのリンク先を同社のHP上に掲載してもらうことなどにより安全情報の周知・啓発を図った。

③ 雑誌出版社との連携

釣りに関連した事故に関しては, 釣り雑誌出版社と連携して安全啓発を実施した。具体的には, プレジャーボートの事故船舶の約7割が釣り目的で出航していることから, 釣り目的でプレジャーボートを運航する方に対して効果的に安全啓発を行うため, プレジャーボートに関する安全情報を釣り雑誌に掲載した。また, 近年の釣り中における海中転落者数は増加傾向にあることから, 様々な種類のライフジャケットを着用して, 訓練用プールで落水の模擬体験ができる安全講習会を開催した。安全講習会には, SNS等で人気のある愛好者にも参加いただき, 救命胴衣を正しく着用することの重要性や必要性などの情報を発信してもらい, 効果的な安全啓発を行った。

全国の SUP 安全推進プロジェクト推奨団体

講習参加者（釣り愛好者）による SNS での情報発信

釣り雑誌への掲載内容

第3編
航空交通

第3編 航空交通

第1章 航空交通事故の動向

1 近年の航空事故の状況

我が国における航空事故の発生件数は，第3-1表のとおりである。近年は，大型飛行機による航空事故は，乱気流等気象に起因するものを中心に年数件程度にとどまり，小型飛行機等が事故の大半を占めている。

2 令和4年中の航空交通の安全上のトラブルの状況

⑴航空運送事業者における安全上のトラブル

我が国の航空運送事業者に対して報告を義務付けている事故，重大インシデント※に関する情報は，令和4年に11件報告された。

なお，我が国の特定本邦航空運送事業者（客席数が100又は最大離陸重量が5万キログラムを超える航空機を使用して航空運送事業を経営する本邦航空運送事業者）における乗客死亡事故は，昭和60年の日本航空123便の御巣鷹山墜落事故以降発生していない。

⑵管制関係の安全上のトラブル

我が国の航空管制等に起因するおそれのある重大インシデントは，令和4年に4件報告された。

第3-1表 航空事故発生件数及び死傷者数の推移

区分／年	発生件数								死傷者数	
	大型飛行機	小型飛行機	超軽量動力機	ヘリコプター	ジャイロプレーン	滑空機	飛行船	計	死亡者	負傷者
	件	件	件	件	件	件	件	件	人	人
平成30	5	3	4	3	0	1	0	16	11	12
令和元	5	1	2	2	0	3	0	13	1	12
2	4	1	4	3	1	0	0	13	2	16
3	1	2	2	3	0	3	0	11	3	10
4	8	4	4	3	0	2	0	21	9	14

注 1 国土交通省資料による。
2 各年12月末現在の値である。
3 日本の国外で発生した我が国の航空機に係る事故を含む。
4 日本の国内で発生した外国の航空機に係る事故を含む。
5 事故発生件数及び死傷者数には，機内における自然死，自己又は他人の加害行為に起因する死亡等に係るものは含まない。
6 死亡者数は，30日以内死亡者数であり，行方不明者等が含まれる。
7 大型飛行機は最大離陸重量5.7トンを超える飛行機，小型飛行機は最大離陸重量5.7トン以下の飛行機である。

※重大インシデント
結果的には事故に至らなかったものの，事故が発生するおそれがあったと認められる事態のうち重大なもの。

第3-2表 航空交通の安全についての実績値と目標値

【死亡事故発生率及び全損事故ゼロ】

	令和4年度 実績値	令和4年度 目標値	令和7年度 目標値
① 定期便を運航する本邦航空運送事業者の死亡事故発生率（回数あたり） ※ ICAO 加盟の各国定期航空運送事業者との比較が可能な指標	0.00	0.00	0.00
② 定期便を運航する本邦航空運送事業者の全損事故発生率（回数あたり） ※ IATA（国際航空運送協会）加盟の各国定期航空運送事業者との比較が可能な指標	0.00	0.00	0.00

【21の指標　5年間で約17%削減】

業務提供者の区分		安全指標	令和4年度 実績値	令和4年度 目標値	令和7年度 目標値
航空運送分野	（1）定期便を運航する本邦航空運送事業者	① 航空事故発生率（時間あたり）	4.40	0.57	0.50
		②-1　〃　（回数あたり）	8.83	1.14	1.00
		②-2　〃　（回数あたり）（定期便に限る）（②-1の内数） ※ ICAO 加盟の各国定期航空運送事業者との比較が可能な指標	8.85	0.98	0.86
		③ 重大インシデント発生率（時間あたり）	1.65	1.72	1.51
		④　〃　（回数あたり）	3.31	3.42	2.99
	（2）（1）以外の航空運送事業者及び航空機使用事業者	⑤ 航空事故発生率（時間あたり）	17.93	13.89	12.15
		⑥　〃　（回数あたり）	12.90	9.99	8.75
		⑦ 重大インシデント発生率（時間あたり）	71.73	31.15	27.26
		⑧　〃　（回数あたり）	51.58	21.64	18.94
航空運送分野	国，地方公共団体	⑨ 航空事故発生率（時間あたり）	12.58	14.10	12.34
		⑩　〃　（回数あたり）	14.94	16.91	14.80
		⑪ 重大インシデント発生率（時間あたり）	50.32	4.03	3.53
		⑫　〃　（回数あたり）	59.74	4.83	4.23
	個人	⑬ 航空事故発生率（時間あたり）	148.08	130.32	114.03
		⑭　〃　（回数あたり）	132.65	125.48	109.79
		⑮ 重大インシデント発生率（時間あたり）	74.04	57.92	50.68
		⑯　〃　（回数あたり）	66.32	55.77	48.80
交通管制分野	航空保安業務等提供者	⑰ 交通管制分野に関連する又は関連するおそれのある航空事故発生率（管制取扱機数あたり）	0.00	0.00	0.00
		⑱ 交通管制分野に関連する又は関連するおそれのある重大インシデント発生率（管制取扱機数あたり）	2.63	0.73	0.64
空港分野	空港管理業務等提供者	⑲ 空港分野に関連する又は関連するおそれのある航空事故発生率（着陸回数あたり）	0.00	0.00	0.00
		⑳ 空港分野に関連する又は関連するおそれのある重大インシデント発生率（着陸回数あたり）	0.93	0.00	0.00
		㉑ 制限区域内において，地上での作業又は地上の施設若しくは物件に起因する人の死傷，又は航空機が損傷した事態の発生率（着陸回数あたり）	29.63	20.09	17.58

注 1　国土交通省資料による。
2　「時間あたり」は，100万飛行時間あたりを示す。「回数あたり」は，100万飛行回数あたりを示す。
3　「管制取扱機数あたり」は，管制取扱機数100万機あたりを示す。「着陸回数あたり」は，100万着陸回数あたりを示す。
4　平成30年度の目標値を起点として，15年間で50%減とする安全目標を設定していることから，この5年間では約17%減としている。

第2章　航空交通安全施策の現況

第1節　航空安全プログラム等の更なる推進

1　航空安全プログラム（SSP）に基づく安全の推進

国際民間航空条約第19附属書に従い，民間航空の安全に関する目標とその達成のために講ずべき対策等を航空安全プログラム（SSP）として定め，平成26年から実施している。

今般，国際民間航空機関（ICAO※）におけるSSPに関する動向を踏まえ，安全目標に対する進捗度合いの評価のために統計的手法を導入するなど，我が国SSPの有効性を向上させるための改正を行っている。

(1)業務提供者における安全管理システム（SMS）の強化

本邦航空運送事業者等の業務提供者に対して安全の向上の取組に直結した安全指標及び安全目標値の設定を促進し，安全に係るリスク管理の仕組みであるSMSの質の向上を図るように指導した。特に，新たに航空運送事業者となった者や民間の能力を活用した国管理空港等の運営等に関する法律（平25法67）等に基づき新たに空港運営者になった者等，SMSの取組の実績が浅い業務提供者に対しては，安全指標及び安全目標値の設定などが的確に実施されるよう，連携を密にして指導，監督，助言等を行った。

(2)安全に関する航空法規等の策定・見直し等

把握した安全情報，国際標準の動向，技術開発の状況等を踏まえて，民間航空の安全性の向上を目指し，必要となる民間航空の安全に係る基準等の反映について適時適切に対応した。また，我が国における取組により得た知見を踏まえ，国際標準の改正やガイドラインの充実のための議論に参画するとともに，各国の取組に関する情報を積極的に入手した。

(3)業務提供者に対する監査等の強化

業務提供者に対し，定期的に実施する監査・検査等のほか，航空事故，重大インシデント，安全上の支障を及ぼす事態の発生又はそのおそれがある場合，不適切･不安全な事象が発生した場合等，航空安全当局が必要と判断した場合は，随時監査･検査等を実施した。また，年末年始の輸送等に関する安全総点検により，事業者の安全意識を向上させた。

(4)安全情報の収集・分析等

ア　安全情報の収集

航空事故その他の航空機の正常な運航に安全上の支障を及ぼす事態に関する情報を適切に分析し，また関係者と共有することにより，再発防止及び予防的安全対策の実施に役立てるため，業務提供者から義務報告制度による確実な報告を求めた。また，分野横断的な事態への対応を行うため，業務提供者を一元的に監督するための組織変更を行った。

自発報告制度（VOICES）については，安全情報を幅広く収集するため，当該制度の周知・広報活動を行い，安全に係る情報共有の重要性の再認識を図るなど，報告文化の更なる醸成に重点を置いて，関係者への働き掛けを行った。

イ　安全情報の分析等

航空運送，交通管制及び空港の各分野において，業務提供者から報告を受けた安全情報，再発防止策及び安全指標等の把握・分析，分析結果の各業務提供者との共有等を行った。また，有識者・学識経験者を含む安全情報分析委員会を開催し安全情報の評価・分析を行い，分析後，輸送の安全に関わる情報を整理し公表した。

安全に係るリスクに応じた安全対策を可能とするために，統計的評価・分析手法にてリスク把握を行った。

※ ICAO：International Civil Aviation Organization

(5)安全文化の醸成及び安全監督の強化

ア　安全文化の醸成

航空活動関係者に対して，安全監査，講習会，セミナー等を通じた知識の普及や安全情報の共有，意見の交換等の活動を行うとともに，特定操縦技能審査制度等を通じて，小型航空機等運航者に対する監督・指導を強化し安全文化の醸成促進をした。

イ　安全監督の強化

業務提供者等に対する監査・検査等を実施する要員に対し，航空安全当局が設定する資格要件に係る内部規程に基づき，必要な知識・技量の習得及び維持を目的とした教育・訓練を実施した。

また，業務提供者を一元的に監督するための組織体制の改善を行った。

2　国家航空安全計画（NASP）の策定

ICAOでは2030年以降に民間航空機の死亡事故をゼロにするというビジョンを実現するため，航空安全マネジメントに関する戦略的方向性を示す世界航空安全計画（GASP）を定めており，我が国においてもこのビジョンの実現に貢献するべく，国家航空安全計画（NASP）の策定を行うこととしている。

第2節　航空機の安全な運航の確保

1　安全な運航の確保等に係る乗員資格基準や運航基準等の整備

我が国の航空機の運航の基準について，安全の確保を前提として，近年のめまぐるしく変化する航空業界の運航環境に適切に対応するため，国際標準の改正や諸外国の状況を踏まえ，令和4年度中には，例えば，航空運送事業に供する航空機の装備要件の改正等，時代に即した合理的な国内基準の検討及び策定を推進した。

2　危険物輸送安全対策の推進

技術の発展に伴う危険物の航空輸送量の増加・多様化に対応するため，ICAO及び国際原子力機関（IAEA）における国際的な危険物輸送に関する安全基準の整備に基づき，これらを遅滞なく国内基準に反映した。

また，危険物の安全輸送に関する講習会の回数を増やすとともに関係荷主団体等への説明会を開催することにより，危険物輸送基準の理解を図った。

さらに，政府広報，航空局のホームページを更新するとともに，ポスターを全国の空港並びに東京国際空港及び成田国際空港に乗り入れる鉄道の一部駅に掲示する等により，旅客の手荷物に含まれる危険物に関する最新のルールの国民への周知・啓蒙を図った。

3　小型航空機等に係る安全対策の推進

小型航空機の安全対策として，定期的なメールマガジン，SNSによる安全情報・安全啓発動画の配信などの情報発信強化のほか，特定操縦技能審査制度の実効性向上のため，操縦技能審査員に対する指導・監督強化などを図っている。また，小型航空機用に開発・販売されている簡易型飛行記録装置（FDM）に係る実証実験から得られた活用策の検討結果を踏まえ，当該機器の普及促進に向け取り組んでいる。

4　運輸安全マネジメント評価の実施

平成18年10月より導入した「運輸安全マネジメント制度」により，事業者が社内一丸となった安全管理体制を構築・改善し，国がその実施状況を確認し評価する取組を，令和4年度は13者に対して実施した。

また，令和2年7月に策定，公表した，「運輸防災マネジメント指針」を活用し，運輸安全マネジメント評価の中で防災マネジメントに関する評価を実施した。

5　乗員政策の推進

安全を確保しつつ航空ネットワークの充実等を図るためには，操縦士の安定的な供給を確保することが必要である。

現在，新型コロナウイルスの感染拡大により航空需要は一時的に減退しているが，今後の経済回復の局面に対応するため，操縦士として第一線で活躍するまでに長い時間を要することも考慮し，中長期的な視点で計画的に操縦士の養成を継続する必要がある。このため，航空大学校における操縦士の養成を着実に進めているほか，自衛隊操縦士の民間活躍等にも取り組んでいる。

また，航空会社における健康管理体制の強化を図るため，操縦士の身体検査を行う医師（指定医）及び医療機関等に対し，その能力水準の更なる向上・平準化が図られるよう，講習会の内容の充実，立入検査の強化等を実施する。

さらに，航空会社が操縦士の日常の健康状態の把握及び操縦士に対する健康管理に関する定期的な教育などの措置を適切に講じるよう，健康管理部門への監査等を通じて指導・監督を実施した。

6　飲酒に関する対策の強化

平成30年10月末以降，航空従事者の飲酒に係る不適切事案が相次いで発生したことを踏まえ，31年1月から令和元年7月にかけて厳格な飲酒基準を策定した。4年度においては，前年度に引き続き基準が適切に遵守されるよう，監査等を通じて指導・監督を実施するとともに，操縦士の日常の健康管理（アルコール摂取に関する適切な教育を含む。）の充実や身体検査の適正な運用に資する知識（航空業務に影響を及ぼす疾患や医薬品に関する知識を含む。）の普及啓発が図られるよう，航空会社の健康管理担当者に対する講習会等を通じて指導を実施した。また，3年度から2か年度にわたり，客室乗務員による飲酒検査での不正，アルコール検知，飲酒事実の虚偽報告事案が発生したことを踏まえ，飲酒検査体制の強化，アルコール教育の適切な実施（効果測定含む。）及び組織的な飲酒傾向の把握等が図られるよう，引き続き指導・監督を実施している。

7　落下物防止対策の強化

平成29年9月に航空機からの落下物事案が続けて発生したことを踏まえ，30年3月に「落下物対策総合パッケージ」を策定した。同パッケージに基づき，同年9月に「落下物防止対策基準」を策定し，本邦航空会社のみならず，日本に乗り入れる外国航空会社にも対策の実施を義務付けており，本邦航空会社は31年1月から，外国航空会社は同年3月から適用している。また，29年11月より，国際線が多く就航する空港を離着陸する航空機に部品欠落が発生した場合，外国航空会社を含む全ての航空会社等から報告を求めている。報告された部品欠落情報については，原因究明の結果等を踏まえて国として航空会社への情報共有や指示，必要に応じて落下物防止対策基準への対策追加等を実施しており，再発防止に活用している。

8　外国航空機の安全性の確保

我が国に乗り入れている外国航空機に対する立入検査（ランプ・インスペクション）の充実・強化を図るとともに，外国航空機による我が国内での事故や重大インシデント等が発生した際には，必要に応じて，関係国の航空安全当局に対して原因の究明と再発防止を要請している。また，諸外国の航空安全当局との連携を図るために航空安全に係る情報交換に努めている。なお，令和4年度については，新型コロナウイルスに対する水際対策の緩和等により外国航空機の我が国への乗り入れも徐々に増加していることも踏まえ，ランプ・インスペクションの実施回数を増やし，34か国の88社に対し223回実施した。

9　航空交通に関する気象情報等の充実

悪天による航空交通への影響を軽減し，航空交通の安全に寄与するとともに，航空機の運航・航空交通流管理を支援するため，航空気象情報を提供している。航空気象情報の作成に資する数値予報モデルの更なる高度化のため，令和4年度は新しいスーパーコンピュータの整備を開始した。

第3節　航空機の安全性の確保

1　航空機・装備品等の安全性を確保するための技術基準等の整備

航空機，装備品等の安全性の一層の向上等を図るため，最新技術の開発状況や国際的な基準策定の動向等を踏まえ，航空機及び装備品の安全性に関する技術基準等の整備を行っている。

2 航空機の検査の的確な実施

国産及び輸入航空機について，米国・欧州の航空当局との密接な連携等により，安全・環境基準への適合性の審査を適切かつ円滑に取り組んでいる。また，安全運航維持を目的とした改正航空法に基づき，関連規定の整備等を行った。

さらに，航空機の検査や製造・整備事業者等に対する指導監督を適切に行うため，航空機検査・設計審査職員の質的向上を図るための研修を実施した。

3 航空機の運航・整備体制に係る的確な審査の実施

本邦航空運送事業者の運航・整備体制の審査として，新規路線就航等に伴う事業計画の変更認可，運航管理施設等の検査，運航・整備規程の認可に係る安全審査を行っているほか，定例連絡会議等の開催や機材不具合に対する是正措置の報告徴収等を随時行っており，これらを通じて的確に指導・監督を行っている。また，上記業務に携わる者の質的維持を図るため，研修内容を見直し，最新機材に対応した整備方式や関連制度等に係る研修を実施している。

第4節 航空交通環境の整備

1 増大する航空需要への対応及びサービスの充実

⑴国内空域の抜本的再編

安全かつ効率的な運航を維持しつつ増大する航空需要に対応するため，国内空域の抜本的な再編を行うべく，①管制空域の上下分離，②複数の空港周辺の空域（ターミナル空域）の統合のために必要となる航空保安システムの整備，飛行経路・空域の再編等を進める。

⑵統合管制情報処理システム等の機能向上

管制処理能力の向上によって増大する航空需要に対応するため，統合管制情報処理システムについてハードウェアとソフトウェア両面での機能向上の整備を進めている中で，安全性を確保しつつ，今後，航空情報や運航情報など航空機の運航に必要な情報の共有を実現するシステムの運用を開始するとともに，運用サービスの拡充を順次計画している。

⑶小型航空機運航環境の整備

低高度空域における小型航空機の安定的な運航の実現を図るため，計器飛行方式による，既存航空路の最低経路高度の引下げ，最低経路高度の低い新たな航空路の設定及びヘリポートへの進入・出発方式の設定について検討を進めている。

⑷航空保安職員教育の充実

今後の更なる航空交通需要の増大に伴う空域の容量拡大や航空保安システムの高度化に的確に対応するため，航空保安職員に対し高度な知識及び技量を確実に修得させることを目的として，航空保安大学校等における基礎研修及び専門研修について，研修効果及び効率を上げるための研修カリキュラムの見直し，訓練機材の更新及び国際的に標準化された教育手法への移行を進めている。

⑸新技術や新方式の導入

GPSを利用した航法精度の高い進入方式（RNP AR）について導入を進めており，今後も継続的に設定を行うとともに，世界的に進められている更なる航法精度の高い進入方式の開発の動向を注視，導入を図ることで，航空機の運航効率の向上や悪天候時における就航率の向上等を図っていく。

⑹飛行検査体制の充実

世界的な技術革新と航空交通量の増大に対応して高度化している航空保安システム及び飛行方式に対して，的確に対応できるよう飛行検査体制の高度化を図っており，既存の飛行検査機材の高度化のみならず，新しいドローン技術を用いた飛行検査機材の導入等を進めている。また，SDGsに則してSAF燃料の積極的な利用を推進し，環境に配慮した飛行検査の実施を図っている。

⑺電子地形・障害物データ提供の拡充

航空機運航者の利便性や情報品質の向上を図るた

め，航空機の運航に必要となる空港周辺の地形や障害物等の基礎的情報をデジタルデータとして提供するとともに，対象となる空港の拡大を進めている。

⑻将来の航空交通システムの構築に向けた取組

国際的な相互運用性を確保しつつ，長期的な航空需要の増加や地球環境問題等に対応するとともに，更なる安全性の向上を図るため，ICAOや諸外国とも協調して，将来の航空交通システムに関する長期ビジョン（CARATS）の推進を実施している。

⑼大都市圏における拠点空港等の整備

訪日外国人旅行者の受入拡大，我が国の国際競争力の強化等の観点から，首都圏空港（東京国際空港（羽田空港），成田国際空港（成田空港））の機能強化は必要不可欠であり，両空港で年間約100万回の発着容量とするための取組を進めているところである。

具体的には，羽田空港において，令和２年３月から新飛行経路の運用を開始し，国際線の発着容量を年間約４万回拡大しているところであり，引き続き，騒音対策・落下物対策や，地域への丁寧な情報提供を行うなど，新飛行経路の着実な運用に向けた取組を進めている。成田空港においては，地域との共生・共栄の考え方のもと，C滑走路新設等の年間発着容量を50万回に拡大する取組を進めていくこととしている。そのほか，福岡空港については，滑走路処理能力の向上を図るため，滑走路増設事業を実施するとともに，空港の利便性向上を図るため，那覇空港においては国際線ターミナル地域再編事業，新千歳空港においては誘導路複線化等を実施している。

その他の空港においては，航空機の増便や新規就航等に対応するため，エプロン拡張やCIQ施設の整備等を実施している。

また，航空機の安全運航を確保するため，老朽化が進んでいる施設について戦略的維持管理を踏まえた空港の老朽化対策を実施するとともに，地震災害時における空港機能の確保を図るため，滑走路等の耐震対策を着実に推進している。加えて，航空旅客ターミナル施設においては，旅客の安全確保のため，高齢者，障害者等の安全利用に配慮した段差の解消等のバリアフリー化を引き続き実施し，総合的・一般的な環境整備を実現するなどの観点からユニバーサルデザイン化を進めている。

2　航空交通の安全確保等のための施設整備の推進

⑴データリンク通信の利用拡大

音声通信により発生する管制官及びパイロットの「言い間違い」や「聞き間違い」によるヒューマンエラーの防止等を図るため，現在洋上空域や地上（出発前）で活用されているデータリンク通信の航空路空域への導入を進めている。

⑵航空路監視機能の高度化

航空路空域における更なる安全の確保を図るため，航空機が保有する速度，方位，機上設定高度等の多様な動態情報を活用した管制業務の高度化を進めている。

3　空港の安全対策等の推進

⑴滑走路誤進入対策の推進

ヒューマンエラー等に起因する滑走路誤進入を防止するため，管制指示に対するパイロットの復唱のルール化等，管制官とパイロットのコミュニケーションの齟齬の防止を行っている。また，滑走路誤進入事案の情報を航空運送，交通管制，空港の分野横断的に共有し，それぞれの視点に基づいた分析，必要な対策の審議・検討を行った。

⑵空港の維持管理の着実な実施

滑走路等の諸施設が常に良好な状態で機能するよう，定期的な点検等により劣化・損傷の程度や原因を把握し，老朽化の進んでいる施設について効率的かつ効果的な更新・改良を実施している。

⑶空港における災害対策の強化

ア　災害への対応力の強化

災害時に航空輸送上重要な空港等の機能を維持するためには，空港内施設のみならずライフライン施設や道路・鉄道等の交通施設の機能維持が必要となることから，各施設の関係者と協議して，平成26年度の「南海トラフ地震等広域的災害を想定した空港施設の災害対策のあり方　とりまとめ」を踏まえた，地震・津波に対応する避難計画・早期復旧計画を策定し，計画に基づき避難訓練等の取組や関係機関との協力体制構築等の取組を推進している。

加えて，平成30年９月の台風第21号や令和元年９月の令和元年房総半島台風等の影響により，空港機能や空港アクセスに支障が生じたことから，未経験レベルの大規模な自然災害やそれに伴うアクセス機能の喪失等外部からのリスクが発生した場合においても，我が国の航空ネットワークを維持し続けることができるよう，全国の空港で策定された空港BCP（A2（Advanced/Airport）-BCP）に基づき，空港関係者やアクセス事業者と連携し，災害時の対応を行うとともに，訓練の実施等による空港BCPの実効性の強化に努めている。

イ　空港インフラの強靱化の推進

航空ネットワークの拠点となる空港等について，地震被災時における緊急物資輸送拠点としての機能確保，航空ネットワークの維持や背後圏経済活動の継続性確保を図るため，必要となる滑走路等の耐震対策を進めている。

第５節　無人航空機等の安全対策

1　無人航空機の安全対策

無人航空機については，航空法（昭27法231）において，飛行禁止空域や飛行の方法に加え，飛行禁止空域における飛行や規定の飛行の方法によらない飛行の場合の許可・承認などの基本的なルールが定められている。また，無人航空機の所有者等の把握や安全上問題のある機体の排除を通じた無人航空機の飛行の更なる安全性向上を図るため，令和４年６月から無人航空機の機体登録が義務化された。さらに，第三者上空での補助者なし目視外飛行（レベル４飛行）の実現のため，機体認証制度や操縦ライセンス制度等が令和４年12月に開始された。

2　「空飛ぶクルマ」の安全対策

いわゆる「空飛ぶクルマ」については世界各国で機体開発の取組がなされているが，我が国においても，都市部での送迎サービスや離島や山間部での移動手段，災害時の救急搬送などの活用を期待し，次世代モビリティシステムの新たな取組として，世界に先駆けた実現を目指している。令和７年の大阪・関西万博における飛行の開始を目指し，「空の移動革命に向けた官民協議会」において機体や運航の安全基準，操縦者の技能証明基準などについて検討を行っている。

第６節　救助・救急活動の充実

1　捜索救難体制の整備

航空機の捜索・救難に関しては，遭難航空機の迅速な特定を行うため，国土交通省東京空港事務所に設置されている救難調整本部と捜索・救難に係る関係機関との実務担当者会議及び合同訓練を実施し，並びに救難調整本部において航空機用救命無線機（ELT）に登録された航空機，運航者等に関する情報の管理等を行うとともに，海上及び陸上における遭難航空機の位置特定の精度向上に係る取組を行った。さらに，隣接国の捜索救難機関との間で，海上での発生を想定した捜索救難合同訓練を実施した。引き続き，合同訓練実施国の拡大に向けて必要な調整を行い，アジア太平洋地域における航空機の捜索・救難活動の連携強化を図っている。

2　消防体制及び救急医療体制の強化

空港における消防・救急医療体制を維持するため，化学消防車等の更新，治療用テントの更新配備を行うとともに，現行の消火救難体制を評価し必要な改善を図ることとしている。また，国管理空港には順次，高所や火元に近い箇所での消火活動が可能なHRET※の化学消防車両の導入を進めている。

なお，各空港においては，空港救急医療に必要

※HRET：High reach extendable turret

な資器材の計画的な配備更新等を進めるとともに，空港救急医療活動が的確かつ円滑に実施できるよう関係機関等との連携強化を図るため，定期的な合同訓練を実施している。

空港保安防災教育訓練センターでは，過去の航空機事故の教訓を踏まえ，全国の空港消防職員に対し航空機事故現場における乗客，乗員等の救命率を上げることを目的に，航空機事故に関する専門的かつ総合的な消火訓練を実施し，知識・技能の向上を図っている。さらに，空港職員に対する，自動体外式除細動器（AED）の使用も含めた心肺蘇生法等の応急手当の普及啓発活動を推進している。

第7節　被害者支援の推進

損害賠償請求の援助活動等や被害者等の心情に配慮した対策の推進を図った。

特に，大規模事故が発生した場合には，警察，医療機関，地方公共団体，民間の被害者支援団体等が連携を図り，被害者を支援することとしている。

公共交通事故による被害者等への支援の確保を図るため，国土交通省に設置した公共交通事故被害者支援室では，被害者等に対し事業者への要望の取次ぎ，相談内容に応じた適切な機関の紹介などを行うこととしている。

令和４年度は，公共交通事故発生時には，被害者等へ相談窓口を周知するとともに被害者等からの相談に対応できるよう体制を維持した。また，平時の取組として，支援に当たる職員に対する教育訓練の実施，外部の関係機関とのネットワークの構築，公共交通事故被害者等支援フォーラムの開催，公共交通事業者による被害者等支援計画の策定の働き掛け等を行った。

第8節　航空事故等の原因究明と事故等防止

1　運輸安全委員会の事故調査状況

運輸安全委員会は，独立性の高い専門の調査機関として，航空の事故及び重大インシデント（事故等）の調査により原因を究明し，国土交通大臣等に再発防止及び被害の軽減に向けた施策等の実施を求めているところ，令和４年度中，調査対象となる事故等は，34件発生した。また，同年度中，22件の調査報告書を公表した。

2　令和４年度に公表した主な事故等

令和２年12月，旅客機が上昇中，左側エンジンのファンブレードが破断した事案について，疲労破壊による破断に至った要因の分析を行い，亀裂を検出するには検査手法及び検査間隔が不十分であったことが関与したことなどを明らかにした（令和４年８月公表）。

3　ホームページの検索機能の向上

運輸安全委員会では，１万6,000件余りの報告書をホームページで公開しているところ，目的の報告書をより探しやすくするために，検索機能を向上させ，航空分野においては，「事故等種別の分類」，「飛行の段階」，「人の死傷」を検索条件に追加する改善を行った。

4　無人航空機の事故等調査開始

令和３年６月に運輸安全委員会設置法（昭48法113）が改正され，運輸安全委員会の調査対象に無人航空機に係る重大な事故等が加わったことを受け，令和４年７月に運輸安全委員会設置法施行規則を改正し，その詳細を定め，同年12月５日に無人航空機の事故等調査制度が開始された。

5　国際基準改正案への参画

ICAO下部組織の事故調査パネル（AIGP）は，主に「航空機事故及びインシデント調査」の国際基準改正案について議論される場となっているところ，令和４年度には，第７回事故調査パネル会議（AIGP/7）が開催され，「航空機事故等の被害者とその家族への支援」，「無人航空機システムの事故等調査」などの議論に参画した。

第9節 航空交通の安全に関する研究開発の推進

1 文部科学省関係の研究

国立研究開発法人宇宙航空研究開発機構では，航空交通の安全確保や円滑化を目指した研究として，「乱気流による機体揺動を低減する技術の研究開発」，「雪氷や雷等の外的影響に対する防御技術の研究開発」，「革新低抵抗・軽量化機体技術の研究開発」等を推進した。

さらに，国土交通省からの依頼に基づき，航空機騒音予測モデルの改良，運輸安全委員会による航空事故等の事故原因の究明に協力した。

2 国土交通省関係の研究

(1)国土技術政策総合研究所の研究

航空機の離着陸時の安全性向上等を目的として，滑走路等の設計・施工・補修及び点検方法の高度化に係る研究，並びに既存ストックのライフサイクルコストを考慮した空港舗装設計手法高度化に関する研究を実施した。

(2)国立研究開発法人海上・港湾・航空技術研究所電子航法研究所の研究

「軌道ベース運用による航空交通管理の高度化」，「空港運用の高度化」，「機上情報の活用による航空交通の最適化」及び「関係者間の情報共有及び通信の高度化」等，航空交通の安全性向上を図りつつ，航空交通容量の拡大，航空交通の利便性向上，航空機運航の効率性向上及び航空機による環境影響の軽減に寄与する研究開発を実施した。

(3)国立研究開発法人海上・港湾・航空技術研究所港湾空港技術研究所の研究

航空機の離着陸時の安全性向上等を目的として，地震動による地盤の変形予測に関する研究を実施した。

第10節 防衛省における航空交通安全施策

防衛省は，航空交通の安全を確保するため，航空法の規定の一部が適用を除外されている自衛隊が使用する航空機，自衛隊の航空機の運航に従事する者，自衛隊が設置する飛行場等について基準を定めるなど必要な措置を講じている。

また，自衛隊において航空事故が発生した場合には，専門的な事故調査委員会等において徹底的な原因究明を行った後，調査結果を踏まえ所要の再発防止対策を実施している。

なお，事故防止策の強化の観点から，飛行隊長等に対する補職前の安全教育の充実に取り組んでいる。

1 航空機の運航・整備

自衛隊が使用する航空機の運航に関しては，異常接近防止，燃料の携行量，航空機の灯火等に関する事項を訓令等によって規定して，航空従事者にこれを遵守，励行させているほか，安全意識の高揚と飛行安全に関する知識の向上に資するため，飛行安全に関する教育の実施及び資料の配布，安全監察の実施等を通じて航空交通の安全の確保に努めている。特に，異常接近を防止するため，訓練／試験空域において訓練飛行等を実施するに当たっては，航空警戒管制部隊が監視及び助言を行っている。

また，限られた空域を安全かつ有効に利用するため，国土交通省航空交通管理センターに自衛官を派遣し，自衛隊が訓練／試験空域を使用していない場合に民間航空機の通過を可能とする運用を実施するほか，時間差を利用して訓練／試験空域と航空路等の空域の分離を図る，いわゆる時間分離方式等による運用を実施しているが，それらの運用に当たっては，レーダー及び自動化された航空情報処理システムの活用，空域調整官の配置等により，航空交通の安全の確保に万全を期している。

防衛省における航空機の整備は，技能証明を有する整備士が所定の整備基準を厳格に遵守して行っており，また，随時，安全監察及び品質管理調査を実施して万全を期している。

2　航空従事者

自衛隊が使用する航空機は，自衛隊の航空機の運航に従事することができる航空従事者技能証明（以下「技能証明」という。）及び計器飛行証明を受けている者に運航させている。

技能証明は14種類に区分されており，技能に応じて乗り組むことができる航空機の種類，等級及び型式を限定している。また，計器飛行証明も技能に応じて2種類に分けている。

これらの技能証明及び計器飛行証明を取得するためには，学校等における所定の教育を修了していることを要件としており，また，技能証明及び計器飛行証明を付与した後においても，常時，教育訓練を実施し，航空従事者としての知識及び技能の向上を図っているほか，航空関係の規定に違反する行為があった場合，身体的適性に疑いが生じた場合等には，技能証明及び計器飛行証明の取消しや効力の停止等の措置を講じ，技能水準の保持及び航空事故の防止に努めている。

また，自衛隊の使用する航空機の運航に従事する者の教育訓練の充実を図るため，フライトシミュレーターの整備等を進めている。

3　飛行場及び航空保安施設等

自衛隊が設置する飛行場及び航空保安施設等については，航空法に準拠して，設置及び管理に関する基準を訓令で定めている。

航空交通管制施設の整備としては，馬毛島基地（仮称）のラプコン装置，鹿屋飛行場のGCA※装置及び小月飛行場のAPID※の整備を実施している。

また，航空保安無線施設の整備としては，千歳，目達原，見島，父島地区，新田原飛行場及び馬毛島基地（仮称）のタカン装置の整備，並びに徳島飛行場及び馬毛島基地（仮称）のILS装置の整備等安全上の措置を進めている。

4　飛行点検の実施

飛行の安全を維持し，効率的な航空交通管制を行うためには，航空保安無線施設等※が航空交通の実情に適合し，かつ，常に正しく機能していることが必要である。このため，自衛隊が設置及び管理している航空保安無線施設等については，飛行点検機を使用し実際の飛行状態に即した機能状態の点検を行い，その結果を評価及び判定している。

5　救助救難体制

航空機の捜索救難のために，主要飛行場に救難捜索機（U-125A），救難ヘリコプター（UH-60J）及び救難飛行艇（US-2）等を配備している。

※ GCA
　Ground Controlled Approach（着陸誘導管制）
※ APID
　Aircraft Position Information Display（航空機位置情報表示装置）
※航空保安無線施設等
　電波又は灯火により航空機の航行を援助するための施設。

無人航空機の安全対策について

これまで無人航空機の安全対策としては，特定の空域や飛行の方法で飛行させる場合に国土交通大臣の許可・承認を受けなければならない制度である「許可・承認制度」，無人航空機の所有者情報や機体情報を登録しなければならない義務的制度である「登録制度」が運用されてきた。

また，無人航空機の利活用の拡大等のため，令和４年 12 月よりそれまで認められていなかった第三者上空での補助者なし目視外飛行（レベル４飛行）を可能とする新たな制度が開始された。具体的には，「機体の認証制度」に基づき認証を受けた機体を，「技能認証制度」に基づく操縦ライセンスを有する者が，「運航ルール」に従って操縦する場合であって，国土交通大臣の許可・承認を受けた場合にはレベル４飛行が認められるというものである。さらに，これまで許可・承認を行ってきたレベル４以外の飛行の一部についても上記制度の活用により個別の許可・承認を不要とすることとされた。

図１．無人航空機の飛行のレベル

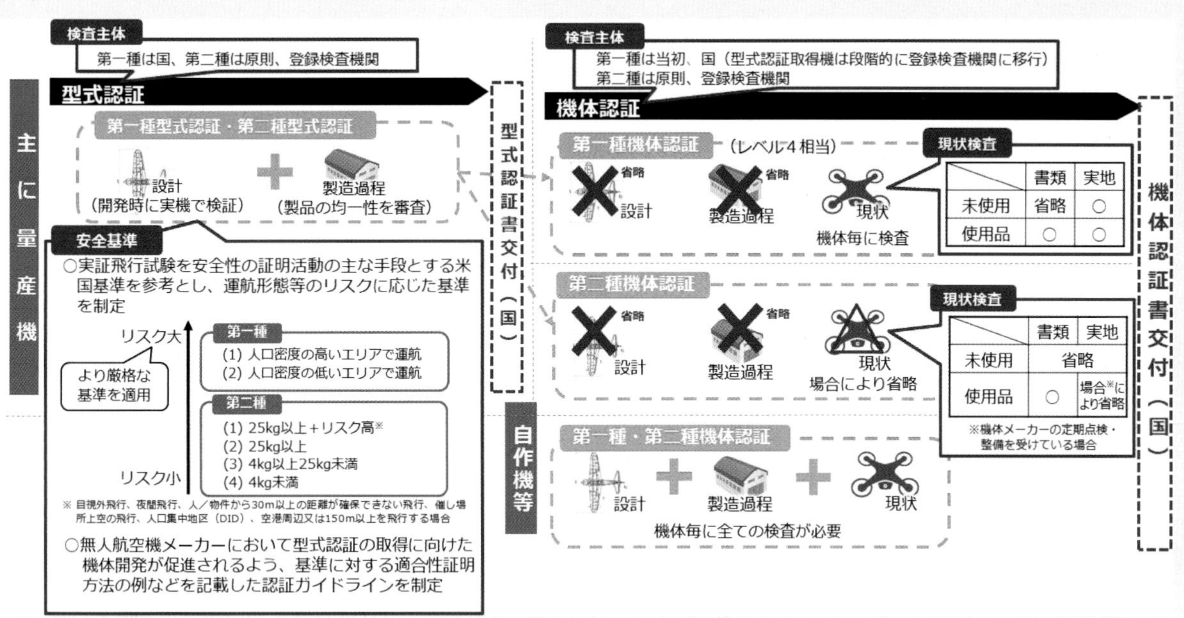

	書類	実地
未使用	省略	○
使用品	○	○

	書類	実地
未使用	省略	
使用品	○	場合※により省略

図２．機体認証制度の概要

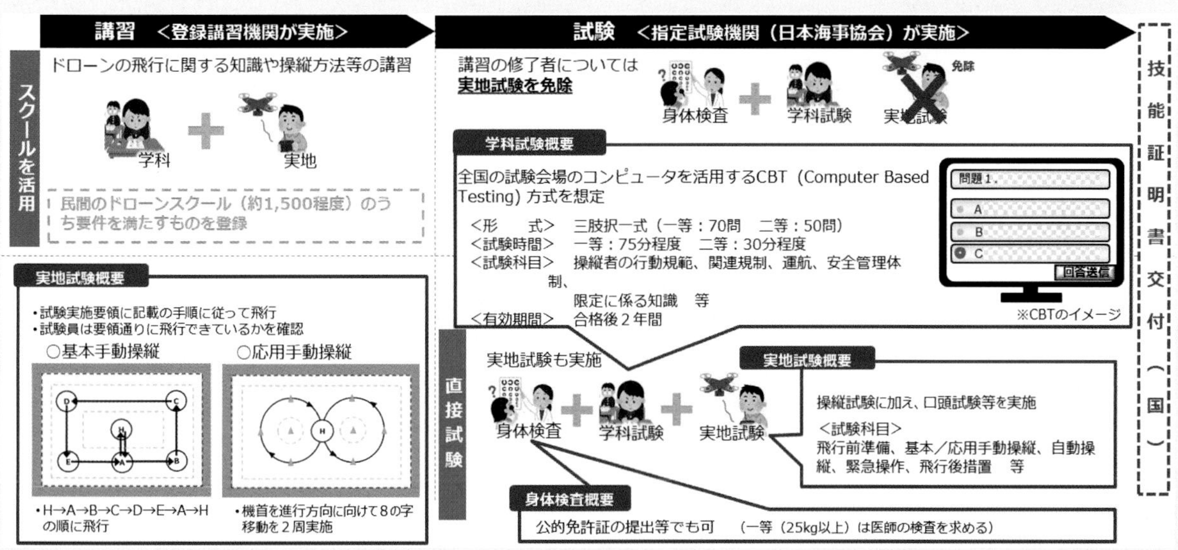

図３．技能認証制度の概要

令和5年度

交通安全施策に関する計画

第1部 陸上交通の安全についての施策

第1章 道路交通の安全についての施策

第1節 道路交通環境の整備

道路交通環境の整備については，これまでも警察庁や国土交通省等の関係機関が連携し，幹線道路と生活道路の両面で対策を推進してきたところであり，いずれの道路においても一定の事故抑止効果が確認されている。

しかし，我が国の歩行中・自転車乗用中の死者数の割合は諸外国と比べて高いことから，歩行者や自転車が多く通行する生活道路における安全対策をより一層推進する必要がある。このため，今後の道路交通環境の整備に当たっては，自動車交通を担う幹線道路等と歩行者中心の生活道路の機能分化を進め，身近な生活道路において，警察と道路管理者が緊密に連携し，最高速度30キロメートル毎時の区域規制と物理的デバイスとの適切な組合せにより交通安全の向上を図ろうとする区域を「ゾーン30プラス」として設定し，人優先の安全･安心な通行空間の整備の更なる推進を図る。

また，少子高齢化が一層進展する中で，子供を事故から守り，高齢者や障害者が安全にかつ安心して外出できる交通社会の形成を図る観点から，安全・安心な歩行空間が確保された人優先の道路交通環境整備の強化を図っていくものとする。

そのほか，道路交通の円滑化を図ることによる交通安全の推進に資するため，道路利用の仕方に工夫を求め，輸送効率の向上や交通量の時間的・空間的平準化を図る交通需要マネジメント（TDM）施策を総合的に推進するとともに，最先端の情報通信技術（ICT）等を用いて，人と道路と車とを一体のシステムとして構築することで，安全性，輸送効率及び快適性の向上や，渋滞の軽減等の交通の円滑化を通じて環境保全に寄与することを目的とした高度道路交通システム（ITS）の開発・普及等を推進する。

1　生活道路等における人優先の安全・安心な歩行空間の整備
2　高速道路の更なる活用促進による生活道路との機能分化
3　幹線道路における交通安全対策の推進
4　交通安全施設等の整備事業の推進
5　高齢者等の移動手段の確保・充実
6　歩行空間のユニバーサルデザイン化
7　無電柱化の推進
8　効果的な交通規制の推進
9　自転車利用環境の総合的整備
10　ITSの活用
11　交通需要マネジメントの推進
12　災害に備えた道路交通環境の整備
13　総合的な駐車対策の推進
14　道路交通情報の充実
15　交通安全に寄与する道路交通環境の整備

第2節 交通安全思想の普及徹底

交通安全教育は，自他の生命尊重という理念の下に，交通社会の一員としての責任を自覚し，交通安全のルールを守る意識と交通マナーの向上に努め，相手の立場を尊重し，他の人々や地域の安全にも貢献できる良き社会人を育成する上で，重要な意義を有している。交通安全意識を向上させ交通マナーを身に付けるためには，人間の成長過程に合わせ，生涯にわたる学習を促進して国民一人一人が交通安全の確保を自らの課題として捉えるよう意識の改革を促すことが重要である。また，人優先の交通安全思想の下，子供，高齢者，障害者等に関する知識や思いやりの心を育むとともに，交通事故被害者等の痛みを思いやり，交通事故の被害者にも加害者にもならない意識を育てることが重要である。

このため，交通安全教育指針（平10国家公安委員会告示15）等を活用し，幼児から成人に至るまで，心身の発達段階やライフステージに応じた段階的かつ体系的な交通安全教育を行う。特に，少子高齢化が進展する中で，高齢者自身の交通安全意識の向上を図るとともに，他の世代に対しても高齢者の特性を知り，その上で高齢者を保護し，子供や高齢者に配慮する意識を高めるための啓発指導を強化する。また，地域の見守り活動等を通じ，地域が一体となって高齢者の安全確保に取り組む。さらに，自転車を使用することが多い小学生，中学生及び高校生に対しては，交通社会の一員であることを考慮し，自転車利用に関する道路交通の基礎知識，交通安全意識及び交通マナーに係る教育を充実させる。

学校においては，ICTを活用した効果的な学習活動を取り入れながら，学習指導要領等に基づき，体育科・保健体育科，特別活動及び自立活動はもとより，各教科等の特質に応じ，教育活動全体を通じて計画的かつ組織的に実施するよう努めるとともに，学校保健安全法（昭33法56）に基づき策定することとなっている学校安全計画により，児童生徒等に対し，通学を含めた学校生活及びその他の日常生活における交通安全に関して，自転車の利用に係るものを含めた指導を実施する。障害のある児童生徒等については，特別支援学校等において，その障害の特性を踏まえ，交通安全に関する指導を行うよう配慮する。

交通安全教育・普及啓発活動を行うに当たっては，参加・体験・実践型の教育方法を積極的に取り入れるとともに，教材の充実を図りホームページに掲載するなどにより，インターネットを通じて地域や学校等において行われる交通安全教育の場における活用を促進し，国民が自ら納得して安全な交通行動を実践することができるよう，必要な情報を分かりやすく提供することに努める。

特に若年層に対しては，交通安全に関する効果的な情報提供により交通安全意識の向上を図るとともに，自らも主体的に交通安全の啓発活動等に取り組むことができる環境の整備に努める。

交通安全教育・普及啓発活動については，国，地方公共団体，警察，学校，関係民間団体，地域社会，企業及び家庭がそれぞれの特性をいかし，互いに連携を取りながら地域が一体となった活動が推進されるよう促す。特に交通安全教育・普及啓発活動に当たる地方公共団体職員や教職員の指導力の向上を図るとともに，地域における民間の指導者を育成することなどにより，地域の実情に即した自主的な活動を促進する。

また，地域が一体となった交通安全教育・普及啓発活動を効果的に推進するため，地域や家庭において，子供，父母，祖父母等の各世代が交通安全について話し合い，注意を呼び掛けるなど世代間交流の促進に努める。

さらに，交通安全教育・普及啓発活動の実施後には，効果を検証・評価し，より一層効果的な実施に努めるとともに，交通安全教育・普及啓発活動の意義，重要性等について関係者の意識が深まるよう努める。

あわせて，在留外国人や訪日外国人に対しては，多様な文化的背景への寛容さを基本としつつ，世界一安全な交通社会を目指す我が国の交通ルールを的確に伝えるよう努める。

1　段階的かつ体系的な交通安全教育の推進
2　効果的な交通安全教育の推進
3　交通安全に関する普及啓発活動の推進
4　交通の安全に関する民間団体等の主体的活動の推進
5　地域における交通安全活動への参加・協働の推進

第3節 安全運転の確保

安全運転を確保するためには，運転者の能力や資質の向上を図ることが必要であるため，運転者のみならず，これから運転免許を取得しようとする者までを含めた運転者教育等の充実に努める。特に，今後大幅に増加することが予想される高齢運転者に対する教育等の充実を図る。

また，運転者に対して，運転者教育，安全運転管理者による指導，その他広報啓発等により，横断歩道においては歩行者が優先であることを含め，高齢者や障害者，子供を始めとする歩行者や自転車に対する保護意識の向上を図る。

さらに，訪日外国人に対しては，関係団体と連携し，偽造国際運転免許証の利用を防止するとともに，安全運転のための我が国の交通ルールとマナーの周知に努める。

今後の自動車運送事業の変化を見据え，企業・事業所等が交通安全に果たすべき役割と責任を重視し，企業・事業所等の自主的な安全運転管理対策の推進及び安全対策の充実を図るとともに，関係機関とも連携の上，交通労働災害防止のためのガイドラインの普及等を図るための取組を進める。加えて，全国交通安全運動や年末年始の輸送等安全総点検なども活用し,安全対策を推進する。

軽井沢スキーバス事故を踏まえて取りまとめた85項目に及ぶ「安全・安心な貸切バスの運行を実現するための総合的な対策」を着実に実施するほか,令和4年に名古屋市の高速道路と静岡県の県道においてそれぞれ発生したバスの横転事故も踏まえ,運送事業の更なる安全・安心の確保に向けた対策を検討していく。

また,「事業用自動車総合安全プラン2025」に基づく安全対策の推進等により，事業用自動車の輸送の安全の確保を図る。

また，事業者が社内一丸となって安全管理体制を構築・改善し，国がその実施状況を確認する運輸安全マネジメント評価については，運輸防災マネジメント指針を活用し，自然災害への対応を運輸安全マネジメント評価において重点的に確認するなど，事業者の取組の深化を促進する。

さらに，天候の変化等，道路交通の安全に影響を及ぼす情報の適時･適切な提供を実現するため，ICTの活用等による道路交通に関連する総合的な情報提供の充実を図る。

道路交通に影響を及ぼす自然現象について，次の施策を実施する。

気象庁では，近年相次ぐ大雨による被害を受けて取りまとめられた「防災気象情報の伝え方の改善策と推進すべき取組」(平成31年，令和2年，令和3年報告書）を踏まえ，線状降水帯の予測精度向上を始めとする防災気象情報の高度化や，洪水や土砂災害等の危険度の高まりを地図上に示す「キキクル（危険度分布)」の更なる周知など，防災気象情報がより一層，避難を始めとする防災対策に役立てられるよう，取組を順次進めてきた。このうち，線状降水帯による大雨となる可能性について，半日程度前から広域を対象に呼びかける運用を令和4年度から開始した。そして令和5年度からは，実況に基づく情報であった「顕著な大雨に関する気象情報」を，雨量予測を用いて少しでも早く発表することで，防災対応のリードタイムの確保に資する情報を高度化する。

津波警報等については，新たに，津波警報・注意報の解除見込み時間の提供や津波到達予想時刻をビジュアル化して提供するなど情報の充実を図った上で，運用を確実に行い，迅速かつ的確な津波警報等の発表に努めるとともに，周知・広報を図る。また，緊急地震速報について，周知・広報の取組を推進するとともに，迅速化及び精度向上を図る。火山については，全国111の活火山において，火山活動の監視・評価の結果に基づき噴火警報等及び降灰予報の的確な発表に努める。噴火警報等に関しては，平常時からの火山防災協議会における避難計画の共同検討を通じて，噴火時等の「警戒が必要な範囲」と「とるべき防災対応」を5段階で示した噴火警戒レベルの改善を推進する。

1　運転者教育等の充実
2　運転免許制度の改善
3　安全運転管理の推進
4　事業用自動車の安全プラン等に基づく安全対策の推進
5　交通労働災害の防止等
6　道路交通に関連する情報の充実

第4節 車両の安全性の確保

近年，交通事故死者数は減少傾向にあるものの，令和4年中には2,610人が亡くなるなど，依然として多くの命が交通事故で失われている。第11次交通安全基本計画（計画年度：令和3～令和7年度）においては，令和7年までに交通事故死者数を2,000人以下とする目標が設定されている。この交通事故削減目標の達成に向けて，「安全基準等の拡充・強化」，「先進安全自動車（ASV）推進計画」，「自動車アセスメント」の3つの施策を有機的に連携させ，車両安全対策の推進に取り組む。

先進安全自動車（ASV）について，事故分析を基に車両の開発・普及の促進を一層進めるとともに，先進技術に関する理解醸成の取組を推進する。また，高齢運転者による事故を踏まえ，サポカーポータルサイトでサポカーの機能の情報発信を行うほか，EV・PHEV等の購入補助による新車への買い換え促進や広報動画等の活用を通じて，後付け装置も含めたサポカーの普及啓発に引き続き取り組むとともに，車両安全対策を推進する。

さらに，交通安全の飛躍的向上に資する自動運転の実用化に向けて，より高度な自動運転機能に係る基準策定，遠隔監視のみの自動運転移動サービスの実現とサービスの全国展開に向けた技術開発・実証実験等の取組を推進する。

加えて，自動車が使用される段階においては，自動車にはブレーキ・パッド，タイヤ等走行に伴い摩耗・劣化する部品や，ブレーキ・オイル，ベルト等のゴム部品等走行しなくても時間の経過とともに劣化する部品等が多く使用されており，適切な保守管理を行わなければ，不具合に起因する事故等の可能性が大きくなることから，自動車の適切な保守管理を推進する必要がある。このため自動車使用者による点検整備を引き続き推進する。

自動車の保守管理は，一義的には，自動車使用者の責任の下になされるべきであるが，自動車は，交通事故等により運転者自身の生命，身体のみでなく，第三者の生命，身体にも影響を与える危険性を内包しているため，自動車検査により，各車両の安全性の確保を図る。

また，令和6年10月より開始される「OBD検査」の導入に向けた，検査の合否判定に必要なシステムの開発など，引き続き環境整備を進める。

自動運転など，新技術の安全を確保するため，自動運転車の型式指定審査及びソフトウェアアップデートに係る許可制度の的確な運用等に努める。

また，自動車のリコールの迅速かつ着実な実施のため，自動車メーカー等及びユーザーからの情報収集に努め，自動車メーカー等のリコール業務について監査等の際に確認・指導するとともに，安全・環境性に疑義のある自動車については独立行政法人自動車技術総合機構交通安全環境研究所において現車確認等による技術的検証を行う。

さらに，自動車メーカーの垣根を越えた装置の共通化・モジュール化が進む中，複数の自動車メーカーによる大規模なリコールが行われていることから，自動車製作者等からの情報収集を推進する。

自転車の安全性を確保するため，関係団体が実施している自転車の安全性向上を目的とする各種マーク制度（BAAマーク，幼児2人同乗基準適合車マーク，SBAA PLUSマーク，TSマーク，SGマーク，JISマーク）の普及に努めるとともに，近年，歩行者との事故等自転車の利用者が加害者となる事故に関し，高額な賠償額となるケースもあり，こうした賠償責任を負った際の支払原資を担保し，被害者の救済の十全を図るため，損害賠償責任保険等への加入を促進する。

第５節　道路交通秩序の維持

交通ルール無視による交通事故を防止するためには，交通指導取締り，交通事故事件捜査，暴走族等対策を通じ，道路交通秩序の維持を図る必要がある。

このため，交通事故実態の分析結果等に基づき，飲酒運転のほか，著しい速度超過等の死亡事故等重大事故に直結する悪質性・危険性の高い違反及び地域住民からの取締り要望の多い迷惑性の高い違反に重点を置き，これらの違反を行う運転者への注意喚起に結びつくような広報と一体となった交通指導取締りを推進する。

また，パトカー等による警戒活動や通学時間帯，薄暮時間帯における街頭活動を推進するほか，交通事故抑止対策について国民の理解を深めるため，取締りの方針や効果の情報発信に努めるなど，交通事故抑止に資する取組を推進する。

さらに，生活道路や通学路等の取締りスペースの確保が困難な場所や警察官の配置が困難な深夜等の時間帯において速度取締りが行えるよう，可搬式の速度違反自動取締装置について，全国的な整備拡充を図る。

また，妨害運転等の悪質・危険な運転に対しては，新設された罰則等を活用し，引き続き，厳正な取締りを推進する。

さらに，信号機のない横断歩道における歩行者の優先等を徹底するため，運転者に対し，横断中はもとより横断しようとする歩行者の保護に資する指導を重点的に行うとともに，子供・高齢者の横断が多い箇所においては適切に検挙措置を講じる。

加えて，事故原因の徹底究明を求める国民の意識の高まり等を踏まえ，適正かつ緻密な交通事故事件捜査を推進するため，捜査体制及び装備資機材等の充実強化を図る。また，交通事故事件等の捜査においては，初動捜査の段階から自動車の運転により人を死傷させる行為等の処罰に関する法律（平25法86）第２条若しくは第３条（危険運転致死傷罪）又は第４条（過失運転致死傷アルコール等影響発覚免脱罪）の立件も視野に入れた捜査の徹底を図る。

このほか，暴走族等対策を強力に推進するため，関係機関・団体が連携し，地域が一体となって暴走族追放気運の高揚に努め，暴走行為をさせない環境づくりを推進するとともに，取締り体制及び装備資機材の充実強化を図る。

1　交通指導取締りの強化等
2　交通事故事件等に係る適正かつ緻密な捜査の一層の推進
3　暴走族等対策の推進

第６節　救助・救急活動の充実

交通事故による負傷者の救命を図り，また，被害を最小限にとどめるため，高速自動車国道を含めた道路上の交通事故に即応できるよう，救急医療機関，消防機関等の救急関係機関相互の緊密な連携・協力関係を確保しつつ，救助・救急体制及び救急医療体制の整備を図る。

特に，負傷者の救命率・救命効果の一層の向上を図る観点から，救急現場又は搬送途上において，医師，看護師，救急救命士，救急隊員等による一刻も早い救急医療，応急処置等を実施するための体制整備を推進する。

1　救助・救急体制の整備
2　救急医療体制の整備
3　救急関係機関の協力関係の確保等

第７節 被害者支援の充実と推進

交通事故被害者等は，交通事故により多大な肉体的，精神的及び経済的打撃を受けたり，又はかけがえのない生命を絶たれたりするなど，深い悲しみやつらい体験をされており，このような交通事故被害者等を支援することは極めて重要であることから，犯罪被害者等基本法（平16法161）等の下，交通事故被害者等のための施策を総合的かつ計画的に推進する。

自動車損害賠償保障法（昭30法97）は，被害者の保護を図る目的で，自動車の保有者側に常に賠償能力を確保させるために，原則として全ての自動車について自動車損害賠償責任保険（共済）の契約の締結を義務付けるとともに，保険会社（組合）の支払う保険（共済）金の適正化を図り，また，政府において，ひき逃げや無保険（無共済）車両による事故の被害者を救済するための自動車損害賠償保障事業及び重度後遺障害者への介護料の支給や療護施設の設置等の被害者救済対策事業等を行うことにより，自動車事故による被害者の保護，救済を図っており，今後も更なる被害者の保護の充実を図るよう措置する。

令和４年６月には，被害者支援等を安定的・継続的に実施するため，自動車損害賠償保障法を改正した。本改正を踏まえ，被害者支援等のさらなる充実に取り組むとともに，自動車事故被害者への情報提供の充実，新たな仕組みに係る自動車ユーザーの理解促進にも取り組み，安全・安心なクルマ社会を実現していく。

また，交通事故被害者等は，精神的にも大きな打撃を受けている上，交通事故に係る知識，情報が乏しいことが少なくないことから，交通事故に関する相談を受けられる機会を充実させるとともに，交通事故の概要，捜査経過等の情報を提供し，被害者支援を積極的に推進する。

国土交通省公共交通事故被害者支援室においては，関係者からの助言を頂きながら，外部の関係機関とのネットワークの構築，公共交通事業者による被害者等支援計画作成の促進等，公共交通事故の被害者等への支援の取組を着実に進めていく。

１ 自動車損害賠償保障制度の充実等
２ 損害賠償の請求についての援助等
３ 交通事故被害者等支援の充実強化

第８節 研究開発及び調査研究の充実

交通事故の要因は近年ますます複雑化，多様化してきており，直接的な要因に基づく対症療法的対策のみでの解決は難しくなりつつある中，有効かつ適切な交通対策を推進するため，その基礎として必要な研究開発の推進を図ることが必要である。この際，交通事故は人・道・車の三要素が複雑に絡んで発生するものといわれていることから，三要素それぞれの関連分野における研究開発を一層推進するとともに，各分野の協力の下，総合的な調査研究を充実することが必要である。

また，交通安全対策についてはデータを用いた事前評価，事後評価等の客観的分析に基づいて実施するとともに，事後評価で得られた結果を他の対策に役立てるなど結果をフィードバックする必要がある。

このため，道路交通の安全に関する研究開発の推進を図るとともに，死亡事故のみならず重傷事故等も含め交通事故の分析を充実させるなど，道路交通事故要因の総合的な調査研究の推進を図ることとする。

研究開発及び調査研究の推進に当たっては，交通の安全に関する研究開発を分担する国及び国立研究開発法人の試験研究機関について，研究費の充実，研究設備の整備等を図るとともに，研究開発に関する総合調整の充実，試験研究機関相互の連絡協調の強化等を図る。さらに，交通の安全に関する研究開発を行っている大学，民間試験研究機関との緊密な連携を図る。

加えて，交通の安全に関する研究開発の成果を交通安全施策に取り入れるとともに，地方自治体に対する技術支援や，民間に対する技術指導，資料の提供等によりその成果の普及を図る。また，交通の安全に関する調査研究についての国際協力を積極的に推進する。

1　道路交通の安全に関する研究開発及び調査研究の推進
2　道路交通事故原因の総合的な調査研究の充実強化

第２章　鉄道交通の安全についての施策

第１節　鉄道交通環境の整備

鉄道交通の安全を確保するためには，鉄道線路，運転保安設備等の鉄道施設について常に高い信頼性を保持し，システム全体としての安全性の基礎を構築する必要がある。このため，鉄道施設の維持管理等の徹底を図るとともに，運転保安設備の整備，鉄道施設の耐震性の強化，豪雨対策の強化等を促進し，安全対策の推進を図る。

また，駅施設等について，高齢者・視覚障害者を始めとする全ての旅客のプラットホームからの転落・接触等を防止するため，ホームドアの整備を加速化するとともに，ホームドアのない駅での視覚障害者の転落事故を防止するため，新技術等を活用した転落防止策を推進する。

1　鉄道施設等の安全性の向上
2　鉄道施設の老朽化対策の推進
3　鉄道施設の豪雨対策の強化
4　鉄道施設の地震対策の強化
5　駅ホームにおける安全性向上のための対策の推進
6　運転保安設備等の整備

第２節　鉄道交通の安全に関する知識の普及

運転事故の約９割を占める人身障害事故と踏切障害事故の多くは，利用者や踏切通行者，鉄道沿線住民等が関係するものであることから，これらの事故の防止には，鉄道事業者による安全対策に加えて，利用者等の理解と協力が必要である。このため，学校，沿線住民，道路運送事業者等を幅広く対象として，関係機関等の協力の下，全国交通安全運動や踏切事故防止キャンペーンの実施，首都圏の鉄道事業者が一体となって，酔客に対する事故防止のための注意喚起を行うプラットホーム事故０（ゼロ）運動等において広報活動を積極的に行い，鉄道の安全に関する正しい知識を浸透させる。また，これらの機会を捉え，駅ホーム及び踏切道における非常押ボタン等の安全設備について分かりやすい表示の整備や非常押ボタンの操作等の緊急措置の周知徹底を図る。

第３節　鉄道の安全な運行の確保

重大な列車事故を未然に防止するため，鉄道事業者への保安監査等について，計画的な保安監査のほか，同種トラブルの発生等の際にも臨時に保安監査等を行う。保安監査の実施に当たっては，メリハリの効いたより効果的な保安監査を実施することにより，鉄道輸送の安全を確保するとともに，万一大規模な事故等が発生した場合には，迅速かつ的確に対応する。また，年末年始の輸送等安全総点検により，事業者の安全意識を向上させる。

運転士の資質の保持を図るため，運転管理者が教育等について適切に措置を講ずるよう指導する。

事故情報及び安全上のトラブル情報を関係者間に共有できるよう，情報を収集し，速やかに鉄道事業者へ周知する。

さらに，鉄道交通に影響を及ぼす自然現象について計画的な休止の判断や安全な運行を支援するため，線状降水帯による大雨に関する情報提供の高度化などを通して，気象情報等の充実を図る。

また，事業者が社内一丸となって安全管理体制を構築・改善し，国がその実施状況を確認する運輸安全マネジメント評価については，運輸防災マネジメント指針を活用し，自然災害への対応を運輸安全マネジメント評価において重点的に確認するなど，事業者の取組の深化を促進する。

鉄道事業者に対し，大型の台風が接近・上陸する場合など，気象状況により列車の運転に支障が生ずるおそれが予測されるときは，一層気象状況に注意するとともに，安全確保の観点から，路線の特性に応じて，前広に情報提供した上で計画的に列車の運転を休止するなど，安全の確保に努めるよう指導する。

また，事故・災害発生時や計画運休の実施時等において，鉄道事業者に対し，外国人を含む利用者に対する適切な情報提供を行うよう指導する。

1　保安監査の実施
2　運転士の資質の保持
3　安全上のトラブル情報の共有・活用
4　気象情報等の充実
5　大規模な事故等が発生した場合の適切な対応
6　運輸安全マネジメント評価の実施
7　計画運休への取組

第４節　鉄道車両の安全性の確保

鉄道車両に係る新技術，車両故障等の原因分析結果及び車両の安全性に関する研究の成果を速やかに技術基準等に反映させる。また，検査の方法・内容についても充実させ，鉄道車両の安全性の維持向上を図る。

1　鉄道車両の構造・装置に関する保安上の技術基準の改善
2　鉄道車両の検査の充実

第５節　踏切道における交通の安全についての対策

踏切事故は，減少傾向にあるが約２日に１件，約４日に１人死亡するペースで発生していることや，ピーク時の遮断時間が40分以上となる「開かずの踏切」が全国に500か所以上あるなど，対策の必要な踏切が多数存在しており，引き続き強力に踏切道の改良を促進する必要がある。踏切対策については，立体交差化，構造の改良，歩行者等立体横断施設の整備，踏切保安設備の整備，交通規制，統廃合等の対策を実施すべき踏切道がなお残されている現状にあること，これらの対策が，同時に渋滞の軽減による交通の円滑化や環境保全にも寄与することを考慮し，開かずの踏切への対策や高齢者等の歩行者対策等，それぞれの踏切の状況等を勘案しつつ，より効果的な対策を総合的かつ積極的に推進することとする。また，改正踏切道改良促進法（昭36法195，令３法９）に基づき，前述の踏切対策に加え踏切周辺道路の整備，踏切前後の滞留スペースの確保，駅の出入口の新設，バリアフリー化のための平滑化や，踏切道内の点字ブロックの整備等，総合的な対策を推進する。さらに，災害時の管理方法の指定制度に基づき，災害時の管理の方法を定めるべき踏切道として，法指定を進めるとともに，指定された踏切道における管理方法の策定を目指し，災害時の適確な管理の促進を図る。一方，道路管理者，鉄道事業者が連携し，踏切の諸元や対策状況，事故発生状況等の客観的データに基づき作成・公表した「踏切安全通行カルテ」により，踏切道の効果検証を含めたプロセスの「見える化」を進めつつ，今後の対策方針等を取りまとめ，踏切対策を推進する。

1　踏切道の立体交差化，構造の改良及び歩行者等立体横断施設の整備の促進
2　踏切保安設備の整備及び交通規制の実施（高齢者等の歩行者対策の推進）
3　踏切道の統廃合の促進
4　その他踏切道の交通の安全及び円滑化等を図るための措置

第６節　救助・救急活動の充実

鉄道の重大事故等に備え，避難誘導，救助・救急活動を迅速かつ的確に行うため，訓練の充実や鉄道事業者と消防機関，医療機関その他の関係機関との連携・協力体制の強化を図る。

また，鉄道職員に対する，自動体外式除細動器（AED）の使用も含めた心肺蘇生法等の応急手当の普及啓発活動を推進する。

第７節　被害者支援の推進

国土交通省公共交通事故被害者支援室においては，関係者からの助言を頂きながら，外部の関係機関とのネットワークの構築，公共交通事業者による被害者等支援計画作成の促進等，公共交通事故の被害者等への支援の取組を着実に進めていく。

第８節　鉄道事故等の原因究明と事故等防止

引き続き，運輸安全委員会は，独立性の高い専門の調査機関として，鉄道の事故及び重大インシデント（事故等）の調査により原因を究明し，国土交通大臣等に再発防止及び被害の軽減に向けた施策等の実施を求めていく。

調査においては，３Ｄスキャン装置やＣＴスキャン装置を活用し，デジタルデータを視覚的な数値，グラフ，画像又は映像に変換し，事故原因の鍵となる情報を探り出すなど，科学的かつ客観的な解析を進めていく。

第９節　研究開発及び調査研究の充実

鉄道の安全性向上に関する研究開発を推進する。

第2部 海上交通の安全についての施策

第1節 海上交通環境の整備

船舶の大型化，海域利用の多様化，海上交通の複雑化や頻発化･激甚化する自然災害等を踏まえ，船舶の安全かつ円滑な航行，港湾・漁港における安全性を確保するため，航路，港湾，漁港，航路標識等の整備等を推進するとともに，海図，水路誌，海潮流データ等の安全に関する情報の充実及びICTを活用した情報提供体制の整備を図る。

海上交通に影響を及ぼす自然現象について，的確な実況監視を行い，適時・適切に予報・警報等を発表・伝達して，事故の防止及び被害の軽減に努めるとともに，これらの情報の内容の充実と効果的利用を図るため，第1部第1章第3節で記載した自然現象に関する施策を講じる。また，波浪や高潮の予測モデルの運用及び改善を行うとともに，海上における遭難及び安全に関する世界的な制度（GMDSS）において最大限有効に利用できるよう海上予報・警報の精度向上及び内容の改善を図る。

高齢者，障害者等全ての利用者が安全かつ身体的負担の少ない方法で利用・移動できるよう配慮した旅客船ターミナルの施設の整備を推進する。

国際航海船舶及び国際港湾施設の保安の確保等に関する法律（平16法31）に基づく国際港湾施設の保安措置が適確に行われるように実施状況の確認や人材育成等の施策を行うとともに，港湾施設の出入管理の高度化等を進め，港湾における保安対策を強化する。

1　交通安全施設等の整備
2　ふくそう海域等の安全性の確保
3　海上交通に関する情報提供の充実
4　高齢者，障害者等に対応した旅客船ターミナルの整備

第2節 海上交通の安全に関する知識の普及

海上交通の安全を図るためには，海事関係者のみならず，海を利用する国民一人一人の海難防止に関する意識を高める必要がある。そのため，事故の分析と傾向に基づき，船舶の種類や地域の特性に応じた海難防止講習会，訪船指導，「海の事故ゼロキャンペーン」等を通じて，海難防止思想の普及に努める。

1　海難防止思想の普及
2　外国船舶に対する情報提供等

第3節 船舶の安全な運航の確保

船舶の安全な運航を確保するため，以下の取組を推進する。

船舶運航上のヒューマンエラーを防止するため，AISの搭載促進，船舶への訪船指導やインターネットを活用した情報提供に取り組む。

運航労務監理官による監査等の積極的な実施を通じて，安全管理体制や船員の過労の防止に係る措置状況の確認を徹底し，事業者に対する監視を強化するとともに，事故発生時の再発防止策の徹底及び年末年始の輸送の安全総点検での指導等に取り組む。

事業者が社内一丸となって安全管理体制を構築・改善し，国がその実施状況を確認する運輸安全マネジメント評価については，運輸防災マネジメント指針を活用し，自然災害への対応を運輸安全マネジメント評価において重点的に確認するなど，事業者の取組の深化を促進する。

船員，水先人への免許付与・更新，船員教育機関における教育を適切に実施する。

令和５年度より同年度から令和９年度までを計

画期間とする第12次船員災害防止基本計画が開始するところ，同計画を実施するための令和5年度船員災害防止実施計画も踏まえ，高年齢船員や漁船の死傷災害対策など，船員災害の減少に向けた取組を推進する。

我が国に寄港する外国船舶の乗組員の資格要件等に関する監督を推進する。

船舶運航事業者における津波避難マニュアルの活用等により，大規模津波発生時における船舶の津波防災対策の推進を図る。

内航を始めとする船舶への新技術の導入促進による労働環境改善・生産性向上，ひいてはそれによる安全性向上を図る。

知床遊覧船事故対策検討委員会で取りまとめられた「旅客船の総合的な安全・安心対策」に基づいて，地方運輸局の監査体制の強化，リモート等の手法を活用した監査件数の増加，地域の関係者による協議会の設置等に取り組む。また，安全統括管理者・運航管理者に対する試験制度の創設や定期的な講習受講の義務付け等を通じた事業者の安全管理体制の強化や，事業用操縦免許の取得課程の拡充と修了試験制度の創設，初任教育訓練の義務化等を通じた船員の資質の向上，船舶の使用停止処分の創設，事業許可の取消処分後の欠格期間の延長等に関する法律改正事項を盛り込んだ「海上運送法等の一部を改正する法律」が令和5年4月に成立したことを受け，同法の施行に向けて政省令等の整備を進めていく。

1 ヒューマンエラーの防止
2 船舶の運航管理等の充実
3 船員の資質の確保
4 船員災害防止対策の推進
5 水先制度による安全の確保
6 外国船舶の監督の推進
7 旅客及び船舶の津波避難態勢の改善
8 新技術の導入促進

第4節 船舶の安全性の確保

船舶の安全性を確保するため，国際的な協力体制の下，船舶の構造，設備，危険物の海上輸送及び安全管理システム等に関する基準の整備並びに検査体制の充実を図る。

国内海外において旅客フェリーで火災事故が多発しているため，国際海事機関における国際的な安全対策の議論に参加するなど，旅客フェリーの火災安全対策に取り組む。

国際海上輸出コンテナに係る事故を防止するため，荷送人等による総重量の確定や船社等への情報の伝達の確実な履行のための対策を推進する。

我が国に入港する外国船舶に対し，1974年の海上における人命の安全のための国際条約等に基づく船舶の航行の安全等に関する監督を推進する。

バリアフリー法に基づく旅客船のバリアフリー化について，旅客船事業者が円滑に対応できるよう，ユニバーサルデザインの観点を考慮したガイドラインを周知する。

船舶の安全性を向上させるため，運航に必要となる認知・判断・操船の自動化や機器の遠隔監視などに資する技術のトップランナーを中核としたシステムインテグレータの育成を図るべく他産業とも連携して行う次世代技術開発を支援するとともに，自動運航船実現に必要な環境整備等を図る。

海上輸送のカーボンニュートラルに向けて水素・アンモニアを代替燃料とする船舶の開発が進んでいるところ，これらの実用化に向けた国際的な安全基準等の策定を主導し，我が国の技術的な知見の蓄積がこれらの検討に活用されるよう努める。

1 船舶の安全基準等の整備
2 船舶の検査体制の充実
3 外国船舶の監督の推進

第5節 小型船舶の安全対策の充実

漁船，プレジャーボートなどの小型船舶による海難が全体の約８割を占めるとともに，その原因の多くがヒューマンエラーであることから，小型船舶操縦者，漁業関係者が自ら安全意識を高めるための取組等を関係機関，民間団体等が連携して推進する。

特に，ヒューマンエラーを防止するため，海難防止講習会，訪船指導等を通じて小型船舶操縦者の安全意識向上を図る。また，小型船舶操縦者の遵守事項等(発航前検査，見張りの実施等)の周知・啓発を推進し，違反者への是正指導を強化する。

また，平成30年２月１日から原則として全ての小型船舶乗船者にライフジャケットの着用が義務化されたことについて，リーフレットの配布，インターネットの活用など様々な方法で周知を図るとともにプレジャーボートユーザーに対する定期的な点検整備の推奨，適切なタイミングでの機関整備の啓発を実施する。

なお，令和５年３月に発生した保津川下り船事故を踏まえ，全国の川下り船事業者を訪問し，「川下り船の安全対策ガイドライン」に基づく措置を徹底するよう指導する。

その他，ボートパーク整備等の放置艇削減による安全対策を推進する。

1　ヒューマンエラーによる船舶事故の防止
2　小型船操縦者の遵守事項等の周知・啓発
3　ライフジャケット着用率の向上
4　河川等における事故防止対策の推進
5　プレジャーボートの安全対策の推進
6　漁船等の安全対策の推進
7　放置艇削減による安全対策の推進

第6節 海上交通に関する法秩序の維持

海上交通の法秩序を維持するため，港内や主要狭水道等船舶交通がふくそうする海域の監視体制の強化及び無資格運航や区域外航行のような海難の発生に結び付くおそれのある事案の指導・取締りを実施する。

また，海上保安庁において，年末年始など海上輸送やマリンレジャースポーツが活発化する時期には，窃盗等の犯罪が発生するおそれがあるほか，テロの対象となる危険性や船内における事故発生の可能性が高くなることから，犯罪・テロ防止の観点から，必要に応じ旅客ターミナル等における警戒を実施するとともに，不審事象を認めた場合や犯罪・事故等が発生した場合には，直ちに海上保安庁に通報するよう指導を徹底する。

第7節 救助・救急活動の充実

海難による死者・行方不明者を減少させるためには，海難情報の早期入手，精度の高い漂流予測，救助勢力の早期投入，捜索救助・救急救命能力の強化等が肝要である。このため，機動性の高い捜索救助能力や救急救命士等による高度な救急救命能力等救助・救急活動の充実・強化を図るとともに，関係省庁及び民間救助組織と連携した救助・救急活動を実施する。

1　海難情報の早期入手体制の強化
2　迅速的確な救助勢力の体制充実・強化

第8節 被害者支援の推進

船舶の事故により，第三者等に与えた損害に関する船主等の賠償責任に関し，保険契約締結等，被害者保護のための賠償責任保険制度の充実に引き続き取り組む。

また，国土交通省公共交通事故被害者支援室においては，関係者からの助言を頂きながら，外部の関係機関とのネットワークの構築，公共交通事業者による被害者等支援計画作成の促進等，公共交通事故の被害者等への支援の取組を着実に進めていく。

第9節 船舶事故等の原因究明と事故等防止

引き続き，運輸安全委員会は，独立性の高い専門の調査機関として，船舶の事故及びインシデント（事故等）の調査により原因を究明し，国土交通大臣等に再発防止及び被害の軽減に向けた施策等の実施を求めていく。

調査においては，３Ｄスキャン装置やＣＴスキャン装置を活用し，デジタルデータを視覚的な数値，グラフ，画像又は映像に変換し，事故原因の鍵となる情報を探り出すなど，科学的かつ客観的な解析を進めていく。

第10節 海上交通の安全対策に係る調査研究等の充実

海上交通の安全に関する研究開発及び海難事故原因解明のための総合的な調査研究を推進し，その成果を速やかに安全対策に反映させることにより，海上交通の安全の確保を図る。

国立研究開発法人海上・港湾・航空技術研究所海上技術安全研究所では，安全性と環境性のバランスに配慮した合理的な構造強度の評価方法の策定に向けた研究開発を始めとして，先進的な船舶の安全性評価手法の研究開発や，海難事故等の再現技術や安全性を始めとする評価手法の確立による，適切な再発防止策の立案に関する研究開発に取り組む。

第3部 航空交通の安全についての施策

第1節 航空安全プログラム等の更なる推進

我が国民間航空の安全性を向上するため，国が安全指標及び安全目標値を設定してリスクを管理するとともに，義務報告制度・自発報告制度等による安全情報の収集・分析・共有等を行うことで，航空安全対策を更に推進する。

特に，令和５年度においては，航空安全マネジメントに関する戦略的方向性を示す世界航空安全計画（GASP）を踏まえ，国家航空安全計画（NASP）の策定を行う。

1　航空安全プログラム（SSP）に基づく安全の推進
2　業務提供者における安全管理システム（SMS）の強化
3　安全に関する航空法規等の策定・見直し等
4　業務提供者に対する監査等の強化
5　安全情報の収集・分析等
6　安全文化の醸成及び安全監督の強化
7　国家航空安全計画（NASP）の策定

第2節 航空機の安全な運航の確保

安全を確保しつつ，航空輸送の発展等を図るためには，十分な技能を有する操縦士等の安定的な供給を確保することが必要である。このため，独立行政法人航空大学校における着実な操縦士養成の実施や新たな在留資格（特定技能）による航空機整備分野での外国人の受入れ等，操縦士・整備士の養成・確保に向けた各種取組を推進する。

航空機の運航に係る新たな技術や手法（衛星等の新しいサービスを用いた運航方式や乗員の疲労管理等）に加え，航空機運航分野における CO 2 排出削減に向けた取組（RNAV 航行の運航基準の見直し等）について，ICAO や諸外国の動向を継続的に把握し，国内の運航基準への適切な反映を行う。

平成 30 年から令和元年にかけて，操縦士の飲酒に係る不適切事案が相次いで発生したこと等を踏まえ，操縦士のアルコール摂取に関する適切な教育を含む日常の健康管理の充実や身体検査の適正な運用に資する知識の普及啓発を図るとともに，航空会社に対する定期的な監査・指導を実施する。さらに，操縦士の身体検査を行う医師（指定医）等に対する講習会の内容の充実化を図るとともに，指定医が所属する航空身体検査指定機関等に対する立入検査を強化することにより，更なる能力水準の向上・平準化を図る。

危険物輸送に関する国際的な安全基準の検討に積極的に参画し，我が国としての技術的な提案を行う。また，これらの動向を踏まえ国内基準の整備を図るとともに，危険物教育訓練の徹底・指導や，危険物に関するルールの周知・啓発を図ることで制度の実効性を高める。

小型航空機の事故を防止するため，特定操縦技能審査制度における審査項目の見直し等を通じて操縦者の技量維持を図るとともに，審査員の認定を含めた技能審査の在り方を検討する。また，安全情報発信については国と関係団体とが連携して情報を発信する取組を引き続き実施していく。事故及び重大インシデント等が発生した際には必要に応じ，小型航空機の運航者に指導を行う。さらに，小型航空機へ簡易型飛行記録装置（FDM）を搭載しての実証試験から得られた活用策の検討結果を踏まえ，当該機器の普及促進を図る。

事業者が社内一丸となって安全管理体制を構築・改善し，国がその実施状況を確認する運輸安全マネジメント評価については，運輸防災マネジメント指針を活用し，自然災害への対応を運輸安全マネジメント評価において重点的に確認するなど，事業者の取組の深化を促進する。

平成 29 年９月に航空機からの落下物事案が続けて発生したことを踏まえ，30 年３月に「落下物対策総合パッケージ」を策定した。同パッケージに基づき，同年９月に「落下物防止対策基準」

を策定し，本邦航空会社のみならず，日本に乗り入れる外国航空会社にも対策の実施を義務付けており，本邦航空会社は31年1月から，外国航空会社は同年3月から適用している。また，29年11月より，国際線が多く就航する空港を離着陸する航空機に部品欠落が発生した場合，外国航空会社を含む全ての航空会社等から報告を求めている。報告された部品欠落情報については，原因究明の結果等を踏まえて国として航空会社への情報共有や指示，必要に応じて落下物防止対策基準への対策追加等を実施しており，再発防止に活用している。引き続き，「落下物対策総合パッケージ」に盛り込まれた対策を関係者とともに着実かつ強力に実施していく。

我が国に乗り入れている外国航空会社の運航する機体に対する立入検査（ランプ・インスペクション）の充実・強化を図るとともに，外国航空機による我が国内での事故及び重大インシデント等の不具合が発生した際には，必要に応じ，関係国の航空安全当局及び日本に乗り入れている外国航空会社に対して原因の究明と再発防止を要請する。また，諸外国の航空当局と航空安全に係る情報交換を進めるなど連携の強化に努める。

悪天による航空交通への影響を軽減し，航空交通の安全に寄与するとともに，航空機の運航・航空交通流管理を支援するため，航空気象情報を提供している。航空気象情報の更なる精度向上と適時・適切な発表及び関係機関への迅速な提供を実施するため，航空機の運航に必要な空港の気象状況を観測する装置の整備や高度化を進める。特に，令和5年度は，航空機の離着陸に多大な影響を及ぼす低層ウィンドシアー（大気下層の風の急激な変化）を検知する空港気象ドップラーレーダーを鹿児島空港において，空港気象ドップラーライダーを東京国際空港において，それぞれ更新整備を行う。加えて，航空気象情報の作成に資する数値予報モデルの更なる高度化のため，新しいスーパーコンピュータの運用を開始する。また，火山灰に対する航空交通の安全の確保及び効率的な航空機運航に資するよう，航空路火山灰情報を適時・適切に発表する。

1　安全な運航の確保等に係る乗員資格基準や運航基準等の整備
2　危険物輸送安全対策の推進
3　小型航空機等に係る安全対策の推進
4　運輸安全マネジメント評価の実施
5　落下物防止対策の強化
6　外国航空機の安全性の確保
7　航空交通に関する気象情報等の充実

第3節 航空機の安全性の確保

最新技術の開発状況や国際的な基準策定の動向等を踏まえ，航空機及び装備品の安全性に関する技術基準等を整備するとともに，航空機の検査及び運航・整備審査を的確に実施することにより，航空機の安全性を確保する。

さらには，国産及び輸入航空機について，その安全性を確保するため，米国・欧州の航空当局との密接な連携等を実施していく。

1　航空機，装備品等の安全性を確保するための技術基準等の整備
2　航空機の検査の的確な実施
3　航空機の運航・整備体制に係る的確な審査の実施

第4節 航空交通環境の整備

航空交通の安全を確保しつつ，航空輸送の増大に対応するため，予防的な安全管理体制により安全対策を進めるとともに，老朽化が進んでいる基本施設（滑走路，誘導路等），航空保安施設（無

線施設，航空灯火等）等の更新・改良等を実施するほか，災害時における緊急物資等輸送拠点としての機能確保や，航空ネットワークの維持等に必要となる滑走路等の耐震対策及び浸水対策のハード対策に加え，ソフト対策として「統括的災害マネジメント」の考え方を踏まえ各空港で策定された空港 BCP（A2（Advanced/Airport）-BCP）に基づき，災害対応を行うとともに，訓練の実施等による実効性強化を推進する。

また，安全で効率的な航空交通システムの構築のため，航空保安システムの整備，航空交通の安全性の向上及びサービスの充実等を着実に推進する。

1　増大する航空需要への対応及びサービスの充実
2　航空交通の安全確保等のための施設整備の推進
3　空港の安全対策等の推進

第5節　無人航空機等の安全対策

無人航空機については，登録制度や飛行の許可・承認制度のほか，令和４年12月より運用を開始した機体認証制度や操縦ライセンス制度等を定めた航空法（昭27法231）やガイドライン等により，引き続き安全を確保していく。また，有人地帯での補助者なし目視外飛行（レベル４飛行）の実現等に伴い，無人航空機の運航頻度が上がることが予想されるところ，「空の産業革命に向けたロードマップ2022」に沿って，無人航空機のより安全で効率的な運航の実現のため，運航管理システム（UTMS）の段階的な導入に係る検討を進める。

「空飛ぶクルマ」については，諸外国の動向を注視し，国際的な調和に努めつつ，飛行の安全確保のため，機体の安全基準，操縦者の技能証明，運航安全基準等を含め，「空の移動革命に向けた官民協議会」を通じて官民での議論を加速させ，令和７年の大阪・関西万博における飛行の開始を目指し，必要な環境整備を推進する。

1　無人航空機の安全対策
2　「空飛ぶクルマ」の安全対策

第6節　救助・救急活動の充実

航空機の遭難，行方不明等に迅速かつ的確に対応するため，関係機関相互の連携を強化するなど救助・救急体制の充実・強化を図る。特に航空機の捜索・救難に関しては，遭難航空機の迅速な特定を行うため，国土交通省東京空港事務所に設置されている救難調整本部と捜索・救難に係る関係機関との実務担当者会議及び合同訓練を実施し，並びに救難調整本部において航空機用救命無線機（ELT）に登録された航空機，運航者等に関する情報の管理等を引き続き行う。

さらに，アジア太平洋地域における航空機の捜索・救難活動の連携強化のため，隣接国の捜索救難機関との間で，海上での発生を想定した捜索救難合同訓練を実施している。引き続き，合同訓練に向けて必要な調整を行うなど，国際民間航空機関（ICAO）による「アジア太平洋捜索救難計画」を着実に進める。

また，高所や火元に近い箇所での消火活動が可能な HRET（High reach extendable turret）の化学消防車両の導入とそれに備えた訓練を実施することにより，消防体制のより一層の強化を図っていくこととする。

空港職員に対する，自動体外式除細動器（AED）の使用も含めた心肺蘇生法等の応急手当の普及啓発活動を推進する。

1　捜索救難体制の整備
2　消防体制及び救急医療体制の強化

第７節　被害者支援の推進

空港を離陸した自家用航空機が住宅地に墜落し，住民に死傷者を出す被害が発生するなどの事故の発生を受け，国が管理する空港等において自家用航空機を使用する際には，被害者保護のための航空保険（第三者賠償責任保険）に加入していることを確認することにより，無保険の状態で飛行することがないよう引き続き対策を講じる。なお，国が管理する空港等以外の空港等においても同様の対策を要請していく。

また，国土交通省公共交通事故被害者支援室においては，関係者からの助言を頂きながら，外部の関係機関とのネットワークの構築，公共交通事業者による被害者等支援計画作成の促進等，公共交通事故の被害者等への支援の取組を着実に進めていく。

第８節　航空事故等の原因究明と事故等防止

引き続き，運輸安全委員会は，独立性の高い専門の調査機関として，航空の事故及び重大インシデント（事故等）の調査により原因を究明し，国土交通大臣等に再発防止及び被害の軽減に向けた施策等の実施を求めていく。

調査においては，３Ｄスキャン装置やＣＴスキャン装置を活用し，デジタルデータを視覚的な数値，グラフ，画像又は映像に変換し，事故原因の鍵となる情報を探り出すなど，科学的かつ客観的な解析を進めていく。

第９節　航空交通の安全に関する研究開発の推進

航空交通の安全の確保とその円滑化を図るため，特殊気象下を含めた航空機運航の安全性及び効率性の向上，空港及び航空路における航空交通量の拡大，航空機運航による環境負荷（CO_2，騒音）の低減等に関する研究開発を実施し，航空交通システムの高度化に寄与する。

また，航空機の離着陸時の安全性向上等を目的として，滑走路等の設計・施工・補修及び点検方法の高度化に関する研究を行う。

参　考

参考-1 主要交通安全施策年表

年月日	主　要　施　策
昭和 30. 5.20	内閣に交通事故防止対策本部を設置
35.12.16	内閣の交通事故防止対策本部を解消
	総理府に交通対策本部を設置
36. 8. 9	「都道府県交通対策協議会等の設置について」を交通対策本部決定
40. 5.19	総理府に陸上交通安全調査室を設置
40.10.14	「時差通勤通学対策について」を交通対策本部決定
42. 2.13	「学童園児の交通事故防止の徹底に関する当面の具体的対策について」を交通対策本部決定
42. 4. 6	「踏切事故防止対策強化について」を交通対策本部決定
42. 4.17	「トンネル等における自動車の火災事故防止に関する具体的対策について」を交通対策本部決定
44. 5. 8	「ドライブイン等における酒類提供の抑制について」を交通対策本部決定
44. 6.19	「高速自動車国道における交通安全対策の強化について」を交通対策本部決定
45. 4.16	「こどもの遊び場確保のための当面の措置についての申し合わせ」を交通対策本部申合せ
45. 6. 1	「飲酒運転の追放について」を交通対策本部決定
45. 8.14	「こどもの遊び場確保のための車両の通行禁止規制についての申し合わせ」を関係省庁申合せ
45. 9.14	「東京都の都心部等における交通規制の強化と輸送体系の整備等について」を交通対策本部決定
46. 3.30	「第１次交通安全基本計画」を中央交通安全対策会議決定
47. 4. 5	「幼児の交通安全対策について」を中央交通安全対策会議決定
47. 9.28	「行楽・観光地に通ずる山間地の道路における交通事故防止対策について」を関係省庁申合せ
47.11.10	「大型貨物自動車に係る交通事故の防止対策について」を関係省庁申合せ
48. 5. 5	「『幼児交通安全教本』について」を中央交通安全対策会議決定
48. 7.25	「自転車の安全な利用のための道路交通環境の整備等について」を関係省庁申合せ
49. 3. 6	「名古屋地域における時差通勤通学対策について」を交通対策本部決定
50. 1.21	「レジャー施設への送迎用バスに係る交通事故の防止対策について」を関係省庁申合せ
51. 3. 3	「福岡地域における時差通勤通学対策について」を交通対策本部決定
51. 3.30	「第２次交通安全基本計画」を中央交通安全対策会議決定
52. 7.30	「道路又は鉄道への落石等による交通事故の防止対策について」を関係省庁申合せ
53. 1.23	「自転車駐車対策の推進について」を交通対策本部決定
53. 7. 4	「自転車駐車対策推進計画の策定について」を総理府通達
54. 7.25	「トンネルにおける自動車の火災事故防止等に関する当面の措置について」を関係省庁申合せ
54.12.20	「トンネル等における自動車の火災事故防止対策について」を交通対策本部決定
55. 9.24	「暴走族に対する総合対策の推進について」を暴走族緊急対策関係省庁会議申合せ
56. 3.31	「第３次交通安全基本計画」を中央交通安全対策会議決定
56. 8.29	「過積載による違法運行の防止に関する当面の対策について」を関係省庁申合せ
58. 5.20	「仙台地域における時差通勤通学対策について」を交通対策本部決定
59. 2.13	「過積載防止対策連絡会議の設置等について」を総理府通達
60. 1.31	「レジャー客輸送バスに係る交通事故の防止対策について」を関係省庁申合せ
60. 7. 1	「シートベルト着用の徹底を図るための対策について」を交通対策本部決定
60. 7.25	「シートベルト着用徹底のための諸活動の推進について」をシートベルト着用推進会議決定
61. 3.19	「ダンプカーのさし枠装着車等の一掃に関する対策について」を関係省庁申合せ
61. 3.28	「第４次交通安全基本計画」を中央交通安全対策会議決定
63. 7.28	「大都市における道路交通円滑化対策について」を交通対策本部決定
63. 9. 9	「高齢者の交通安全総合対策について」を交通対策本部決定
63. 9.27	「高齢者交通安全対策推進会議の設置について」を交通対策本部長決定
平成元. 7.11	「二輪車の事故防止に関する総合対策について」を交通対策本部決定（「バイクの日（8月 19 日）」）を制定
元. 8.15	「二輪車交通安全対策推進会議の設置について」を交通対策本部長決定
2. 2.13	「高齢者交通安全教育指導指針」を高齢者交通安全対策推進会議決定
2. 5.28	「大都市における駐車対策の推進について」を交通対策本部申合せ
3. 3.12	「第５次交通安全基本計画」を中央交通安全対策会議決定
4. 9.10	「今後の高齢者の交通安全対策の推進について」を高齢者交通安全対策推進会議決定
6. 4. 8	「過積載による違法運行の防止対策について」を関係省庁申合せ
7. 3.23	「広島地域における時差通勤通学対策について」を交通対策本部幹事申合せ
8. 3.12	「第６次交通安全基本計画」を中央交通安全対策会議決定
11.10.21	「チャイルドシート着用の徹底を図るための対策について」を交通対策本部決定
	「シートベルト・チャイルドシート着用推進会議の設置について」を交通対策本部長決定
12.12.26	「中央交通安全対策会議の対策推進機能の強化について」を中央交通安全対策会議決定
13. 2. 5	「暴走族対策の強化について」を暴走族対策関係省庁担当課長等会議申合せ
13. 3.16	「時差通勤通学推進計画」を交通対策本部長決定
	「第７次交通安全基本計画」を中央交通安全対策会議決定
13. 4.19	「踏切事故防止総合対策について」を交通対策本部決定
15. 3.27	「本格的な高齢社会への移行に向けた総合的な高齢者交通安全対策について」を交通対策本部決定
18. 3.14	「第８次交通安全基本計画」を中央交通安全対策会議決定
18. 9.15	「飲酒運転の根絶について」を交通対策本部決定
19. 7.10	「飲酒運転の根絶に向けた取組の強化について」を交通対策本部決定
	「自転車の安全利用の促進について」を交通対策本部決定
	「後部座席シートベルトの着用の徹底を図るための対策について」を交通対策本部決定
20. 1.11	「『交通事故死ゼロを目指す日』の実施について」を交通対策本部決定
23. 3.31	「第９次交通安全基本計画」を中央交通安全対策会議決定
28. 3.11	「第 10 次交通安全基本計画」を中央交通安全対策会議決定
28.11.24	「高齢運転者の交通事故防止対策の推進について」を交通対策本部決定
28.11.24	「高齢運転者交通事故防止対策ワーキングチームの設置について」を交通対策本部長決定
29. 7. 7	「高齢運転者による交通事故防止対策について」を交通対策本部決定
令和元. 6.18	「未就学児等及び高齢運転者の交通安全緊急対策」を昨今の事故情勢を踏まえた関係閣僚会議決定
3. 3.29	「第 11 次交通安全基本計画」を中央交通安全対策会議決定
3. 8. 4	「通学路等における交通安全の確保及び飲酒運転の根絶に係る緊急対策」を交通安全対策に関する関係閣僚会議決定
4.11. 1	「自転車の安全利用の促進について」を交通対策本部決定

参考-2　海外の交通事故発生状況

1　概況（第1図，第2図，第3図）

国際道路交通事故データベース（IRTAD）がデータを有する30か国について，人口10万人当たりの交通事故死者数を比較すると，我が国は2.6人（2021年）であり，第7位に位置している。我が国と主な欧米諸国（スウェーデン，フランス，イギリス，ドイツ及びアメリカ（以下，同じ））の人口10万人当たりの交通事故死者数の推移を比較すると，減少傾向から増加に転じた国がある中，我が国は引き続き減少傾向にある。また，我が国の人口10万人当たりの交通事故重傷者数は，21.7人（2021年）である。

2　状態別交通事故死者数の状況（第4図）

我が国と主な欧米諸国の状態別交通事故死者数の状況をみると，歩行中の死者数の構成率については，我が国が他国より10ポイント以上高い。自転車乗用中の死者数の構成率については，我が国が最も高く，次にドイツとなっている。また，乗用車乗車中の死者数の構成率は，我が国が他国より10ポイント以上低い。

第1図　人口10万人当たりの交通事故死者数（2021年）

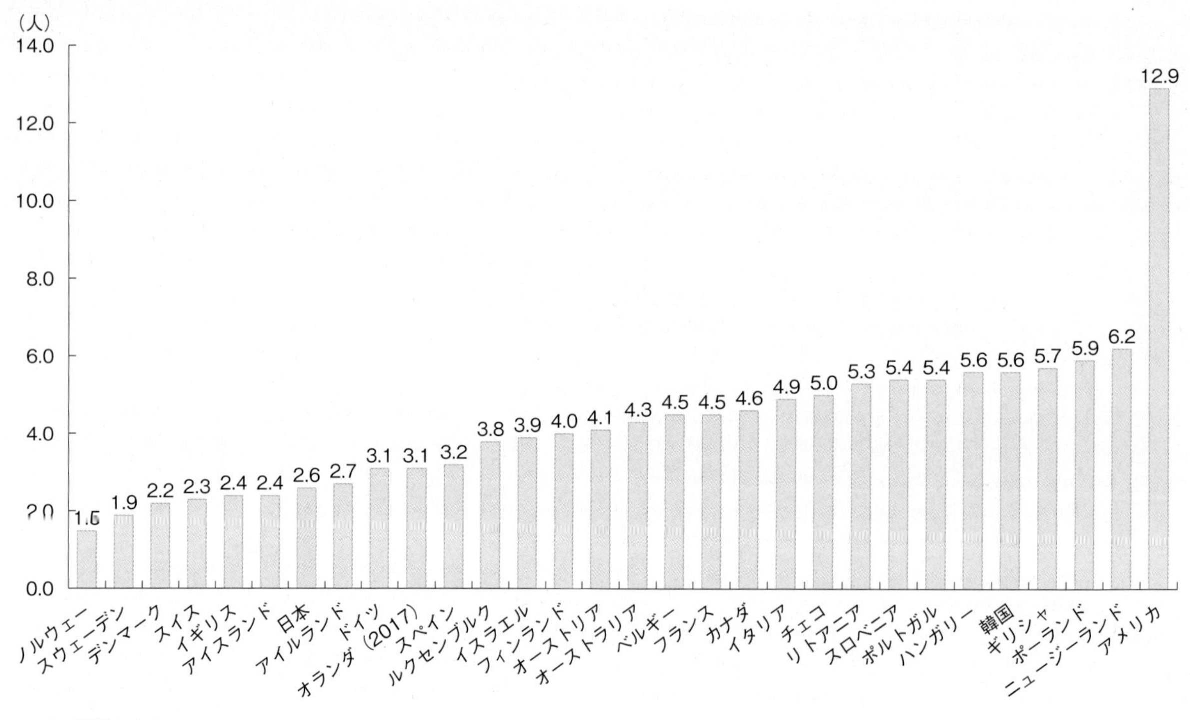

注　1　IRTAD資料による。
　　2　死者数の定義は事故発生後30日以内の死者である。以下，第7図まで同じ。
　　3　IRTADがデータを有する30か国の人口10万人当たりの交通事故死者数を左から小さい順に記載。

第2図　人口10万人当たりの交通事故死者数上位国及び主な欧米諸国の推移（2012～2021年）

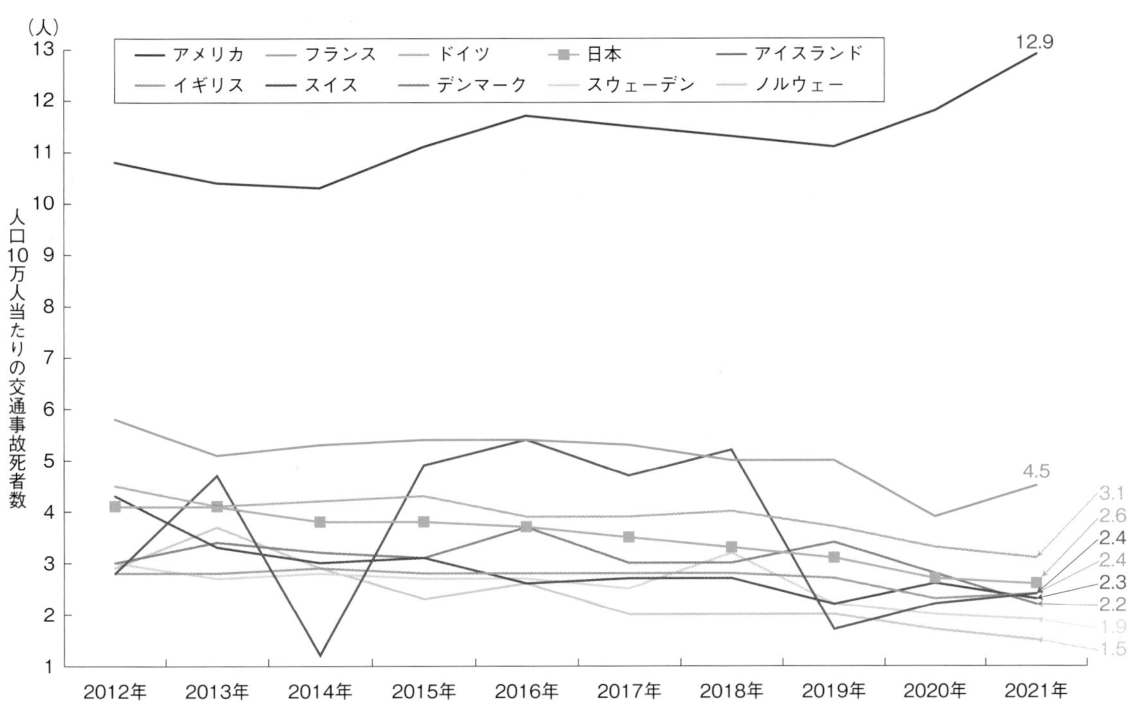

注　IRTAD資料による。

第3図　人口10万人当たりの交通事故重傷者数（2021年）

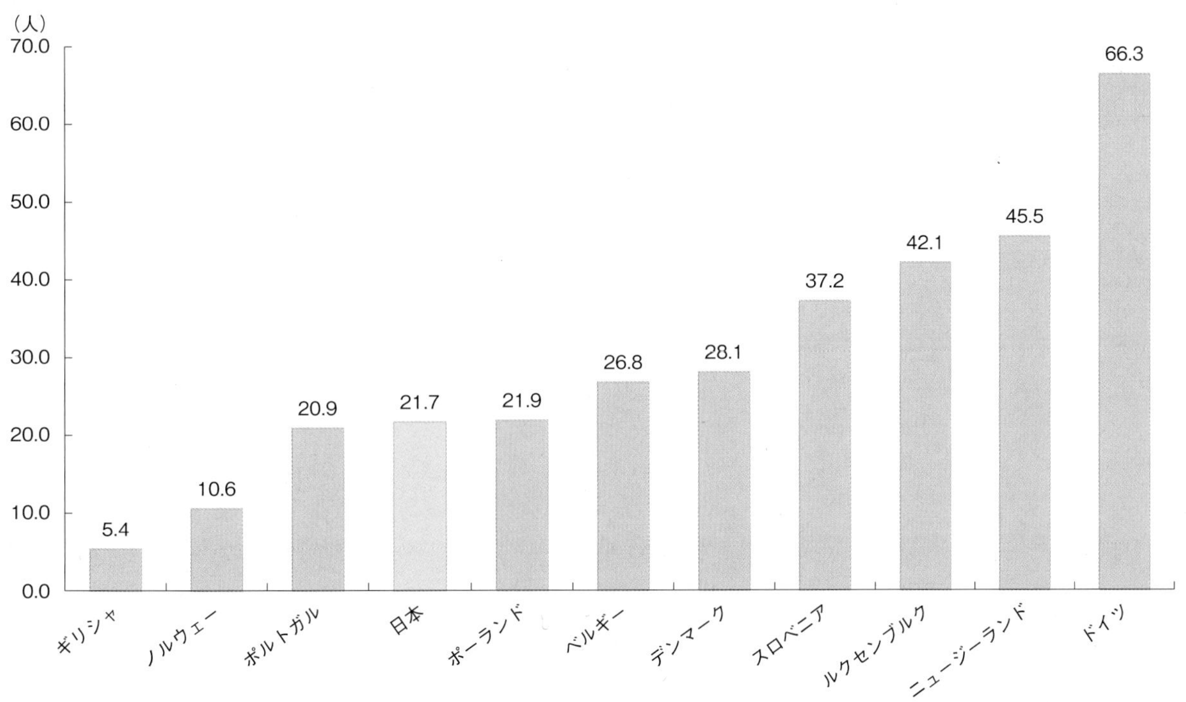

注　1　重傷者数は，日本は警察庁資料に，日本以外はIRTAD資料による。
　　2　算出に用いた人口は，日本は総務省統計資料「人口推計」（令和3年10月1日現在）に，日本以外はIRTAD資料による。
　　3　IRTADがデータを有する10か国及び我が国の人口10万人当たりの交通事故重傷者数を左から小さい順に記載。
　　4　各国で重傷の定義が異なる。

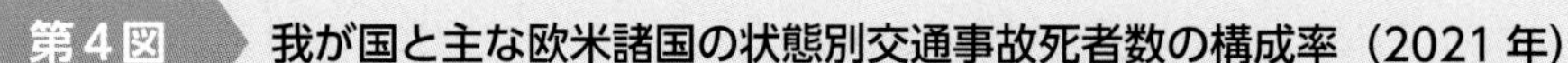

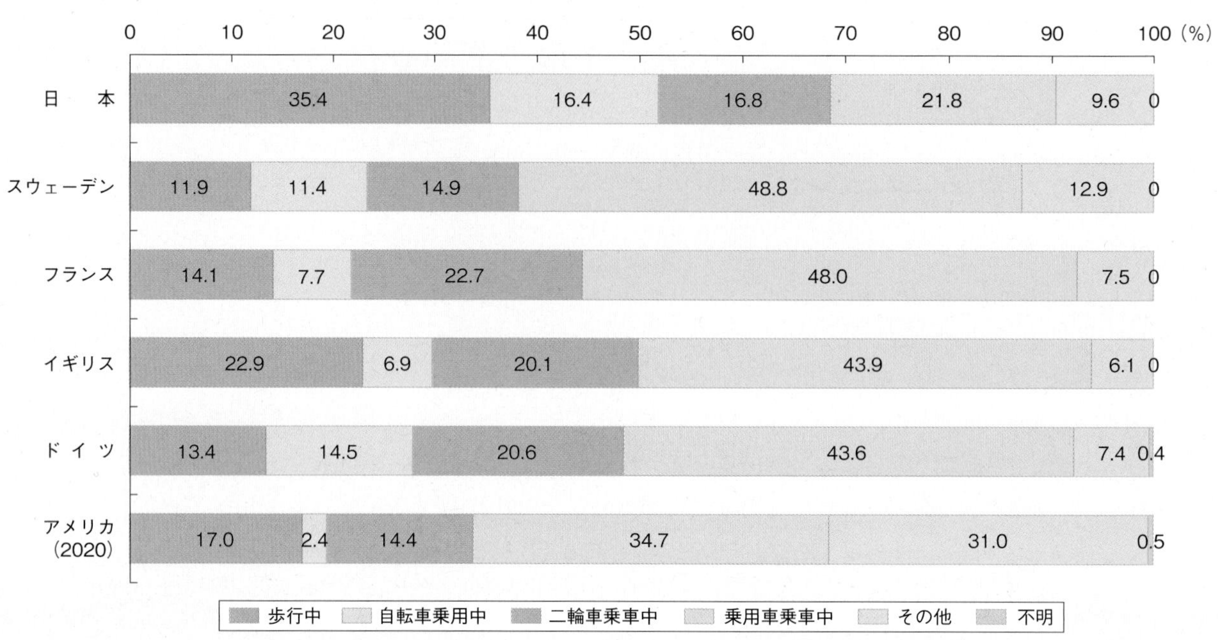

注　IRTAD 資料による。

3　年齢層別交通事故死者数の状況（第５図）

我が国と主な欧米諸国の年齢層別交通事故死者数の状況をみると，いずれの国でも０～14 歳の年齢層別人口構成率（11.8%～ 18.3%）と比較して，０～14 歳の年齢層別交通事故死者数の構成率は 10 ポイント以上低く，65 歳以上の年齢層別人口構成率（16.9%～ 28.9%）と比較して，65 歳以上の年齢層別交通事故死者数の構成率は，アメリカを除き，高い。特に我が国では，65 歳以上の年齢層別人口構成率 28.9% に対し，年齢層別交通事故死者数の構成率は 60.0% とその差は 30 ポイント以上であり，他国と比べて差が大きい。

第５図　我が国と主な欧米諸国の年齢層別交通事故死者数の構成率と年齢層別人口構成率（2021 年）

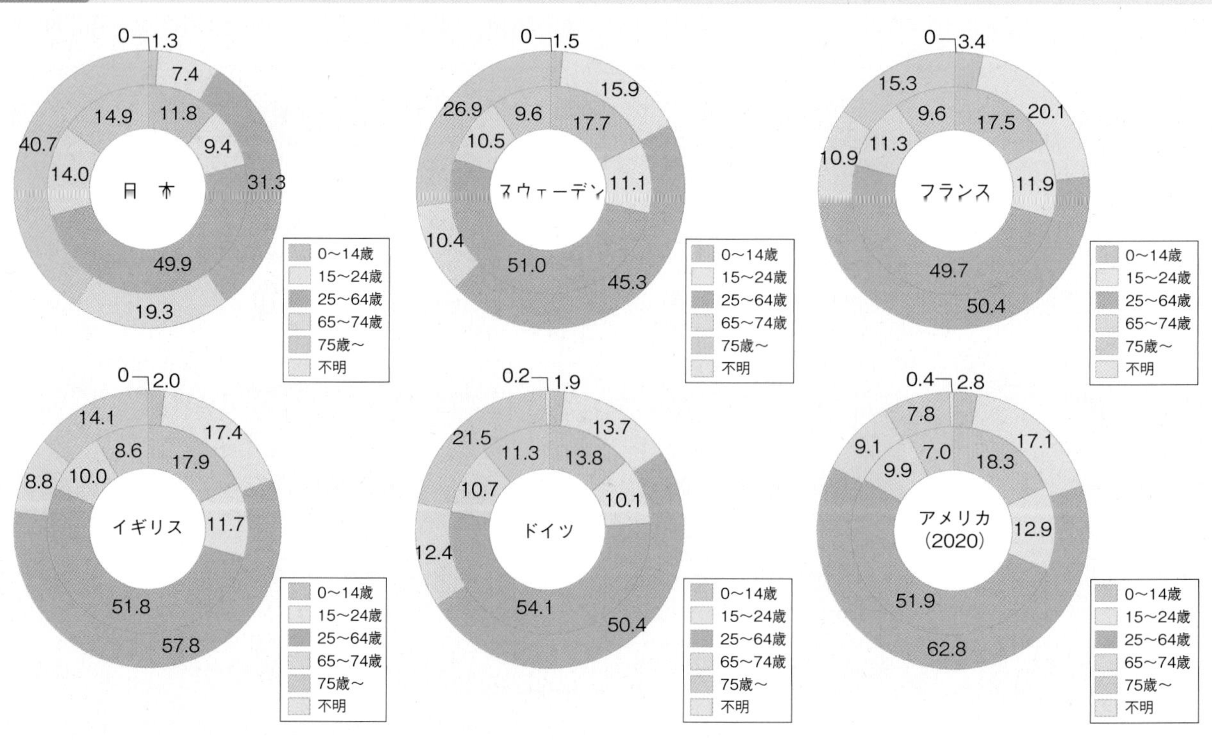

注　1　IRTAD 資料による。ただし，日本の人口は総務省統計資料「人口推計」（令和３年 10 月１日現在）による。
　　2　外円は交通事故死者数，内円は人口の構成率（%）。
　　3　イギリスの人口は 2020 年のもの。

4　年齢層別・状態別交通事故死者数の状況（第6図）

我が国と主な欧米諸国の年齢層別・状態別交通事故死者数の状況をみると，0～14歳の年齢層については，我が国では歩行中の死者数の構成率が5割を超えており，イギリスも同様である。15～24歳の年齢層については，ドイツを除いた各国で他の年齢層と比較して歩行中の死者数の構成率が最も低い。25～64歳の年齢層については，我が国の乗用車乗車中の死者数の構成率は他国と比較すると低い。65～74歳，75歳以上の年齢層については，我が国の歩行中と自転車乗用中を合わせた死者数の構成率がそれぞれ5割を超えており，他国と比較して高い。

第6図　我が国と主な欧米諸国の年齢層別・状態別交通事故死者数の構成率（2021年）

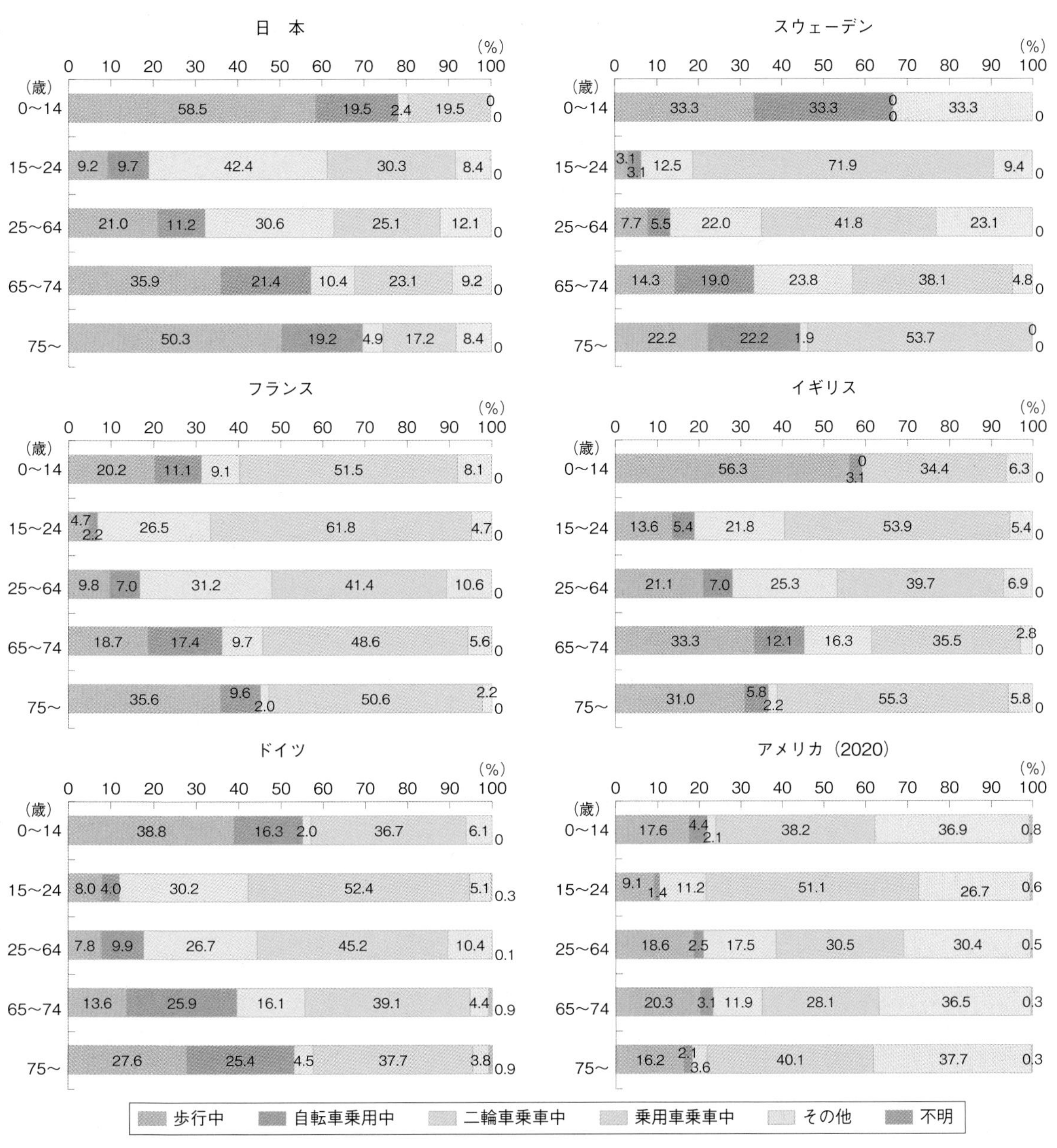

注　IRTAD資料による。

5　自動車走行10億キロメートル当たり交通事故死者数の状況（第7図）

我が国と主な欧米諸国の自動車走行10億キロメートル当たり交通事故死者数の2020年の状況をみると，小さい順にスウェーデン，イギリス，ドイツ，フランス，日本，アメリカの順となっている。また，推移をみると，2012年と2020年を比較して，我が国の減少幅が最も大きい。

第7図　我が国と主な欧米諸国の自動車走行10億キロメートル当たり交通事故死者数の推移（2012年～2021年）

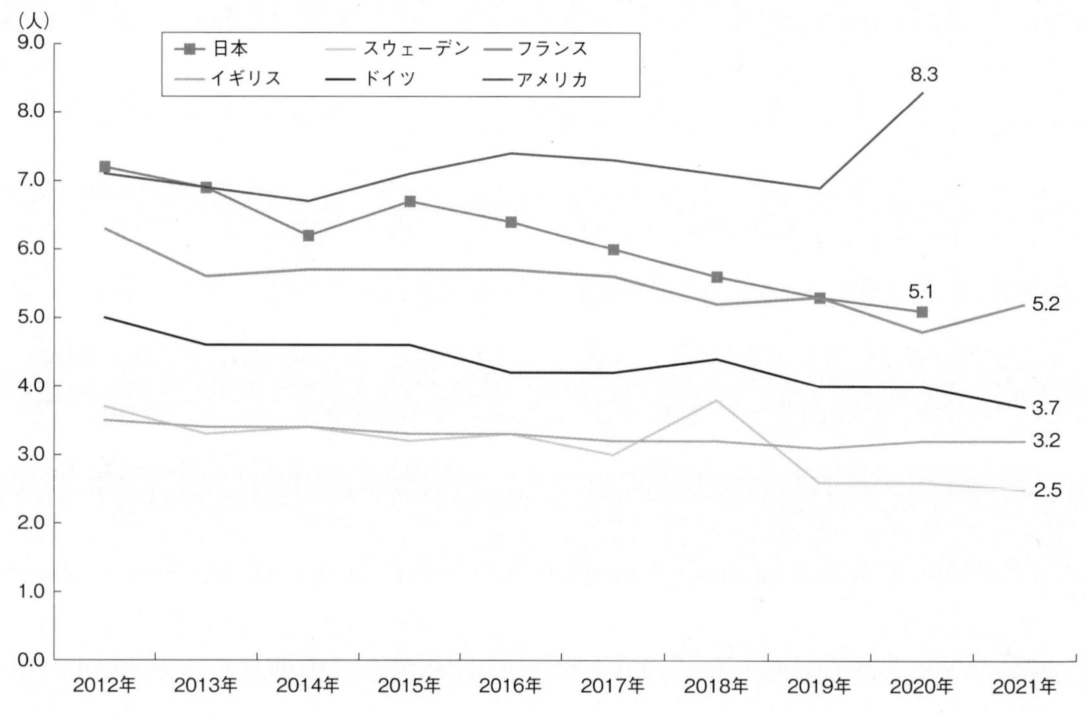

注　1　IRTAD資料による。
　　2　イギリスはグレートブリテンのみ。

参考-3　道路交通事故交通統計24時間死者，30日以内死者及び30日死者の状況の比較

警察庁では，交通事故死者数について交通事故発生後24時間以内に死亡した者（24時間死者）の数を集計しているが，国際的な比較を行うため，交通事故発生から30日以内に死亡する者（30日以内死者）の統計が必要となったことから，平成5年からは，24時間死者に交通事故発生から24時間経過後30日以内に死亡した者（30日死者）を加えた「30日以内死者」の集計を行っている。

1　24時間死者数と30日以内死者数の比較

令和4年中の30日以内死者数は，昨年より増加した。30日以内死者数に占める24時間死者数の割合をみると，近年は，横ばいで推移している（第1表）。

令和4年中の30日以内死者数を交通事故発生から死亡までの経過日数別（発生日を初日とし計算）にみると，交通事故発生から24時間以内に死亡した者が全体の81.2%（2,610人）を占めている。その後は，5日以内で全体の約9割を占め（2,883人，累積構成率89.6%），10日以内で累積構成率は94.6%（3,042人）に達している（第1図）。

2　30日死者数の特徴（単年）

⑴年齢層別の状況と特徴

令和4年中の30日死者の年齢層別構成率についてみると，65歳以上の占める割合が24時間死者（65歳以上）に比べ高い割合を示している（第2図）。

また，平成24年から令和3年までの推移をみると，4年と同様の傾向を示している（第3図）。

第1表　24時間死者と30日以内死者の推移

	平成24年	25年	26年	27年	28年	29年	30年	令和元年	2年	3年	4年
24時間死者(A)	4,438	4,388	4,113	4,117	3,904	3,694	3,532	3,215	2,839	2,636	2,610
30日以内死者（B）	5,261	5,165	4,837	4,885	4,698	4,431	4,166	3,920	3,416	3,205	3,216
差　数	823	777	724	768	794	737	634	705	577	569	606
(A) / (B)	84.4%	85.0%	85.0%	84.3%	83.1%	83.4%	84.8%	82.0%	83.1%	82.2%	81.2%

注　警察庁資料による

第1図　事故発生後の経過日数別30日以内死者累積構成率（令和4年）

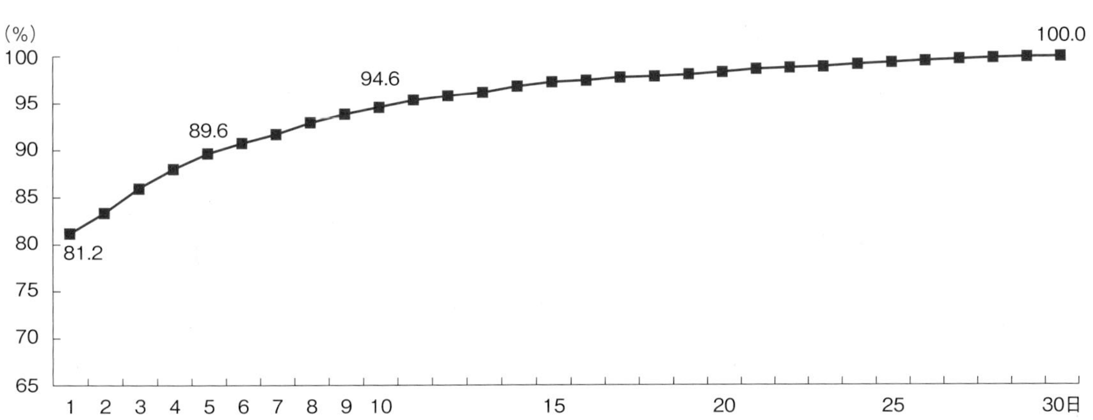

注　警察庁資料による。

第２図　年齢層別死者数の構成率（令和４年）

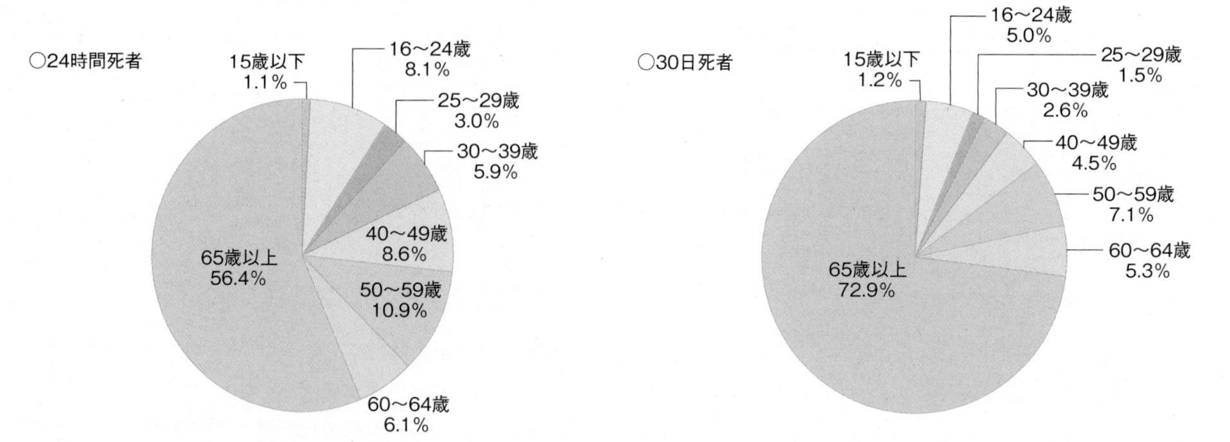

注　警察庁資料による。

第３図　死者数（65歳以上）の構成率の推移（平成24年～令和４年）

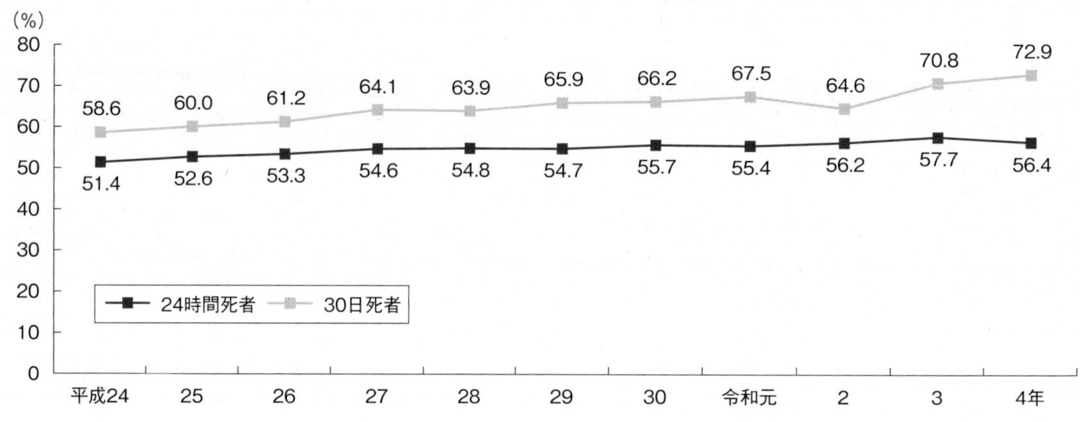

注　警察庁資料による。

⑵状態別の状況と特徴

令和４年中の30日死者の状態別構成率についてみると，自転車乗用中の占める割合が24時間死者（自転車乗用中）に比べ高い割合を示している。一方，自動車乗車中の占める割合は24時間死者（自動車乗車中）に比べ低い割合を示している（第４図，第２表）。

また，平成24年から令和３年までの推移をみると，４年と同様の傾向を示している（第５図）。

第４図　状態別死者数の構成率（令和４年）

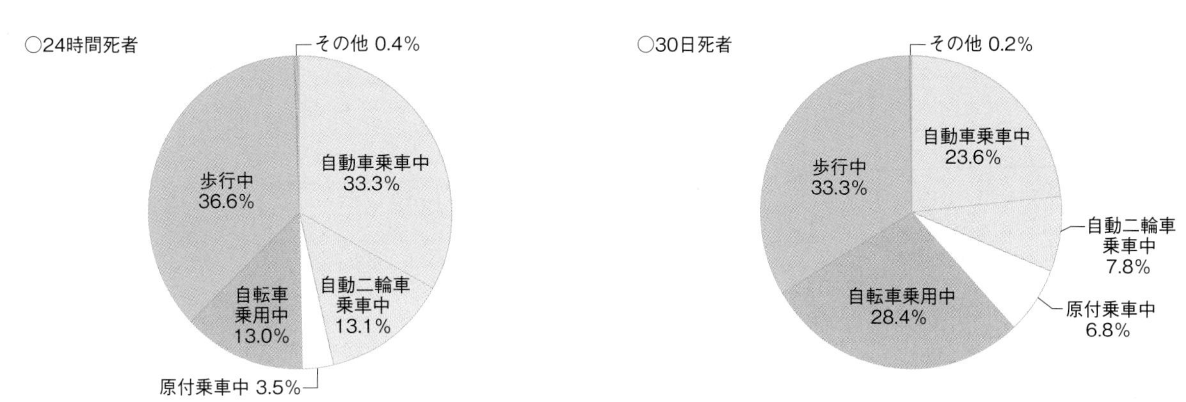

注　警察庁資料による。

第５図　状態別（自動車乗車中及び自転車乗用中）死者数の構成率の推移（平成24年～令和４年）

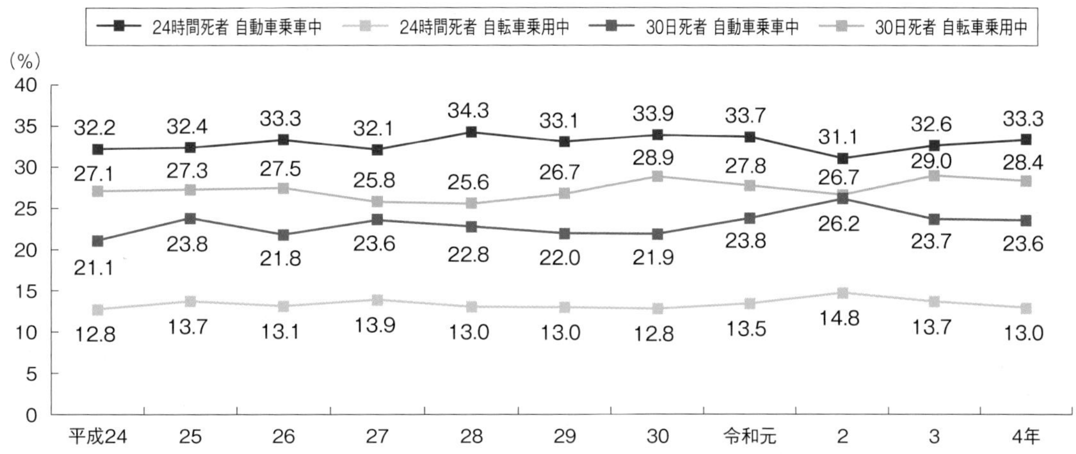

注　警察庁資料による。

第2表　年齢層別・状態別にみた24時間死者数と30日死者数の比較（令和4年）

状態＼死亡時間・日		24時間死者		30日死者		構成率の差
		人	(a) 構成率（%）	人	(b) 構成率（%）	(a) − (b)
15歳以下	自動車乗車中	9	32.1	2	28.6	3.6
	自動二輪車乗車中	1	3.6	0	0.0	3.6
	原付自転車乗車中	0	0.0	0	0.0	0.0
	自転車乗用中	6	21.4	2	28.6	− 7.1
	歩行中	11	39.3	3	42.9	− 3.6
	その他	1	3.6	0	0.0	3.6
	小計	28	100.0	7	100.0	−
16～24歳	自動車乗車中	87	41.0	4	13.3	27.7
	自動二輪車乗車中	72	34.0	12	40.0	− 6.0
	原付自転車乗車中	8	3.8	4	13.3	− 9.6
	自転車乗用中	22	10.4	8	26.7	− 16.3
	歩行中	23	10.8	2	6.7	4.2
	その他	0	0.0	0	0.0	0.0
	小計	212	100.0	30	100.0	−
25～64歳	自動車乗車中	316	35.2	35	27.6	7.6
	自動二輪車乗車中	240	26.7	23	18.1	8.6
	原付自転車乗車中	36	4.0	12	9.4	− 5.4
	自転車乗用中	91	10.1	31	24.4	− 14.3
	歩行中	215	23.9	26	20.5	3.4
	その他	1	0.1	0	0.0	0.1
	小計	899	100.0	127	100.0	−
65歳以上	自動車乗車中	458	31.1	102	23.1	8.1
	自動二輪車乗車中	30	2.0	12	2.7	− 0.7
	原付自転車乗車中	48	3.3	25	5.7	− 2.4
	自転車乗用中	220	15.0	131	29.6	− 14.7
	歩行中	706	48.0	171	38.7	9.3
	その他	9	0.6	1	0.2	0.4
	小計	1,471	100.0	442	100.0	−
合計	自動車乗車中	870	33.3	143	23.6	9.7
	自動二輪車乗車中	343	13.1	47	7.8	5.4
	原付自転車乗車中	92	3.5	41	6.8	− 3.2
	自転車乗用中	339	13.0	172	28.4	− 15.4
	歩行中	955	36.6	202	33.3	3.3
	その他	11	0.4	1	0.2	0.3
	小計	2,610	100.0	606	100.0	−

注　警察庁資料による。

(3)損傷主部位別の状況と特徴

令和４年中の30日死者の損傷主部位別構成率についてみると，頭部の占める割合が24時間死者（頭部）に比べ高い割合を示している。一方，胸部の占める割合は24時間死者（胸部）に比べ低い割合を示している（第６図）。

また，平成24年から令和３年の推移をみると，４年と同様の傾向を示している（第７図）。

第６図　損傷主部位別死者数の構成率（令和４年）

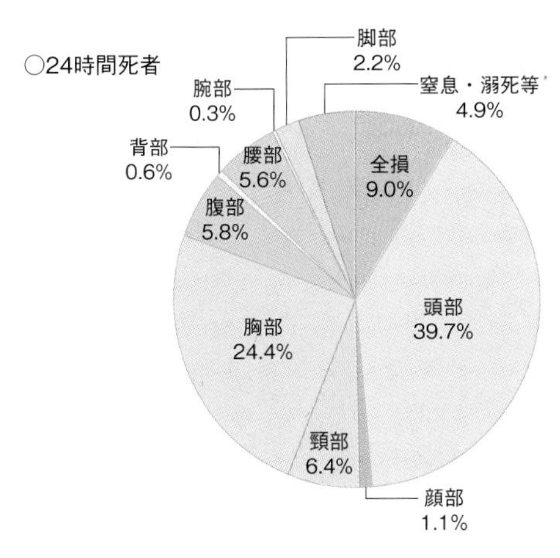

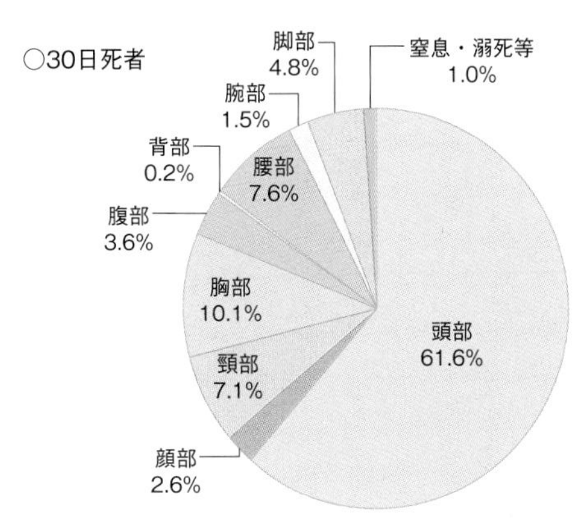

注　警察庁資料による。

第７図　損傷主部位別（頭部及び胸部）死者数の構成率の推移（平成24年～令和４年）

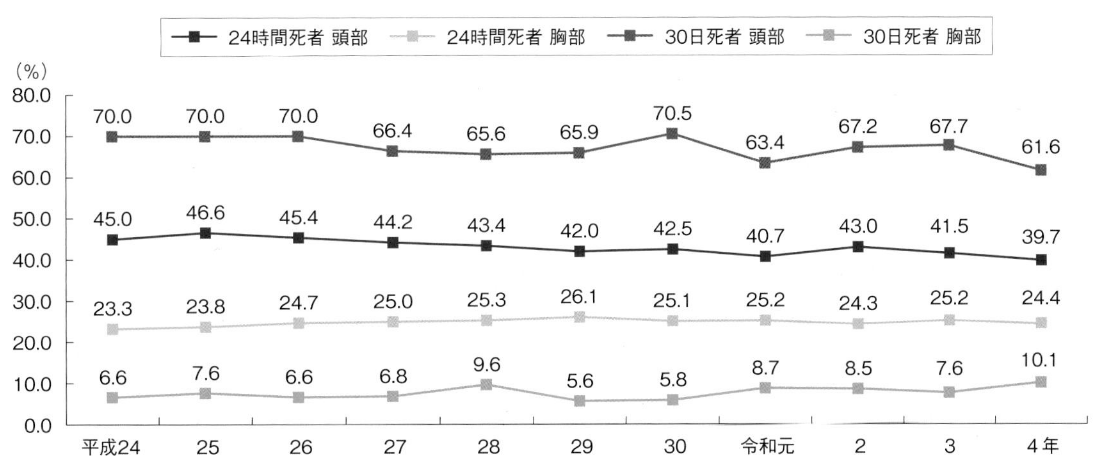

注　警察庁資料による。

参考 - 4　令和４年度交通安全ファミリー作文コンクールの最優秀作

○小学生の部　最優秀作〈内閣総理大臣賞〉

「やさしいおうだん歩道の作り方」

愛媛県愛媛大学教育学部附属小学校
２年　大近　伊熙

ぼくのいえの前にはおうだん歩道がある。このおうだん歩道はすごくべんりだ。ここをわたるとすぐにぼくの大すきなうんていの公園があるし、妹のようち園のバスのりばもある。でも、このおうだん歩道はちょっときけんだ。なぜなら信号きがないからだ。信号きがないから、ビュンビュン走る車がなかなかとまってくれない。車にぶつかったら一かんのおわりだ。むこうへわたるのは一くろうなのだ。お父さんが、

「伊熙だけや子どもだけではぜったいわたったらいかん。」

と言っているくらいきけんだ。

おとうさんといっしょにわたる時も、右を見て、左を見て、また右を見て車がとまってくれるまでまつ。手を上げないと車がぜんぜんとまってくれないおうだん歩道なのだ。

このべんりだけどきけんなおうだん歩道の近くには、時どきけいさつかんがきてくれる。

白バイにのったけいさつかんだ。

「手をあげて気をつけてわたるんだよ。」

と手をふってくれた。ぼくや妹がおうだん歩道を安全にわたれるようにまもってくれているってお母さんがおしえてくれた。

ぼくが車にのっていてしんごうきのないおうだん歩道を見つけた時は、わたりたい人がいないかようく見るのがやくそくだ。おうだん歩道の近くに人が立っていると、お母さんは「あの人はわたるのかな？立ちどまっているだけかな？」

と、とまるかすすむかまよってしまうみたいだ。ぼくは、おうだん歩道の前で手をあげていると「わたりたいよ！」とつたわりやすいことをはっ見した。だからけいさつかんもお父さんもおうだん歩道は手をあげてわたりなさいっておしえてくれたんだ。

それからは、ぼくと、お母さんと、妹と三人はおうだん歩道の前で手をあげる。妹は、右手も左手もあげている。お母さんがわらいながら車がとまってくれるのをまつ。手を元気にあげると、きけんなおうだん歩道だけど車がいっぱいとまってくれる。とまってくれた車のうんてん手さんにありがとうってにっこりおれいを言うと、うんてん手さんもにっこりしてくれる。わたらせてくれてありがとう！のうれしい気もちになる。

お父さんに、きけんなおうだん歩道は手をあげてわたるとすごくやさしいおうだん歩道になるってことをおしえてあげた。お父さんも手をあげれば車がやさしいおうだん歩道を作ってくれるからね。

ぼくは、これからもおうだん歩道をわたる時は車をよく見て、手を元気にあげてわたろうと思う。いつでも車がにっこりとまってくれるおうだん歩道をみんなでたくさん作りたい！

○中学生の部　最優秀作〈内閣総理大臣賞〉

「交通安全啓発ポスター」

岡山県岡山市立岡山中央中学校
2年　渡邉　陽和

私は四人姉妹です。夏休みに入ると、四人のうち少なくとも一人が「交通安全啓発ポスター」を一生懸命描きます。

まず、ポスターに描く題材について、家族会議が開かれます。家族それぞれが怖い思いをした経験や、目撃した危険行為について真剣に討論します。私たち四人姉妹は年齢が幅広いのに加え、親も話し合いに参加するため、徒歩通学、自転車通学、電車通学、車通勤など違った場面での様々な危険行為を目の当たりにします。

このように話し合いを進め、たくさん出た意見の中から自分が一番危ないと思った行為への啓発を題材にしポスターを描いていきます。そして、それを伝えたい相手を想いながら標語、絵、構図を考えます。悩みに悩んで何日もかけて描き上げるのです。

「スマホを操作しながらの運転」、「飲酒運転」、「信号無視」、「歩行者妨害」など私たちはたくさんの交通安全啓発ポスターを描いてきました。

しかし私たちはふと、私たちが真剣に取り組んで完成させたこのポスターは、車を運転する大人たちの心に届いているのだろうか。そして、このポスターによって交通違反や交通事故は減ったのだろうか。と思ったのです。

私の家は大きな交差点と大通りに面している関係で、登下校の時にたくさんの車がパトカーに追いかけられるのを目撃し、夜中にはパトカーのサイレンの音がうるさいほどに聞こえてきます。交通ルールを守らない人がなんと多いことかと実感する毎日です。

そして、私たちはまた家族会議を開き、交通違反を止めるため、この鳴りひびくパトカーのサイレンを止めるためにはどうしたらいいのかと話し合いました。

そして私たちは考えました。大人たちは私たちがこんなに一生懸命ポスターを描き上げ想いを届けようとしていることに気が付いてくれているのだろうか。本当はこの交通安全啓発ポスターは大人たちも描くべきなのではないか。ということです。

ここで一つ提案です。免許更新の時、違反のある方は自分が犯した違反についてのポスター作製が義務付けられ、ポスターを提出しなかった場合は新しい免許がもらえない、というのはどうでしょうか。

真っ白な画用紙に向かい自分の違反を十分に反省しながら標語を考え、構成を考え、描き上げる。これを義務化することで、繰り返される違反行為は数を減らしていくだろうと確信しています。

そして私たちの宿題である「交通安全啓発ポスター」は、「自転車の正しい乗り方」や、「横断歩道で注意すること」、「歩きスマホの危険性」などの自分たちが犯しやすい交通違反を題材にするのが効果的だと思います。

大人も子供も自分が注意するべき交通違反は自分で啓発する。そうすることで今まで私たちが大人の運転ルールについて一生懸命描いたけれど伝わらなかったポスターたちは、自分たちの交通ルールに焦点をあてて描くことで役割を果たしてくれると思います。

ぜひ私たちのこの提案が皆さんに届いてくれたら嬉しいと思います。

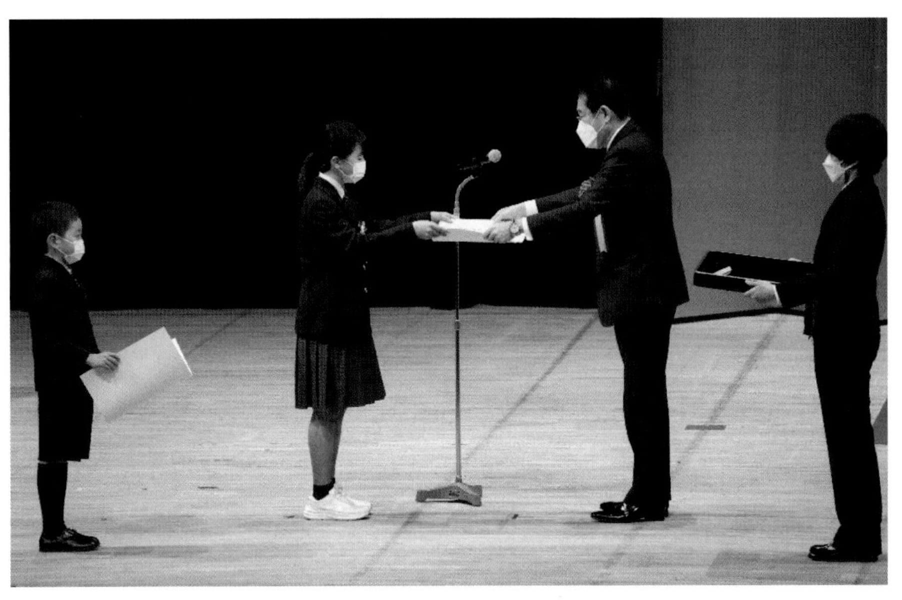

参考-5 交通安全に関する財政措置

第1表 陸上交通安全対策関係予算分野別総括表

（単位：百万円）

事　　項	令和３年度当初予算額	令和４年度当初予算額	令和５年度当初予算額	比　較増減額	令和３年度決 算 額
1　交通環境の整備	71,153	71,336	69,450	▲1,886	50,986
(1)　特定交通安全施設等整備事業（警察庁）	18,526	17,830	17,850	20	—
(2)　交通安全施設等の整備（国土交通省）	2,065,453百万円の内数※	2,110,940百万円の内数※	2,118,262百万円の内数※	—	—
(3)　交通安全対策特別交付金（総務省）	52,627	53,506	51,600	▲1,906	50,986
(4)　改築事業による交通安全対策（国土交通省）	2,065,453百万円の内数※	2,110,940百万円の内数※	2,118,262百万円の内数※	—	—
(5)　防災・震災対策事業（国土交通省）	2,065,453百万円の内数※	2,110,940百万円の内数※	2,118,262百万円の内数※	—	—
(6)　鉄道施設の安全対策等					
a　鉄道施設の戦略的維持管理・更新（国土交通省）	4,308百万円の内数	4,588百万円の内数	5,035百万円の内数	—	8,068百万円の内数
b　地下鉄の耐震補強（国土交通省）	4,905百万円の内数	4,473百万円の内数	8,050百万円の内数	—	5,746百万円の内数
c　鉄道施設の耐震対策（国土交通省）	4,308百万円の内数	4,588百万円の内数	5,035百万円の内数	—	8,068百万円の内数
(7)　地域鉄道における安全対策（国土交通省）	24,895百万円の内数	25,280百万円の内数	27,227百万円の内数	—	9,954百万円の内数
(8)　踏切道の立体交差化等					
a　踏切保安設備の整備（国土交通省）	4,308百万円の内数	4,588百万円の内数	5,035百万円の内数	—	8,068百万円の内数
b　踏切道の立体交差化等（国土交通省）	2,065,453百万円の内数※	2,110,940百万円の内数※	2,118,262百万円の内数※	—	—
2　交通安全思想の普及徹底	651	703	755	52	39
(1)　交通安全思想普及推進事業（内閣府）	47	45	45	—	36
(2)　交通安全教育・普及活動の推進（警察庁）	20	23	27	4	—
(3)　交通安全教育指導等（文部科学省）	581	632	680	48	—
(4)　飲酒運転事犯者処遇の充実強化（法務省）	3	3	3	—	3
3　安全運転の確保	3,078	2,083	2,609	526	994
(1)　運転者対策の推進（警察庁）	431	151	141	▲10	—
(2)　運転者管理センターの運営（警察庁）	777	—	—	—	—
(3)　交通事故等に関する情報収集の充実（警察庁）	9	9	9	—	—
(4)　自動車運転者労務改善対策等（厚生労働省）	747	791	861	70	—
(5)　交通労働災害防止対策（厚生労働省）	145百万円の内数	145百万円の内数	146百万円の内数	—	—
(6)　自動車事故防止対策等（国土交通省）	1,011	1,028	1,486	458	976
（内閣府）	2	2	2	—	—
(7)　鉄道事故防止対策（国土交通省）	64	67	74	7	—
(8)　公共交通機関等における安全マネジメントの構築（国土交通省）	37	35	36	1	18

事　　項	令和３年度 当初予算額	令和４年度 当初予算額	令和５年度 当初予算額	比　較 増減額	令和３年度 決　算　額
4　車両の安全性の確保	43,079	42,898	42,834	▲64	41,132
(1)　車両構造規制の充実・強化，ASV（先進安全自動車）の開発・普及促進（国土交通省）	975	998	1,453	455	925
(2)　リコール対策の充実（国土交通省）	682	887	1,402	515	682
(3)　自動車検査・登録業務等（国土交通省）	41,422	41,012	39,979	▲1,033	39,525
5　道路交通秩序の維持	10,451	6,204	6,939	735	8,521
(1)　交通取締用車両等の整備（警察庁）	7,697	2,769	3,051	282	6,867
(2)　交通取締体制の充実強化（警察庁）	1,097	1,137	1,165	28	—
(3)　交通事件処理体制の整備（法務省）	1,655	2,296	2,721	425	1,653
(4)　交通事件裁判処理体制の整備（裁判所）	2	2	2	—	1
6　救助・救急活動の充実	80	81	61	▲20	—
(1)　救助・救急業務設備等の整備（消防庁）	4,986 百万円 の内数	4,986 百万円 の内数	4,986 百万円 の内数	—	—
(2)　救急救命体制の整備・充実（消防庁）	80	81	61	▲20	—
7　損害賠償の適正化を始めとした被害者支援の推進	135,747	136,177	137,190	1,012	124,841
(1)　交通事故相談活動の推進（国土交通省）	11	9	9	—	6
(2)　交通事故被害者サポート事業（警察庁）	10	10	10	—	8
(3)　日本司法支援センター業務の推進（法務省）	15,160 百万円 の内数	15,664 百万円 の内数	16,623 百万円 の内数	—	15,160 百万円 の内数
(4)　通勤災害保護制度の実施（厚生労働省）	121,472	121,658	119,953	▲1,705	111,414
(5)　自動車安全特別会計による補助等					
a　独立行政法人自動車事故対策機構（国土交通省）	12,055	12,177	14,327	2,150	11,734
b　被害者救済等（国土交通省）	1,084	1,209	1,842	633	847
c　政府保障事業（国土交通省）	1,110	1,110	1,044	▲66	830
(6)　公共交通事故被害者支援（国土交通省）	5	4	5	1	2
8　研究開発及び調査研究の充実等	175	159	173	14	372
(1)　交通安全調査等（内閣府）	31	31	33	2	24
(2)　交通管理技術の調査・分析，交通安全に関する調査研究の充実（警察庁）	144	128	140	12	348
(3)　陸上交通の安全に関する調査研究（国土交通省）	2,065,453 百万円 の内数※ と121百万円 の内数に 115百万円 を加えた金額	2,110,940 百万円 の内数※ と102百万円 の内数に 103百万円 を加えた金額	2,118,262 百万円 の内数※ と42百万円 の内数に 159百万円 を加えた金額	—	89 百万円 の内数
合　　計	264,413	259,641	260,010	369	226,885

注　1　単位未満の数値は四捨五入により整理してあるので，単年度事業毎に積み上げた数値，各事業の令和４年度当初予算額と令和５年度当初予算額との差額は，合計や比較増減額と合致しない場合がある。
　　2　内数表記を含むものについては，合計額に含めていない。
　　3　当初予算額及び決算額で特掲できないものについては「—」として表示しており，合計額に含めていない。
　　4　令和３年度当初予算額，4(1)975百万円のうち，465百万円については3(6)の再掲である。
　　5　令和４年度当初予算額，4(1)998百万円のうち，509百万円については3(6)の再掲である。
　　6　令和５年度当初予算額，4(1)1,453百万円のうち，722百万円については3(6)の再掲である。
※　平成26年度より社会資本整備事業特別会計が廃止されたことに伴い，直轄事業の国費には，地方公共団体の直轄事業負担金（3,017億円（令和３年度），2,983億円（令和４年度），2,937億円（令和５年度））を含む。

第2表 海上交通安全対策関係予算分野別総括表

(単位：百万円)

事　　項	令和3年度当初予算額	令和4年度当初予算額	令和5年度当初予算額	比　較増減額	令和3年度決　算　額
1．交通環境の整備	5,139	4,122	—	—	5,225
(1) 港湾等の整備	港湾整備事業費(241,181百万円)の内数	港湾整備事業費(243,903百万円)の内数	港湾整備事業費(244,403百万円)の内数	—	港湾整備事業(328,858百万円)の内数
(2) 航路標識の整備等	14,230百万円の内数に322百万円を加えた額	17,860百万円の内数に274百万円を加えた額	21,245百万円の内数に282百万円を加えた額	—	23,946百万円の内数に328百万円を加えた額
(3) 海上交通に関する情報の充実	5,139	4,122	21,245百万円の内数に3,475百万円を加えた額	—	5,225
2．船舶の安全性の確保	730百万円の内数に38百万円を加えた額	712百万円の内数に35百万円を加えた額	780百万円の内数	—	1,876百万円の内数に97百万円を加えた額
3．安全な運航の確保	1,834	1,399	1,457	58	2,620
(1) 警備救難業務の充実強化	1,834	1,399	1,457	58	2,620
(2) 船員の資質の向上及び運航管理の適正化等	7,264百万円の内数	289百万円の内数に6,795百万円を加えた額	412百万円の内数に6,576百万円を加えた額	—	231百万円の内数に6,980百万円を加えた額
4．海難救助体制の整備等	14,230百万円の内数に83,264百万円を加えた額	17,860百万円の内数に83,204百万円を加えた額	21,245百万円の内数に95,089百万円を加えた額	—	23,946百万円の内数に112,765百万円を加えた額
5．海上交通の安全に関する調査研究	5,187百万円の内数	5,145百万円の内数	5,114百万円の内数	—	5,187百万円の内数
合　　計	6,974	5,521	1,457	—	7,845

注 1 単位未満の数値は四捨五入により整理してあるので，単年度事業毎に積み上げた数値，各事業の令和4年度当初予算額と令和5年度当初予算額との差額は，合計や比較増減額と合致しない場合がある。
2 内数表記を含むものについては，合計額に含めていない。
3 特掲できないものについては「—」として表示しており，合計額に含めていない。

第3表 航空交通安全対策関係予算分野別総括表

（単位：百万円）

事　　項	令和３年度 当初予算額	令和４年度 当初予算額	令和５年度 当初予算額	比　較 増減額	令和３年度 決　算　額
1．交通環境の整備	223,920	223,968	233,753	9,785	153,005
(1)　空港の整備	146,234	145,657	155,494	9,837	119,170
(2)　航空路の整備	28,755	28,848	27,421	▲ 1,428	30,757
(3)　空港・航空路施設の維持	45,798	46,308	47,667	1,359	空港等維持運営費 146,549 百万円 の内数
(4)　気象施設の維持	3,134	3,155	3,172	18	3,078
2．航空安全対策の推進	6,640	5,651	5,885	234	5,125
(1)　航空安全対策の強化	423	365	418	53	403 百万円 の内数に 44 百万 円を加えた額
(2)　航空機乗員の養成	2,645	2,562	2,507	▲ 55	2,618
(3)　航空保安要員の養成	867	880	902	22	空港等維持運営費 146,549 百万円 の内数
(4)　航空保安施設の検査	2,706	1,844	2,059	214	2,507
3．航空交通の安全に関する 研究開発の推進	1,362	1,349	1,388	39	1,362
合　　計	231,922	230,967	241,026	10,059	159,492

注　1　単位未満の数値は四捨五入により整理してあるので，単年度事業毎に積み上げた数値，各事業の令和４年度当初予算額と令和５年度当初予算額との差額は，合計や比較増減額と合致しない場合がある。
　　2　内数表記を含むものについては，合計額に含めていない。

略語一覧

・AED：Automated External Defibrillator　自動体外式除細動器
・AIS：Automatic Identification System　船舶自動識別装置
・ASV：Advanced Safety Vehicle　先進安全自動車
・ATS：Automatic Train Stop　自動列車停止装置
・AUDIT：Alcohol Use Disorders Identification Test
　アルコール使用障害に関するスクリーニングテスト

・CARATS：Collaborative Actions for Renovation of Air Traffic Systems
　将来の航空交通システムに関する長期ビジョン

・ELT：Emergency Locator Transmitter　航空機用救命無線機
・ETC：Electronic Toll Collection System　電子式料金自動収受システム

・FAST：FAST emergency vehicle preemption systems　現場急行支援システム

・GMDSS：Global Maritime Distress and Safety System
　海上における遭難及び安全に関する世界的な制度
・GPS：Global Positioning System　全地球測位システム

・HELP：Help system for Emergency Life saving and Public safety　緊急通報システム

・IAEA：International Atomic Energy Agency　国際原子力機関
・ICAO：International Civil Aviation Organization　国際民間航空機関
・IMO：International Maritime Organization　国際海事機関
・ISM コード：International Management Code for the Safe Operation of Ships and for Pollution Prevention　国際安全管理規則
・ISO：International Organization for Standardization　国際標準化機構
・ITS：Intelligent Transport Systems　高度道路交通システム

・JASREP：Japanese Ship Reporting System　日本の船位通報制度

・LED：Light Emitting Diode　発光ダイオード

・東京 MOU：Memorandum of Understanding on Port State Control in the Asia-Pacific Region
　アジア太平洋地域における PSC の協力体制に関する覚書
・PICS：Pedestrian Information and Communication Systems　歩行者等支援情報通信システム
・PSC：Port State Control　外国船舶の監督
・PTPS：Public Transportation Priority Systems　公共車両優先システム
・SAR 条約：International Convention on Maritime Search and Rescue, 1979
　1979 年の海上における捜索及び救助に関する国際条約

・SOLAS 条約：International Convention for the Safety of Life at Sea
1974 年の海上における人命の安全のための国際条約
・STCW 条約：International Convention on Standards of Training, Certification and Watchkeeping for Seafarers, 1978
1978 年の船員の訓練及び資格証明並びに当直の基準に関する国際条約

・TDM：Transportation Demand Management　交通需要マネジメント
・TSPS：Traffic Signal Prediction Systems　信号情報活用運転支援システム

・UTMS：Universal Traffic Management Systems　新交通管理システム

・VICS：Vehicle Information and Communication System　道路交通情報通信システム

※　造語等により一部掲載を省略しているものがある。

用 語 等 索 引

A～Z

あ

い

う

え

さ

し

す

せ

そ

た

ち

つ

て

と

な

に

の

は

ひ

ふ

ほ

ま

み

む

も

ゆ

よ

ら

り

ろ

交通安全白書　（令和５年版）

令和５年７月31日　発行

編　集　内　閣　府
〒100-8914
東京都千代田区永田町１－６－１
TEL 03(5253)2111

発　行　株式会社サンワ
〒102-0072
東京都千代田区飯田橋２－11－８
TEL 03(3265)1816

発　売　全国官報販売協同組合
〒100-0013
東京都千代田区霞が関１－４－１
TEL 03(5512)7400

ISBN978-4-9909712-7-4